高分子科学导

王玉忠　陈思翀　袁立华　编著

科 学 出 版 社

北 京

内 容 简 介

本书系统介绍高分子科学的基础知识，包括高分子的合成与化学反应、高分子结构与性能的关系、高分子的分析与表征、典型高分子材料的性质与应用，以及高分子科学的发展历程和研究前沿。针对非高分子专业本科学生的学习特点，从培养学生学习兴趣和提高学生综合素质入手，用较为浅显易懂的语言对高分子科学的重要知识加以介绍。

本书适合作为高等院校非高分子专业的基础课程教材，也可作为高分子专业学生的入门基础教材和读物，还可供从事与高分子材料相关生产与研究的工作者参考。

图书在版编目(CIP)数据

高分子科学导论/王玉忠，陈思翀，袁立华编著. —北京：科学出版社，2010.12

ISBN 978-7-03-029626-9

I. ①高… II. ①王… ②陈… ③袁… III. ①高分子化学–高等学校–教材 IV. ①O63

中国版本图书馆 CIP 数据核字(2010)第 225139 号

责任编辑：许　健　王国华/责任校对：郭瑞芝
责任印制：徐晓晨/封面设计：殷　靓

科学出版社出版
北京东黄城根北街 16 号
邮政编码：100717
http://www.sciencep.com
广东虎彩云印刷有限公司印刷
科学出版社发行　各地新华书店经销
*
2010 年 12 月第　一　版　开本：787×1092　1/16
2024 年 11 月第二十六次印刷　印张：15 1/4
字数：343 000

定价：48.00 元

(如有印装质量问题，我社负责调换)

前　言

高分子科学既是一门基础学科，又是一门应用学科。随着材料科学的飞速发展，高分子在社会和科技发展中起到的作用越来越重要，与其他学科和领域的联系与交叉也越来越多，为人类社会的生活与生产方式都带来了巨大的变化。许多非高分子专业的学生、研究与生产人员在学习和工作中都越来越多地涉及与高分子科学相关的实际问题。因此，高分子科学课程教学已不仅仅是面向高分子专业的学生，而且要面向许多非高分子专业的学生。除了化学学科本身的各个二级学科外，还包括材料、生物、化工、轻工、纺织、环境、食品、制药、电子、电气、信息、航空航天、医学、海洋、农林等众多专业和学科。

高分子科学涵盖的内容广、理论深。纵观国内外相关教材出版情况，传统的“高分子化学”和“高分子物理”等专业课教材针对的是高分子专业教学，目前还没有非常适合非高分子科学专业学生使用的教材。国外有少量类似的导论类书籍(如 *Giant Molecules* 等)出版，但所涉及内容过浅，可用作一般的科普读物，并不适合作为本科及以上学生的学习教材。

本书是作者在四川大学多年讲授“高分子科学导论”课程使用的讲义的基础上撰写而成的，针对非高分子专业学生的学习特点，从培养学生学习兴趣和提高学生综合素质入手，对高分子科学的重要知识加以系统介绍。在写作上，兼顾了全面性、实用性和通用性，涵盖了高分子科学的全部重要领域，内容翔实全面，语言通俗易懂。作为一门具有科学导论性质的教材，本书重点在于使学生了解高分子科学的基本概念和规律、研究方法和发展趋势，扩展学生的知识面和视野，培养学生对高分子科学的学习兴趣；使学生通过较短时间的学习，就能够了解高分子科学的自身特点及其在发展过程中与其他学科相互交叉渗透的特点，能够很好地与自己所熟悉的学科融会贯通，解决相应学科中涉及高分子的实际科学问题，为进一步的学习、研究和工作打下基础。

在本书的撰写过程中，曾担任本课程讲授和辅导任务的杨科珂教授、汪秀丽教授、周茜副教授、王德义副教授、陈力博士和曾建兵博士等提出了宝贵的修改意见，在此表示衷心的感谢。

由于作者水平有限，本书难免出现错漏之处，请读者批评指正。

王玉忠

2010 年 8 月于四川大学

目　　录

第 1 章　绪论：高分子的基本概念

1.1　高分子(聚合物)的定义与基本概念

聚合物“polymer”这个单词起源于古希腊语词根“poly”和“meres”，意思分别为“许多”和“部分”，而高分子“macromolecule”一词意思为“巨大的分子”(giant molecule)，通常也用于表示聚合物，反之亦然。简言之，高分子(聚合物)科学是研究由共价键相连的原子组成的大分子的科学，高分子工程是高分子科学的实际应用。

但有些科学家提出这两个词之间存在一些差别，“macromolecule”指那些由众多原子或原子团以共价键结合而成的相对分子质量超过 10 000 的化合物，而“polymer”指许多具有相同结构的单元通过化学键链接而成的大分子。因此可以说“macromolecule”包含了“polymer”，“macromolecule”可以用来描述如 DNA 和蛋白质这些起源于多种结构单元的大分子，而“polymer”则只用于描述如聚苯乙烯这些由重复的苯乙烯单元组成的较为单一结构的大分子。在实际的应用中，这种详细的区分方法并不常用，因此本书中仍然将“高分子”和“聚合物”二者视为同义词。

一个聚合物通常由许多相同或不同的、简单的结构单元“structural unit”通过共价键连接而成，类似一条长链。如果这些结构单元都是重复的，又可称为重复单元“repeating unit”。聚合物的形成过程叫聚合“polymerization”，能够通过聚合过程形成聚合物结构单元的小分子化合物称为单体“monomer”，因此聚合过程即是小分子单体转变为大分子聚合物的过程。

聚合度(DP)“degree of polymerization”或平均聚合度“average degree of polymerization”是聚合物链中重复单元的数目，链长“chain length”也经常用来表述聚合度，两个单体聚合后的产物称为二聚体“dimer”，其聚合度即为 2，三个单体聚合产物称为三聚体“trimer”，其聚合度即为 3，以此类推。一般来说，聚合度介于几至几十的聚合物一般称为齐聚物或低聚物“oligomer”，聚合物的许多性质都取决于聚合度的大小，但对于大多数商用聚合物产品，当聚合度大于 100 时其性质随聚合度的变化就很小了。

对于同一种聚合物材料，虽然不同分子链的结构单元是一致的，但其聚合度并不完全相同，这对于人工合成的高分子来说是很常见的，因此可以说高分子材料是由一系列具有相同结构单元不同聚合度的同系物混合物组成的。对于这些聚合度在一定区间变化的聚合物，我们通常采用统计学中平均的方法给出它们的聚合度或相对分子质量的平均值。这部分我们将在 4.2 节中详细讨论。但是这一概念并不适用于那些具有特定分子结构和功能的生物大分子，如蛋白质和核酸，这些大分子通常都具有确定的结构和相对分子质量。

聚合物中的重复结构单元达到一定的数目后，可以用重复单元的结构式来清楚表达此聚合物的结构。例如，聚乙烯的结构式如式(1.1)所示：

$$-\!\!\left[CH_2-CH_2\right]_n \tag{1.1}$$

式中的“—CH_2—CH_2—”即为结构单元，“n”即为聚合度，因此聚合度为100的聚乙烯链上有200个碳原子和400个氢原子。

聚合物链的两端都有端基(end group or terminal group)，端基的结构通常与结构单元有所不同。在一些特定的场合下，需要在聚合物的结构式中表示出端基的结构，例如，以配位聚合合成的聚乙烯末端为乙基 CH_3—CH_2—，如式(1.2)所示：

$$CH_3-CH_2\!-\!\!\left[CH_2-CH_2\right]_n \tag{1.2}$$

1.2 高分子的分类与命名

1.2.1 高分子的分类

高分子的分类方法有多种，如按单体来源、分子结构、合成方法、用途、加工方法等分类。下面我们将简单介绍几种常用的分类方法。

1. 按最终使用用途

高分子材料根据具体应用可分为五大类：塑料(plastic)、橡胶(rubber)、纤维(fiber)、涂料(coating)、黏合剂(adhesive)。近年来随着功能高分子材料(functional polymer)的快速发展,有人提出将这类具有一种或多种特殊性能的高分子划分为第六大类高分子材料，有关功能高分子的内容我们将在第10章中加以详细介绍。

2. 按高分子主链结构划分

高分子中一个个相连成链的原子组成了高分子的骨架，也称为主链(backbone)。如果这条骨架链上的原子均为碳原子，则聚合物称为碳链聚合物，聚烯烃是种类最繁多、应用最广泛的碳链聚合物，如1.1节中介绍的聚乙烯。如果大分子主链中不仅含有碳原子，还含有氮、氧、硫、磷等杂原子，则这类聚合物称为杂链聚合物。例如，很多常见的工程塑料都是杂链聚合物，主要的杂链聚合物如表1.1中所示。如果大分子主链中没有碳原子，而是由硅、硼、铝等无机原子和氮、氧、硫、磷构成，但与主链相连的侧基由有机基团构成，则这类聚合物称为元素有机聚合物。其中最典型的例子就是有机硅橡胶。

表1.1 杂链聚合物

类型	主链中含有的特征基团	实例
聚醚 polyether	—C—O—C—	聚乙二醇(PEG)、聚甲醛(POM)、聚四氢呋喃(PTHF)
聚酯 polyester	—OCO—	聚对苯二甲酸乙二醇酯(PET，涤纶)、聚碳酸酯(PC)、聚乳酸(PLA)、聚对二氧环己酮(PPDO)
聚酰胺	—NHCO—	尼龙66、尼龙6、聚对苯二甲酰对苯二胺(芳纶)

续表

类型	主链中含有的特征基团	实例
polyamide		
聚氨酯 polyurethane	—NHOCO—	氨纶(莱卡)
聚脲 polyurea	—NHCONH—	脲醛树脂
聚砜 polysulfone	$—SO_2—$	双酚 A 型聚砜(PSF)、聚醚砜(PES)、聚芳砜(PASF)
聚硫醚 polythioether	—S—	聚苯硫醚(PPS)
聚磷酸酯 polyphosphate	—OPOO—	部分磷系阻燃剂

3. 按聚合物的结构单元类型划分

如果聚合物能只用一个重复单元来表示，这种聚合物就叫作均聚物(homopolymer)。虽然尼龙 66 的聚合单体为两种化合物(己二酸和己二胺)，但其聚合物可以用式(1.3)的重复单元表示，因此尼龙 66 和聚乙烯一样也是均聚物。

$$\left[\overset{\large O}{\overset{\|}{C}} \!-\!(CH_2)_4\!-\! \overset{\large O}{\overset{\|}{C}} \!-\!NH\!-\!(CH_2)_6\!-\!NH \right]_n \tag{1.3}$$

但有时聚合物需要多于一种重复单元来表示，例如，二元乙丙橡胶就是由两种不同的单元组成，即聚乙烯结构单元和聚丙烯结构单元。这样的聚合物叫作共聚物(copolymer)。

$$-\!\!\left(CH_2-CH_2\right)_n\!\left(CH_2-\underset{\displaystyle CH_3}{\underset{|}{CH}}\right)_m \tag{1.4}$$

1.2.2　高分子的命名

长期以来，高分子的命名都按照习惯根据单体或重复单元结构甚至商品名称或俗名来加以命名。一些常用高分子的命名毫无规律可循，常常来源于发明人个人的喜好。例如，1905 年 Leo Baekeland 首先将酚醛树脂商品化，因此最初将其命名为 Bakelite，一直沿用到现在。有的聚合物名字来源于原产地，例如，Hevea braziliensis(意为：来自巴西的橡胶)常用来命名天然橡胶(NR)。

针对一些高分子结构上的重要基团，研究人员还发明了一些特殊的命名方法。例如，尼龙(脂肪族聚酰胺)的命名要根据其聚合过程中单体二胺和二酸上碳原子的数量来命名。通过己二胺(含 6 个碳原子)和癸二酸(含 10 个碳原子)缩聚而成的尼龙产品命名为尼龙 610。而由己内酰胺(含 6 个碳原子)开环聚合制备得到的尼龙由于其单体只有一种化合物，因此被命名为尼龙 6。

最常用的简单命名法一般参照聚合物单体命名，对于一种单体聚合得到的聚合物直接在其单体名字前面加前缀“聚”(poly)即可。例如，聚苯乙烯(polystyrene，PS)和聚甲基丙烯酸甲酯(polymethyl methacrylate，PMMA)的名字分别来源于其聚合物的单体苯乙烯(styrene)和甲基丙烯酸甲酯(methyl methacrylate)：

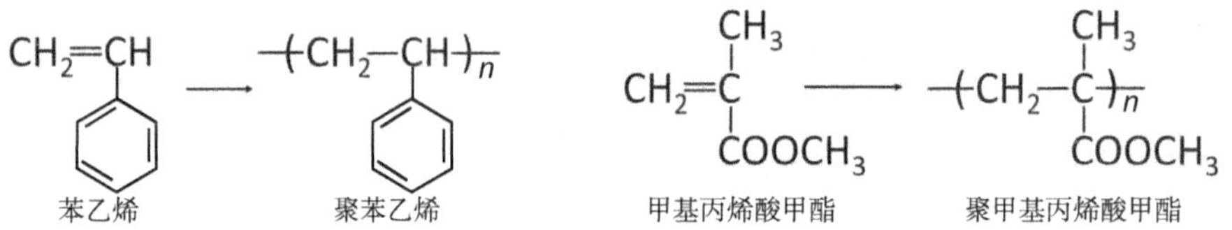

(1.5)

同样地，对于由一种单体制备得到的尼龙 6，按简单命名法命名即为“聚己内酰胺”。

而对于由两种单体经过缩聚反应得到的均聚物按其结构单元命名，并在名字前加前缀“聚”，例如，尼龙 610 即为“聚癸二酰己二胺”；由对苯二甲酸和乙二醇缩聚得到的涤纶(PET)命名为“聚对苯二甲酸乙二醇酯”。

对于两种单体聚合得到的热固性聚合物，通常摘取两种单体的简称，后缀“树脂”来加以命名，例如，酚醛树脂即是由苯酚和甲醛合成，醇酸树脂是由甘油和邻苯二甲酸酐合成。此外，和热固性树脂一样，对于橡胶和纤维等高分子材料也都有其特有的命名体系，我们将在相应的章节中加以介绍。

随着高分子科学的高速发展，新型的高分子聚合物不断涌现，这些简单命名体系在科学上缺乏严谨性，有时还可能引起歧义和混乱。国际纯粹化学和应用化学联合会(IUPAC)于 1952 年成立了高分子命名分委员会，致力于研究关于高分子命名的相关问题，但直到 1972 年才首次对线形有机高分子提出了科学系统命名法。这种系统命名法基于高分子的结构单元，遵循以下原则：首先确定聚合物重复单元的结构；排好重复单元中次级单元(subunit)的次序后按有机化合物标准命名法对重复单元命名；最后加上前缀“聚”，就成为聚合物的名称。例如，聚苯乙烯应命名为聚(1-苯基乙烯)。

IUPAC 的系统命名较为严谨，但因为比较烦琐，在实际应用中并不广泛。

1.3 高分子的特性

纵观当今的科学与社会发展，一个基本的问题非常值得我们思考，即：为什么高分子科学与技术会发展成如此大的一个工业领域？为什么自然界选择大分子作为生命物质的构造？表面上的答案就是相对分子质量大小，但一个更深层次的答案就是因为高相对分子质量所表现出来的与小分子化合物所不同的特殊物理与化学性质，也就是高相对分子质量或者长分子链所带来的特殊性能。

1.3.1 缠结与交联

正如长绳一样，线形的高分子长链也能通过物理作用相互缠结，高分子链的缠结是高分子凝聚态的重要特征之一。缠结使高分子链之间形成物理交联点，构成网络结构，从而使分子链的运动受到周围分子的限制。分子链也能通过化学键连接在一起，也就是化学交联。这些物理的和化学的交联使得分子链在运动时一起协同运动而不是单个运动。交联能帮助高分子链之间保持一种特定的结构，例如，交联类型和程度的不同使得人的头发形成不同的卷发或直发。这种结构可以是一种规整的结构，如蛋白质的三级结构；也可能是一种无序的结构，如硫化橡胶。这些物理或化学的交联使得高分子表现出了非常独特的性质。

1.3.2　黏弹性与记忆性

高分子材料对应力的响应兼有弹性固体和黏性流体的双重特性，分别表现出可逆和不可逆的形变。大分子的可逆性形变可以用“记忆性”来加以描述。因为高分子链间存在的物理和化学交联作用，当材料在外力作用下一定程度内发生形变的时候只有部分片段在移动而整个链段不会移动，当应力移除后高分子链的相互作用将会使材料回复到原来的状态。因此，高分子在一定条件下具有记忆性，其中最重要的例子就是橡胶。

相对于可回复的变化，高分子也可以发生不可逆形变。当外加的应力大到足以使整个分子链产生运动时，材料将产生不可逆的形变。这些变化包括高分子在合成前后以及加工生产过程中产生的所有分子链或链段取向，并造成材料的永久形变。从某种意义上来说这些形变反映了高分子材料从合成、提纯、分析、储存、使用等全过程中所受到的应力应变，并直接影响了高分子的最终性能。因此，可以说高分子材料分子链和片段的运动变化“记录”了材料所经历的外力影响的历史过程，这一热力学过程也称为“热历史”。

1.3.3　松　　弛

对于小相对分子质量化合物，其熔融、溶解等相转变通常都可以在短时间内迅速完成。而对于高分子来说，由于它们的相对分子质量比较大，分子链间存在缠结，这一过程变得缓慢。松弛过程(relaxation)又称松弛作用，在外力作用下高分子链由原来的构象过渡到与外力相适应的构象的过程，即高分子链由一种平衡态过渡到另一种平衡态的动力学过程。此过程伴有弹性形变，而弹性形变需要一定的时间才能完成，从而在宏观上表现出阻尼等特性。

1.4　高分子科学技术简史

纵观整个人类社会的发展史，人们的衣、食、住都离不开高分子材料(如淀粉、蛋白质、纤维素等)，但是直到最近的几十年，人们才逐渐开始真正了解这些高分子。可以说高分子科学是一门新兴学科，其高速发展时期主要集中在 20 世纪下半叶，许多对高分子科学的理论发展做出里程碑贡献的科学家目前仍然活跃在科研的第一线。

高分子科学的基础是有机化学。1828 年 Friedrich Wöhler 合成了尿素，首次实现了有机化合物的人工合成。19 世纪五六十年代以前，有机化学发展非常缓慢，直到 Kekulé 提出表示有机化合物结构式的新体系，有机化学才有了飞速发展，许多重大发现都出现在 19 世纪末期，当时的化学家开始认识到有机化合物可以通过化学方法人工合成并可以用具体的结构式加以表示。

随着有机化学的发展，小分子有机物的合成、提纯和分析技术逐渐成熟，化学家们合成出了大量的新型有机化合物。这些有机化合物具有固定的熔点、沸点和相对分子质量，因此可以通过测定这些基本性质来表征和分析有机化合物。但对于高分子，这些传统方法就不再适用，高分子没有固定的熔点和沸点，不能升华和蒸发，甚至连表征化合物最重要的参数相对分子质量也无法确定，因此当时的有机化学家们都普遍认为这种物质不是纯粹的化合物，而是小分子通过“次价”力结合的聚集体。这种错误的理论也直接导致了高分子科学在很长一段时间没有获得发展。

尽管在这一时期高分子科学的发展非常缓慢，但是仍然有一些实验上的重大发现。在 19 世纪 30 年代，Charles Goodyear 和他的弟弟 Nelson Goodyear 通过将一定量的硫与天然橡胶混合并加热，将天然橡胶(hevea braziliensis ulei)从一种黏性的热塑性物质制备成了具有实际应用价值的软质弹性体(硫化橡胶，vulcanite)或硬质的热固性塑料(硬质胶)。Thomas Hancock 通过对 Goodyears 的产品进行剖析，揭示了天然橡胶的固化过程，并以“硫化”来命名这一过程，硫化(valcanization)一词来源于罗马神 Vulcanos(火神)。

C.F. Schönbein 通过用纤维素与硝酸反应得到了硝化纤维；J.P. Maynard 在 1847 年通过将硝酸纤维素溶解于乙醇和乙醚的混合溶剂中制得火棉胶；Parkes 和 Hyatt 在制备赛璐珞(第一种人造热塑性塑料)与 Chardonnet 在制备人造丝时也采用火胶棉作为原料。“Chardonnet 丝”首次在 1889 年巴黎世界博览会上出现就吸引了全世界的目光。

尽管这些早期的发现大多数都来自一些具有偶然性的实验工作，缺乏理论支持，但是仍然为高分子科学理论的发展打下了基础。需要指出的是，这些高分子材料都是通过天然聚合物的化学反应改性而获得的。例如，Charles Goodyear 制备的硫化橡胶就是通过硫与双键的加成反应在天然橡胶(聚异戊二烯)的链状分子间引入多硫键交联结构，将受热后易发黏的热塑性天然橡胶转变成对热不敏感、可以在更宽温度范围使用的硫化橡胶产品。Nelson Goodyear 在 Charles Goodyear 的工作基础上，进一步加大硫的用量，引入更多的交联结构，使得产品不再是高弹性的物质，而转变为一种耐热的热固性材料。而 Schönbein 制备的硝化纤维素则是利用硝酸对纤维素结构单元中羟基的氧化反应，破坏了纤维素的分子间作用，使得其可以溶于有机溶液中进行加工。但这些早期的研究由于缺乏理论上的指导，因此研究者并没有真正能够深入地了解这些具有划时代意义的高分子材料，也无法认识到高分子这一概念。

第一种真正以小分子有机化合物为原料合成的高分子是酚醛树脂。19 世纪末期，很多当时有名的有机化学家都研究了苯酚与甲醛的缩合反应。但由于没有认识到这两种多官能度(一个分子中的可发生化学反应的位点数)的单体发生反应时可以形成具有长链结构的高分子，Baeyer、Michael、Kleeburg 等都认为他们制备得到的湿黏性产物都是一些无用的副产物，又都纷纷回到了的研究单官能度化合物缩合反应的老路。而 Smith、Luft 和 Blumer 等则通过加入过量的苯酚进行反应获得了线形分子结构的热塑性高分子。Leo

Baekeland对这一反应中单体的官能度进行了研究，通过调控三官能度苯酚与双官能度甲醛的比例，制得了热固性酚醛树脂Bakelite(俗称电木)。

在第一次世界大战之前，赛璐珞、虫胶、酪朊塑料(酪蛋白)、酚醛树脂、醋酸纤维素、天然橡胶、羊毛、丝、棉花、人造纤维、甘油酯涂层、沥青、苯并呋喃/茚树脂、石油树脂等多种基于高分子的材料都已经得到了商业应用。但是由于缺乏高分子科学基础知识，在第二次世界大战之前高分子材料没有取得重大发展。

1920年，H. Staudinger发表了划时代的著作《论聚合》，首次提出聚合过程是大量的小分子通过化学键结合起来的过程，并预言了一些聚合物的结构，如聚苯乙烯、天然橡胶和聚甲醛等。但是此后的十年中，高分子科学并没有取得快速的发展，这是因为当时几乎没有一个有机化学家接受Staudinger提出的高分子这一概念。Staudinger的朋友曾给他建议："亲爱的同事，放弃大分子这一概念吧，事实上根本没有这类物质存在。"幸运的是，这位未来诺贝尔桂冠获得者并没有理会这些劝告，他证明了高分子既不是像胶体一样的聚集体，也不是像环己烷一样的环状化合物，而是长链状、含有特性端基的分子，从而奠定了现代高分子科学的基础。1928年Kurt H. Meyer 和Herman F. Mark用X射线技术测定纤维素和天然橡胶中大分子的晶区尺寸，从而证实了Staudinger的观点。Staudinger也因其对聚合物分子结构的阐述而获得了1953年诺贝尔化学奖。

虽然Staudinger的高分子概念开始逐渐被人们所接受，但直到20世纪30年代中期，Wallance Carothers 和Julian Hill才首次以Staudinger的理论为指导合成出了一系列聚酯和聚酰胺纤维，其中最有名的就是尼龙 66 纤维。与通过天然纤维素再生制备的Chardonnet纤维不同，尼龙纤维也是一种通过小分子有机化合物人工合成的高分子。

基于Carothers一系列的重要贡献，聚合反应被认为是有史以来最重大的发现之一。可以说高分子科学在20世纪中期的重要发展都是建立在Saudinger、Mark和Carothers等所主张的大分子这一概念之上。在这一时期，许多高分子的重要发现仍然都是在"意外"或者"运气"的情况下得到的。例如，1933年Fawcett和Gibson在高压和痕量氧存在下加热乙烯制得了聚乙烯；1938年Roy J. Plunkett发现四氟乙烯气体没从打开的压力缸中逸出来而转变为固体的聚四氟乙烯。由于有了高分子理论的支撑，这些新发现迅速得到了研究人员的重视和深入开发，并实现了商业化生产。这些重要发现同样为高分子科学基础知识的发展提供了支撑，并进一步促进高分子合成、分析、加工技术的不断发展，大量的高性能、新型高分子材料不断涌现。一些重要的商业聚合物的出现时间列于表1.2中。

时至今日，高分子材料对于人类已不可或缺。不仅人吃的食物、穿的衣服、住的房屋大部分都是由高分子构成的，连人体本身也含有大量的高分子，广泛存在于人的头发、指甲、皮肤、骨骼、内脏、腱、肌肉之中；对于生命最重要的功能物质，如DNA、酶、荷尔蒙等，也无一例外是由高分子构成的。在日常生活中，高分子同样无处不在，大量的塑料和橡胶制品为人类的生活带来了极大的便利。不仅如此，现代的高科技产业也离不开高分子材料，在电子信息、生物制药、航空航天这些高技术领域中，高分子材料也越来越展示出它们关键的作用，许多重要技术都必须由高分子材料来实现。可以说，我们生活的世界就是一个高分子的世界。

表 1.2　商业聚合物出现时间顺序表

年份	材料(商标/商品名和/或发明者)	应用实例
更早	棉花、亚麻、羊毛和丝纤维；沥青	
1800	填缝材料；玻璃和水凝水泥、皮革、纤维素纸；树胶、虫胶、古塔(波)胶、天然橡胶	
1839	硫化橡胶(Charles Goodyear)	轮胎
1846	硝酸纤维(Schönbein)	涂料
1851	硬质橡胶(Nelson Goodyear)	电绝缘材料
1860	虫胶和古塔胶	电绝缘材料
1868	赛璐珞(CN; Hyatt)	梳子、镜子、框架
1889	再生纤维(Chardonnet)	织物
	硝酸纤维素照相胶卷(Reichenbach)	照相
1890	铜氨纤维(Despeisses)	织物
1892	黏胶纤维(Cross, Bevan, and Beadle)	织物
1893	纤维素作为聚合物为人们所认知(E. Fischer)	
1907	酚醛树脂(PF; Bakelite, Baekeland)	电器
1908	醋酸纤维素照相胶卷(CA)	
1912	再生纤维素纸(Cellophane)	片，包装材料
1923	硝酸纤维素汽车漆(Duco)	涂料
1924	醋酸纤维素纤维	
	大分子概念(H. Staudinger)	
1926	聚酯(Kienle)	电绝缘材料
1927	聚氯乙烯(PVC; Semon, Koroseal)	遮盖材料
	醋酸纤维素片、杆	包装膜
1929	聚硫合成弹性体(Thiokol; Patrick)	抗溶剂橡胶
	尿醛树脂	电源开关、分离器
1931	聚甲基丙烯酸甲酯(PMMA; Plexiglas, Rohm)	显示标牌
	氯丁橡胶(Neoprene; Carothers)	线缆包皮
1933	聚乙烯(LDPE; Fawcett, Gibson)	电缆外套、包装、吹瓶
1935	乙基纤维素	型材
1936	聚乙酸乙烯酯(PVAc)	黏合剂
	聚乙烯醇缩丁醛(PVB)	安全玻璃
1937	聚苯乙烯(PS)	厨房用具、玩具、泡沫
	苯乙烯-丁二烯(Buna-S, SBR)，丙烯腈(Buna-N)，共聚弹性体(NBR)	轮胎面
1938	尼龙 66 纤维(Carothers)	织物
	含氟聚合物(Teflon; Plunkett)	垫圈、疏油外套
	三聚氰胺-甲醛树脂(MF)	餐具
1939	氯乙烯和 1,1-二氯乙烯共聚物(Pliovic)	膜、涂料
	聚偏二氯乙烯(PVDC; Saran)	膜、涂料
1940	异丁烯-异戊二烯弹性体(丁基橡胶; Thomas, Sparks)	胶黏剂、涂料、堵塞材料
1941	聚酯纤维(PET; Whinfield, Dickson)	织物

续表

年份	材料(商标/商品名和/或发明者)	应用实例
1942	不饱和聚酯(Foster, Ellis)	小船外壳
	丙烯酸纤维(Orlon; Acrylan)	织物
1943	硅树脂(Rochow)	衬垫、堵缝料
	聚氨酯(Baeyer)	泡沫，弹性体
1944	苯乙烯–丙烯腈–马来酸酐，工程塑料(Cadon)	
1947	环氧树脂(Schlack)	涂料
1948	丙烯腈、丁二烯和苯乙烯共聚物(ABS)	箱子、电器设备
1955	聚乙烯(HDPE; Hogan, Banks, and Ziegler)	瓶子、薄膜
1956	聚甲醛(Acetals)	型材
	聚环氧丙烷(Hay; Noryl)	型材
1957	聚丙烯(Hogan, Banks, and Natta)	型材、地毯纤维
1957	聚碳酸酯(Schnell, Fox)	器具部件
1959	顺式聚丁二烯和顺式聚异戊二烯橡胶	橡胶
1960	乙烯-丙烯共聚物弹性体(EPDM)	片材、垫圈
1962	聚酰亚胺树脂	高温薄膜和涂料
1965	聚丁烯	膜、管
	聚芳砜	高温塑料
	聚-4-甲基-1-戊烯(TPX)	透明、低密度型材
	苯乙烯-丁二烯嵌段共聚物(Kraton)	鞋底
1970	聚对苯二甲酸丁二醇酯(PBT)	工程塑料
	乙烯-四氟乙烯共聚物	电线绝缘
1971	聚苯硫醚(Ryton; Hill, Edmonds)	工程塑料
	水凝胶，羟基丙烯酸酯	隐形眼镜
1972	丙烯腈共聚物(BAREX)	包装
1974	芳香族聚酰胺(Aramids; Kwolek, Morgan)	轮胎线
1980	聚醚醚酮(PEEK; Rose)	耐高温材料
1982	聚醚酰亚胺(Ultem)	耐高温材料

资料来源：Giant Molecular。

1.5　高分子在国民经济和社会发展中的应用

1.5.1　高分子在国民经济中的重要性

衡量一个学科重要性的方法有多种，其中一种就是参考它是否具有广泛的应用范围。可以说高分子科学与技术对于国民经济的各个领域都是至关重要的，已经与我们的衣食住行等日常生活密不可分，在许多新技术和新产品中，高分子材料的身影更是随处可见。例如，人们经常接触到的天然高分子(如蛋白质、淀粉和纤维素)，不仅仅是食物，而且还常常用作建筑材料和日常用品；而合成高分子则广泛用于制造各种塑料日用品、服装纺织品、建筑材料、轮胎、涂料、黏合剂以及其他用途。

衡量学科的重要性的另一个方法就是参考与之相关的生产力水平，例如，目前我国仅塑料行业的从业人员就超过了 240 万人，如果加上其他高分子相关行业(如纤维、橡胶、涂料、黏合剂等)，从业人数已超过钢铁行业成为第一大材料工业。另外，全世界有一半的化学家和化学工程师参与到与高分子科学与技术相关的研究中，而且随着新时期对新型材料需求的不断增加，高分子相关行业的从业人员和研究人员数量还会持续增加。

此外，衡量一个学科重要性还可以从这个科学对其他学科的影响来了解。高分子科学的基本概念和用途可不仅局限于天然与合成高分子，对医药、健康、营养、工程、生物技术、物理、数学、计算机、空间和生态科学与技术等领域的发展也都是至关重要的。

高分子不仅是生命的构成(蛋白质、DNA、RNA、酶)基础，也为我们的衣食住行提供了物质基础(植物、建筑物、公路、动物、服装、轮胎、涂料、地毯、报纸等)。

1.5.2 高分子工业发展现状

世界合成高分子材料的年产量已经高达 3 亿 t。先进国家均将高分子材料科学列入长期重点支持发展的领域之一。

目前，我国国民经济和高新技术已进入了高速发展时期，对高性能、低成本的高分子材料的需求日益增加，早在 2005 年我国合成高分子材料的消费量就已超过 6280 万 t，但国产自给率不足 50%，高档产品大量依赖进口，我国是世界最大的高分子材料进口国。而塑料是高分子材料中重要组成部分。近几年塑料工业发展迅速，但几种主要原料仍依赖进口。表 1.3 列出了 2007 年我国塑料制品的产量及构成情况。到 2008 年，我国塑料制品行业规模以上的企业共计 16 277 个，累计完成产量达到 3713.79 万 t，总产值（现价）9638.36 亿元，占轻工行业总产值 93 898 亿元的 10.26%，居世界第三位；新产品产值为 549.96 亿元，工业销售产值为 9407.07 亿元，产销率为 97.60%，仍保持较高水平，其中出口额为 1847.20 亿元。

表 1.3 2007 年我国塑料制品产量及构成

塑料制品	产量/万 t	增长率/%	比例/%
薄膜	528.7	14.1	18.9
(其中农用薄膜)	86.1	11.5	3.1
异型材/片材	308.4	12.0	11.0
管材	288.1	15.1	10.3
纤维	301.3	34.1	10.8
人造革/合成革	136.7	22.5	4.9
发泡制品	113.0	22.2	4.0
包装箱/容器	148.7	11.8	5.3
日用品	301.9	22.9	10.8
其他	675.0	14.5	24.1
合计	2801.9	17.9	100

1.5.3　高分子科学的发展方向

近年来，随着科学技术的快速发展，对新型高分子材料的需求也飞速增加。我们将从以下几个方面概述高分子科学的一些发展趋势。

1. 高分子合成化学

高分子科学的诞生源于高分子合成化学。因此，高分子合成化学作为高分子科学重要的基础和支撑分支学科，其发展对高分子科学与技术发展起着十分重要的推动作用。高分子合成化学研究从单体合成开始,研究高分子从低分子向高分子转变这一基本过程。具体来说可以分为两个方面：一方面针对已有的高分子聚合物体系，研究新的合成方法、新型催化体系实现对高分子结构的精确调控，优化合成与生产工艺，获得具有更高性能和更低成本的产品；另一方面则是设计具有新结构、新功能的新型聚合物。

与无机化学、配位化学、有机化学等化学学科之间的相互融合与渗透，是高分子合成化学发展趋势。催化体系在高分子合成中扮演着极其重要的作用，对所合成的产品性能有着非常重要的影响，将无机化学、配位化学的最新研究成果应用到高分子合成的催化体系中，可以大幅度提高高分子合成的效率，提高聚合产物的性能。尤其是随着近年来人们对环境保护、医疗健康问题的日益重视，越来越多的高效、绿色催化和聚合体系被引入到高分子材料的生产中，取得了巨大的经济效益和社会效益；有机合成化学和高分子化学也存在着非常紧密的关系，高分子科学的基础就是有机化学，高分子合成中所涉及的很多反应都是典型的有机反应。因此在高分子合成中引入新的有机化学研究成果，可以进一步实现高分子合成的可设计化、定向化和可控制化。此外开发设计具有复杂拓扑结构的聚合物链(如超支化聚合物、星形多臂嵌段共聚物、树枝状聚合物、浓密刷形聚合物等)的新合成技术也是目前的研究热点之一。

2. 高分子物理与聚合物加工

高分子物理是研究高分子物质物理性质的科学。其研究的主要方向包括高分子结构与形态、高分子物理性能，以及结构与性能之间的联系(即分子运动统计)。高分子科学发展过程中许多非常重要的高分子科学家(如 Flory、de Gennes 等)都是以物理学为基础对高分子进行研究的，并取得了具有里程碑意义的研究成果，极大地推进了高分子科学的发展。但需要指出的是，高分子结晶性能和溶液行为、高分子流变学、多相体系的微观物理行为、玻璃态和玻璃化转变仍是目前高分子物理领域的一些重要而尚未全面解决的基本物理问题，还有待于进一步深入研究。

高分子材料的加工在高分子工业中扮演着非常重要的角色。目前高分子材料的加工研究除了集中在新型加工方法与设备以外，还包括一些新技术的应用。例如，高分子材料反应加工，将传统高分子材料的合成和加工成型两个单独分离的过程融合在一起，加工设备同时起到反应器的作用，与传统方法相比其反应时间大大缩短，加工过程也更加快捷。另一个重要研究领域是通过在加工过程中施加外场的影响，如表面取向、电场、磁场、溶剂熏蒸、超临界体系等，使得高分子在成型过程中产生复杂的物理化学变化，从而获得特殊的物理化学性能。

3. 生物医用高分子材料

生命科学中的核心物质 DNA、多肽、蛋白质、聚多糖等都是相对分子质量很大的高分子，属于高分子科学研究的对象，而生命体正是由这些生物大分子构成的细胞所构成。因此，高分子科学与生命科学存在着不可分割的联系。目前越来越多的生命科学研究开始进入到分子化学的水平，从机理上了解生命活动的基本规律，因此高分子科学在其中就扮演着非常重要的作用。另外，因为结构与性质上的相似性，高分子材料是生物医用材料最为重要的组成部分，大量高分子科学领域的研究都直接或间接地与生物医用材料相关。

4. 环境响应功能高分子

高分子在受到外力作用时，会产生相应的应激响应，例如，在受到拉伸力作用下，高分子会被拉长。但对于环境响应功能高分子，与普通的高分子材料不同的是，这类被称为智能高分子的材料在一定程度上能够感知或监测环境的变化，并产生反馈信息，也称为环境响应。这些环境响应因素包括温度、电磁场、光、pH、压力、声、生物等。由于这些智能材料与仿生、信息、传感、控制等领域密切相关，因此近年来有着非常迅速的发展，在许多高科技产业中有着非常巨大的应用前景。

5. 超分子自组装

超分子自组装的研究起源于生命体。生命体是一个高度精密复杂的高分子聚集体，这种高分子之间的高级有序结构实际是建立在许多弱的分子间或分子内的相互作用之上，这些弱相互作用的共同作用使得生物高分子聚集体形成复杂、严格、一致的三维形状和尺寸，从而对生物活性与功能的实现起到决定性的作用。这个过程就是超分子自组装过程。

超分子聚合物是分子(可以是低分子，也可以是高分子)以可逆的非共价键作用形成的大分子聚集体。自从 20 世纪 80 年代首次报道了超分子聚合物以来，超分子及其自组装就成为了聚合物科学领域研究的热点之一。在超分子组装领域，虽然已经出现了大量重要的研究成果，并获得了许多复杂的功能材料，但与生命体的复杂性、精密性和功能性相比仍有很大差距，仍然需要进一步研究。有关这部分的详细内容我们将在后面的章节中详细介绍。

参 考 文 献

董建华. 2006. 高分子科学前沿与进展. 北京：科学出版社

董建华. 2009. 高分子科学前沿与进展 II. 北京：科学出版社

国家自然科学基金委员会工程与材料科学部. 2006. 有机高分子材料科学. 北京：科学出版社

施良和, 胡汉杰. 1994. 高分子科学的今天与明天. 北京：化学工业出版社

Carraher Jr C E. 2003. Giant Molecular: Essential Materials for Everyday Living and Problem Solving. 2nd ed. New Jersey: John Wiley & Sons

Fried J R. 2005. 聚合物科学与工程. 2nd ed. 影印版. 北京：化学工业出版社

第 2 章　高分子的合成与化学反应

2.1　聚 合 反 应

由低分子单体合成高分子聚合物的反应称为聚合反应。

聚合反应有多种类型，可以从不同角度进行分类，本节将介绍三种主要的分类方法。

2.1.1　按化学反应的类型分类

在高分子化学发展的早期，聚合反应的类型较为单一，因此常根据聚合的化学反应类型分为加成聚合反应(加聚)和缩合聚合反应(缩聚)两种。

单体经加成反应的聚合过程称为加聚反应(addition polymerization)。因此加聚反应的单体通常为烯类、二烯类、炔类、醛类等含有不饱和双键或叁键的有机化合物，如聚氯乙烯的聚合反应：

$$\underset{\text{氯乙烯}}{CH_2{=}\underset{\displaystyle Cl}{\underset{|}{C}}H} \longrightarrow \underset{\text{聚氯乙烯}}{\left[CH_2{-}\underset{\displaystyle Cl}{\underset{|}{C}}H \right]_n} \tag{2.1}$$

加聚产物的结构单元与单体相比，仅仅是电子结构发生了改变，而元素组成是一致的，也就是说其结构单元与单体的相对分子质量是一致的。

缩聚反应(condensation polymerization)通常是官能团间的反应，两种化合物的官能团之间发生缩合反应，以化学键将二者连接起来，根据官能团种类的不同，同时还有水、醇、氨、氯化氢等低相对分子质量副产物产生。如果这些化合物的官能度大于 1，就可以得到高相对分子质量的缩聚产物。如官能团 A 可以与官能团 B 发生缩合反应，那么含有两个 A 官能团的化合物 A2 就可以与含有两个 B 官能团的化合物 B2 发生缩聚反应。例如，尼龙 66 的聚合是己二酸与己二胺两种化合物的缩聚。同样地，同时含有 A、B 两种官能团的化合物 AB 也可以与自身发生缩聚反应，如乳酸(2-羟基丙酸)。由于生成了低相对分子质量的副产物，缩聚产物的结构单元与单体相比要减少若干原子，即缩聚物结构单元的相对分子质量等于单体相对分子质量的和减去低相对分子质量缩合副产物的相对分子质量。一些重要的工程塑料，如尼龙、涤纶(聚对苯二甲酸乙二醇酯，PET)等，就是通过缩聚反应制备得到的。

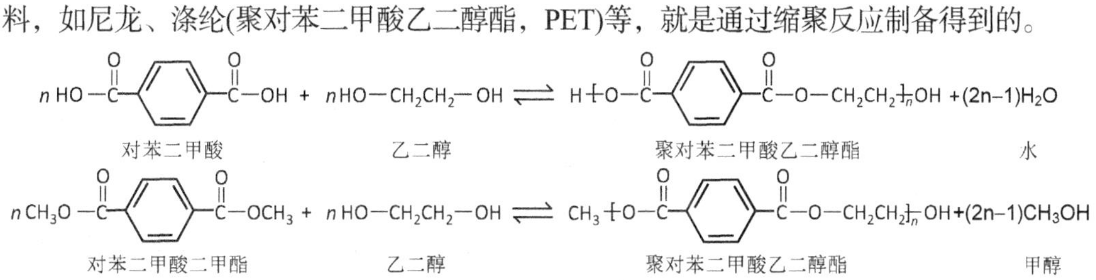

(2.2)

缩聚物分子主链中通常都保留了发生缩合反应的官能团的特征结构，如酰胺键—NHCO—、酯键—OCO—、醚键—O—等。因此大多数的缩聚物都是杂链聚合物。缩聚反应通常都是可逆反应，反应中生成的低相对分子质量副产物在未析出反应体系前仍可能与缩聚物发生解聚反应，因此在缩聚反应过程中通常都需要及时除去小分子副产物，以保证反应平衡向聚合方向移动。例如，当副产物是水或甲醇时，可以采用减压的方法使之快速被除去；当副产物是氯化氢时，可以采用加入碱性的缚酸剂(如三乙胺、吡啶、碳酸钙等)使之生成盐。

随着高分子化学的不断发展，近年来陆续出现了一些新的聚合反应，包括开环聚合、异构化聚合、可逆加成-断裂链转移聚合(RAFT)、原子转移自由基聚合(ATRP)、点击聚合等。这些聚合反应与传统的分类有了较大不同，例如，开环聚合[式(2.3)、式(2.4)]，从其结构单元与单体相比较可归属于加聚反应(其结构单元相对分子质量与单体一致)，但从产物官能团来看又类似于缩聚反应(产物主链中通常含有酯键、酰胺键、醚键等基团)，因此在有的分类方法中也将开环聚合与加聚和缩聚相并列。这些新型高分子聚合反应的出现使得原有的分类方法已不再适用。

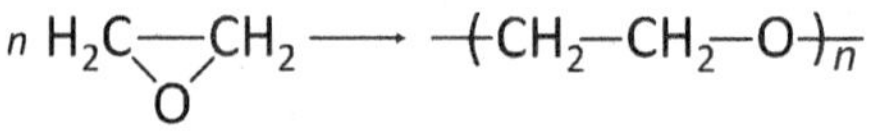

环氧乙烷　　　　聚环氧乙烷　　(2.3)

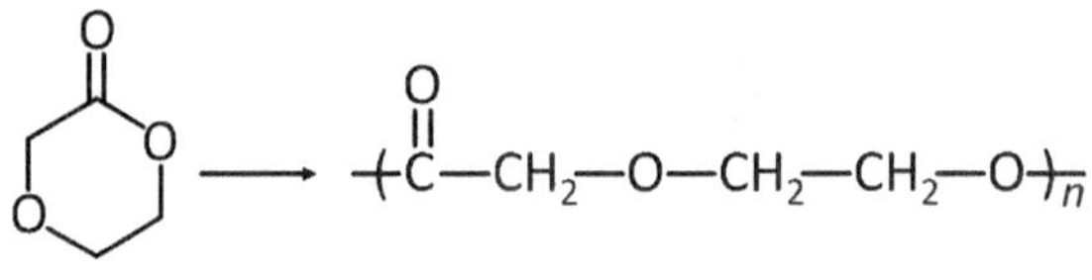

对二氧环己酮　　　　聚对二氧环己酮　　(2.4)

2.1.2　按聚合机理分类

20 世纪 50 年代以来，根据聚合反应机理和动力学，开始将聚合反应分类为连锁聚合(chain polymerization)和逐步聚合(step polymerization)两大类。

1. 连锁聚合

连锁聚合中需要能提供活性中心的引发剂，活性中心可以是自由基(free radical)、阳离子(cation)或阴离子(anion)，因此又可分为自由基聚合、阳离子聚合和阴离子聚合。连锁聚合的特征是整个聚合过程由链引发、链增长、链转移、链终止等基元反应组成，各个基元反应中必须有活性中心的参与，而且各个基元反应的动力学特征有较大的差异。链引发是活性中心的形成，单体只能与活性中心反应生成新的活性中心，单体之间不能反应，随着活性中心的终止，反应也将停止。反应体系由单体、高相对分子质量聚合物和微量引发剂组成，没有相对分子质量递增的中间产物，类似链式反应。

连锁聚合反应需要由引发剂先形成活性中心 R·，然后活性中心进攻单体的不饱和键，与之加成，形成单体活性中心，然后继续不断与单体加成，发生链增长，直到增长链的反应活性中心失去，使得链终止。各基元反应可以用下式来表达：

链引发(chain initiation)： $I \longrightarrow R\cdot$

链增长(chain propagation)： $R\cdot + M \longrightarrow RM\cdot$

$RM\cdot + M \longrightarrow RM_2\cdot$

$RM_2\cdot + M \longrightarrow RM_3\cdot$

……

$RM_{(n-1)}\cdot + M \longrightarrow RM_n\cdot$

链终止(chain termination)： $RM_n\cdot \longrightarrow$ 死聚合物

引发反应的活性中心 R•通常由特殊化合物在适当条件发生裂分生成，裂分方式包括均裂和异裂两种方式。如下式中所示：

均裂： $R\cdot\cdot R \longrightarrow R\cdot + R\cdot$

异裂： $A\cdot\cdot B \longrightarrow A^+ + \cdot\cdot B^-$

均裂时，共价键上的一对电子分属于两个基团，这种带独电子的基团呈中性，称作自由基；而异裂时，共价键上一对电子全部归属于其中某一基团，同时形成一个阴离子和一个阳离子。根据不饱和单体亲核亲电性的不同，自由基、阴离子、阳离子都可以成为活性中心，打开单体不饱和键，从而引发链增长反应。

从机理上来说，配位聚合(coordination polymerization)也属于连锁聚合的范畴。其反应的活性中心就是金属与单体中含有孤对电子的 N、O 等原子式双键形成的配位中间体。配位聚合的链引发增长反应包括两步：第一步，单体与催化剂配位并活化；第二步，被活化的单体在过渡金属烷基配位 M—R 中间插入而聚合，因而常称为插入聚合。这两步反应反复地进行就形成聚合物链。

连锁聚合的单体能否发生聚合，需从热力学和动力学两方面考虑。单体和聚合物自由能差 ΔG 为负数时，才有聚合的可能。即使在热力学上能够聚合的单体，仍然需要有合适的引发剂和温度等动力学因素。

下面我们以苯乙烯的自由基聚合为例对连锁聚合进行简要的介绍。

1) 链引发

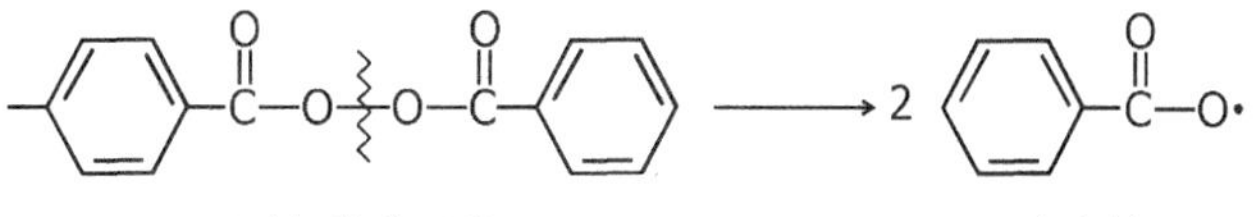

过氧化苯甲酰 自由基

(2.5a)

引发剂(initiator)过氧化苯甲酰(benzoyl peroxide，BPO)均裂生成活性自由基。

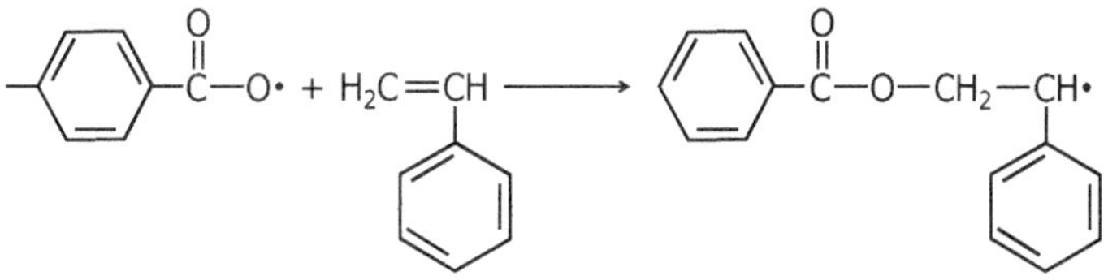

苯乙烯

(2.5b)

活性自由基进攻苯乙烯(styrene)单体，与之发生加成反应生成单体活性中心。

2) 链增长

单体活性种继续与其他单体发生加成反应，形成链增长，高分子链端始终含有一个自由基，称为链自由基，只要链自由基和单体存在，聚合反应就可以持续进行[式(2.5c)]。

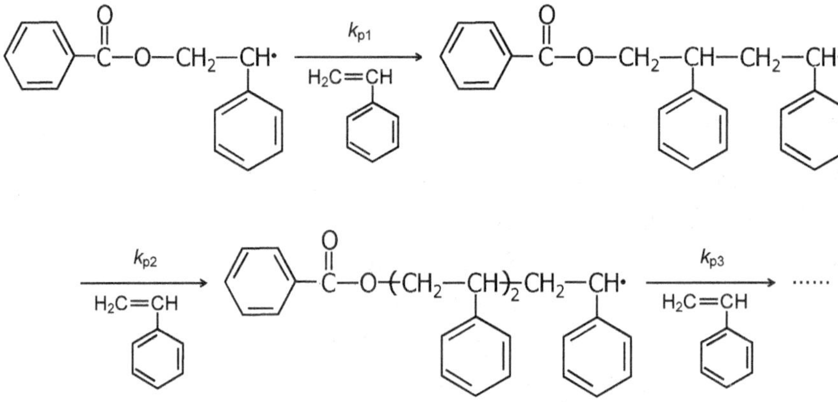

(2.5c)

3) 链终止

一般来说，链自由基具有较高活性，具有相互作用而终止的倾向。如果两个链自由基相互偶合作用形成一个新的化学键，即称为偶合终止[式(2.5d)]，这时高分子的平均聚合度为链自由基平均聚合度的两倍，大分子两端均为引发剂残基；而如果一个链自由基的原子被另一个链自由基夺取，分别形成含饱和端基和不饱和端基的高分子，称为歧化终止[式(2.5e)]，这时高分子的平均聚合度与链自由基平均聚合度相同，每个大分子只有一端为引发剂残基。

偶合终止(combination)：

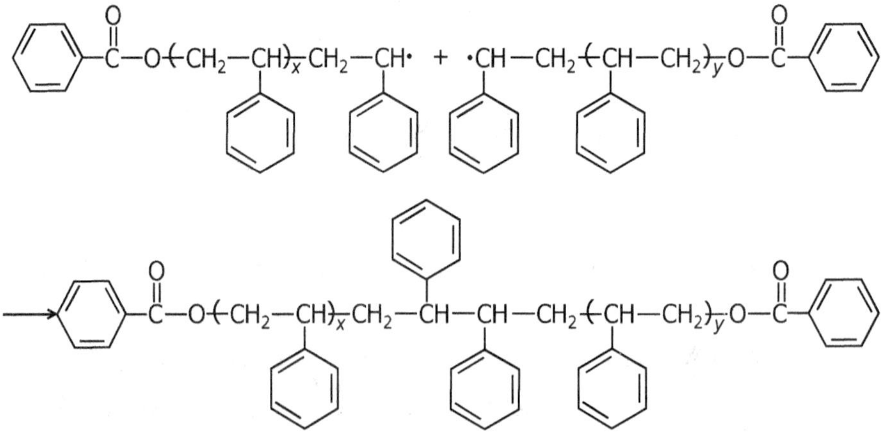

(2.5d)

歧化终止(disproportionation)：

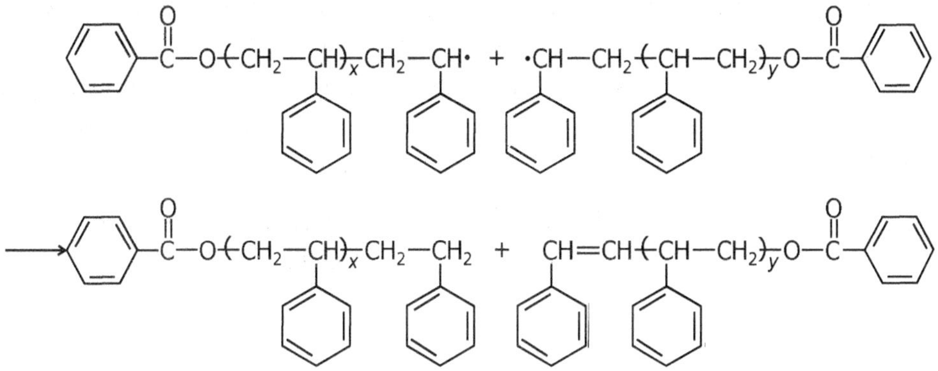

(2.5e)

4) 链转移

自由基聚合过程中，还存在链转移(chain transfer)基元反应，增长链自由基从其他分子上夺取一个原子而终止成为稳定大分子，并使失去原子的分子又成为一个新自由基，再引发单体继续新的链增长，使聚合反应继续下去。链转移的对象包括单体、溶剂、引发剂等小分子或者其他大分子。如式(2.5f)所示：

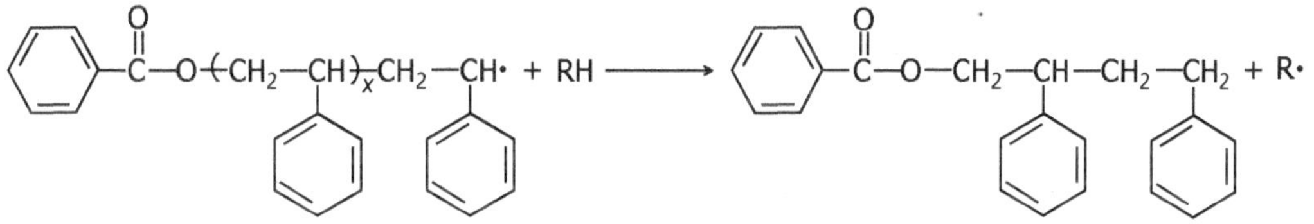

(2.5f)

2. 逐步聚合

绝大多数缩聚反应和合成聚氨酯的反应都属于逐步聚合反应。其特征是在低分子转变为高分子的过程中，反应是逐步进行的，即每一步的反应都能得到较稳定的化合物，这些化合物都含有可以参与反应的官能团，反应可以发生在单体与单体之间、大分子与单体之间，也可以发生在大分子与大分子之间，即每一步反应在动力学上都是等价的，而不存在动力学差异较大的不同基元反应。例如，尼龙 66 的单体为己二酸与己二胺，其大分子聚合产物的端基仍然为羧酸或胺基，可以继续与单体或其他大分子的官能团进行反应。

大部分的缩聚反应是典型的逐步聚合，但也有一些非缩聚型的逐步聚合反应，其反应也是发生在官能团之间，但没有小分子的副产物生成。例如，聚氨酯通常就是利用二异氰酸酯的异氰酸酯官能团与多元醇的羟基官能团之间的加成反应制备得到，如式(2.6)所示：

$$n\ \mathrm{HO{-}(CH_2)_4{-}OH} + n\ \mathrm{O{=}C{=}N{-}(CH_2)_6{-}N{=}C{=}O} \longrightarrow$$

1,4-丁二醇　　　　六亚甲基-1,6 二异氰酸酯

$$\mathrm{\left[O{-}(CH_2)_4{-}O{-}\overset{O}{\overset{\|}{C}}{-}NH{-}(CH_2)_6{-}NH{-}\overset{O}{\overset{\|}{C}}\right]_n} \tag{2.6}$$

聚氨酯

如果按化学反应类型分类，聚氨酯的聚合应归属于加聚反应，但实际上其与传统的加聚反应相比有着非常大的区别。因此，按聚合机理来划分聚合反应非常重要，这种划分方法涉及聚合反应的本质，在实际的生产和研究中具有重要意义。例如，2.1.1 小节中按传统分类方法难以划分的开环聚合，根据其具体的反应机理就可以归属到连锁聚合或逐步聚合中。如式(2.7)中对二氧环己酮的开环聚合以羟基化合物为引发剂，过渡金属的有机配位化合物为催化剂，引发剂先与催化剂形成活性中心，再与单体发生配位插入反应，如式(2.7)所示，因此从聚合机理上来划分是属于连锁聚合的配位聚合反应。而相应地，在一些开环聚合中采用水–酸作催化体系的时候(如己内酰胺开环聚合制备尼龙 6 的过程)，则属于逐步聚合。

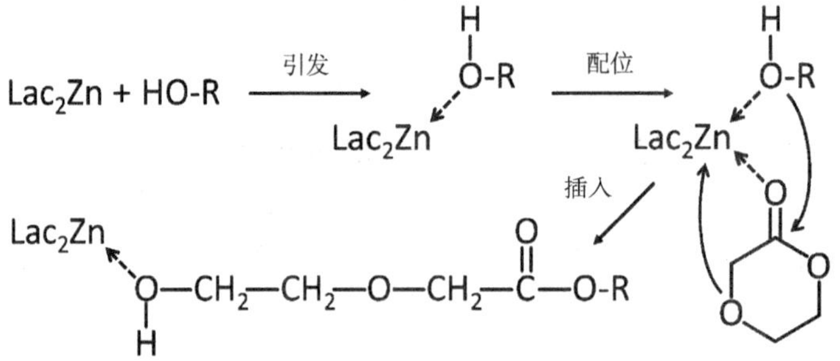

(2.7)

2.1.3　按聚合反应方法和条件分类

在高分子的生产过程中，根据在合成过程中的具体实施方法来划分，聚合反应可分为本体聚合、溶液聚合、悬浮聚合和乳液聚合等。

1. 本体聚合

本体聚合指在聚合过程中只有单体本身，而不加入其他溶剂等介质，在引发剂、热、光等作用下进行的聚合反应。这种合成方法的优点是产品纯净，不存在反应后介质分离问题；聚合设备简单，可连续或间歇生产。但相应的缺点是随着反应的进行，产物相对分子质量不断升高，体系变得很黏稠，聚合热不易扩散，温度难以控制。造成局部过热、产品热分解、相对分子质量分布宽等问题，引起聚合自动加速现象甚至引起爆聚。这种由于体系黏度增加造成的聚合反应自动加速的现象又称为“凝胶效应”。

2. 溶液聚合

溶液聚合是将单体和引发剂溶于适当溶剂中进行聚合反应，这种方法的优点是散热控温容易，可避免局部过热；反应体系的黏度较低，反应物能够充分分散，从而消除凝胶效应。但是由于溶剂的加入，反应活性基团的浓度有所降低，因而聚合反应的速率较慢，产率下降，产物相对分子质量也不高；与此同时，使用溶剂还常常涉及溶剂回收和设备腐蚀等问题。

3. 悬浮聚合

悬浮聚合是反应物以液滴状悬浮在溶剂中进行的聚合，作为连续相的水与作为分散相的油性单体不互溶，因此每个小液滴就相当于一个本体聚合的单元。随着聚合的进行，单体液滴逐渐转变为聚合物固体粒子。为了防止粒子之间的相互黏结，体系中通常都需加入分散剂(表面活性剂)，以便在微粒与溶剂的界面形成保护膜，因此悬浮聚合体系一般由单体、引发剂、水、分散剂四个部分组成。悬浮聚合具有以下优点：体系黏度低，散热与温度控制容易；产物相对分子质量及相对分子质量分布比较稳定；后处理工序比溶液聚合简单等。悬浮聚合的主要缺点是产物中存在少量分散剂残留物；此外一些涉及无水环境的聚合反应(如离子型聚合)也无法采用悬浮聚合的方法。综合比较可以发现，悬浮聚合兼具有本体聚合和溶液聚合的优点，而缺点较少，因此在工业上应用较为广泛。

4. 乳液聚合

乳液聚合是单体在乳化剂作用和机械搅拌下，在水中分散成乳液状态进行的聚合反应，反应体系包括单体、分散介质、乳化剂和引发剂，这与悬浮聚合具有一定的相似性。与悬浮聚合不同的是，乳液聚合的粒径更小，引发剂往往采用水溶性化合物。这种方法的优点是：传热控温容易；可在低温下反应；链增长速率快，相对分子质量较高；可直接得到聚合物乳胶。缺点则是：产物纯化分离工序较为复杂；产物中往往残留乳化剂，难以除去。

5. 其他聚合方法

近年来，随着高分子科学的不断发展，一些新型的高分子合成方法也不断涌现出来，比较常见的包括：

(1) 界面聚合(interface polymerization)；

(2) 固相聚合(solid polymerization)；

(3) 超临界流体聚合(polymerization in supercritical fluids)；

(4) 辐射聚合(radiation polymerization)；

(5) 等离子体聚合(plasma polymerization)；

(6) 微波聚合(microwave-assisted polymerization)；

(7) 超声波聚合(ultrasonic-assisted polymerization)。

其中前三种方法是在聚合分散体系的状态上有所改变，后四种方法则是在聚合反应过程中引入了新的活性种引发方式或能量供应方式。这些方法都具有一些突出的优点，但同时也存在一些需要解决的问题，因此在工业应用中不如传统的方法广泛。

2.2　高分子的分子设计

高分子根据其分子结构(structure)的不同表现出不一样的特性(property)，这些特性与高分子分子链中化学键的性质、键能、排列、空间分布、有序性等诸多方面有着直接的联系。因此我们在研究高分子性能时，必须充分认识和了解高分子的分子结构。有关高分子结构与性能的关系我们将在后面的章节中详细介绍。

从基元结构来看，高分子与有机化合物有很多相似之处，因此在设计高分子聚合物时首先应从有机化学的分子设计入手，通过高分子结构单元的化学键、官能团、分子极性、对称性等影响因素的调控可获得具有特定性能的高分子。但对于单一结构单元的均聚高分子体系，在具有一定优异性能的同时，往往也存在一些缺陷。例如，聚乙烯主链为高度对称和非极性的(—CH_2—CH_2—)结构，因此具有优良的韧性和绝缘性。一些聚乙烯品种的断裂伸长率可以达到 1000%以上，因而被广泛应用于包装膜材料中，但相应的这种结构也使得其强度不高，无法应用到抗冲击等对强度要求较高的场合；而对于聚氯乙烯，其结构相当于聚乙烯结构单元中一个氢原子被氯原子取代(—CH_2—CHCl—)，因此具有很高的极性，使得聚合物分子链间作用力大幅增大，材料具有较高的强度和刚性，但这种分子间作用力也使得其加工温度高于分解温度，加工性能很差，必须加入抗热分解的热稳定剂和增塑剂等添加剂。另外，与小分子有机化合物不同的是，高分子聚合物具有特殊的空间拓扑结构，因此我们在制备聚合物材料过程中，不仅需要对结构单元分子结构进行设计，往往还需要对其大分子链的结构进行设计，改善聚合物在某些方面的性能，从而满足不同应用场合的要求。

本节中，我们将主要针对高分子设计中的大分子结构设计进行简要介绍，主要包括支化、交联、共聚等，这些方法可使高分子的化学结构或分子链空间结构发生改变，不仅可改变高分子的化学性能，还直接对宏观的物理性能(如玻璃化转变温度、熔点、结晶性能、光学性能等)产生重要的影响。

2.2.1　高分子的支化与交联

1. 高分子的支化

支化聚合物英文名称为 branched polymer 或 non-linear polymer，指的是在分子链上有一些长短不一的支链的高分子。支链又有短支链和长支链之分。短支链的长度与较长的侧链相近，而长支链的长度可能与主链相当。长支链和短支链对聚合物产生不同的影响。短支链使得高分子链的规整程度及分子间堆砌密度降低，因而含有较多短支链的高分子的玻璃化转变温度较低。长支链的存在对结晶性能无显著的影响，但对高分子溶液和熔体的流动性能影响较大。相同相对分子质量时，支化聚合物的特性黏度比线形聚合物小。

高分子学科发展的早期，研究的对象都是以线形聚合物为主，1952 年 Flory 首先从理论上研究了聚合物支链对其性能的影响。但直到 20 世纪七八十年代，人们才有针对性地合成和研究这类聚合物。支化聚合物表现出的特殊性质很快引起了研究人员的强烈关注。

支化聚合物在空间拓扑结构上不再是单一的链状，因而其物理性能与传统的线形聚合物有很大的区别，例如，其特性黏度随相对分子质量的增大出现最大值，其熔体和溶液流动行为根据支化程度的不同发生巨大变化等；另外，与线形聚合物相比，支化聚合物含有大量的端基官能团，因而使得其化学性质和生理活性等也发生了一定的变化。因此，支化聚合物在众多领域展现出广阔的应用前景。如可用作缓释药物载体、信息存储材料、高效催化剂、非线性光学材料、纳米材料、液晶材料、污水处理剂、传感材料、分离膜材料、流变学改性剂等。由于空间拓扑结构对材料性能存在这些巨大的影响，聚合物的支化在化学方面(如分子设计原理、合成化学、结构控制等)及在物理方面(如构象、拓扑结构、分子表面分形、凝聚过程、凝聚态结构等)的作用都有着极大的研究价值。

支化聚合物按照空间拓扑结构不同可分为有规支化聚化物和无规支化聚合物两大类。前者包括星形(star-like)、梳状(comb-like)、树形(dendrimer)、梯形(ladder)等具有特殊拓扑结构的支化聚合物，如图 2.1 所示；后者则是指支化结构在空间分布上没有特定规律的支化聚合物。按支化程度不同又可分为超支化聚合物和普通支化聚合物。支化聚合物的合成方法通常包括：

(1) 主链引发法：指聚合过程中在聚合物主链上通过化学方法产生活性中心，同时引发单体的聚合反应生成支链。

(2) 主链侧链偶联法：首先分别合成主链和支链聚合物，再通过端基或主链上的侧基发生化学反应偶联成为支化聚合物。

(3) 大分子单体法：首先合成具有特殊官能团端基的预聚物(prepolymer)，然后将这种大分子预聚物作为“单体”进行聚合反应得到支化聚合物。

(4) 多官能度单体逐步聚合：利用具有多个官能团的单体进行逐步聚合，这种方法制备的产物可以具有很高的支化度，常用于制备树形聚合物和超支化聚合物。如前所述(2.1.1 小节)的聚乳酸的聚合是采用 AB 型双官能度单体的缩合聚合，而如果引入三官能度甚至更高官能度的单体(如 AB_2，即单体中含有一个 A 官能团和两个 B 官能团)则可以得到具有支化结构的产物。多官能度单体含量越高，支化程度越高。如果严格控制反应条件，完全采用 AB_2 型单体进行逐步反应，则可以得到树形聚合物。

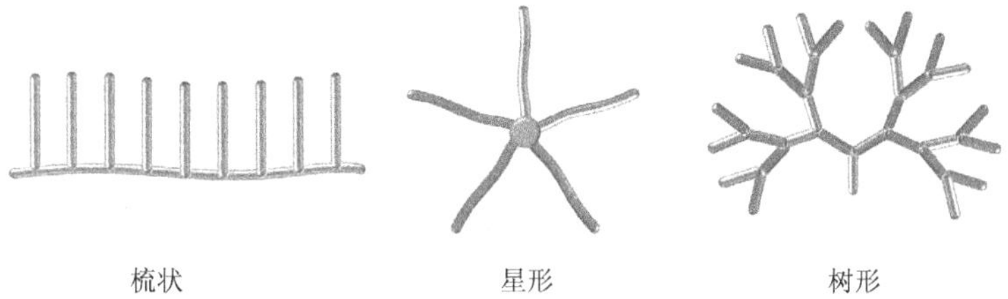

图 2.1　常见的有规支化聚合物

以聚乙烯为例，可以对高分子支化结构与物理性能的关系有一个初步的了解。目前应用最为广泛的聚乙烯包括高密度聚乙烯(HDPE)、低密度聚乙烯(LDPE)、线形低密度聚乙烯(LLDPE)。由于合成工艺的不同，三种聚乙烯具有不同的空间拓扑结构，从而在物理性能方面也具有很大区别。如图 2.2 和表 2.1 所示。

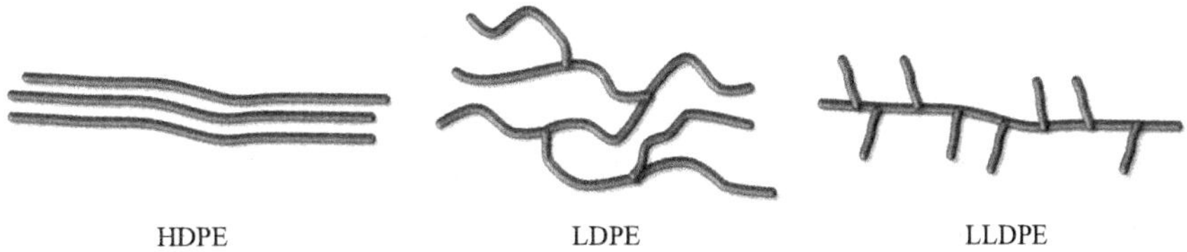

图 2.2　聚乙烯的分子链的空间拓扑结构

表 2.1　聚乙烯的基本性能参数

名称	密度 /(g/mL)	结晶度 /%	拉伸强度 /MPa	断裂伸长率 /%	冲击强度 /(J/m)
HDPE	0.94~0.97	80~95	21~38	20~130	27~1068
LDPE	0.91~0.93	50~70	4.1~16	90~800	未断裂
LLDPE	0.92~0.93	50~55	20~30	100~1000	未断裂

HDPE 又称低压聚乙烯，分子结构中支链很少，近似于线形，分子链排列紧密规整，材料具有较高的密度和结晶性，因而在宏观物理性能上表现为强度与刚性等机械强度高，但柔韧性一般、易脆、易老化等。

LDPE 又称高压聚乙烯，其分子结构中含有无规长支链，妨碍了分子链的整齐排布，分子间的排列较疏松，分子链间缠结较多。因此材料的密度较低、透明性好、柔韧性好、耐应力开裂，但相应的刚性和强度较低，易变形。

LLDPE 是一种含有大量短支链的聚乙烯，结构类似于梳状支化，支化程度介于 HDPE 和 LDPE 之间，因而性能上兼具有二者的优点。

2. 高分子的化学交联

交联反应是指线形高分子链之间进行化学反应，由线形的高分子转变成为体形的网状高分子。交联在高分子化学反应中非常重要，在第 1 章中我们已经简单介绍了这种反应。体形高分子不能熔融也不会溶解，只能在一定程度上软化和溶胀，这为加工和回收二次处理带来一定的困难，但相应地，交联也会赋予聚合物一些特殊的性能。

主链含不饱和双键的聚烯烃橡胶，如丁二烯、异戊二烯、氯丁二烯的 1,4-聚合物(顺丁、异戊、氯丁橡胶)及其共聚物(丁苯、丁腈、丁基橡胶)等主要橡胶品种，都必须经过交联和补强后，才能制备得到具有实用性的橡胶制品。交联的目的在于消除永久变形。这些主链含有双键的聚合物弹性体在商业上通常用硫或含硫有机化合物交联，因此橡胶的交联又被称为硫化“vulcanization”。简要过程如图 2.3 所示。

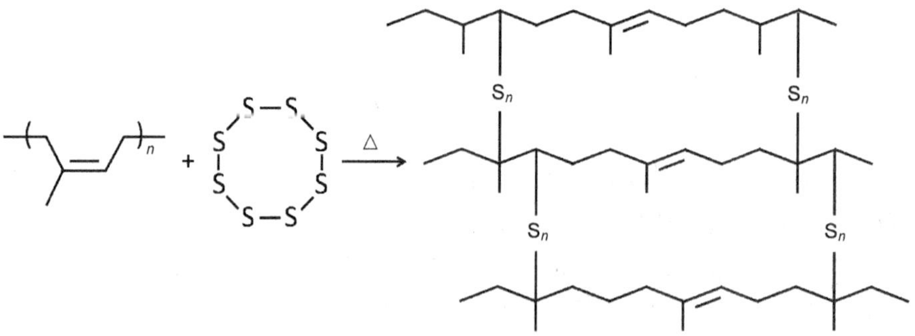

图 2.3　天然橡胶的硫化

对于主链不含有双键的聚烯烃类高分子(如聚乙烯、乙丙橡胶)、聚硅烷等，无法使用相似的硫化方法，但可以在过氧化物、高能辐射等作用下形成交联，提升相关性能，得到有用的弹性体材料。这些方法的机理在于首先使聚合物主链中形成自由基，然后通过自由基之间偶合形成交联。简要的过程如式(2.8)所示：

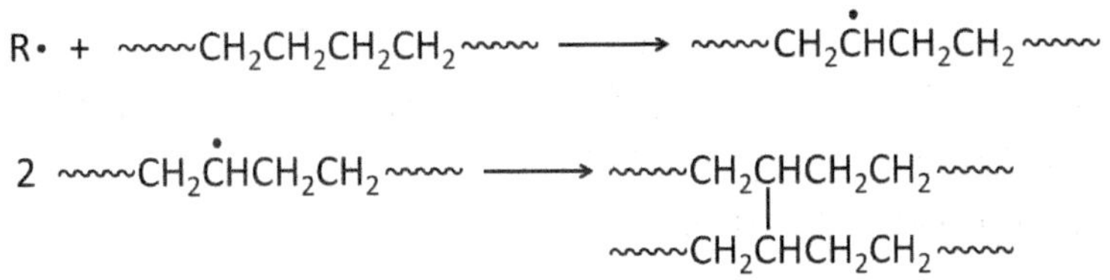

(2.8)

对于采用逐步聚合制备的高分子，以上的交联方法通常就不再适用。这类聚合物的交联可以通过多官能度单体或预聚物的反应来实现。在逐步缩聚过程中，当采用官能度为 2 的单体与另一官能度为 2 以上的单体缩聚时，将先生成直链或支链预聚物，而后进一步交联为体形结构，这一过程也称为体形缩聚。热固性聚合物(如酚醛树脂、脲醛树脂、醇酸树脂等)大都是按这一反应机理进行的。

2.2.2　高分子的共聚

聚合链中含有两种或两种以上的结构单元的聚合物，称为共聚物(copolymer)。共聚(copolymerization)是改变聚合物性能的一种有效方法，共聚物分子链中含有多种结构单元，也就使得其兼具有多种聚合物的特性，可以改善均聚物的许多性能，如机械强度、弹性、柔韧性、玻璃化转变温度、塑化温度、熔点、溶解性能、染色性能、表面性能等。例如，被称为第五大工程塑料的“ABS”塑料就是一种含丙烯腈(acrylonitrile)、丁二烯(butadiene)、苯乙烯(styrene)三种结构单元的三元共聚物，因而其性能兼具有聚丙烯腈耐化学腐蚀性和高表面硬度，聚丁二烯高弹性和韧性，聚苯乙烯良好透明性、着色性、电绝缘性和加工性等综合优点，而且材料性能随着共聚单元的配比和分布有非常大的变化，从而成为一种应用十分广泛的高分了材料。除了材料的增强与改性，共聚物具有的多种复合性质还使得其常被应用于相容剂、表面活性剂、大分子自组装等领域。

根据大分子的微结构(结构单元空间分布与序列)，共聚物可大致分为以下四种类型，以 AB 二元共聚体系为例：

(1) 无规共聚物：A、B 两种结构单元无规排列，随机分布。标准命名为前面加“聚”字前缀，然后在两种单体名称中插入“-co-”。

$$\sim\sim\sim ABABBABAAABBABBBAABABAAB \sim\sim\sim \tag{2.9a}$$

在聚合过程中加入两种以上单体进行聚合反应，往往会得到具有无规结构单元排布的无规共聚物。例如，乙烯与乙酸乙烯酯的共聚物 EVA、乙烯与丙烯的共聚物乙丙橡胶、乳酸与羟基乙酸的缩聚共聚物 PLGA 等。无规共聚物由于其分子链段的规整性被严重破坏，因而通常都是非晶性的聚合物。

(2) 交替共聚物：A、B 两种结构单元严格相间排列。标准命名为前面加“聚”字前缀，然后在两种单体名称中插入“-alt-”。

$$\sim\sim\sim ABABABABABABABABABABABAB \sim\sim\sim \tag{2.9b}$$

交替共聚物较为少见，可以看成是无规共聚物的一种特例，例如，苯乙烯–马来酸酐共聚物就属于这一类。马来酸酐自身不能均聚，但可以与苯乙烯单体加成，因此当原料中马来酸酐单体含量远大于苯乙烯单体时，就可以得到交替共聚物。无规共聚物与交替共聚物都呈均相，通常都由二元单体的一般共聚反应制备。需要指出的是，虽然一些缩聚物也是采用两种化合物反应得到具有类似交替共聚物的结构，但从反应机理来看，这些缩聚物仍然是均聚物，其结构单元为两种单体发生缩合反应后的结构。

(3) 嵌段共聚物：由 A 单元聚合物链段和 B 单元聚合物链段交替构成。标准命名为前面加“聚”字前缀，然后在两种单体名称中插入“-b-”。

~~~~AAAAAABBBBBBAAAAAABBBBBB~~~~　(2.9c)

嵌段共聚物不能通过一般共聚合反应制备，通常需要先制备其中一个或多个单体的均聚预聚物，再用预聚物的端基作为引发剂引发第二单体的聚合或者将两种单体的预聚物进行化学偶联，从而得到嵌段共聚物。

嵌段共聚物按嵌段的数量排列不同又可分为 AB 型两嵌段、ABA 型三嵌段、ABAB 型多嵌段聚合物等类别。

嵌段共聚物由于其分子链结构具有局部有序性，因而在微观相形态上表现出一种“微相分离”(microphase separate)的特性，在某些特定条件下，共聚物可以自组装形成高度有序的周期性纳米结构。嵌段共聚物的这一特点使得其成为近年来的一个研究热点，应用于诸如微胶囊、纳米器件、分子反应器等特殊的场合中。

(4) 接枝共聚物：主链由单元 A 构成，而支链由另一种单元 B 构成。标准命名为前面加“聚”字前缀，然后在 A 单体在前 B 单体在后，名称中插入“-g-”。

接枝共聚物的分子结构参数除了主链与支链的聚合度以外，还包括取代度(degree of substitution, D_s)，意即主链中连有接枝链的结构单元占总结构单元的百分比。

```
        BBBBBB~~~~                   BBBBBB~~~~
        |                            |
~~~~AAAAAAAAAAAAAAAAAAAAAAAAAAAA~~~~
                   |
                   BBBBBB~~~~
```
(2.9d)

接枝共聚物的共聚方法与嵌段共聚物相似，具体可以分为“grafting from”、“grafting onto”、“grafting through”三类。“grafting from”是利用主链聚合物结构单元 A 中的特殊官能团引发 B 单体的聚合得到共聚物。这种合成方法较为简单，但产物结构不易控制。“grafting onto”是指先合成具有特殊端基的支链预聚物，然后与结构单元中含有可反应官能团的主链聚合物偶联从而得到接枝共聚物。这种方法可以有效控制共聚物的分子结构，但反应步骤较多，过程较复杂。“grafting through”又称为大分子单体共聚，是在 B 单体预聚物端基中引入可以与 A 单体发生聚合反应的结构单元，形成大分子单体，然后再与 A 单体进行无规共聚得到接枝共聚物。这种方法对合成条件要求较高，要求大分子单体与 A 单体之间的反应活性比较接近。

2.3　高分子的化学反应

高分子在研究、使用、回收、废弃过程中不可避免地将发生化学反应，通过这些化学反应，不仅在理论上可以分析研究聚合物的结构和性能；在实用中还可以将原有聚合
```

物转变为具有新特性的材料。与此同时，还可以促使高分子发生某些我们所期望的化学变化而避免不希望的化学变化，如在使用过程中使性能变坏的老化过程和加工过程中的热降解等。

高分子的性能取决于其结构和聚合度。聚合物发生的化学反应种类很多，几乎涉及有机化学的所有方面，因此通常不按反应机理进行分类，而是根据聚合度和基团的变化分为以下三类：

(1) 聚合度基本不变的化学反应，这类反应通常发生在高分子的侧基和端基上，也称相似转变，如将天然纤维素转变为人造纤维素、聚乙酸乙烯酯水解制备聚乙烯醇等。

(2) 聚合度变大的反应，我们在 2.2 节中介绍的接枝、交联、预聚物的偶联等反应都属于这一类。

(3) 聚合度变小的反应，包括解聚、降解等。

### 2.3.1　高分子的反应活性及其影响因素

影响高分子发生化学反应的因素包括化学因素和物理因素两类。

1. 化学因素

高分子本身的化学性质，包括结构单元中官能团的键长、键能、极性，分子链的形状、排列等，端基性质等对高分子的化学反应都存在重要的影响。除了聚合物结构单元中官能团本身的性质以外，影响聚合反应活性的化学因素还包括概率效应和邻近基团效应。

概率效应是指当高分子相邻基团共同发生化学反应时，由于反应是无规进行，与左右两个相邻基团发生反应的概率是相等的，因此产物中往往有孤立的未反应基团，最高转化程度因而受到限制，无法达到 100%。例如，聚乙烯醇制备维尼纶[式(2.10)]的反应中，两个相邻结构单元中的羟基共同与甲醛发生缩醛反应，因此受到概率效应的影响，不是所有的羟基都可以参与反应，这与实验结果是相一致的。此外，聚氯乙烯脱氯、淀粉的乙酰化等反应也存在类似情况。

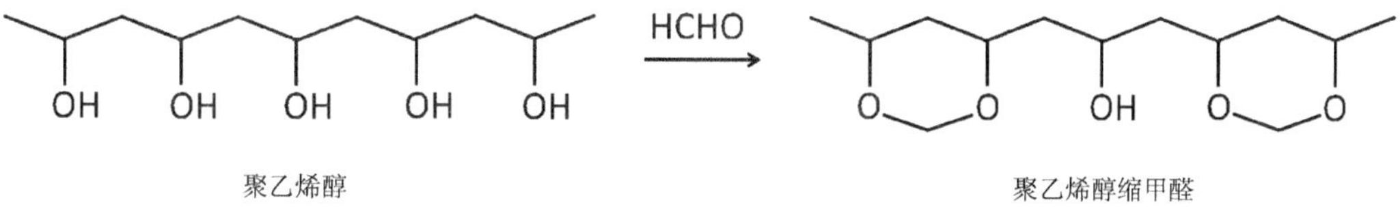


(2.10)

邻近基团效应是指分子链上的邻近基团的静电作用和位阻效应均可以使基团的反应能力降低或增加。例如，PES 是一种脂肪族聚酯，由丁二酸与乙二醇缩聚制备，其结构单元中含有酯键(—COO—)，容易发生水解反应，因而在可生物降解聚合物领域有非常广泛的应用。而涤纶(PET)也是一种聚酯，由对苯二甲酸与乙二醇缩聚制备，是一种芳香族聚酯，由于分子链中存在苯环的共轭作用，虽然其酯键在一定条件下也能被水解，但是相对比 PES 稳定得多，也不能在微生物或酶存在下被分解，因此 PET 是一种非常重要的工程塑料。

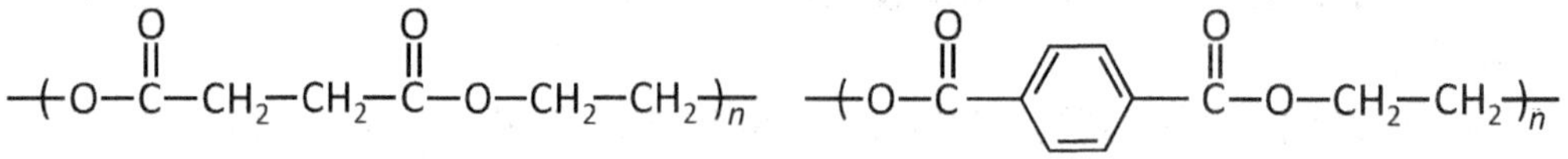

聚丁二酸乙二醇酯(PES)　　　　聚对苯二甲酸乙二醇酯(PET)

(2.11)

2. 物理因素

影响高分子化学反应活性的物理因素主要涉及反应物质的扩散速度和局部浓度等方面。结晶区与无定形态、交联与否、均相与非均相等对反应的扩散有重要影响。对于部分结晶聚合物，结晶区中聚合物分子排列较为紧密有序，低分子反应物很难扩散进入结晶区。例如，脂肪族聚酯类可生物降解聚合物通常都具有半结晶性，发生水解反应时，水分子很难扩散进入结晶区，因而结晶区的降解速度大大低于非晶区。对降解产物的结晶度分析可以发现材料的结晶度随降解时间延长而增大。

对于无定形的高分子，当处于玻璃化转变温度以下时，分子链的运动被冻结，也不利于低分子物的扩散。因而高分子的本体反应最好在玻璃化转变温度以上进行。

对于高分子来说，化学反应通常需要在熔融或者溶解的状态下进行，在流动的状态下，高分子链才能充分地与小分子反应物混合接触，反应体系呈现均质的状态，这种反应状态也称为均相反应(homogeneous reaction)，而反之则称为非均相反应(heterogeneous reaction)。其中“homo-”和“hetero-”分别为“同”和“异”的词头。

## 2.3.2　聚合度基本不变的化学反应

仅高分子的侧基和(或)端基发生化学反应转变为新的基团，而高分子的聚合度基本不发生变化，称为聚合度相似转变。这种类型的反应在工业上应用很多，如聚乙酸乙烯酯醇解制备聚乙烯醇、纤维素的乙酰化制备醋酸纤维素[式(2.12)]等。

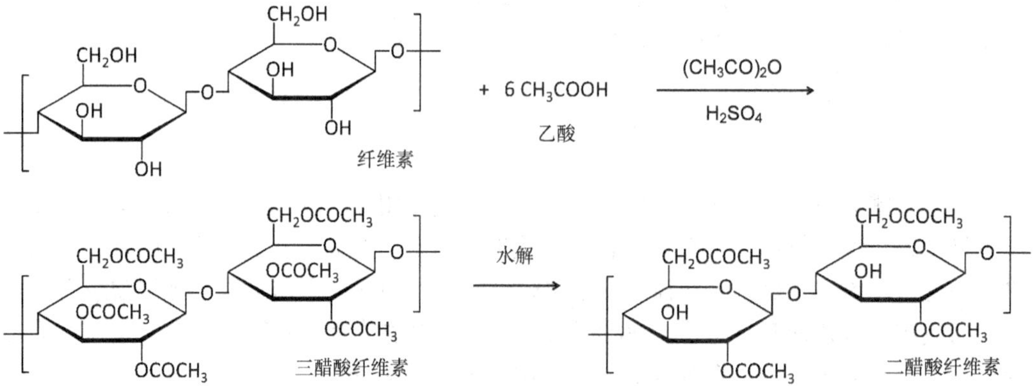


(2.12)

由于高分子结构单元的化学结构发生变化，其性能也就发生相应的改变。例如，天然的纤维素由于分子链结构规整、高结晶度、分子间的氢键作用等而分子的溶解性很差，很难溶于常用的有机溶剂，另外这些强烈的分子间作用也使得纤维素不具有热塑性，使得天然纤维素的应用受到了很大限制。纤维素的改性主要是基于羟基的酯化或醚化等反应，常见的改性纤维素包括硝酸纤维素、醋酸纤维素、羟乙基纤维素等。这些化学反应基本不会改变纤维素的聚合度，但却明显改变了纤维素的性能。通过反应降低了羟基的含量，破坏了分子链规整结构，使得纤维素的分子间氢键作用受到了明显削弱，结晶度下降，从而可以溶于一些有机溶剂，也可以进行热塑性加工。其中，硝酸纤维素又称为“赛璐珞”(celluloid)，是历史上第一种商业化的塑料；而醋酸纤维素由于其良好的透明性和选择透过性，目前也被广泛应用于光学材料和膜材料中。

### 2.3.3　聚合度变大的化学反应

聚合度变大的反应一般都应用于高分子的合成阶段，具有一定相对分子质量的预聚物通过聚合度变大的反应最终得到高相对分子质量的产物。我们在本章前面介绍过的交联、接枝、嵌段共聚等反应都属于这类反应。

扩链反应是高分子合成中常用的一种方法，其反应原理与逐步聚合反应比较类似，首先合成具有特殊端基结构的高分子预聚物，再利用端基官能团之间或与扩链剂之间的化学反应将短链的预聚物连接成为长链的聚合物。

例如，聚丁二酸丁二醇酯(PBS)通过丁二酸与丁二醇的缩聚反应制备，在加热和减压的条件下脱除副产物水。由于 PBS 是一种脂肪族聚酯，其在高温下的水解稳定性较差。如果生成的小分子副产物水不能及时排除到反应体系外，水解与缩聚的反应平衡将使得聚合很难获得高相对分子质量的缩聚产物。在大规模反应体系中，这种现象尤为明显，因此在实际的生产中，往往采用先通过加入过量丁二醇制备具有端羟基的 PBS 预聚物，再以六亚甲基二异氰酸酯为扩链剂制备具有较高聚合度的扩链产物。

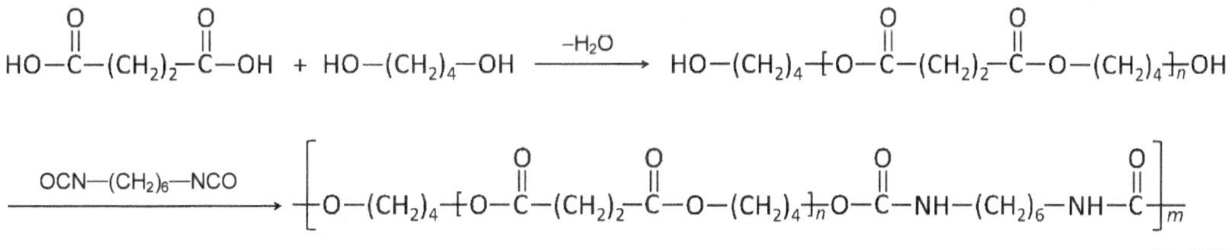


(2.13)

### 2.3.4　聚合度变小的化学反应

聚合度变小的化学反应总称为降解(degradation)反应，包括解聚和无规断链。一般来说，高分子的降解都将使得其性能下降，所以在大多数的场合下，特别是加工和使用过程中都需要抑制高分子的降解，这一过程也称为稳定化(stabilization)。但是在有些特殊场合下，需要有目的地使高分子降解，如高分子解聚回收单体、纤维素水解制备葡萄糖、废弃高分子的降解处理等。值得注意的是，我们常说的聚合物的老化(aging)现象与降解存在一定的区别。老化是指聚合物在使用过程中受到各种物理化学因素(如力、热、光、电、氧化、酸碱等)的影响而造成物理性能的下降。老化过程中的主要反应是降解，但有时一些聚合度不变或增大的反应也会造成材料性能的不利变化，如一些氧化和交联反应等，因此这些反应也归属于老化反应。

解聚反应是聚合反应中链增长的逆反应，发生在聚合物的末端，按一定的反应机理逐步脱出单体。短期内相对分子质量的变化不大，逐渐降低。一些高分子，尤其是采用连锁聚合反应的聚合物，在其聚合上限温度(ceiling temperature)以上很容易进行解聚反应。由于解聚与链增长反应是一对平衡反应，提高温度有利于解聚反应进行，但过高的温度下同时也容易引起一些副反应的发生。及时移除反应中生成的单体(如减压馏出等方法)也可使得反应平衡向解聚方向移动。

无规断链是指高分子的降解不一定发生在聚合物链段末端，而是可能发生在链的任意位置，发生无规断链将使得高分子的相对分子质量和性能急剧下降。无规断链在高分子降解过程中最为常见。

依据聚合物的降解条件可以将聚合物降解分为以下几类。

1. 热降解

热降解是最为普遍的降解过程，而且与聚合物的合成、加工、使用和回收过程有非常紧密的联系。很多高分子都是在加热的条件下进行聚合反应，聚合反应受热力学控制，因此在聚合过程中往往同时存在解聚和无规热降解等反应，使得产率和产物性能下降。热塑性高分子的加工也通常需要将聚合物加热形成可流动的熔体，然后加工成型，因而在加工过程中也会涉及热降解过程。一些高分子(如聚氯乙烯、聚乙烯醇等)虽然也属于热塑性高分子，但由于其加工温度高于热分解温度，因而无法直接进行热塑性加工。高分子在特定的使用环境下也会受到热的影响而造成性能的下降，例如，一些电器设备中的塑料和橡胶器件，电器在使用过程中的放热会加速高分子材料的老化和降解过程，从而影响其使用性能。综上所述，在高分子的合成、加工和使用过程中对温度都需要有严格的控制，以避免热降解和老化的发生，在一些特殊场合下还需要加入热稳定剂。

从另外一个方面来看，热降解在废弃高分子的回收中有着非常重要的作用，通过热解聚反应直接得到单体或者通过热裂解无规断链得到低相对分子质量烷烃、烯烃油品都是将废弃聚合物回收再生转变为有用物质的重要手段。目前聚合物热降解研究已成为聚合物回收中的重要方向，研究的热点集中在如何在高效率、低能耗的条件下获得具有高产率、高纯度和高性能的产物。

2. 机械降解和超声波降解

高分子熔体在机械的压力、牵伸力、剪切力或聚合物溶液在超声波作用下，都可能发生大分子链的断链而降解。这些外力作用虽然是一些物理过程，但实质与热降解一样仍然是在外界能量作用下发生的。例如，天然橡胶相对分子质量过高，难以直接加工成型，往往需要通过塑炼过程降低相对分子质量。

3. 水解、化学降解与生化降解

化学降解是指在化学试剂的作用下，高分子发生化学反应转变为单体或小分子化合物。利用化学降解，可使杂链聚合物转变为单体或低聚物。例如，纤维素酸性水解为葡萄糖；废涤纶树脂加过量乙二醇可醇解为对苯二甲酸二乙二醇酯；固化的酚醛树脂可用过量苯酚分解为低聚物。

水解(hydrolysis)也是化学降解的一种，由于水是生命最重要的物质，生命体中绝大多数化学反应都是在水介质中进行的，因此可以与水发生化学反应而降解的聚合物也被归属为可生物降解聚合物。聚酯、聚酰胺都可以发生水解反应，但结晶度、分子结构等因素对水解发生的难易程度有很大影响，例如，聚酯的酯键可以与水发生反应生成醇和羧酸，但脂肪族聚酯比芳香族聚酯更容易水解，常常被用于可生物降解塑料；而芳香族聚酯(如 PET)只有在较高温度下才会发生水解反应，因此可以用作饮料的外包装。

一些特定的微生物能产生可催化天然高分子降解的生物酶，如淀粉酶、纤维素酶、蛋白质酶等，在这些酶的催化作用下，天然高分子可以被分解为生物体可吸收的小分子物质，如葡萄糖、氨基酸等。而一些脂肪酶也可以用于催化分解脂肪族聚酯类聚合物。这类反应都可归属为生化降解。

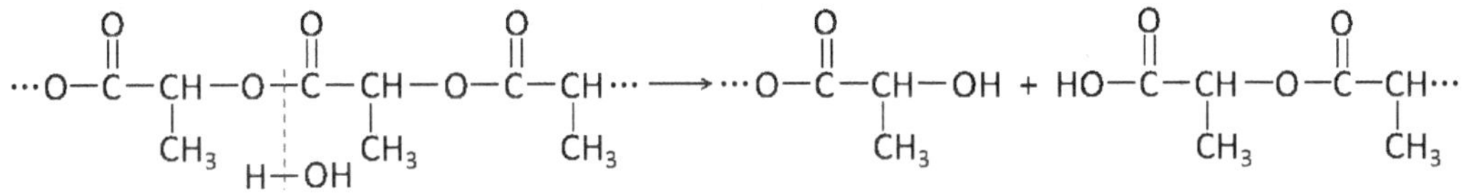

(2.14)

4. 光降解

高分子在室外使用，不可避免地会受到日光的照射，从而发生光降解。聚合物是否发生光降解是由光能和键能的相对强弱所决定的。常见高分子的共价键的离解能为 160~600 kJ/mol，只有光能大于这一数值才会发生光降解。波长越短的光能量越大，容易引起光降解的是短波长的紫外线。由于阳光中的紫外线主要为 300~400nm 的近紫外线，其能量只能使含醛、酮、双键的化合物吸收，而无法使碳-碳键为主链的聚烯烃发生降解，因此容易发生光降解的聚合物包括聚酯、聚酰胺、天然橡胶、二烯烃类橡胶等。

对于容易光降解的聚合物，经常需要加入光稳定剂以延长其正常使用寿命。一般来说，根据稳定机理的不同可以分为三类：光屏蔽剂、紫外光吸收剂和淬灭剂(在第 14 章“高分子材料的添加剂”中有进一步的介绍)。

## 参 考 文 献

奥科克 H R，兰普 F W，马克 J E. 2004. 现代高分子化学. 影印版. 北京：科学出版社

潘祖仁. 2007. 高分子化学. 第四版. 北京：化学工业出版社

瑞伍 A. 2008. 高分子化学原理. 张超灿，陈艳军，刘长生等译. 北京：化学工业出版社

张兴英. 2006. 高分子化学. 北京：化学工业出版社

周其凤，胡汉杰. 2001. 高分子化学. 北京：化学工业出版社

# 第 3 章　高分子的结构与性能

## 3.1　引　　言

高分子材料具有非常高的多样性，有些高分子具有很高的强度，如一些特种工程塑料；有些具有很高的弹性和柔韧性，如橡胶和硅胶；有些具有很高的耐腐蚀性，如有“塑料王”之称的聚四氟乙烯；有些具有很高的透明性，如俗称有机玻璃的聚甲基丙烯酸甲酯；有些具有很独特的功能性，如导电高分子。这些性能上的多样性使得高分子的应用领域非常广泛，而根据这些应用领域的不同，用于衡量与表征高分子性能的指标也就有很多，如表征力学性能的有硬度、刚性、曲挠性、弹性等，表征热性能的有耐热性、熔点、玻璃化转变温度等，表征电性能的有导电性、抗静电性等，表征生物性能的有生物相容性、可生物降解性等，表征化学性能的有耐化学药品性、阻燃性、耐候性等。

究竟是什么使得高分子具有如此千差万别的性能呢？不同于其他物质如金属和无机物，高分子的性能不仅与其分子化学结构有关，而且与其他的一些因素也有着密切的关系，例如高分子链的长度、空间拓扑结构、结构单元序列、结晶的程度和晶区分布等，这些因素共同作用决定了高分子的最终性能。

## 3.2　高分子的链结构

高分子通常具有线形的结构，一些还具有支链或交联等体形结构，因此其分子链的空间拓扑结构、分子间作用的复杂性和多样性远远超过了小分子化合物。高分子的结构可分为分子内结构和分子间结构两个层面。分子内层面即是高分子的链结构，又分为近程结构和远程结构。近程结构主要为高分子链的构造和构型，包括结构单元的化学组成、排列序列、空间立体构型等，属于化学结构范畴，又称为一级结构。远程结构则包括分子链的大小与形态、链的柔顺性与构象等，又称为二级结构。分子间的层面即是聚集态结构，又称为超分子结构，包括晶态结构、非晶态结构、取向态结构、液晶态结构和织态结构等，是描述聚合物中多个分子之间是采取何种方式堆积排列的结构，又称为三级结构。

### 3.2.1　高分子的近程结构

通常所谓的高分子近程结构或一级结构是指单个高分子链本身的结构，包括结构单元的化学结构、立体化学构型、结构单元之间的键接和序列等。其中，构造(constitution)即是指高分子链中原子的种类和排列、取代基和端基种类、单体单元排列顺序、支链类型和长度等化学结构信息。有关高分子的构造以及共聚、支化和交联等与化学结构相关的内容我们在前面的章节中已经有所介绍，本节将重点介绍聚合物近程结构的其他内容。

1. 链接结构

链接结构是指结构单元在高分子链中的连接方式，大部分高分子的结构单元具有不对称性，对于缩聚和开环聚合等聚合方式，由于反应涉及特有的官能团，因此结构单元的连接方式都是确定的，但在加聚过程中，结构单元的连接方式可以有不同方式。例如，不对称烯类单体($CH_2{=}CHR$)在聚合过程中可以有头头(尾尾)和头尾两种连接方式，如图 3.1 所示。

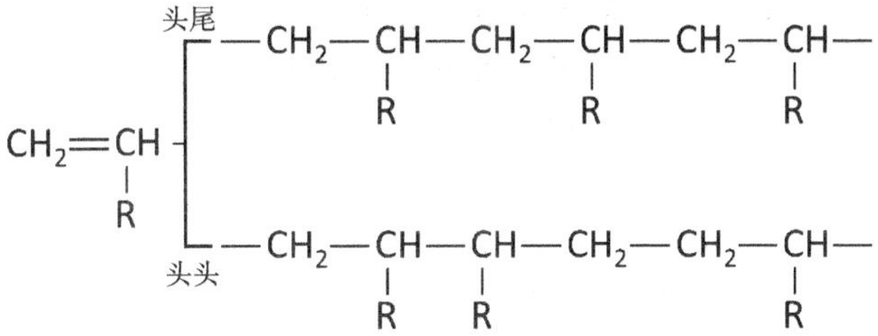


图 3.1　顺序异构

这种由于结构单元间的连接方式不同所产生的异构体称为顺序异构体(sequence isomer)。对于烯类高分子，由于侧基空间位阻、不同碳原子亲电性不同等因素的影响，头尾连接方式通常占据主导地位，但仍可能有少量头头(尾尾)连接结构的存在。分子链中结构单元的连接方式对聚合物性能通常都有比较明显的影响，头尾结构的高分子结构单元排列具有更高的周期性，结构更加规整，结晶性能较好，强度高。因此为了保证高分子一定的性能，需要控制结构单元的连接结构。一般来说，离子聚合方法得到的产物其头尾结构含量比自由基聚合得到的要更高一些。

2. 高分子的构型

构型(configuration)是指分子中由化学键所固定的原子在空间的几何排列，是对分子链中相邻原子间相对位置的描述。要改变分子的构型，必须经过化学键的断裂和重建。构型不同的异构体包括旋光异构体和几何异构体两种。

饱和碳氢化合物分子中的碳以 4 个共价键与 4 个原子或基团相连，如果这 4 个原子或基团都不相同，该碳原子被称为不对称手性碳。这种含手性碳的化合物能构成互为镜像的两种异构体，表现出不同的旋光性，因而称为旋光异构体。

例如，乳酸(lactic acid)就是一种手性分子，以两种旋光异构形式存在，即左旋(L-)和右旋(D-)乳酸[式(3.1)]，因而可有四种不同形态的聚乳酸：PDLA、PLLA、PDLLA 和 *meso*-PLA。其分子链构型不同，性能也有所不同。其中 PDLA 和 PLLA 的结构单元具有同一的旋光异构性，是有规立构聚合物，具有光学活性，聚合物链排列比较规整，有较高的结晶度和机械强度；PDLLA 是外消旋聚合物，是 PDLA 与 PLLA 的混合物，无光学活性，呈非晶态，强度较低，降解速度也明显快于 PDLA 和 PLLA，因而适用于作药物载体；而 *meso*-PLA 属内消旋聚合物，不常使用。

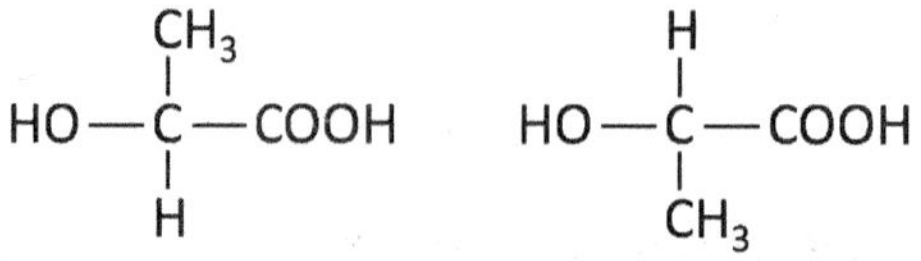

(3.1)

虽然不对称烯类单体 $CH_2=CHR$ 并不具有手性，但当其发生加成聚合后在每一个结构单元(—$CH_2$—CHR—)中均有一个不对称的碳原子，这样，每一个链节就有两种旋光异构体，它们在高分子链中有三种连接方式：假若高分子全部由一种旋光异构体单元连接而成，则称为全同立构(isotactic)；由两种旋光异构单元交替连接而成称为间同立构(syndiotactic)；而两种旋光异构单元完全无规连接时则称为无规立构(atactic)，如图 3.2 所示。全同立构和间同立构的聚合物也统称为等规立构聚合物，高分子中全同立构和间同立构结构单元的质量分数即为等规度。

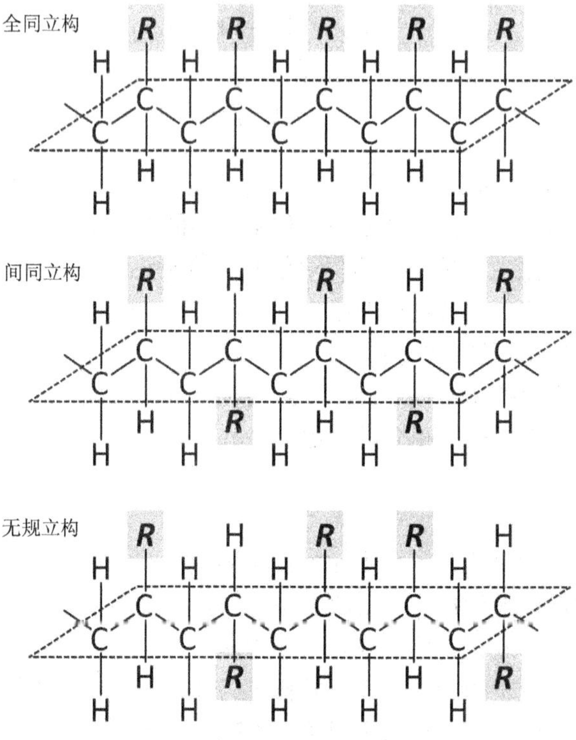


图 3.2　高分子链的立体构型

高分子链的立体构型不同时，性能也会有所不同。等规立构聚合物结构比较规整，可以结晶，熔点较高；而无规立构聚合物结构不规整，往往都是非结晶聚合物，软化温度也比较低。通常自由基聚合的高聚物大都是无规的，只有在特殊催化剂体系(如配位聚合)下才能制得等规立构的聚合物。例如，早期生产的聚丙烯均为无规立构的聚合物，因而结晶度低，性能也较差，在很长一段时间内都没有应用。后来 G. Natta 将 Ziegler-Natta 催化剂应用到聚丙烯的聚合中得到了等规度非常高的聚丙烯，性能有了非常大的提升，从而使得聚丙烯能大规模商业应用，并因此获得了诺贝尔化学奖。

对于 1,4-加成的双烯类聚合物，虽然 C＝C 双键不能像 C—C 单键一样旋转，但由于内双键上的基团在双键两侧排列的方式不同而有顺式构型与反式构型之分，称为几何异构，如式(3.2)所示：

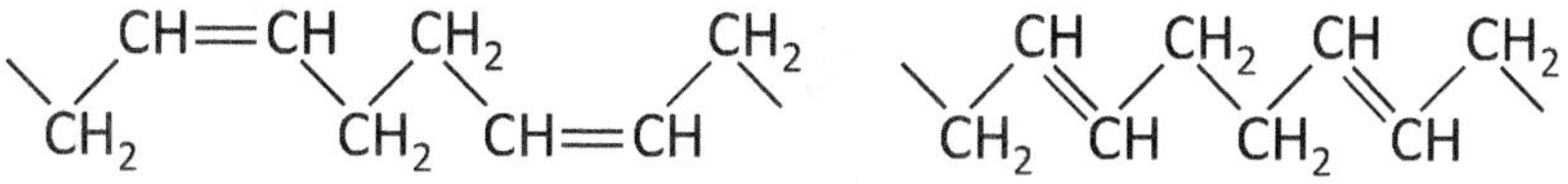

顺式-聚(1,4-丁二烯)　　　　反式-聚(1,4-丁二烯)　　　　(3.2)

几何异构也会对高分子性能产生重要的影响，例如，顺式-聚(1,4-丁二烯)，分子链间的距离较大，不能结晶，在室温下是一种弹性很好的橡胶；而反式-聚(1,4-丁二烯)由于分子链比较规整，因而容易结晶，在室温下弹性很差，只能作为塑料使用。

### 3.2.2　高分子的远程结构

远程结构包括聚合物分子链的大小与形态、链的柔顺性与构象等，又称为二级结构。度量聚合物的分子链大小的参数为平均聚合度或平均相对分子质量。对于小分子化合物，其相对分子质量通常是明确均一的数值，但是高分子化合物的相对分子质量则不是均一的，由于高分子是一系列具有相同结构单元但不同聚合度(结构单元数)的高分子同系物的混合物，因此高分子的相对分子质量的只有通过统计学平均的方法获得。有关高分子的相对分子质量及其测定方法我们将在第 4 章中加以详细介绍。

一般来说，高分子的很多性能都随着相对分子质量的增大而改善，如机械强度、熔点、热稳定性等。这种变化趋势在相对分子质量较低时较为明显，但当相对分子质量达到某一较大的值后，材料的性能提升就不再明显，并最终趋近于某一极限值。与此同时，相对分子质量的增加意味着单根分子链上的原子数目的增加，这会使得聚合物分子间作用增强，分子链相互缠结增多，从而使得材料在熔融态下流动黏度增大，给加工成型带来不利的影响。因此在制备高分子的过程中，应综合考虑各方面因素的影响，相对分子质量适中即可。

构象(conformation)是指分子链中由单键内旋转所形成的原子(或基团)在空间的几何排列图像。通俗一点说即是高分子链的空间几何形状。高分子的主链虽然很长，但通常并不是伸直的，而是可以蜷曲从而形成各种形态。从整个分子的角度来说，分子链构象可以是螺旋状、折叠片状、无规线团状、棒状、盘状以及其他一些特殊的形状构象。在大多数的高分子主链中，都存在许多的单键，如—C—C—、—C—O—等，而单键是由 σ 电子组成的，其电子云分布是轴对称的，因此高分子在运动时单键两端的链段可以围绕这个单键轴旋转，称为内旋转。当碳链上不带有任何其他原子或基团的时候，C—C 键的内旋转应该是完全自由的，也就是说在旋转过程中没有位阻效应。各个键之间的键角保持不变，如图 3.3 所示。单个高分子链中有许多单键，每个单键都能产生内旋转，因此高分子在空间的构象也就存在无穷多种可能。

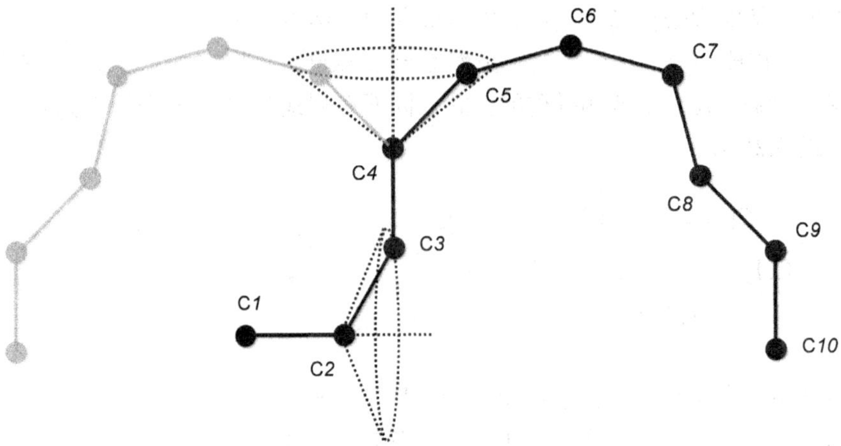


图 3.3　高分子链的内旋转构象

由于热运动，高分子的构象也时刻在发生改变，因此高分子的构象也是统计性的。由热力学定律可知，高分子链总是倾向于采取位能更低的构象，所以通常所说的高分子构象即是其热力学最为稳定、概率最高的构象。另外，由于与主链碳原子相邻的侧基的空间位阻、极性等因素的影响，内旋转完全自由的单键是不存在的。对于高分子链来说，反式构象使得这些与主链碳原子相邻的原子或基团距离更大，因而具有较低的位能和斥力，结构也相对稳定。反之，顺式结构位能相对较高，因而较不稳定。这些相邻侧基的极性或体积越大，内旋转自由度就越低，顺式结构也越难以存在，高分子的刚性也越高。所以单键的内旋转是导致高分子链蜷曲的主要原因，内旋转的自由度越高，蜷曲的趋势就越大。

高分子链能够改变其构象的性质称为柔顺性。从上面的讨论我们可以看出，高分子主链中单键的内旋转越自由，柔顺性也就越好。影响高分子柔顺性的主要因素包括单键原子的类型、单键的键长、侧基体积和极性等。除了 C—C 主链外，聚合物中常见的单键还包括 C—O、C—N 和 Si—O 等。与 C—C 和 C—N 单键相比，C—O 单键的内旋转更自由，这是因为 O 原子没有与其他的原子或基团相连，因此聚醚通常比聚烯烃的柔顺性更高。而 Si—O 由于键长更长，与单键 C 原子相邻原子或基团在空间位置上的距离更大，其内旋转比 C—O 更自由，所以聚硅烷链具有很好的柔顺性，是一种性能非常优异的弹性体材料。一些高分子主链结构中不仅含有单键，还可能含有双键和苯环等不能内旋转的刚性结构。对于非共轭双键结构，因为与双键相连的原子或基团数目更少，使得与之相邻的单键内旋转位能降低，所以含有非共轭双键的橡胶类高分子通常都具有很高的柔顺性。但对于共轭双键或芳环结构，内旋转的位能大大增加，因此主链含有这些结构的聚合物往往都具有较高的刚性和较低的柔性。此外，侧基的大小与极性对单键的内旋转自由度也有非常重要的影响，侧基的极性或体积越大，单键的内旋转也就越困难。

# 3.3　高分子的聚集态结构

高分子的聚集态结构是指高分子链之间的排列和堆积结构，也称为超分子结构，是决定高分子本体性质的主要因素。典型的高分子由有序(通常为结晶)区和无序(也叫无定形)区构成，聚合物的结晶/非晶态结构是最重要也是最常见的聚集态结构，直接对高分子性能产生重要影响，因此我们将在本节中加以重点介绍，而其他的高分子聚集态结构(如取向态结构、液晶态结构、织态结构等)由于较为复杂，所涉及的领域也不广泛，只做简单介绍。

## 3.3.1　高分子的结晶态

通常来说，晶区分子链排列更加紧密，密度更大，更硬而且强度好，对材料的强度和刚性贡献很大，而非晶区则对材料的弹性和柔性贡献大，特别是在使用温度超过玻璃化转变温度时。高结晶性的高分子通常表现出高的熔点、高的玻璃化转变温度以及高的密度，但是溶解度更小，透过性更低，相对低结晶度聚合物其硬度更大。这是因为更紧密的结构使得分子链间的空间更小、密度更大，分子间次价作用力更强。就好比已经缠绕好的商品毛线团和散开弄乱后的毛线团，前者更加致密和规整，类似于高分子的晶区部分，而后者则杂乱疏松、相互缠绕，类似于高分子的非晶区。

图 3.4 显示了高分子晶区和非晶区的不同。支链和分子链缠绕的存在使得部分的链段不能相互紧密堆积，妨碍了晶区的形成。以高密度聚乙烯(HDPE)和低密度聚乙烯(LDPE)为例，HDPE 分子链中支链少，结晶度高，密度为 0.96g/mL，熔点为 130℃，而 LDPE，由于分子中含有大量支链，分子间缠绕也相应增多，其密度约为 0.91g/mL，熔点约为 100℃。结晶度高的 HDPE 强度更高，力学性能更好，耐化学腐蚀性更好，气体透过性更低。

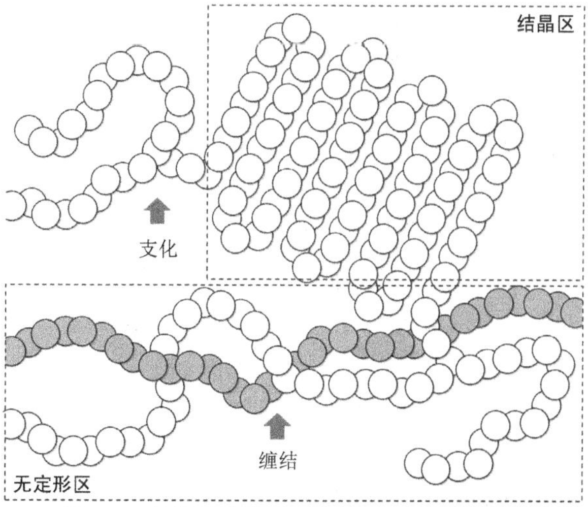


图 3.4　高分子的晶区、非晶区以及支链结构

晶区和无定形区的结构和联结方式随聚合物链的结构以及加工方式的不同而变化。如快速冷却通常会降低结晶度，这是由于没有足够的时间让长链有规则地排列。有大体积官能团的聚合物通常更难形成高结晶度的结构。

在极稀的溶液中，线形高分子能形成单晶。例如，高线形聚乙烯能形成菱形的单晶，其厚度约为 20 个乙烯单元直线排列的厚度。当高分子溶液浓度在上升时，一些其他复杂结构将随之出现，如孪生晶、螺旋形以及多层树枝状等结构，而最常见和最主要的结晶结构则是球晶(spherulites)。

当高分子被加热时，能转变为类似液体的可流动状态，也称为熔体(melt)。这时所有的高分子链段都能自由运动。而当其被冷却到熔点以下，高分子链可以相互紧密有序排列形成结晶，并放出热量。但如果温度继续降低到玻璃化转变温度以下时，聚合物分子链的运动被抑制，此时结晶过程也将停止。

用熔融法所得的聚合物，其晶体结构普遍呈球状。例如，对于线形聚乙烯，初始结构为具有折叠链的薄层状晶体，这种薄层状晶体称为片晶(lamella)，并很快转变为多层的束状结构，随着晶体的生长，片晶在中心基准面的两侧同时生长。片晶继续生长散开并通过在适当的接枝点形成更多的薄层片晶来占据越来越多的空间。最终形成如图 3.5 所示的球晶结构。

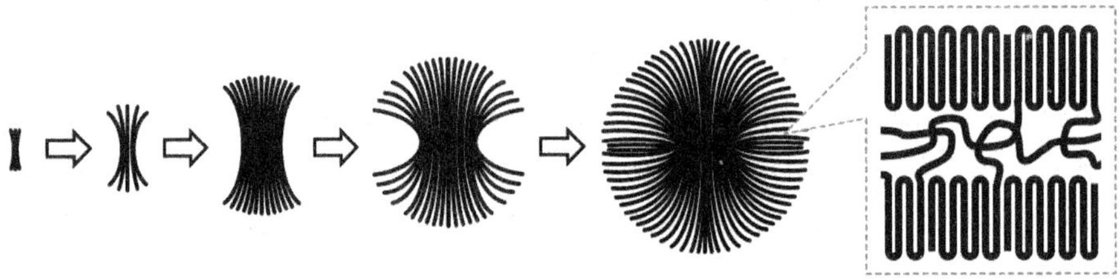

图 3.5　球晶的生长过程

球晶中存在的薄层片晶结构与聚合物中的单晶相似，但球晶中的分子链的折叠的有序性较低，单个分子链的片段可能在两个相邻的片晶中同时存在，因此片晶之间的通常是由无定形区构成。单个的薄层片晶被存在于球晶内片晶之间的无定形区“连接”在一起，有时这些无定形区还可以将不同球晶之间连接起来，因此对于半结晶聚合物的柔韧性十分重要。

大部分高分子的结晶形态都是球晶，但在一些特殊的条件下，也可能形成一些特殊的结晶形态，如树枝状晶、附生晶、直链片晶、纤维晶和串晶等。如聚合物流经管道时(如熔融聚合物的流动)，在流动场的作用下，高分子链的构象发生改变，成为沿流动方向平行排列的伸展状态，分子链取向与纤维轴平行，形成一种像羊肉串式的排列，这种结晶也称为串晶(shish-kebab)。羊肉串式结构中同时存在结晶和无定形部分，常常形成复杂的四级结构，这种结构包含了组成单纤结构的大量羊肉串式单线丝束，如图 3.6 所示。由于这种在流动取向诱导下的结晶与实际生产加工过程中的结晶过程较为接近，因此受到了研究者的广泛关注。

高分子结晶过程与小分子化合物相似，要经历晶核形成(nucleation)和晶粒生长(growth)两个过程。但与小分子不同的是，一方面，由于高分子的相对分子质量大，分子

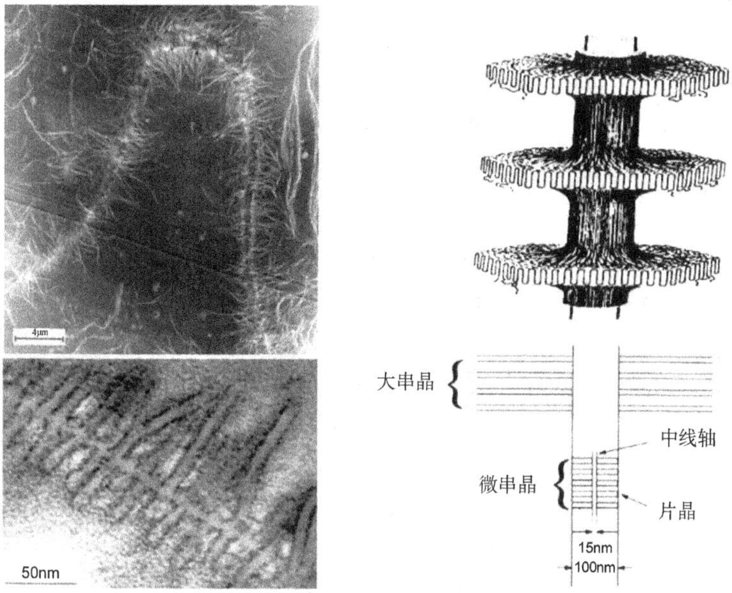


图 3.6　高分子串晶结构

资料来源：Huong D M, Drechsler M, Möller M et al. Electron spectroscopic imaging of polyethylene shish kebabs *in situ*. J. Microsc., 1992, 166: 317~328

链长，分子链间的相互作用大，导致高分子链的运动比小分子困难，尤其是对刚性分子链或带庞大侧基的、空间位阻大的分子链，所以，高分子的结晶速度一般比小分子慢；另一方面，由于高分子分子链结构和相对分子质量的不均一性，以及在结晶过程中由于高分子链的运动松弛时间长，分子链的迁移速度慢，使得高分子很难形成结构完整的晶体，也很难得到完全结晶的高分子材料，高分子材料一般以结晶部分与无定形部分共存的状态存在。

影响聚合物结晶行为的因素很多，主要包括分子链结构、温度、应力和杂质含量等。分子结构对称(如聚乙烯)、规整性好(如等规立构聚丙烯)、分子链相互作用强(如能产生氢键或带强极性基团，如聚酰胺等)的聚合物更容易结晶。分子链的结构还会影响结晶速度，一般分子链结构越简单、对称性越高、取代基空间位阻越小、立体规整性越好，结晶速度越快。

温度对结晶速度的影响非常大，有时温度相差甚微，但结晶速度常数可相差上千倍。温度高于熔点时高分子处于熔融状态，分子链运动具有高度的自由度，晶核不易形成；而低于玻璃化转变温度时高分子链运动困难，难以进行规整排列，晶粒难以生长。因此聚合物往往存在一个最大结晶速率温度，高于或低于这个温度，受晶核生长或晶粒生长速率的影响，整体结晶速率都将变慢。

应力能辅助使分子链沿外力方向有序取向，从而更加容易排列入晶格结构中，可大幅度提高结晶速度；而杂质影响较复杂，有的可阻碍结晶的进行，有的则能加速结晶。能促进结晶的物质在结晶过程中往往起成核作用(晶核)，称为成核剂。

### 3.3.2　高分子的非晶态

非晶态结构是一个比晶态更为普遍存在的聚集形态，有许多高分子都是完全非晶态的聚合物，如有有机玻璃之称的聚甲基丙烯酸甲酯、用于制作光盘的聚碳酸酯等。即使对于结晶聚合物来说，也很难达到 100%的结晶度，由于链段缠结、支链结构、端基等多种因素的影响，在结晶性高分子材料中还同时存在非晶态结构的区域。一般认为，非晶态高聚物的分子链处于无规线团状态。

非晶态高分子在恒定外力作用下，等速升温过程中，测定试样形变随温度的变化，即可得到该试样的温度–形变曲线(或称热–机械曲线)。非晶态聚合物典型的热-机械曲线如图 3.7 所示，从图 3.7 中可以看出曲线存在两个斜率突变区，这两个突变区把热-机械曲线分为三个区域，分别对应于三种不同的力学状态，三种状态的性能与分子运动特征各有不同。从左至右分别为玻璃态(glass state)、高弹态(high elastic state)[或橡胶态(rubbery state)]、黏流态(viscous state)，俗称为“力学三态”。

在区域 I，温度低，链段运动被冻结，只有侧基、链节、链长、键角等的局部运动，因此高分子在外力作用下的形变小，具有胡克弹性行为：形变在瞬间完成，当外力除去后，形变又立即恢复，表现为质硬而脆，这种力学状态与无机玻璃相似，称为玻璃态。由玻璃态向高弹态发生突变的区域叫玻璃化转变区，玻璃态开始向高弹态转变的温度称为玻璃化转变温度(glass transition temperature)，以 $T_g$ 表示。关于玻璃化转变的机理仍存在争议，没有形成完善的理论，其中最为重要的是 Flory 和 Fox 所提出的自由体积理论。自由体积理论认为聚合物的体积是由两部分组成：高分子链本身所占据的体积和高分子链间未被占据的空隙(也称为自由体积)。自由体积是分子链进行构象转变和链段运动所需的活动空间。当高分子链冷却时，自由体积逐渐减小，当达到某一温度时，自由体积收缩到最低值，高分子链段运动因失去活动空间而被冻结，高分子进入玻璃态。因此自由体积理论认为 $T_g$ 就是使高分子自由体积达到某一最低恒定临界值时的温度。$T_g$ 是高分子链段运动刚被冻结的温度，而高分子链段运动是通过主链单键的内旋转来实现的，因此 $T_g$ 与高分子链的柔顺性相关，分子链柔顺性越好，$T_g$ 越低，分子链柔顺性越差，$T_g$ 越高。$T_g$ 是非晶聚合物作为塑料使用的最高温度，作为橡胶使用的最低温度。

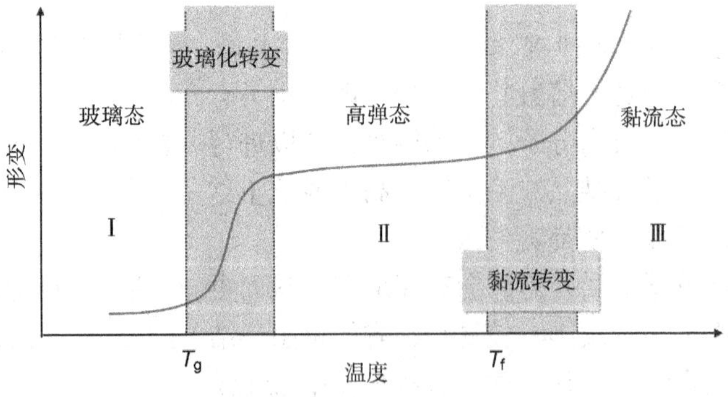


图 3.7　非晶聚合物的热–机械曲线

随着温度的升高，链段运动逐渐“解冻”，形变逐渐增大，当温度升高到某一程度时，链段运动得以充分发展，形变发生突变，进入区域 II，这时即使在较小的外力作用下，也能迅速产生很大的形变，并且当外力除去后，形变又可逐渐恢复。这种受外力作用能产生很大的形变，除去外力后能恢复原状的性能称高弹性，相应的力学状态称为高弹态。

当温度继续升高到一定程度时，在外力作用下，由于链段运动剧烈，整个分子链质量中心发生相对位移，高分子完全转变为类似糖浆一样的黏性流体，这时试样的形变不再可逆，这种力学状态即称为黏流态。高弹态开始向黏流态转变的温度称为黏流温度，以 $T_f$表示，其间的形变突变区域称为黏弹态转变区。相对分子质量越大，$T_f$越高。交联聚合物由于分子链间有化学键连接，不能发生相对位移，不出现黏流态。对于有一定结晶度的结晶高分子，由于晶区的存在限制了形变，因此在晶区熔融之前，半结晶的高分子整体不表现出高弹态。对于结晶高分子能否观察到高弹态取决于非晶区的 $T_f$是否大于晶区的 $T_m$，若 $T_m > T_f$，则当晶区熔融后，非晶区已进入黏流态，不呈现高弹态；若 $T_m < T_f$，晶区熔融后，高分子处于非晶区的高弹态，只有当温度继续升高大于 $T_f$时才进入黏流态。

### 3.3.3　高分子的取向态结构

由于高分子链通常为线形结构，因此在外力作用下，细长的分子链可以沿外力方向平行排列。高分子的取向现象包括分子链、链段的取向以及结晶高分子的晶片等沿外力方向的择优排列。未取向的高分子材料是各向同性的，即各个方向上的性能相同。而取向后的高分子材料，在取向方向上的力学性能得到加强，而与取向垂直的方向上，力学性能可能被减弱。即取向高分子材料是各向异性的，方向不同，性能不同。

在合成纤维工业中广泛采用牵伸工艺来提高纤维的强度，例如，牵伸取向后的尼龙复丝强度可达未取向时的 6~8 倍，但是如果过度取向，分子链排列过于整齐，分子间相互作用力太大，相对运动的能力减弱，反而会使得纤维的弹性降低，出现脆性，断裂伸长率下降。因此在实际应用中通常要通过拉伸和热处理等多种综合处理使之达到适当的取向度，从而兼具有良好的强度和韧性。取向对其他高分子材料也有很重要的影响，例如，具有良好取向能力的塑料可以有效防止塑料制品在加工过程中残余的应力所造成的裂纹生长；一些橡胶在拉伸过程中可能出现取向诱导结晶而使得材料失去回弹性。

### 3.3.4　高分子的液晶态结构

液晶态是介于晶态和液态的中间状态，既有晶态的有序性(各向异性)，又有液态的连续性和流动性。形成液晶的物质通常具有刚性的分子结构，分子的长径比 $R$ 远大于 1。对于能形成液晶态的高分子，其分子结构中也含有这样的刚性结构单元，又称为液晶基元。液晶基元可以是刚性棒状的，也可以是碟状或盘状的，或者更为复杂的二维乃至三维形状。

根据液晶基元在高分子结构中的位置不同，液晶可分为主链型液晶高分子和侧链型液晶高分子。前者的液晶基元位于高分子的主链；后者则位于侧基或侧链。根据形成条件的不同，液晶分为热致性液晶和溶致性液晶。前者指高分子受热熔融形成各向异性的熔体；而后者是高分子溶于某种溶剂而形成各向异性的溶液。根据液晶基元排列的形式和有序性不同，液晶又可以分为向列型(nematic)、近晶型(smectic)和胆甾型(cholesteric)三种。其液晶基元的空间排布如图 3.8 所示。

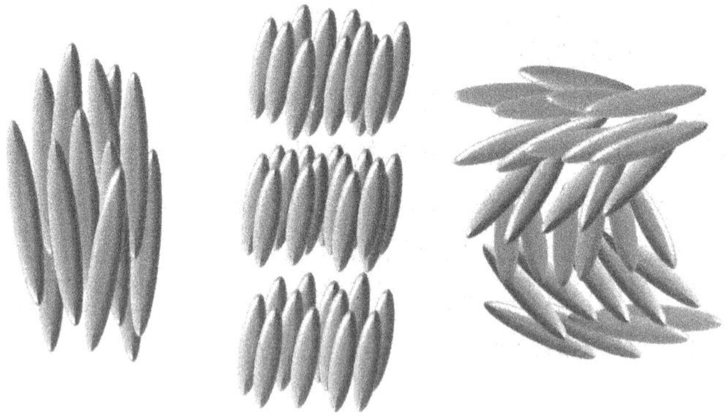


图 3.8　液晶的结构示意图

在基于液晶特殊性质的实际应用中，最重要的就是液晶显示技术。它就是利用向列型液晶灵敏的电响应特性和光学特性，透明的液晶在施加适当电压的点上迅速变为不透明或表现出特定的色彩，因此当这些电压点以图形形式施加时，液晶便显示出特定的图像。由于液晶显示具有高效、低能耗、便携等优势，近几年液晶材料已经成为各种电子信息产品中不可或缺的显示媒体,广泛应用于电子信息产品和超薄型电视机的显示材料、计算机显示屏、投影机的光闸组件、复印机的存储元件等。其中高分子液晶因为具有优良的原位成纤特性还被用于工程塑料的纤维增强材料。

### 3.3.5　高分子的织态结构

对于高分子共混合复合体系，如果两种或多种组分之间因为相容性问题不能达到分子级的分散，则不同组分相之间的分布和形态即为两相织态结构。有关高分子共混合复合体系，我们将在后面的章节中加以系统讨论。

## 3.4　高分子的溶解与熔融

在高分子的加工、使用和回收过程中，常常需要将固体的高分子转变为可流动、可混合的均相体系，这就涉及聚合物的溶解与熔融过程。本节我们将对这些概念进行简要介绍。

### 3.4.1　高分子的溶解

由于聚合物相对分子质量大，具有多分散性，可有线形、支化和交联等多种分子形态，聚集态又可表现为晶态、非晶态等，因此高分子的溶解现象比小分子化合物复杂得多，具有许多与小分子化合物溶解不同的特性。

高分子的溶解是一个缓慢过程，包括两个阶段。首先是溶胀(swelling)，由于高分子链与溶剂分子大小相差悬殊，溶剂分子向聚合物渗透快，而高分子向溶剂扩散慢，因此溶剂分子逐渐向高分子链间的空隙渗入，使之体积胀大，但整个分子链还不能做扩散运动，因而无法完全溶解；当溶胀过程达到一定程度后，随着溶剂分子的不断渗入，高分子链间的空隙增大，加之渗入的溶剂分子还能通过与高分子结构单元的分子间相互作用使高分子链溶剂化，从而削弱了高分子链间自身的相互作用，使链段运动性不断增强，直至脱离其他链段的相互作用，转入溶解(dissolution)。当所有的高分子都进入溶液后，溶解过程方告完成。

溶胀过程又可分为无限溶胀和有限溶胀。无限溶胀是指高分子能无限制地吸收溶剂分子直至形成均相的溶液，也就是溶解；而有限溶胀则是指聚合物吸收溶剂到一定程度后，如果其他条件不变，不管与溶剂接触时间多长，溶剂吸入量不再增加，高分子的体积也不再增大，高分子链段不能挣脱其他链段的束缚，不能很好地向溶剂扩散，体系始终保持两相状态。有些高分子在升温条件下，可以促进分子链的运动、破坏分子间相互作用(如结晶、氢键等)而逐渐溶解。升温的方法适用于一些物理交联的高分子体系，而对于一些化学交联的聚合物，由于化学键的束缚，即使升高温度也不能使分子链发生分离，因此不能溶解。但交联点之间的链段因为溶剂化作用可发生弯曲和伸展，因此可发生有限溶胀。

高分子的溶解度(solubility)除了与本身的化学特性有关外，还与相对分子质量有关。一般来说，相对分子质量越大，溶解度越小。此外高分子的极性、结晶性和分子链有序性等也对溶解度有很大影响。由于非极性晶态聚合物中分子链之间排列紧密，相互作用强，溶剂分子难以渗入，因此在室温条件下只能微弱溶胀，只有升温到其熔点附近，使其晶态结构熔化为非晶态，才能进而发生溶解，如线形聚乙烯；极性较强的晶态聚合物由于可与极性溶剂之间形成较强的相互作用，逐渐破坏晶格，使溶解得以进行。但对于一些氢键作用较强的聚合物，如聚乙烯醇、纤维素等，大量氢键的存在使得分子链间作用力非常强，溶解度反而大幅下降。总的来说，对同一种高分子而言，结晶可降低高分子的溶解度，结晶度越高，溶解越困难，溶解度越小。

基于高分子的溶解行为特点，在选择溶剂时需遵循以下几个原则：

(1) 溶解极性相似原则，即物质的相似相溶原理。

(2) 溶度参数相近原则。溶度参数是反映分子间相互作用力大小的一个参数。定义为单位体积汽化能的平方根。用 $\delta$ 来表示。高分子与溶剂的溶度参数越接近，其在这种溶剂中溶解性越好。常见高分子和溶剂的溶度参数可查阅相关手册。若难以找到合适的单一溶剂，可选择混合溶剂。混合溶剂的溶度参数计算如式(3.3)所示：

$$\delta_m = \varphi_1\delta_1 + \varphi_2\delta_2 \tag{3.3}$$

式中：$\varphi$ 为体积分数。

(3) 溶剂化原则。即溶剂分子通过与高分子链的相互作用可将分子链分离而发生溶胀，直到溶解。溶剂化作用要求高分子和溶剂中，一方是电子受体(亲电性)，另一方是电子给体(亲核性)，两者相互作用才能产生溶剂化。

### 3.4.2　高分子的熔融

当温度高于非晶态高分子的 $T_f$、晶态高分子的 $T_m$ 时，热塑性高分子转变为可流动的黏流态(也称熔融态)。热塑性高分子的加工成型大多是利用其熔体的流动性能。热塑性塑料的成型过程即需经历加热塑化、流动成型和冷却固化三个基本步骤。所谓加热塑化是指通过加热使固态的高分子转变为黏性的流体；流动成型则是借助机械的外力作用和模具的固定将黏性流体按所需的形状成型；而冷却固化则是通过冷却使高分子熔体再次回复到固体的状态。高分子熔点较低(大多低于 300℃)，其加工温度比金属和无机材料低很多，因此在加工方面有着非常明显的优势。了解和掌握聚合物的黏流行为和流动规律对于其加工成型有着非常重要的指导意义，目前高分子流变学已经成为现代流变学一个非常重要的方向和分支。

与小分子的液体相比，聚合物熔体流动具有以下几个特点：

(1) 黏度大，流动性差。这是因为高分子链的流动是通过链段的位移来实现的，它不是分子链的整体迁移，而是通过链段的相继迁移来实现的，类似蚯蚓的蠕动。

(2) 不符合牛顿流动规律。在流动过程中黏度随切变速率的增加而下降。

(3) 熔体流动时伴随高弹形变。因为在外力作用下，高分子链沿外力方向发生伸展，当外力消失后，分子链又由伸展变为卷曲，使形变部分恢复，表现出弹性行为。

$T_f$ 是高弹态向黏流态的转变温度，是加工成型的下限温度，受多种因素的影响，包括分子链结构的柔顺性。凡是能提高高分子链柔顺性的结构因素均可使 $T_f$ 下降：

(1) 相对分子质量的大小。$T_f$ 是整个分子链开始运动的温度，相对分子质量越大，分子链间的相互作用力越大，内摩擦力越大，整个分子链向某一方向运动的阻碍也越大，$T_f$ 也随之升高；

(2) 外力大小及其作用时间。外力增加会使得 $T_f$ 下降；外力作用时间越长，越有利于黏性流动，相当于 $T_f$ 下降；

(3) 增塑剂。增塑剂通常是一些相对分子质量较低的小分子化合物，可以削弱高分子链间的分子间次价力作用，从而增加高分子链的移动性，降低结晶性，降低聚合物的 $T_f$。

高分子熔体的流动性可用多种指标来表征，其中最常用的是熔融指数。熔融指数指在一定的温度下和规定负荷下，10min 内从规定直径和长度的标准毛细管内流出的高分子的熔体的质量，用 MI 表示，单位为 g/10min。对于同种高分子而言，熔融指数越大，高分子熔体的流动性越好。但由于不同高分子测定时的标准条件不同，因此不具直接可比性。

## 参 考 文 献

何曼君, 张红东, 陈维孝等. 2007. 高分子物理. 第三版. 上海: 复旦大学出版社
鲁宾斯坦 M，科比 R H. 2007. 高分子物理. 励杭泉译. 北京: 化学工业出版社
杨玉良, 胡汉杰. 2001. 高分子物理. 北京: 化学工业出版社
殷敬华, 莫志深. 2001. 现代高分子物理学(上、下). 北京: 科学出版社

# 第 4 章　高分子的表征与分析

## 4.1　测 试 标 准

在当今的人类社会中，含有高分子的材料已经得到了非常广泛的使用，几乎涉及了我们生活中的每一个领域，而且大多数场合下还存在多次使用和回收后再利用等情况。塑料制品通常都可以重复利用数千次、上万次，而一些生物大分子可以重复利用的次数更是惊人。例如，人类的心脏由复杂的肌肉蛋白质组成，一生中要跳动大约 25 亿次，从而将氧气运送到总长度约 140 000km、由许多细如发丝的血管组成的循环系统，每天输送大约 8000L 血液，而仅有微乎其微的细胞壁老化；神经信号在身体里的传送以大约每分钟 300m 的速度进行，其很大程度上也是通过高分子为基础的神经系统完成的；遗传基因也是由高分子构成，其中大约有 99.9%都是相同的，决定了人的共同特性，但仅有的 0.1%的不同就造成了个体在喜好、力量和能力等方面的巨大差异，从而使每个人都是独一无二地存在。合成的高分子材料也是一样，无论是一级的化学结构还是三级的聚集态结构，哪怕只要发生一些很微小的变化，就足以造成材料宏观性能上的明显改变，因此这些高分子材料在结构与性能上的千差万别使得我们在合成、生产、加工、使用、回收、处理等各个方面都需要对其各种基本物理和化学性能进行了解。另外，高分子材料不恰当的使用往往也都是由于测试方法选择的不恰当或者生产中不正确的质量控制造成的。

在高分子工业发展的早期，许多通用高分子材料的选用往往都建立在试验、经验，甚至于假设的基础之上。然而，随着高分子材料在各个领域的大规模使用，在实际的使用中对高分子材料有着越来越多的功能性要求，因此建立有针对性、以使用要求为导向的专门测试标准有着十分重要的现实意义。设计者和使用者在材料的制备和选用过程中都需要对这些有特定应用目的材料测试标准有充分的认识，深入了解这些方法的优点和缺点，并进一步开发更为完善的测试方法。

目前，全世界已经建立了很多标准和测试组织，目的就是在于确保所使用的材料达到所要求的特定性能。其中最大的标准组织就是国际标准组织(International Standards Organization, ISO)，其成员来自 90 多个国家和许多合作性的技术委员会。除此之外，还有美国国家标准协会(ANSI)和美国材料与试验协会(ASTM)、美国电气制造商协会(NEMA)、德国标准化学会(DIN)以及英国标准协会(BSI)等重要的标准组织。我国的标准是中国国家标准(GB)，是指对我国经济技术发展有重大意义、必须在全国范围内统一的标准。对需要在全国范围内统一的技术要求，应当制定国家标准。我国国家标准由国务院标准化行政主管部门“国家标准化管理委员会”编制计划和组织草拟，并统一审批、编号和发布。此外在各个地方、行业和企业还有专门的地方标准、行业标准和企业标准，但国家标准在全国范围内适用，其他各级标准不得与国家标准相抵触，国家标准一经发布，与其重复的行业标准、地方标准相应废止，国家标准是四级标准体系中的主体。强制性国家标准代号为 GB；推荐性国家标准代号为 GB/T。

以塑料及制品为例，我国国家标准中部分常用塑料及塑料制品性能检测方法标准如下：

1) 基本概念

GB/T 1844.1—1995　塑料及树脂缩写代号　第 1 部分：基础聚合物及其特征性能

GB/T 1844.2—1995　塑料及树脂缩写代号　第 2 部分：填充及增强材料

GB/T 1844.3—1995　塑料及树脂缩写代号　第 3 部分：增塑剂

GB/T 2035—1996　塑料术语及其定义

2) 基本物理性能

GB/T 2547—1981　塑料树脂取样方法

GB/T 2918—1998　塑料试样状态调节和试验的标准环境

GB/T 1033—1986　塑料密度和相对密度试验方法

GB/T 1636—1979　塑料表观密度试验方法

GB/T 8324—1987　塑料体积系数试验方法

GB/T 1034—1998　塑料吸水性试验方法

GB/T 14234—1993　塑料件表面粗糙度

3) 力学性能

GB/T 1040—1992　塑料拉伸性能试验方法

GB/T 1041—1992　塑料压缩性能试验方法

GB/T 1043—1993　硬质塑料简支梁冲击试验方法

GB/T 1843—1996　塑料悬臂梁冲击试验方法

GB/T 2411—1980　塑料邵氏硬度试验方法

GB/T 9342—1988　塑料洛氏硬度试验方法

GB/T 9341—2000　塑料弯曲性能试验方法

GB/T 11546—1989　塑料拉伸蠕变测定方法

GB/T 14484—1993　塑料承载强度试验方法

GB/T 14694—1993　塑料压缩弹性模量的测定

GB/T 15047—1994　塑料扭转刚性试验方法

4) 热性能

GB/T 1036—1989　塑料线膨胀系数测定方法

GB/T 1633—2000　热塑性塑料维卡软化温度(VST)的测定

GB/T 1634.1—2004　塑料负荷变形温度的测定　第 1 部分：通用试验方法

GB/T 1634.2—2004　塑料负荷变形温度的测定　第 2 部分：塑料、硬橡胶和长纤维增强复合材料

GB/T 1634.3—2004　塑料负荷变形温度的测定　第 3 部分：高强度热固性层压材料

GB/T 3399—1982　塑料导热系数试验方法　护热平板法

GB/T 11998—1989　塑料玻璃化温度测定方法　热机械分析法

GB/T 19466.1—2004 塑料 差示扫描量热法(DSC) 第 1 部分：通则

GB/T 19466.2—2004 塑料 差示扫描量热法(DSC) 第 2 部分：玻璃化转变温度的测定

GB/T 19466.3—2004 塑料 差示扫描量热法(DSC) 第 3 部分：熔融和结晶温度及热焓的测定

5) 燃烧性能

GB/T 2406—1993 塑料燃烧性能试验方法 氧指数法

GB/T 2407—1980 塑料燃烧性能试验方法 炽热棒法

GB/T 2408—1996 塑料燃烧性能试验方法 水平法和垂直法

GB/T 4610—1984 塑料燃烧性能试验方法 点着温度的测定

GB/T 8323—1987 塑料燃烧性能试验方法 烟密度法

GB/T 9343—1988 塑料燃烧性能试验方法 闪点和自燃点的测定

6) 光学性能

GB/T 2410—1980 透明塑料透光率和雾度试验方法

GB/T 2913—1982 塑料白度试验方法

GB/T 8807—1988 塑料镜面光泽试验方法

7) 介电性能

GB/T 15662—1995 导电、防静电塑料体积电阻率测试方法

8) 声学性能

GB/T 18022—2000 声学 1~10 MHz 频率范围内橡胶和塑料纵波声速与衰减系数的测量方法

9) 流变与加工性能

GB/T 3682—2000 热塑性塑料熔体质量流动速率和熔体体积流动速率的测定

GB/T 8846—2005 塑料成型模具术语

GB/T 17037—1997 热塑性塑料材料注塑试样的制备

10) 老化测试

GB/T 3681—2000 塑料大气暴露试验方法

GB/T 3960—1983 塑料滑动摩擦磨损试验方法

GB/T 5470—1985 塑料冲击脆化温度试验方法

GB/T 5478—1985 塑料滚动磨损试验方法

GB/T 7141—1992 塑料热空气暴露试验方法

GB/T 7142—2002 塑料长期热暴露后时间–温度极限的测定

GB/T 11547—1989 塑料耐液体化学药品(包括水)性能测定方法

GB/T 12000—2003 塑料暴露于湿热、水喷雾和盐雾中影响的测定

11) 降解测试

GB/T 17603—1998 光解性塑料户外暴露试验方法

GB/T 19811—2005 在定义堆肥化中试条件下塑料材料崩解程度的测定

以上介绍的只是部分典型的塑料标准化测试方法，涉及塑料测试与性能分析的各个

方面，其他与高分子相关的测试方法，包括专门针对纤维、橡胶、涂料与黏合剂等的标准，由于数量非常众多，这里就不一一列出。如果需要完成某一个测试，可以根据专门的标准检索系统来查找该测试的详细步骤和说明书。由于标准的制定往往需要一个非常长期的组织、分析和验证过程，需要大量的时间和人力来完成，在高分子的科学研究中，还有数量更为巨大的分析测试方法并未纳入现行的国际和国家标准体系，但由于这些方法在一定的范围内存在非常良好的应用效果和可重复验证性，因此在一些没有强制性要求的场合也可以加以应用。

与金属和陶瓷等无机物材料不同，高分子的测试结果要受使用时间、温度、测试样品的制备方法以及其他一些因素的影响。同样的高分子材料，不仅会因其制备配方不同而使性能测试结果有很大差异，还可能会因为生产的设备或生产的公司的不同，甚至于生产的批次不同而有所偏差。所以，一般说明书或者文献中给出的聚合物材料性能参数通常都标注有“典型××聚合物的性能”。

## 4.2　高分子的相对分子质量及其测试方法

高分子是由小分子单体聚合而成的，聚合度或相对分子质量对高分子材料的性能有着非常重要的影响，这种影响在较低相对分子质量区间尤为明显。对于相对分子质量/聚合度大小的影响，我们以碳原子数(结构单元数)对碳氢化合物性能影响为例。碳原子数较低的烷烃(如甲烷、乙烷、丙烷、丁烷)在室温下是气体(表 4.1)，而当碳原子数大于 4 时则转变为液体(汽油、煤油、轻质油)。这些烷烃中只含有碳、氢两种元素，分子没有极性，碳链分子之间的相互作用只有微弱的色散力，因而在宏观上呈现为液态。烷烃的沸点和总色散力随着碳原子的增加而逐渐增大，物质的宏观形态也逐渐由流动性较高的液体转变为黏稠的液体并最终转变为蜡状固体，这时色散力的总和大于 C—C 键的键能，使得其在汽化(沸点)前已经分解。当碳链增长到足以形成有一定硬度的固体时，即是我们所熟知的聚乙烯(polyethylene, PE)。

**表 4.1　直链碳氢化合物的性质**

| 平均碳原子数 | 沸点范围/℃ | 名称 | 室温下物理形态 | 用途 |
|---|---|---|---|---|
| 1~4 | <30 | 气体 | 气态 | 压缩气体燃料 |
| 5~10 | 30~180 | 汽油 | 液态 | 汽车燃料 |
| 11~12 | 180~230 | 煤油 | 液态 | 航空燃料 |
| 13~17 | 230~300 | 轻质油 | 液态 | 柴油 |
| 18~25 | 305~400 | 重质油 | 黏稠液体 | 燃料 |
| 26~50 | 分解 | 石蜡 | 蜡状 | 蜡烛 |
| 50~1000 | 分解 | 聚乙烯蜡 | 蜡状至固体 | 食品包装的蜡涂层 |
| 1000~5000 | 分解 | 聚乙烯 | 固体 | 食物包装、容器瓶、容器、薄膜 |
| >5000 | 分解 | 聚乙烯 | 固体 | 塑料袋、纤维、汽车配件 |

我们在第 3 章中已经介绍到，高分子的相对分子质量并不是越高越好，当相对分子质量增加到一定程度后其对材料性能的影响会越来越小并趋近极限值，相反地，相对分子质量过大反而会造成加工困难等缺陷。因此适度地控制聚合物的相对分子质量是其加工使用过程中的重要环节。为了控制聚合物的相对分子质量，就必须研究合成条件与相对分子质量的关系以及相对分子质量对材料性能的影响，因此聚合物相对分子质量的测定是其表征和分析中最基本也是最关键的部分。

### 4.2.1　高分子相对分子质量的统计学意义

与小分子化合物相比，高分子的相对分子质量不仅非常巨大，而且并不具有特定均一的数值。高分子不是由单一相对分子质量的化合物所组成的，即使是一种“纯粹”的高分子，也是由化学组成相同、相对分子质量不等、结构不同的同系聚合物的混合物所组成的。这种高分子的相对分子质量不均一的特性，就称为相对分子质量的多分散性。因此一般测得的高分子的相对分子质量都是平均相对分子质量，高分子的平均相对分子质量相同，但分散性不一定相同。相对分子质量分布能够揭示高分子同系物中各个组分的相对含量与相对分子质量的关系。图 4.1 是相对分子质量的分布曲线，横坐标为相对分子质量，纵坐标为相对分子质量为一定数值时组分的相对含量。根据相对分子质量分布图不仅能知道高分子的平均大小，还可以知道相对分子质量的分散程度，分布较宽说明相对分子质量不均一，反之则说明相对分子质量较均一。

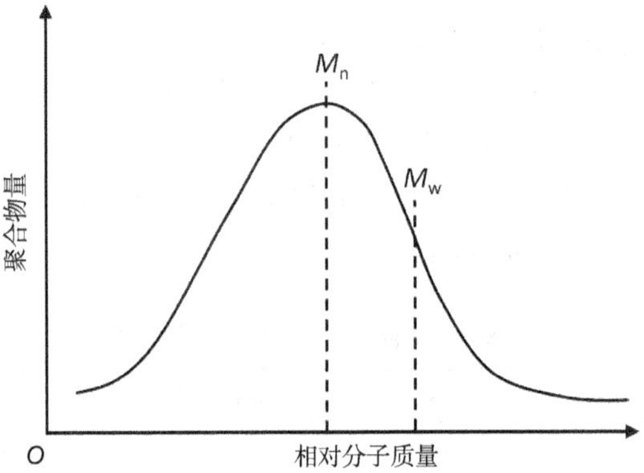


图 4.1　高分子的相对分子质量分布曲线

高分子的相对分子质量分布对材料的物理机械性能影响很大，例如，如果相对分子质量分布较宽，体系中含有大量的低相对分子质量同系物，将会明显降低材料的力学性能，对纺丝、成膜性能等也有不利影响；但在一些特定场合下，相对分子质量分布并不是越窄越好，例如，天然橡胶平均相对分子质量很大，不利于加工成型，因此往往需要经过塑炼使相对分子质量降低、分布变宽，这样低相对分子质量的同系物可以起到增塑剂的作用使加工成型更为容易。

虽然测定高分子的相对分子质量分布是对高分子最为直观的分析和了解，但受条件的限制，在很多情况下还是需要直接测定聚合物的平均相对分子质量。

假定某一高分子试样中含有若干种相对分子质量不同的分子，该试样的总质量为 $w$，总物质的量为 $n$，种类数用 $i$ 表示，第 $i$ 种分子的相对分子质量为 $M_i$，物质的量为 $n_i$，质量为 $w_i$，在整个试样中的质量分数为 $W_i$，摩尔分数为 $N_i$。那么根据统计方法的不同可以得到不同的平均相对分子质量。其中最为重要、应用最多的是数均分子质量 $M_{\rm n}$ 和重均分子质量 $M_{\rm w}$。

以数量为统计权重的数均分子质量，定义为

$$\overline{M_{\rm n}}=\frac{w}{n}=\frac{\sum\limits_i n_i M_i}{\sum\limits_i n_i}=\sum_i N_i M_i \tag{4.1}$$

数均分子质量的定义可用硬币模型为例来简单描述，假定有一堆不同面值的硬币，那么数均统计就是用硬币的总面值除以硬币的总数量。

以质量为统计权重的重均分子质量，定义为

$$\overline{M_{\rm w}}=\frac{\sum\limits_i n_i M_i^2}{\sum\limits_i n_i M_i}=\frac{\sum\limits_i w_i M_i}{\sum\limits_i w_i}=\sum_i W_i M_i \tag{4.2}$$

同样以硬币为例，重均统计方法即是每次随机抽取一枚硬币，并记录下其币值，然后将其放回；重复以上过程多次随机抽取后，统计不同币值硬币被抽取的概率。由于币值大的硬币通常具有更大的体积和更高的质量，因此其被抽取的概率相对更高。

单独一种平均相对分子质量不足以表征聚合物的性能，还需要了解相对分子质量多分散性的程度，相对分子质量分散性通常以相对分子质量分布指数 $d$ 表示，即重均分子质量与数均分子质量的比值：

$$d = M_{\rm w}/M_{\rm n} \tag{4.3}$$

此外还有一些比较重要的平均相对分子质量统计方法，如以 $z$ 值为统计权重的 $z$ 均分子质量，$z_i$ 定义为 $w_iM_i$，则 $z$ 均分子质量的定义为

$$\overline{M_z}=\frac{\sum\limits_i z_i M_i}{\sum\limits_i z_i}=\frac{\sum\limits_i w_i M_i^2}{\sum\limits_i w_i M_i}=\frac{\sum\limits_i n_i M_i^3}{\sum\limits_i n_i M_i^2} \tag{4.4}$$

用稀溶液黏度法测得的平均相对分子质量为黏均相对分子质量，定义为

$$\overline{M_\eta}=(\sum_i W_i M_i^a)^{1/a} \tag{4.5}$$

在一定的稀溶液浓度范围，高分子溶液的特性黏度与相对分子质量成指数关系，称为 Mark-Houwink 方程。这里的 $a$ 是就是指 Mark-Houwink 方程中的指数。式中$[\eta]$为特性黏度。

因为

$$\overline{M_{\mathrm{n}}} = \frac{\sum_i n_i M_i}{\sum_i n_i} = \frac{\sum_i w_i}{\sum_i \frac{w_i}{M_i}} = \frac{1}{\sum_i \frac{W_i}{M_i}} \tag{4.6}$$

所以当 $a = -1$ 时，式(4.5)变为

$$\overline{M_\eta} = \frac{1}{\sum_i \frac{W_i}{M_i}} = \overline{M_{\mathrm{n}}}$$

而当 $a = 1$ 时，式(4.5)变为

$$\overline{M_\eta} = \sum_i W_i M_i = \overline{M_{\mathrm{w}}}$$

通常来说$[\eta] = KM^a$中的 $a$ 值介于 0.5~1，因此有 $\overline{M_{\mathrm{n}}} < \overline{M_\eta} \leqslant \overline{M_{\mathrm{w}}}$ 。

通过不同的统计方法计算得到的平均相对分子质量有所不同，但一般来说有以下几个特点：

(1) $M_z > M_{\mathrm{w}} > M_\eta > M_{\mathrm{n}}$，$M_\eta$ 略低于 $M_{\mathrm{w}}$。

(2) $M_{\mathrm{n}}$ 靠近聚合物中低相对分子质量的部分，即低相对分子质量部分对 $M_{\mathrm{n}}$ 影响较大。

(3) $M_{\mathrm{w}}$ 靠近聚合物中高相对分子质量的部分，即高相对分子质量部分对 $M_{\mathrm{w}}$ 影响较大。

(4) 一般用 $M_{\mathrm{w}}$ 来表征聚合物比 $M_{\mathrm{n}}$ 更恰当，因为聚合物的性能(如强度、熔体黏度)更多地依赖于样品中较大的分子。

### 4.2.2　高分子相对分子质量的测定方法

高分子的相对分子质量测定方法有很多种，其所测定得到的统计学平均值也有所不同，本节我们将简单介绍几种常用、有效的测定方法。

#### 1. 凝胶渗透色谱法

凝胶渗透色谱法(gel permeation chromatography, GPC)是一种新型的液体色谱，这种技术不仅可以用于小分子物质的分离和鉴定，而且可以用来分离和分析化学性质相同但分子体积不同的高分子同系物。GPC 的分离机理主要为体积排除机理，因此通常又被称为体积排除色谱(size exclusion chromatography, SEC)。其分离的核心部件是一根装有多孔

性凝胶载体的色谱柱，凝胶的外观为球形，表面和内部含有大量彼此贯穿的孔，孔的内径大小不等。测定时，首先以待测试样的某种良溶剂充满色谱柱，使之占据多孔载体内部和之间的全部空隙，再以同一种溶剂配成的试样高分子溶液自柱头加入，以该溶剂从头至尾淋洗，从尾端接收淋洗出的液体，计算淋出液的体积和溶于其中的溶质试样的浓度。实验证明，当仪器和实验条件确定后，溶质的淋出体积与其相对分子质量有直接关系。不同相对分子质量的高分子，其有效体积也有所不同，在多孔凝胶中的通过和停留时间也就有所不同，大相对分子质量的高分子无法进入任何孔洞，只能从载体间的空隙通过，因此会首先从尾端淋出；而尺寸稍小的聚合物分子，可以进入较大尺寸的孔洞，其淋出时间将有所增长；而更小的分子，不仅可以进入较大尺寸的孔洞，也可以进入较小尺寸的孔洞，因而淋出时间更长(图 4.2)。因此通过这样的方法就可以将不同相对分子质量的同系高分子进行有效的分离，再将试样的淋出时间与已知确切相对分子质量的标准试样进行比较就可以得到试样的相对分子质量，通过对不同淋出时间溶质的淋出体积统计、计算、分析就可以得到试样的 $M_n$、$M_w$ 和相对分子质量分布。

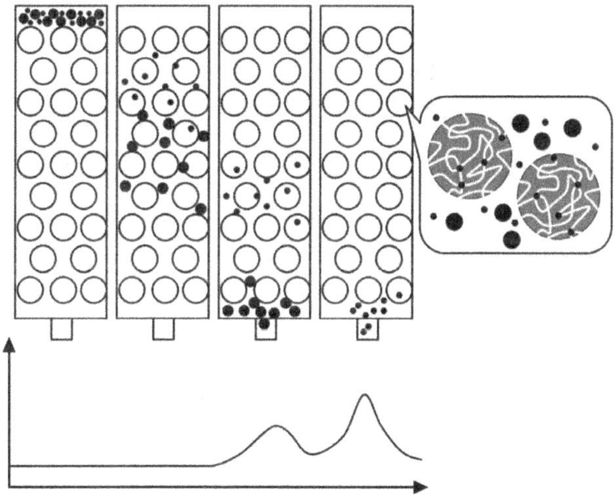

图 4.2　GPC 测试原理示意图

通过 GPC 测定高分子的相对分子质量的操作简便、测定周期短、数据可靠、重现性好，成为聚合物分子量测定中技术最为完善、应用最广泛的测试方法。

2. 特性黏度法

在聚合物相对分子质量的测试方法中，黏度法也是一种常用的方法。溶液的黏度除了受高分子本身的化学结构和分子链结构的影响外，还与相对分子质量直接相关。高分子为长链大分子，加入溶剂中后导致溶液的黏度增大。实验证明，当聚合物、溶剂和温度确定后，在一定的稀溶液范围内，溶液的特性黏度[$\eta$]仅与聚合物的相对分子质量相关，满足以下经验公式：

$$[\eta] = KM^a \tag{4.7}$$

式(4.7)称为 Mark-Houwink 方程。在一定的相对分子质量范围内，$K$ 和 $a$ 是与相对分子质量无关的常数，因此通过测定溶液黏度就可以测定聚合物相对分子质量。黏度法的突出优点在于仪器设备简单(图 4.3 是两种常用的玻璃毛细管黏度计)、成本低廉、操作便利、测定和数据处理周期短，又有很好的实验精度。将黏度法与其他方法配合使用，还可以研究高分子在溶液中的尺寸、形态等重要特性，是一种非常有价值的测试方法。但必须注意的是，黏度法只是一种测定聚合物相对分子质量的方法，必须在确定的条件下，事先确定黏度与相对分子质量的关系(即根据已知相对分子质量的试样测定得到常数 $K$ 和 $a$)。

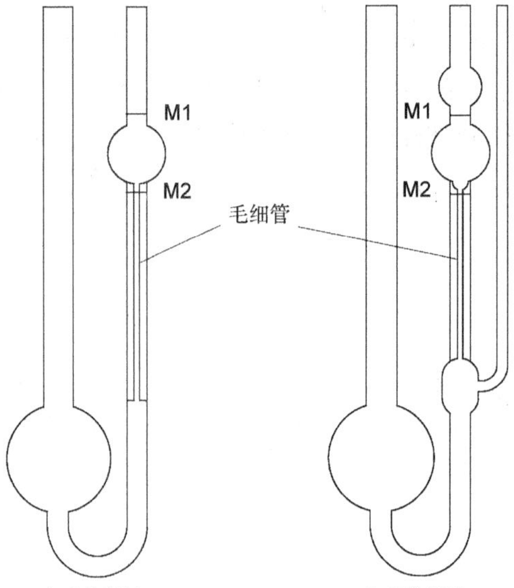


图 4.3　毛细管式黏度计

3. *光散射法*

利用光的散射性质测定相对分子质量和分子尺寸的方法称为光散射法，是一种研究高分子溶液性质的重要方法。当一束光(入射光)通过介质(气体、液体或溶液)时，一部分光沿原来的方向继续传播，称为透射光，同时在入射方向以外的其他方向散发出一种微弱的光，称为散射光。散射光与入射光的夹角为散射角。对于高分子溶液来说，影响散射光的强度及其与散射角和溶液浓度的相关性的因素包括:溶质高分子的相对分子质量、高分子链体积尺寸以及分子链形态。因此可以利用溶液的光散射性质测定高分子的上述参数。通过光散射法可以测定高分子试样的重均分子质量，可以测定的相对分子质量范围为 $10^4$~$10^7$，当相对分子质量较低时，由于灰尘和杂质的干扰，测定的可靠程度较差；而相对分子质量较高时，测试误差也会增大。

光散射法是一种测定高分子相对分子质量的绝对方法，目前最为高效的光散射法是小角激光光散射(low angle laser light scattering, LALLS)。LALLS 测定原理和经典方法相同，只是在光源、仪器设计及数据处理上有重要改进。与经典方法相比，LALLS 具有以下几个显著优点：激光光源能量集中，光束细，强度高，使散射体积和散射池体积都大大缩小，不仅可以节约样品，而且灰尘对信号的干扰也明显减小；激光光束具有高度的单色性和准直性，使测定可以在很小的角度下进行，无需对角度外推，实验方法简便，周期短；LALLS 技术使得重均分子质量的测定精度大幅提高，数据偏差低于 5%，测试范围有所扩大。

此外，测定聚合物相对分子质量的方法还有很多，如端基分析、沸点升高和冰点降低、膜渗透压、气相渗透、超速离心沉降等，这些方法各有特色，也各有不足之处，因此不如以上介绍的几种方法应用广泛，这里就不再一一介绍。

## 4.3　高分子的分子结构分析

高分子聚合物的相对分子质量很大，而且相对分子质量分布存在多分散性，结构较为复杂，因此许多适用于传统的有机小分子化合物的分析方法往往就不再适用于高分子材料的分子结构分析，但由于高分子的单元结构与有机化合物在一定程度上存在相似性，因此一些传统的分析方法仍然可以对其分子结构进行一定的了解。本节将简单介绍几种近现代物理分析方法在高分子结构分析和研究中的应用。

### 4.3.1　红 外 光 谱

红外光谱研究波长为 0.7~1000μm 的红外光与物质的相互作用，是一种分子振动光谱，是表征聚合物化学结构的一种重要方法。

红外光谱在聚合物的测试原理上与普通有机物是一样的，这里就不再详述，通过聚合物试样红外谱图中特征的吸收谱带的分析可以了解高分子的化学组成、立体结构、构象、取向等。表 4.2 中列出了常见聚合物中一些基团的特征吸收频率。

通过对聚合物红外光谱的分析不仅可以了解聚合物所含有的特征化学基团，还可以对主链结构、取代基数量、基团位置等加以分析。即使是相同的化学基团，由于其在聚合物中所处的化学位置不同，其红外吸收波长也会发生偏移，从而可以进行定性或定量分析。例如，丁二烯在聚合时可以发生两种加成反应，即 1,2-加成和 1,4-加成，在所得到的聚合物中前者的双键在侧基上而后者在主链上，如式(4.8)所示：

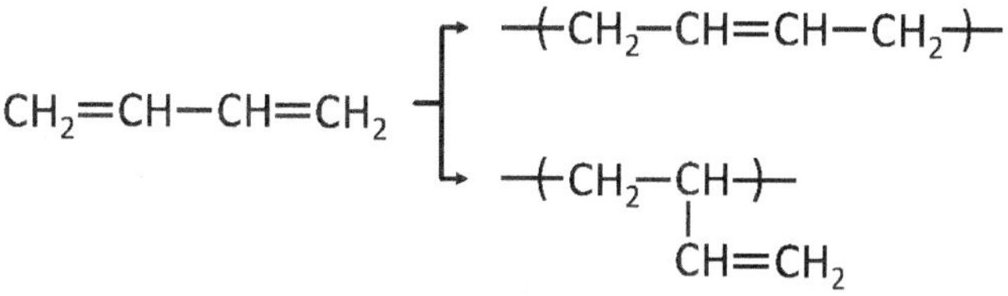

(4.8)

从表 4.2 可以看出：端双键“$=CH_2$”和链中双键“=CH—”吸收波长存在一定差异。因此根据两种双键吸收可以判断在聚丁二烯中异构结构的存在。

表 4.2 某些基团的特征频率

| 基团 | 波长/μm | 波数/$cm^{-1}$ |
|---|---|---|
| —OH | 2.84~3.22 | 3520~3100 |
| —NH | 2.86~3.23 | 3500~3100 |
| $=CH_2$ | 3.25 | 3080 |
| =CH— | 3.31 | 3020 |
| $—CH_3$ | 3.36~3.39 | 3960 |
| $—CH_2—$ | 3.41~3.43 | 3926 |
| —CH< | 3.46 | 2890 |
| Ar—H | 3.24~3.33 | 3090~3000 |
| C=C | 6.06~6.25 | 1650~1600 |
| Ph | 6.15~6.35 | 1625~1575 |
| C≡N | 4.17~4.76 | 2400~2100 |
| C=O | 5.4~6.3 | 1850~1582 |
| C—O—C | 7.9~8.3 | 1260~1200 |
| C—F | 7.4~8.3 | 1350~1200 |
| C—Cl | 13.7~15.9 | 730~630 |
| Si—O | 8.1~9.8 | 1220~1020 |
| Si—C | 11.63~13.28 | 860~700 |
| $Si—CH_2$ | 7~9.4 | 1260 |
| Si—H | 4.46 | 2240 |

当高分子结晶后，在红外谱带中往往会出现非晶态时没有的新吸收带。一般认为这与高分子晶胞中分子内或分子间的相互作用有关。因此红外光谱也可用于结晶高分子的分析。

随着近代科学技术的迅速发展，一般的红外光谱已不能满足需要，例如，它的扫描速度太慢，使得一些动态的研究以及和其他仪器联用较为困难，对吸收红外辐射较强的样品或吸收信号较弱的样品，以及痕量组分的分析都受到限制。傅里叶变换红外光谱(FTIR)可以很好地解决这些问题。FTIR 由光学探测部分和计算机部分共同组成，通过计算机对采集的信号进行傅里叶变换的数学处理将其转变为光谱图。与传统的红外光谱相比，FTIR 的扫描速度大大加快，可以在很短时间内就得到高分辨率的红外光谱图，可以用于研究快速的化学反应过程，或者高聚物分子链取向变化等动力学过程，而且还能很方便地与气相/液相色谱、热重分析、GPC 等测试仪器联用进行在线检测。

### 4.3.2 核 磁 共 振

核磁共振(nuclear magnetic resonance, NMR)是利用具有核磁矩的原子核作为探针来探测分子内部局部磁场的情况，而这一局部磁场的大小以及随着各种因素的变化反映了分子的内部基团结构和原子与基团的排列情况等重要信息。核磁共振在有机化学中应用非常广泛，也是研究高分子一级结构(包括近程结构与远程结构)的有力工具，即使化学结构未改变，只要化学环境发生了变化就可以在核磁谱图中反映出来。一些具体实例如下。

### 1. 端基分析

聚合物重复单元的化学环境是一致的，但是在一些特殊的位点处，例如，分子链的链端、共聚物中不同链段连接点等位置的单元结构，其化学环境与重复单元有很大不同，从而使得这些位点的原子的化学位移产生偏移，与重复单元产生区别。通过对这些不同的化学位移积分比较可以获得相对分子质量、共聚物链段链长、接枝共聚物取代度等化学结构信息。

### 2. 结构单元连接方式

不对称烯类单体的连接方式包括头头、头尾两种方式。由于原子的化学位移受到相邻基团中原子的影响，对化学环境的变化非常敏感。图 4.4 是聚乙烯醇的核磁谱图，从图 4.4 中可以看出在 4.2ppm、4.5ppm 和 4.7ppm 处出现了三个化学位移，均为羟基氢的吸收，这是由于头尾、头头连接方式的不同使得羟基的氢的化学环境有所不同，可以有以下三种情况，因此出现了不同的化学位移：

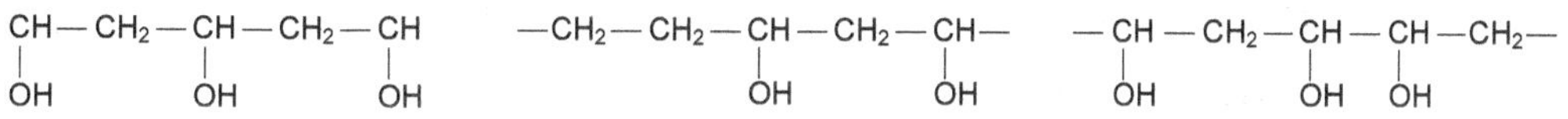

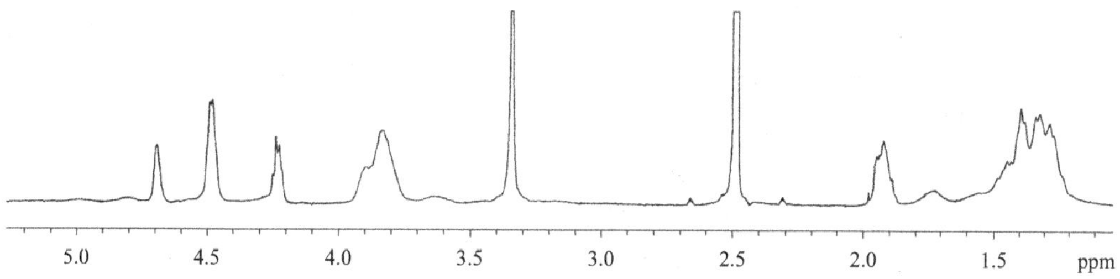


图 4.4　聚乙烯醇的 $^{1}$H NMR 核磁共振谱图

### 3. 空间立构的研究

空间立构的不同对聚合物中原子的化学位移也会产生影响，例如，不同合成方法制备的聚甲基丙烯酸甲酯(PMMA)有间同立构、全同立构、无规立构三种构型，相应地其聚合物的$\alpha$-甲基的化学位移也有所不同，间同立构的化学位移位于 9.09$\tau$，全同立构的位于 8.78$\tau$，无规立构的位于 8.95$\tau$，因此根据化学位移的积分强度之比就可以估算出不同立构方式聚合物的大致比例。

### 4. 双烯类聚合物顺反异构的研究

将聚异戊二烯溶于 $CCl_4$ 或者 $CS_2$ 溶液测定核磁共振，可以发现其—$CH_3$ 的化学位移，反式异构体位于 8.40$\tau$，顺式异构体位于 8.33$\tau$，因此通过核磁分析可以了解同系异构聚合物的大致比例。

## 4.4　高分子的力学性能

力学性能也称机械性能，其测试涉及一系列复杂的指标，包括蠕变、拉伸强度、冲击强度、弯曲强度、扭曲强度、剪切强度、抗压强度等。当材料使用时，不可避免地会受到外力的作用。一般来说，当施加外力到材料上时，如果环境条件不足以使其产生惯性移动，材料就会产生形状和尺寸上的变化，这些形变行为会对材料的使用产生重要影响，因此在大多数情况下，高分子的力学性能就成为最重要的性能指标之一。

正如第 1 章中所指出的，高分子的分子运动具有明显的松弛特性，分子链的运动具有时间依赖性，因此高分子是一种黏弹性(viscoelastic)的材料，既可以表现出液体的特征(黏性，“visco”部分)，也可以表现出固体的特征(弹性，“elastic”部分)。因此与金属和无机材料相比，高分子的力学性质对温度和时间的依赖性要高得多。高分子的黏弹行为通常表现在应力/应变测量以及其他相关测量过程中(如流变测试)。一种材料表现出黏性还是弹性，与温度、高分子种类、预处理方法、高分子结构、测量的种类和条件有关。根据高分子材料在特定条件下具有的弹性或黏性的特征，就可以大致了解其应用的范围和领域。

正如以上所述，应力/应变关系与许多因素有关，其中两个重要因素是应力施加的速率(相互作用时间)和温度。如果应力施加的速率大于链节运动的能力，材料就会表现出易碎固体的特征，即链段还来不及运动就被破坏。

对大部分高分子材料来说，要使其表现出黏性特征，环境温度必须在玻璃化转变温度 $T_g$ 以上，使得分子链段具有足够的运动性。例如，聚丙烯(PP)塑料的 $T_g$ 为–20℃，在正常环境下材料具有一定的黏性，在应力条件下可以产生拉伸、弯曲等行为，因此可以满足正常使用的要求，但是在寒冷地区，当环境温度低至–30℃时，PP 分子链的运动被冻结，聚合物非晶区处于玻璃态，PP 制品就会变脆易碎，性质更加接近于玻璃。如果将其再次放回温暖的室内，温度升高到 PP 的 $T_g$ 以上时，制品又再次恢复韧性，应力/应变相应降低。

### 4.4.1　描述力学性质的基本物理量

当高分子材料发生宏观形变时，其内部分子链之间以及分子链内各原子之间的相对位置就会发生变化，产生内力以抵抗外力的作用，并力图恢复到变化前更为稳定的状态。当二者达到平衡时，内力与外力相等，方向相反，则定义单位面积上的附加内力为“应力”，其值与单位面积上所受的外力是一致的。材料受力的方式不同，发生形变的方式也有所不同。一般来说，有拉伸、弯曲、冲击、压缩、扭曲、剪切等几种基本模式。应力/应变关系的测量是评价高分子力学性能最为有效的方法。对于理想的弹性固体，应力/应变关系服从胡克定律，即应力与应变成正比，比例常数称为弹性模量(elastic modulus)

(即弹性模量等于应力除以应变)。因此弹性模量表征了材料抵抗变形能力的大小。模量越大，材料刚性越大；模量越小，材料柔性越大。

当高分子材料所受外力超过其承受能力的极限时，材料就要发生破坏，机械强度就是抵抗外力破坏的能力。可以说在各种实际的应用中，机械强度是材料力学性能的重要指标之一。

基于高分子的应力/应变行为，Carswell 和 Nason 将高聚物分为五类：在一般的室温条件下，A 类为软而弱的材料，以聚异丁烯为代表；B 类为硬而脆的材料，以聚苯乙烯为代表；C 类为软而韧的材料，以塑化聚氯乙烯为代表；D 类为硬而强的材料，以聚碳酸酯为代表；E 类为硬而韧的材料，以 ABS 共聚物为代表。如图 4.5 所示。

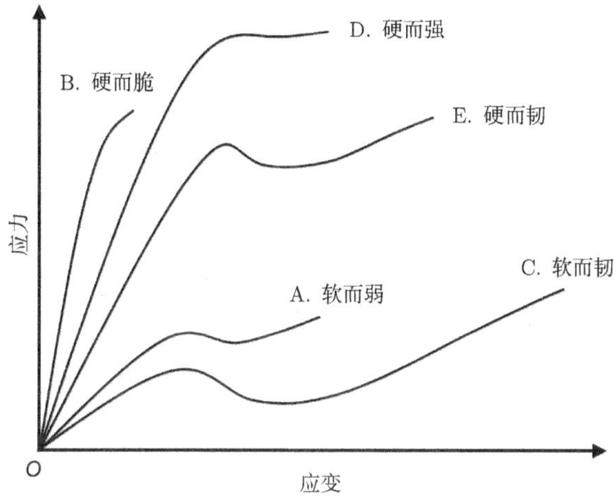


图 4.5　高分了材料在室温下的典型应力/应变曲线

## 4.4.2　拉 伸 强 度

拉伸强度(Tensile strength)是哑铃形的拉伸测试样品在被拉断时的强度。样品在被拉断时的伸长量与实验前的初始量的比值称为断裂伸长率(elongation at breaking)。如图 4.6 所示，夹着样品的夹子以预先设定好的速度运动，可以测得样品在被拉断时的最大的负荷量和伸长率。拉伸强度指的是样品在被拉断时的负荷力与样条初始的横截面积的比值[式(4.9)]。断裂伸长率指的是样品在被拉断时的伸长量与样品初始长度的比值，再乘以 100%所得到的数值[式(4.10)]。拉伸模量是拉伸应力与应变的比值。

拉伸强度：

$$\sigma_t = P/(b \cdot d) \tag{4.9}$$

断裂伸长率：

$$\varepsilon = 100\% \cdot (l - l_0)/l_0 \tag{4.10}$$

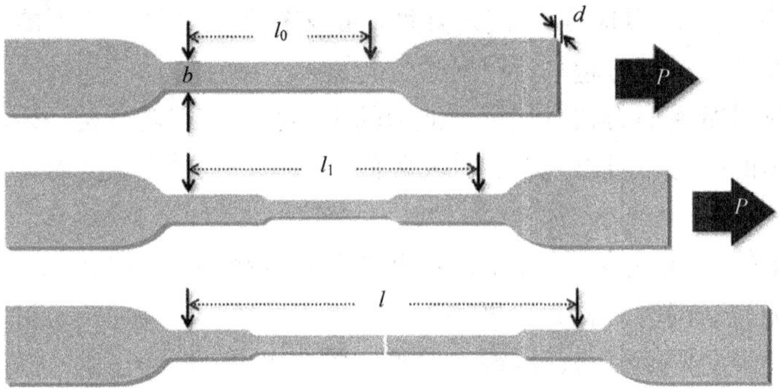


图 4.6　拉伸强度测试

## 4.4.3　抗 压 强 度

抗压强度(compressive strength)，即样品抵抗压力的能力，测试通过在一个标准圆柱形聚合物试样上施加压力进行。

被测材料被放置在一个压力工具里，如图 4.7 所示，活塞以恒定的速率下压，最终的抗压强度就等于断裂时的压力除以最小横截面面积。由于很多的材料在抗压环境下不会断裂，这时通常记录下在额定形变时的应力。

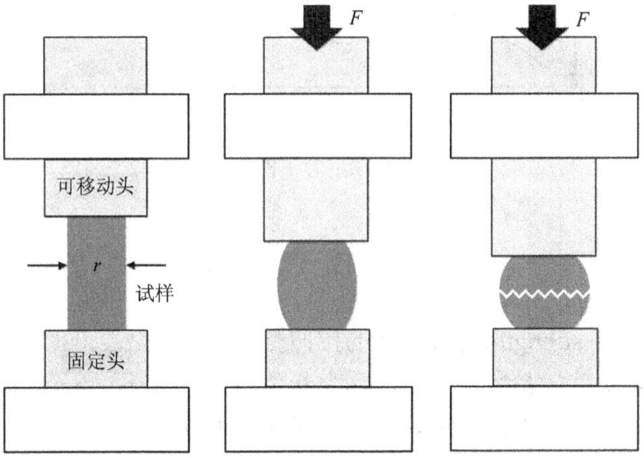


图 4.7　抗压性能测试

## 4.4.4　弯 曲 强 度

弯曲强度(flexural strength)或横向断裂强度是指当条形测试样品作为横梁时，受到垂直于其长度方向的弯曲压力后所产生的最大应力。样条长度应保证放在支架上且两端悬垂的长度少于 6.4 mm。

以标准额定的丁字头和速率施加负荷，当样条出现弯曲屈服或以 0.05mm/min 的速率向下弯曲时测试停止。弯曲强度($S$)根据式(4.11)计算得到，表达式中的 $P$ 指的是在弯曲曲线上某一点的负荷量，$L$ 指两个支点之间的距离，$b$ 指样条的宽度，$d$ 指样条的厚度。

图 4.8 为该测试的示意图。

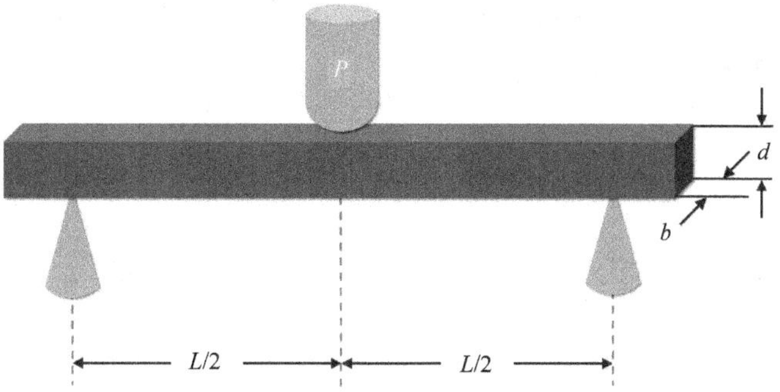


图 4.8　弯曲强度试验

弯曲强度的表达式为

$$S = \frac{PL}{bd^2} \tag{4.11}$$

弯曲模量也可以用来表征材料的弯曲性能和硬度。通过将弯曲强度(S)对弯曲应力(r)作图，然后计算曲线的斜率即得到弯曲模量。

### 4.4.5　冲 击 强 度

冲击强度(impact strength)可以反映材料所能承受强烈冲击的能力。根据重物冲击的方式，常用的测试方法有摆锤式和落球式。摆锤式冲击试验是让重物摆动冲击试样，如图 4.9 所示。将标准样条固定好，用一个每次撞击能提供 2.7~21.7 J 能量(冲击能量大小取决于摆锤落下的位置)的摆锤撞击被测试的样条。冲断样条后，摆锤所摆动的位移与冲

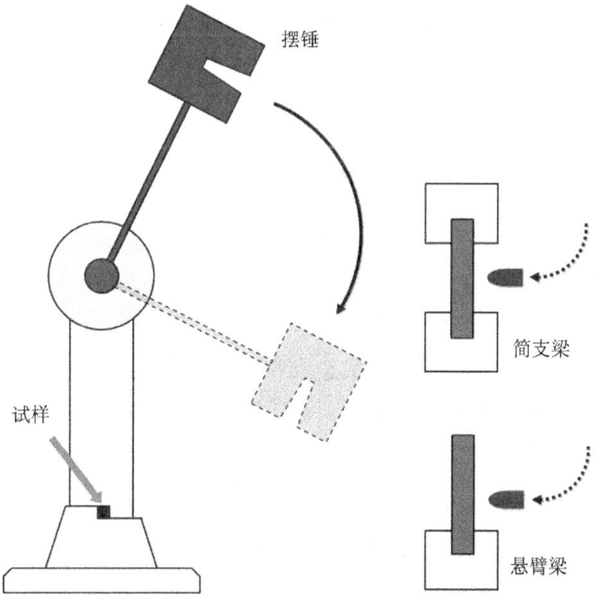


图 4.9　冲击强度测试

断样条所需的能量成反比关系，通过计算可以得到样条的冲击强度。根据样条的固定方式又可分为简支梁(charpy)和悬臂梁(izod)两种，固定方式分别为两端支撑和一端固定。试样可用无缺口和带缺口两种。

### 4.4.6 硬度测试

硬度(hardness)是一种相对概念，是材料抵抗局部变形的能力，经常作为一种材料被擦刮、切割、毁坏、切割、钻孔或磨损的难易程度的标准。它经常包括一系列相关的性能参数，如屈服强度和弹性模量。硬度是与耐磨损有关的，即是抵抗材料表面磨损的过程。

静态压入是最广泛采用的硬度测量方法，通过此法可以测得材料的永久变形性能。测试时，采用一个压头，在洛氏测试中采用的是圆球，而肖氏硬度测试中采用的是尖锐的锥形物(图 4.10)。

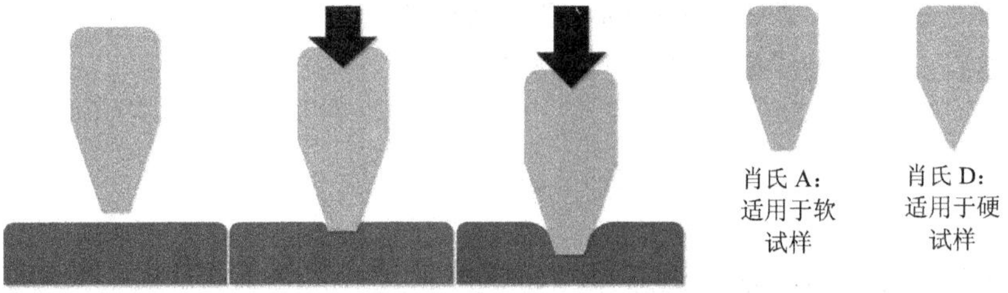


图 4.10　肖氏硬度测试

凹痕处的压力，虽然集中在某一范围内，但是通常也很容易分散到周围的区域。由于弹性形变、塑性形变或永久形变的同时存在，因此通常还要测定压力消除后的回复量。弹性形变和塑性形变共同作用的复合形变与材料晶区和非晶区的尺寸、分布与数量，高分子的物理和化学交联，以及高分子本身的多级结构有关。

## 4.5 高分子的热性能

与其他材料相比，高分子材料具有非常独特的微观结构特征，这也是高分子材料一系列优异性质的基础。同样的高分子，结构一样，但只是由于分子运动的情况不同，就可以表现出不同的宏观特性。在 3.3.2 小节介绍高分子的非晶态时我们已经了解到，高分子只是所处的温度不同，分子运动的状态和材料宏观性能也会有很大的区别。因此，为了研究高分子的各种物理性质，就必须对聚合物内部的分子运动情况，也就是高分子的热性能进行分析和了解。

### 4.5.1 高分子热运动的主要特点

高分子的结构比较复杂，因此其分子运动也更为复杂，归纳起来有以下几个特点。

1. 运动单元的多重性

高分子通常具有长链的分子结构，相对分子质量具有多分散性，同时还可能涉及交联、接枝、嵌段等更为复杂的结构，因此高分子运动单元既可以是整个高分子链，也可以是分子链的一部分，如侧基、支链、结构单元、链段等。高分子的部分链段可以做相对于其他链段的运动，即使整个高分子的移动，也是通过各链段的协同移动逐步实现的，如同蛇的行走。这就是著名的“蛇行理论”，是法国科学家 Pierre-Gilles de Gennes 在研究缠结长链高分子的运力学问题时所提出的，这一理论成为了理解高分子运动性质的关键，并作为其重要研究之一获得了 1991 年诺贝尔化学奖。

2. 高分子热运动的时间相关性

在一定的外界条件下，高分子从一种平衡状态通过分子的热运动，达到与外界条件相适应的新的平衡态。由于这个过程往往都需要一定的时间来完成，因此也称为松弛过程。松弛时间不是一个单一的数值，由于运动单元的不同，松弛时间也有所不同，长的可以达到几天甚至数年之久。例如，用聚对苯二甲酸丁二醇酯(PBT)制作塑料制品，在从热的熔体冷却为固体成型后，材料仍然可以经历长时间的结晶过程，使得放置数天甚至数月后制品的尺寸还会发生收缩。另一个生活中的例子是棉织物(由天然高分子纤维素构成)在洗涤后容易发生缩水变形，这是因为在棉织物的湿加工中，伸长、扭曲等应力在水挥发的过程中被暂时固定下来，当织物再润湿时，水的增塑作用使纤维大分子产生热运动，被暂时固定的应力得到释放，纤维回复至自然状态，从而造成缩水现象。

3. 高分子热运动的温度相关性

由第 3 章对高分子非晶态的讨论可知，高分子在不同温度区间的热–机械曲线的变化趋势也有很大不同，可以分为三个温度区间，分别对应玻璃态、高弹态和黏流态。温度对高分子的热运动有两方面的作用：一种是使运动单元活化。温度升高使高分子热运动能量增加，当能量增加到足以克服运动能垒时，运动单元处于活化状态，从而开始一定方式的热运动。另一种是温度升高使聚合物发生体积膨胀，加大了分子间的自由空间，使得运动单元可以更加自由迅速地移动。

### 4.5.2　玻璃化转变温度和熔点

玻璃化转变是聚合物的一种普遍现象，因为即使是结晶性高分子，也难以形成 100% 的结晶，总有非晶区的存在。玻璃化转变温度($T_g$)的大小直接决定了高分子的使用范围和性能，如非晶性塑料的使用温度必须低于其 $T_g$，而橡胶的使用温度必须高于其 $T_g$。当高分子发生玻璃化转变时，许多物理性能都发生急剧变化，因此通过观测和量度这些特殊的物理性能转变，就可以对其 $T_g$ 进行测定。除了传统的膨胀计法、折光率法等方法外，目前最为常用，也最为灵敏的测量方法包括差示量热扫描(differential scanning calorimeter,

DSC)和动态力学分析(dynamic mechanical analysis, DMA)。

在 $T_g$ 处，如果升高或降低温度，材料就会吸收或放出热量。用任何一种表征得到能量或失去能量的方法都可以测得 $T_g$。以 DSC 为例，当温度升高到 $T_g$ 时，聚合物分子链内的链段开始运动，在 DSC 曲线上，表现为基线出现特征的台阶状突变，根据这一突变即可以计算得到 $T_g$，如图 4.11 中示。

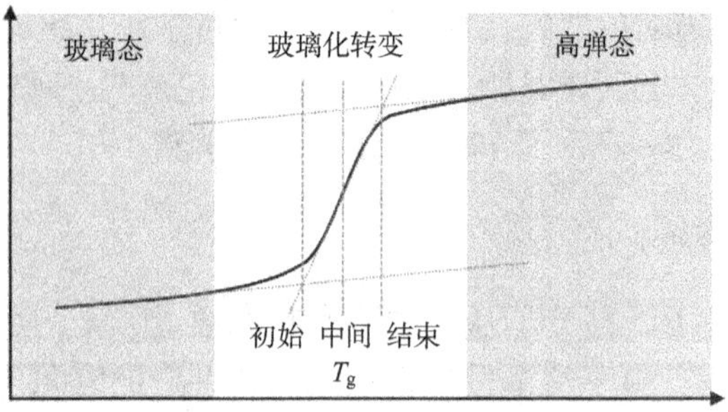


图 4.11　玻璃化转变时典型的 DSC 曲线

高分子材料的 DMA 通过在受测高分子试样上施加正弦交变载荷获取材料的动态力学响应。这种动态力学响应可以用三种变量表示：对应于“弹性”的储能模量；对应于“黏性”的损耗模量；外部载荷在对黏弹性材料加载时出现能量的损耗，即阻尼系数。当温度由低向高发展并通过 $T_g$ 时，材料内部高分子的结构形态发生变化，与分子结构形态相关的黏弹性随之变化。这一变化同时反映在储能模量、损耗模量和阻尼系数上，它们的峰值对应着材料内部结构的变化，相应的温度即为 $T_g$。

高分子的 $T_g$ 与许多因素有关，包括样品的预处理和测量的方法和条件。例如，不同研究者或生产商所报道的线形聚乙烯的 $T_g$ 介于 60~150℃这样一个相对非常宽的温度范围内，因此要有效比较高分子的 $T_g$，应在相同的测试条件、相同的样品制备热历史条件下进行。

物质的内在结构由晶态变为“液态”的过程称为熔融。对应于熔融的温度为熔点，记为 $T_m$。与低分子物质不同，高分子聚合物的熔融不是发生在 0.2~1℃的狭窄温度范围内，而是在一个较宽的温度范围，可达 10℃左右。高分子的这种熔融温度范围被称为熔程。高分子的熔融温度和它的流动性密切相关，通过熔融温度可以了解聚合物在成型加工中形态的变化规律，研究高分子流体在外场作用下的流动行为。

结晶高分子聚合物的熔融过程是一个接近于突变的过程。熔融过程发生在一定的温度范围内，由紧密有序的结晶转变为无序的熔体，因而材料在体积、光学性质、分子热运动等诸多方面都会产生突变。熔点仪是一种测定材料熔点的简便方法，通过光学显微镜观察结晶聚合物在加热过程中外观的变化，当温度升高到 $T_m$ 以上时，结晶性聚合物会从不透明、紧密的固体状态突然转变为透明、可流动的熔体，体积也有明显增大，这时的温度范围就是聚合物的熔程。

高分子在熔融过程中会吸收大量的热量，因此采用差热分析(DTA)、DSC 等量热分析方法也可以非常高效、准确地测定出高分子的熔点。通过量热分析不仅可以得到熔点、熔程等信息，还可以得到熔融焓($\Delta H_m$)，表示分子或分子链段排布由有序转换到无序所需要吸收的能量，与分子间作用力的大小密切相关。因为结晶与熔融是一对直接相关的热过程，因此通过 $\Delta H_m$ 还可以进一步计算得到高分子的相对结晶度。将 $\Delta H_m$ 与 100%结晶试样熔融焓($\Delta H_{m0}$，通过已知结晶度聚合物熔融焓外推得到)比较即可得到聚合物的相对结晶度 $\chi_c$：

$$\chi_c = (\Delta H_m/\Delta H_{m0})\times 100\% \tag{4.12}$$

### 4.5.3　热 重 分 析

聚合物在受热过程中，不仅有玻璃化转变、熔融等分子运动的物理变化过程，还可能存在分解、化合、脱水、吸附等化学过程，而热重分析是了解这些过程的一个重要手段。

热重分析(thermogravimetric analysis，TG 或 TGA)，是指在程序控制温度下测量样品的质量与温度变化关系的一种热分析技术，用来研究材料的热稳定性和组分。TGA 在高分子的研究和生产中都是一种比较常用的检测手段。热重分析在实际的材料分析中经常与其他分析方法联用，进行综合热分析，全面准确地分析材料。热重法的优点是定量性强，能准确地测量物质的质量变化及变化的速率，可以说，只要物质受热时发生质量的变化，就可以用热重法来研究其变化过程。目前，热重法已成为聚合物的热稳定性和热分解研究的基本研究方法，在聚合物合金、聚合物/无机复合材料的分析中也有重要应用。

### 4.5.4　线性膨胀系数

大多数的固体物质都存在热胀冷缩的现象，这种随温度而发生形状改变的行为对材料的实际使用行为有很大的影响，表征这种性能的指标为线性膨胀系数或热膨胀系数(coefficient of linear expansion)，其定义为：温度每改变 1℃时，固体物质的长度的变化与其在 0℃时长度之比。热线性膨胀系数受空气湿度、增塑剂，以及相转变时释放的应力等因素的影响，因此一般测定所得的热膨胀值为近似值。相对于金属和无机材料而言，无填充物的高分子材料的热膨胀系数是很高的。

将初始长度 $L_0$ 的样品放置在膨胀计内。测量环境温度升高后试样的增加长度($\Delta L$)，然后除以试样的初始长度，再与上升的温度相乘，就可以得到线性膨胀系数($\alpha$)。计算该系数值的公式如下：

$$\alpha = (\Delta L/L_0)\times T \tag{4.13}$$

## 4.6　高分子的流变性能

高分子流变学是研究高分子流动和变形的科学，是介于力学、化学和工程科学之间的边缘科学，是现代流变学的重要分支。研究高分子流变学对高分子的合成、加工、加工机械和模具的设计等均具有重要意义。

1928 年，美国物理化学家 E.C. 宾汉把对非牛顿流体的研究正式命名为流变学，并倡议成立流变学会。此后，流变学逐渐得到研究者的广泛认同并快速发展。高分子流变学是随高分子材料的合成、加工和应用的需要，于 20 世纪 50 年代发展起来的。

### 4.6.1　影响高分子加工的流变性能

1. 流动性

流动性一般以黏度的倒数表示。按作用方式的不同，流动可分为剪切流动和拉伸流动，相应地有剪切黏度和拉伸黏度。前者为切应力与切变速率之比；后者为拉伸应力与拉伸应变速率之比。高分子的结构不同，流动性(或黏度)就不同。对于高分子熔体，大多数是属于假塑性液体，其剪切黏度随剪切应力的增大而降低，即所谓的剪切变稀(shear thinning)。测试条件(温度、压力)、分子结构参数(相对分子质量及其分布、支化度等)和添加剂(填料、增塑剂、润滑剂等)等因素对聚合物的流动性均有重要影响。对于拉伸黏度，当应变速率很低时，单向拉伸的拉伸黏度约为剪切黏度的 3 倍，而双向相等的拉伸，其拉伸黏度约为剪切黏度的 6 倍。拉伸黏度随拉伸应力增大而增大，即使在某些情况下有所下降，其下降的幅度远较剪切黏度的小。因此，在大的应力作用下，拉伸黏度往往要比剪切黏度大一两个数量级，这可使化学纤维纺丝过程更为容易和稳定。

2. 弹性

由于高分子流体流动时，伴随有高弹形变的产生和储存，外力除去后会发生回缩等现象，例如，塑料、橡胶在熔融挤出后和纤维熔融纺丝后会发生断面尺寸增大而长度缩短的挤出胀大现象，或称弹性记忆效应；用搅拌杆搅动高分子流体时流体会沿杆上升，这种爬杆现象称为韦森堡效应或法向应力效应。此外，高分子加工时，半成品或成品表面不光滑，出现“橘子皮”和“鲨鱼皮”，出现波浪、竹节、直径有规律的脉动、螺旋形畸变甚至支离破碎等影响制品质量的熔体破裂和不稳定流动等现象，这些现象都主要与熔体弹性有关。

### 4.6.2　高分子流变性能研究方法

宏观法即经典的唯象研究方法，是将高分子看成由连续质点组成，材料性能是位置的连续函数，研究材料的性能是从建立黏弹模型出发，进行应力-应变或应变速率分析。微观法即分子流变学方法，是从分子运动的角度出发，对材料的力学行为和分子运动过程进行相互关联，提出材料结构与宏观流变行为的联系。两种方法结合起来的研究，常取得较好效果。

常用的流变研究仪器主要有挤出式流变仪(毛细管流变仪、熔体指数仪)、旋转式流变仪(同轴圆筒黏度计、门尼黏度计、锥板式流变仪)、扭矩流变仪、压缩式塑性计、振荡式流变仪以及拉伸流变仪等。这里我们主要对前三种流变仪进行简要介绍。

1. 旋转式流变仪

旋转式流变仪主要有两种：控制应力型和控制应变型。

控制应力型：使用较为广泛，这一类型的流变仪，采用马达带动夹具给样品施加应力，同时用光学解码器测量产生的应变或转速。

控制应变型：这种流变仪直流马达安装在底部，通过夹具给样品施加应变，样品上部通过夹具连接到扭矩传感器上，测量产生的应力；这种流变仪只能做单纯的控制应变实验。

动态旋转式流变仪以连续旋转和振荡的形式运作。小角度的振荡最常用于塑料的测试中，这种振荡可以提供黏弹性的信息，如熔融黏度、相对分子质量、相对分子质量分布和松弛时间，对材料的加工有着重要影响。旋转式流变仪通常有三种不同的压力传感装置：锥板/平板式，主要用在剪切恒定情况和法向力测试中(与热塑性塑料的挤出胀大相联系)；平板/平板式(平行板式)，主要用于测试热塑性熔体和热固性材料(必须使用一次性板)材料；同心圆柱式，主要用于黏合剂和涂料的分析。平行板或锥板/平板式传感器还可用于对固体塑料试样进行蠕变研究。实验时，对试样施加恒定的压力，而后检测张力。通过蠕变实验可以直接测得平衡恢复柔量和零切黏度。因此旋转流变仪更适用于研究高分子熔体和溶液的黏弹性。

2. 毛细管流变仪

毛细管流变仪的工作原理是高分子试样在电加热的料桶里先加热熔融，料桶的下部安装有一定规格的毛细管口模，当温度稳定后，料桶上部的料杆在驱动马达的带动下以一定的速度或以一定规律变化的速度把物料从毛细管口模中挤出来。在挤出的过程中，可以测量出毛细管口模入口处的压力，再结合已知的速度参数、口模和料桶参数，以及流变学模型，从而计算出在不同剪切速率下熔体的剪切黏度。

毛细管式适合于宽范围表观黏度测定(尤其适于高速、高黏流体)，剪切速率及流动时的流线几何形状与挤出、注塑等实际生产加工过程较为接近，因此对高分子的加工性能有较高的指导意义。

3. 扭矩式流变仪

扭矩式流变仪是一种基于小型的密炼机或挤出机的流变分析仪，将高分子试样加入混合机或挤出机中加热熔融，然后进行密炼或挤出，通过测量螺杆或转子上的扭矩来分析高分子的流变性能。扭矩与黏度有关，反映了材料混合的难易程度，是用于描述材料可加工性和可混合性的主要方法之一。

### 4.6.3　高分子流变知识的应用

从合成方面来说，很多聚合反应涉及本体聚合，随着产物相对分子质量的增大，反应体系的黏度也随之升高，使得搅拌、传热、测温等过程都受到很大影响。对高分子流变性能的研究可以指导聚合反应装置和聚合反应工艺的设计，可以提高反应效率、降低能耗、获得具有优良性能的产物。

研究高分子的流变性能对评定高分子加工性能、分析加工过程、正确选择加工工艺条件、指导配方设计均有重要意义。例如，通过控制冷却水温及其与口模之间的距离，可使聚合物挤出成型尺寸发生改变；通过加工温度、剪切速率的改变，可以改变共混体系的混合状态。

研究高分子的流变性能对设计加工机械和模具有指导作用。例如，应用流变学知识所建立的聚合物在单螺杆中熔化的数学模型，可预测单螺杆塑化挤出机的熔化能力；根据聚合物的流变数据对口模进行设计，以便挤出光滑的制品和有效地控制制品的尺寸。

## 4.7　高分子的形态研究

高分子形态学是材料科学中近年来迅速发展的一个分支，主要研究高分子固体中的聚集态和织态结构及其对材料宏观化学与物理性能的影响，对进一步了解高分子材料的性能、改进合成和加工条件、开发新型材料都有着重要的理论指导意义。

### 4.7.1　X 射线衍射

在高聚物物相、结晶度、晶粒择优取向和晶粒尺寸的研究中，X 射线衍射(X-ray diffraction)方法具有不损伤样品、无污染、快捷、测量精度高、能得到有关晶体完整性的大量信息等优点，成为直观判断结晶状况的实证。

一束 X 射线通过晶体时将发生衍射，衍射波叠加的结果使射线的强度在某些方向上加强，在其他方向上减弱。分析在照相底片上得到的衍射花样，便可确定晶体结构。1913 年英国物理学家布拉格父子(W.H. Bragg, W.L. Bragg)成功地测定了 NaCl、KCl 等的晶体结构，并提出了作为晶体衍射基础的著名公式布拉格定律：

$$2d\sin\theta = n\lambda$$

式中：$\lambda$为 X 射线的波长；$n$ 为任何正整数。当 X 射线以掠角 $\theta$(入射角的余角)入射到某一点阵平面间距为 $d$ 的原子面上时(图 4.12)，在符合上式的条件下，将在反射方向上得到因叠加而加强的衍射线。布拉格定律简洁直观地表达了衍射所必须满足的条件，当 X 射线波长 $\lambda$ 已知时(选用固定波长的特征 X 射线)，采用细粉末或细粒多晶体的线状样品，可从一堆任意取向的晶体中，从每一 $\theta$ 角符合布拉格条件的反射面得到反射，测出 $\theta$ 后，利用布拉格公式即可确定点阵平面间距、晶胞大小和类型；根据衍射线的强度，还可进一步确定晶胞内原子的排布。通过 X 射线衍射分析还可以得到高分子的结晶度、纤维的取向度等有序结构信息。

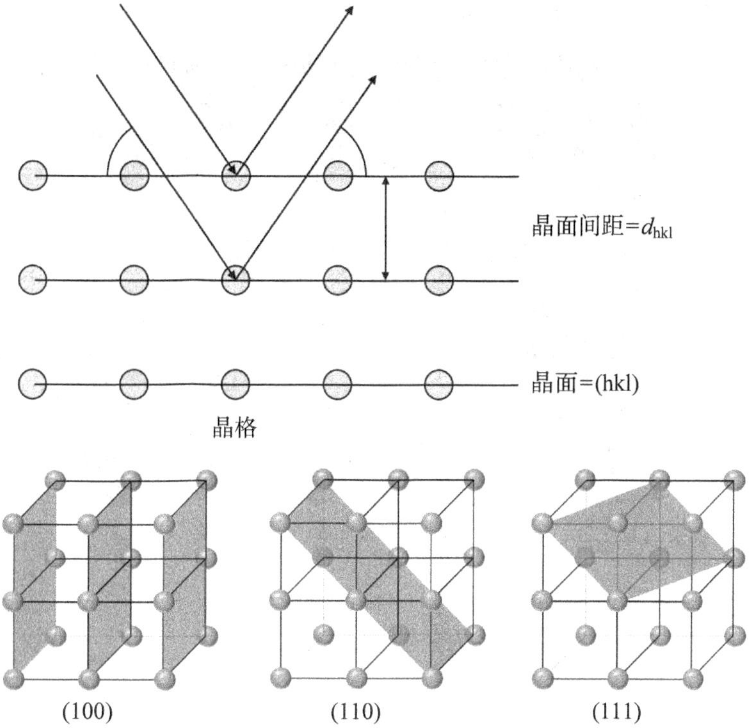


图 4.12　X 射线衍射原理

## 4.7.2　偏光显微镜

用偏光显微镜(polarizing microscope)观察球晶的结构是根据高分子球晶具有双折射性和对称性的特性。当一束光线进入各向同性的均匀介质中，光速不随传播方向而改变，因此各方向都具有相同的折射率。而对于各向异性的晶体来说，其光学性质是随方向而有所不同的。当光线通过时，就会分解为振动平面互相垂直的两束光，它们的传播速度除光轴外，一般是不相等的，于是就产生两条折射率不同的光线，这种现象称为双折射。晶体的一切光学性质都是和双折射有关。

偏光显微镜是研究晶体形态的有效工具之一，许多重要的晶体光学研究都是在偏光镜的正交场下进行的，即起偏镜与检偏镜的振动平面相互垂直。在正交偏光镜间可以观察到球晶的形态、大小、数目及光性符号等。

当高分子试样加热进入熔融状态时，熔体呈现光学各向同性，入射光自起偏镜通过熔体后的振动方向与起偏镜相同，因此不能通过与起偏镜成 90°的检偏镜，显微镜的视野为暗场。当熔体冷却结晶后，成为光学各向异性体，当结晶体的振动方向与上下偏光镜振动方向不一致时，视野明亮，就可以观察到晶体。球晶会呈现出特有的黑十字消光现象(maltese cross，图 4.13)，黑十字的两臂分别平行于两偏振轴的方向，而除了偏振片的振动方向外，其余部分就出现了因折射而产生的光亮。

通过偏光显微镜不仅可以观察聚合物球晶的形貌，还可以在外加热台的条件下观察球晶成核与生长速率以及温度对球晶生长的影响。

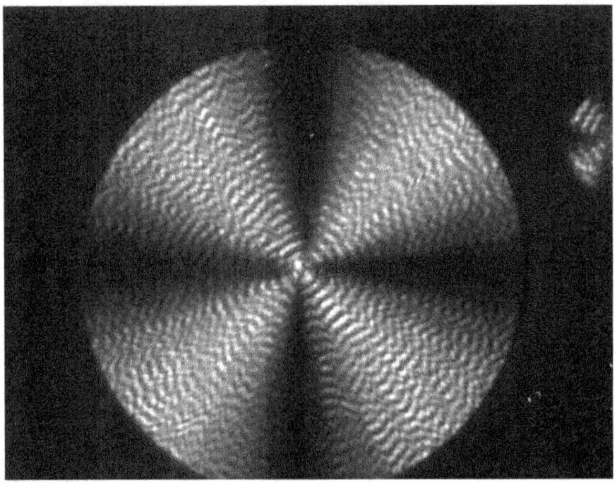

图 4.13　偏光显微镜观测到的球晶

### 4.7.3　电子显微镜

普通光学显微镜通过提高和改善透镜的性能，可以使放大率达到 1000~1500 倍，但这已经基本达到其观测的极限。这是因为普通光学显微镜的放大能力受光的波长的限制。光学显微镜是利用光线来看物体，为了看到物体，物体的尺寸就必须大于光的波长，否则光就会“绕”过去。理论研究结果表明，普通光学显微镜的分辨率不超过 200nm，即使采用波长比可见光更短的紫外线，放大能力也不过再提高一倍左右。

20 世纪 20 年代，法国科学家德布罗意发现电子流也具有波动性，其波长与能量具有确定的关系，能量越大，波长越短。例如，电子经 1000V 的电场加速后其波长是 0.388Å，用 10 万 V 电场加速后波长只有 0.0387Å，因此用电子束来观测物体，其分辨率与光学显微镜相比将有数个量级的提高。1939 年西门子公司制造出世界第一台可实用的电子显微镜，分辨率可达 30Å，并投入批量生产。电子显微镜的出现使人类的可观察尺度提高了好几百倍，不仅可以观测病毒和大分子，即使经过特殊制备的某些样品里的原子，也能够被观测到。

目前，电子显微镜技术(electron microscopy)已成为研究物质微细结构的重要手段。常用的有透射电镜(transmission electron microscope, TEM)和扫描电子显微镜(scanning electron microscope, SEM)。与光学显微镜相比，电子显微镜用电子束代替了可见光，用电磁透镜代替了光学透镜并使用荧光屏将肉眼不可见的电子束成像。

1. TEM 技术

TEM 是以电子束透过样品经过聚焦与放大后所产生的物像，投射到荧光屏上或照相底片上进行观察。TEM 的分辨率为 0.1~0.2nm，放大倍数为几万至几十万倍。由于电子易散射或被物体吸收，故穿透力低，必须制备更薄的超薄切片(通常为 50~100nm)。其制备过程与石蜡切片相似，但要求极严格。电子束投射到样品时，可随样品构成成分的密度不同而发生相应的电子发射，如电子束投射到质量大的结构时，电子被散射的多，因此投射到荧光屏上的电子少而呈暗像，电子照片上则呈黑色，称电子密度高。反之，则称为电子密度低。利用 TEM 可以观测高分子聚合物及其复合材料的微观结构、形状及分布(图 4.14)。从而进一步了解微观结构对材料性能的影响。

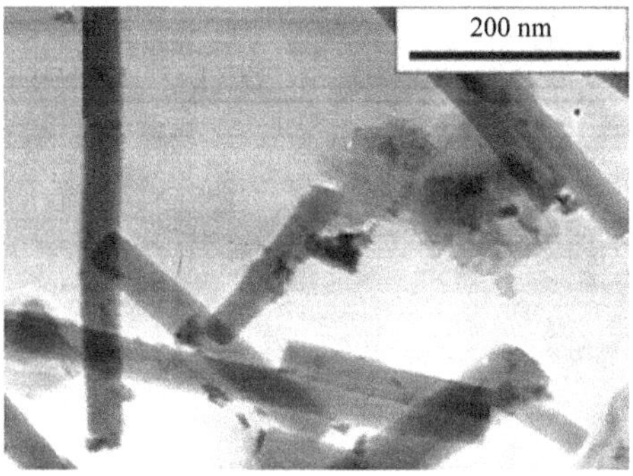


图 4.14　透射电镜照片

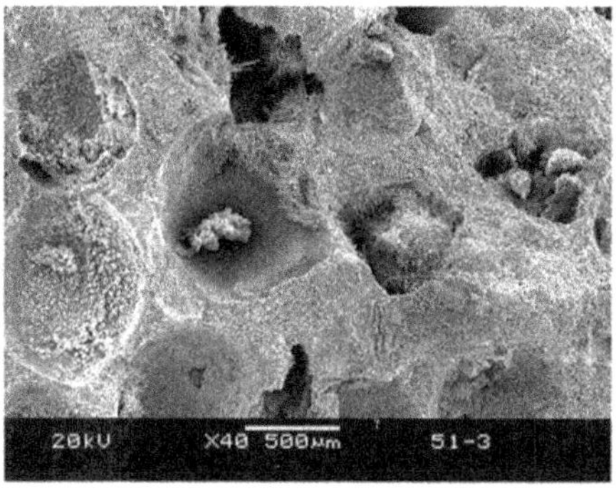


图 4.15　扫描电镜照片

2. SEM 技术

SEM 是用极细的电子束在样品表面扫描，将产生的二次电子用特制的探测器收集，形成电信号运送到显像管，在荧光屏上显示样品物体表面的立体构象，可摄制成照片。

测试前需要在 SEM 样品表面喷镀薄层金膜，以增加二次电子数。SEM 能观察较大的组织表面结构，由于它的景深长，故放样品图像富有立体感。用 SEM 可以观察聚合物表面形态、聚合物多相体系填充体系表面的相分离尺寸及相分离图案形状、聚合物断面的断裂特征、纳米材料断面中纳米尺度分散相的尺寸及均匀程度等有关信息(图 4.15)。

## 4.7.4　原子力显微镜

原子力显微镜(atomic force microscopy, AFM)，是通过检测待测样品表面和微型力敏感元件之间的极微弱的原子间相互作用力来研究物质的表面结构及性质的。将一对微弱力极端敏感的微悬臂一端固定，另一端的微小针尖接近样品，这时它将与其相互作用，作用力将使得微悬臂发生形变或运动状态发生变化。扫描样品时，利用传感器检测这些变化，就可获得高度和作用力分布信息，从而以纳米级分辨率获得表面形貌和结构信息。多相聚合物不同相之间、高分子的结晶区与非晶区之间、高分子/无机复合材料中聚合物与无机材料之间与探针接触时都存在原子间作用力的区别，因此 AFM 不仅可以观察到高分子材料表面的形貌，还可以了解高分子链的构象，高分子链堆砌的有序情况和取向情况，纳米结构中相分离尺寸的大小和均匀程度，晶体结构、形状，结晶形成过程等信息。

相对于电子显微镜，AFM 具有许多优点。不同于电子显微镜只能提供二维图像，AFM 提供真正的三维表面图(图 4.16)。同时，AFM 不需要对样品进行任何特殊处理，如镀金或碳，不会对样品造成不可逆转的伤害。电子显微镜需要运行在高真空条件下，AFM 在常压下甚至在液体环境下都可以良好工作。这样可以用来研究生物宏观分子，甚至活的生物组织。相应地，AFM 的缺点在于成像范围较小、速度较慢、受探头的影响较大。

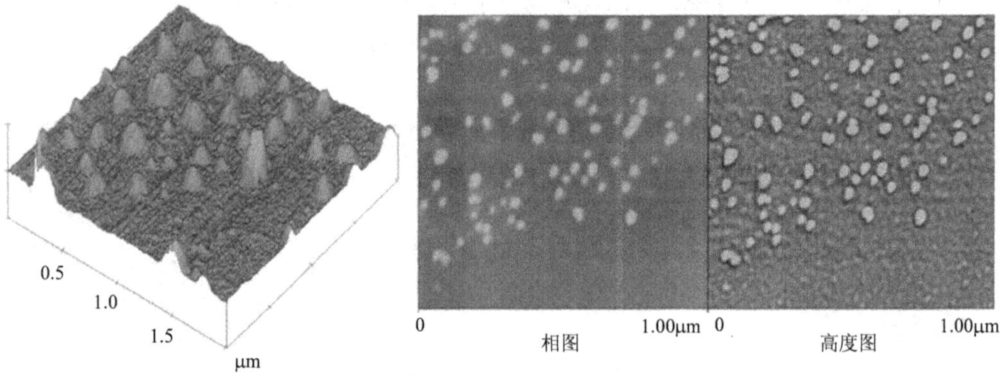


图 4.16 聚合物胶束的三维 AFM 图像

## 参 考 文 献

高炜斌. 2009. 高分子材料分析与测试. 第二版. 北京：化学工业出版社
杨睿. 2010. 聚合物近代仪器分析. 第三版. 北京：清华大学出版社
张俐娜，薛奇，莫志深等. 2006. 高分子物理近代研究方法. 第二版. 武汉：武汉大学出版社

# 第 5 章 热塑性高分子

## 5.1 引 言

根据加工成型方式，高分子可分为热塑性高分子和热固性高分子。所谓热塑性，即是线形或支化高分子可以多次反复地在加热条件下软化，而在冷却条件下凝固的性质；而热固性高分子是将具有流动性的小分子或线形的预聚物的熔体或溶液通过化学交联的方式固化得到的固体高分子材料，三维交联网络结构使得热固性高分子不再具有熔点或软化点，不能溶于溶剂，也不能在加热条件下成型加工。热塑性(thermoplastic)一词的前缀“thermo”来源于希腊语“thermos”，意思是加热；而后缀“plastic”意为“塑料”、“可塑形”，源于希腊语中的“plastikos”。不管是热塑性聚合物，还是热固性的预聚物，都能加工成所设定的形状进而通过冷却或交联将形状固定，因此通常统称为塑料(plastic)。

当追溯到早期的人类文明，人们就已经开始利用虫漆、古塔胶、树胶、干酪素，以及沥青这些天然的热塑性材料。天然橡胶以及纤维素的衍生物(如硝酸纤维素、醋酸纤维素等)也都可以通过热塑性加工成型。然而第一种人工化学合成的高分子是热固性的酚醛树脂，并于 20 世纪早期实现了工业生产。第二次世界大战以后，热塑性高分子材料有了飞速的发展，其在高分子材料中所占的比重已接近 90%，成为最主要的高分子材料品种，目前应用最为广泛的热塑性高分子包括通用塑料和工程塑料两大类。

近年来，热塑性高分子和塑料工业始终处于一个高速发展的阶段，预计 2015 年我国塑料制品总产量将达到 5000 万 t。以汽车工业为例，轻质塑料取代金属大大降低了燃料的消耗，已经成为汽车工业发展的重要趋势。按照我国汽车工业“十一五”计划的要求，到 2010 年我国汽车产量将接近 1000 万辆。到 2010 年我国平均每辆轿车塑料使用量将达到 130~135kg，汽车工业对塑料的需求量将达到 100 万 t。表 5.1 中列出了塑料在汽车中的一些主要应用。

合成塑料工业原料的主要来源是石油和天然气，每年这些化石燃料的 60%用于取暖以及发电厂的运转，33%作为运输工具的燃料，另外还有 7%用于生产石油化学品，包括肥料、橡胶、涂料、纤维、溶剂、药物等。只有大约 2.5%被用于塑料领域，而正是这 2.5%却生产出了非常丰富的塑料制品，与我们的生活各个领域息息相关。

大多数的塑料都来源于乙烯基单体。产量最大，被称为四大通用塑料的聚乙烯(PE)、聚丙烯(PP)、聚氯乙烯(PVC)、聚苯乙烯(PS)，以及近年来发展迅速的重要塑料品种 ABS 等都是基于乙烯基单体的聚合物。总体来说，几乎所有乙烯基聚合物的合成都采用以下四种方法：自由基聚合(>50%)、配位聚合(12%~15%)、阴离子聚合(10%~15%)以及阳离子聚合(8%~12%)(表 5.2)。

本章中，我们将重点介绍一些应用广泛，与国民生产和生活紧密相关的热塑性高分子。

**表 5.1　塑料在汽车中的主要应用**

| 领域 | 应用 | 常用材料 |
| --- | --- | --- |
| 内饰 | 防冲垫 | 聚氨酯、丙烯腈-丁二烯-苯乙烯共聚物、聚氯乙烯 |
| | 头垫 | 聚氨酯、聚氯乙烯 |
| | 镶边、手套箱 | 聚丙烯、聚氯乙烯、丙烯腈-丁二烯-苯乙烯共聚物 |
| | 座椅 | 聚氨酯 |
| | 内部装潢、脚垫 | 聚氯乙烯、尼龙 |
| 外壳 | 护泥板 | 聚丙烯 |
| | 前端 | 不饱和聚酯 |
| | 轮胎罩 | 丙烯腈-丁二烯-苯乙烯共聚物、聚苯醚 |
| | 栅格 | 丙烯腈-丁二烯-苯乙烯共聚物、聚苯醚 |
| | 灯罩 | 聚丙烯 |
| | 保险杠装饰外罩 | EPDM 橡胶、聚氨酯 |
| | 窗格 | 聚对苯二甲酸丁二醇酯(PBT) |
| 内部 | 管道 | 聚丙烯 |
| | 电池外壳 | 聚丙烯 |
| | 风扇护罩 | 聚丙烯 |
| | 加热器与空调 | 不饱和聚酯 |
| | 电路外壳、线缆护套 | 酚醛树脂、聚氯乙烯、硅胶 |
| | 电打火组件 | 聚对苯二甲酸丁二醇酯(PBT) |

**表 5.2　一些重要的乙烯类聚合物的合成方法**

| | |
| --- | --- |
| 自由基聚合 | |
| 低密度聚乙烯(LDPE) | 聚氯乙烯(PVC) |
| 聚乙酸乙烯酯(PVAc) | 聚丙烯腈(PAN) |
| 聚甲基丙烯酸甲酯(PMMA) | 苯乙烯-丙烯腈共聚物(SAN) |
| 聚氯丁烯(氯丁橡胶) | 聚偏氟乙烯(PVDF) |
| 聚四氟乙烯(PTFE) | 丙烯腈-丁二烯-苯乙烯共聚物(ABS) |
| 聚丙烯酰胺(PAA) | 聚苯乙烯(PS) |
| 阳离子 | |
| 聚异丁烯 | 丁基橡胶 |
| 缩醛树脂 | |
| 阴离子 | |
| 热塑性聚烯烃弹性体(丁二烯、异戊二烯、苯乙烯等的共聚物) | |
| 缩醛树脂 | |
| 配位聚合 | |
| 高密度聚乙烯(HDPE) | 乙丙橡胶 |
| 聚丁二烯 | 聚丙烯(PP) |
| 聚异戊二烯 | |

# 5.2 通用塑料

## 5.2.1 聚乙烯

聚乙烯(polyethylene, PE)的首次合成是在 1930 年，发明者 M. E. P. Friedrich 当时还是一名研究生，并在 Carl S. Marvel 指导下工作，在他们的合成中，聚乙烯仅是乙烯与烷基锂反应中不希望得到的副产物。1933 年 3 月，英国帝国化学工业公司的科学家 E.W. Fawcett 和 R.O. Gibson 将乙烯与苯甲醛在高压下混合时意外发现有白色固体产生，通过分析最终确认获得了聚乙烯。他们再次尝试只用乙烯进行反应，但并没有得到所期望的结果。1935 年 12 月，他们更换了性能更好的高压反应装置再次进行了这个反应。在 180 ℃下，随着装有乙烯的反应器中压力的降低，逐渐开始有固体生成。为了保证体系的高压，他们加入了更多的乙烯，但反应中仍观察到压力在降低。通过计算发现压力的降低并不仅仅来源于部分乙烯转换为聚乙烯，而可能还有其他的原因。最后经过对反应装置的检查发现是由于容器上的漏洞将少量空气引入到了反应体系中，而正是这少量空气中的氧气对乙烯的聚合起了催化作用。虽然成功合成出了聚乙烯，但帝国化学工业公司认为这种新型材料没有什么实际用处。

在一个偶然的机会，英国电信公司(BT)的 J. N. Dean 听说了这种新型高分子材料。他正好在寻找一种不透水、耐腐蚀的绝缘材料用于包裹水下电缆，保护电线在海洋中不受盐水的腐蚀。而聚乙烯符合这一要求。在 1939 年 7 月，聚乙烯在水下电缆外护套上首次实现了商业应用。随着第二次世界大战的爆发，聚乙烯开始被用于制造有柔韧性要求的地面或机载雷达用高频绝缘电缆线护套。此后，英国帝国化学工业公司、美国的杜邦公司和联合碳化学公司开始大规模生产聚乙烯。

聚乙烯直到第二次世界大战结束后才被广泛用于民用商品中制造人工薄膜以及各种模塑材料。聚乙烯膜在很多方面逐渐取代了玻璃纸，如包装材料、织物、冷冻或易变质食品的保鲜膜等。这一时期合成的聚乙烯是低密度聚乙烯，具有相对较低的软化温度(低于 100℃)，不能在沸水中杀菌消毒，因而限制了其应用范围。

德国鲁尔 Max Planck 煤炭研究所的主管 Karl Ziegler 很早便开展了对聚乙烯的研究工作，一直致力于研究在相对较低的温度和压力条件下合成聚乙烯。经过一系列实验，他发现了一类基于四氯化钛和烷基铝的配位催化体系可以在低温低压下催化合成聚乙烯，而且得到的聚乙烯具有较少的支链和较高的软化温度(高于 100℃)，可以进行沸水杀菌消毒处理。

支化的聚乙烯通常又被称为高压聚乙烯，因为其合成一般是在高温高压下进行；由于支链的存在影响了主链的紧密堆积，形成了多余的空间，这种的聚乙烯具有相对较低的密度。相应的，采用新型催化剂，在较低的温度和压力条件制备的线形程度较高的高密度聚乙烯又被称为低压聚乙烯。

意大利米兰 Montecatini 公司的顾问 Giulio Natta，将 Zeigler 所用的催化剂应用于其他乙烯基的单体(如丙烯)的合成中，发现得到的聚合物比用传统方法(如自由基引发聚合)的聚合物同样具有更高立构规整度、相对密度和熔点，更低的支化度等特点。

Ziegler 和 Natta 所采用的催化剂又被称为 Ziegler-Natta 催化剂，目前已广泛应用于催化乙烯基类化合物聚合，他们因为这一发现分享了 1963 年的 Nobel 化学奖。

到目前为止，已经开发出的聚乙烯产品已有很多种，不仅在支链的长度和数量上各不相同，而且在主链的长度，以及主链长度分布等方面也有所不同。下面几节我们将介绍几种重要的聚乙烯品种。

### 1. 高密度聚乙烯

烷烃(如石蜡)、高密度聚乙烯(HDPE)或者其他聚烯烃均有相同的经验公式 $H\!-\!\!\left(CH_2\right)_{\overline{n}}H$，但石蜡和低相对分子质量的烷烃的聚合度(degree of polymerization, DP)很低，分子链太短不能相互缠绕，分子间作用力太小因而无法应用于材料中。

尼龙的发明者 W. Carothers 在 20 世纪 30 年代早期采用 $Br(CH_2)_{10}Br$ 在金属钠存在下的偶联合成出了低相对分子质量的线形聚乙烯(图 5.1)。同样在 20 世纪 30 年代，C. Marvel 在烷基锂与砷存在的条件下合成出了具有线形结构的 HDPE。杜邦公司对这种聚乙烯进行了一系列研究和开发，但并没有找到 HDPE 的合适的用途。

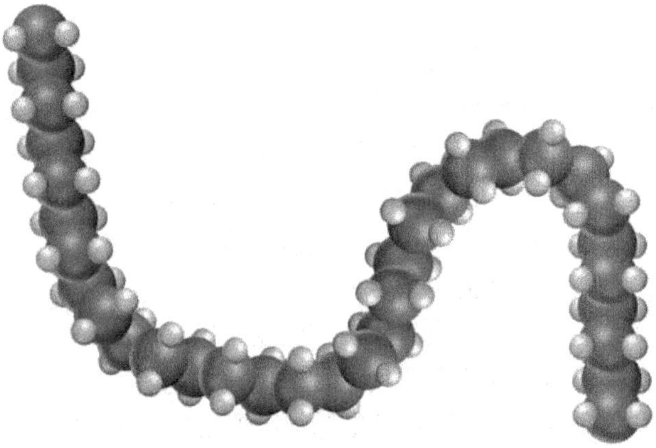

图 5.1　线形聚乙烯的空间填充模型

在 20 世纪 50 年代早期，美国的 J. Hogan 和 R. Banks 开发了第一批商业化的 HDPE，他们采用在 $SiO_2$ 上负载 $CrO_3$ 作为合成的催化体系；不久 Ziegler 也开发出了著名的 Ziegler-Natta 催化剂。通过 Ziegler-Natta 催化剂制备的 HDPE 具有低支化度、高规整性、高相对分子质量和低相对分子质量分布，这种方法制备的 HDPE 的具有优良的综合性能，为其大规模应用打下了基础。

大多数塑料和有机液体的密度是 0.7~1.0g/cm$^3$，而水的密度在室温下是 1.0g/cm$^3$。商业聚乙烯的物理性质列于表 5.3 中，可以看到非晶的低密度聚乙烯(LDPE)的密度是 0.91g/cm$^3$，而结晶的线形 HDPE 为 0.96。

表 5.3　几种常见聚烯烃材料的性质

| 性能 | LLDPE | LDPE | HDPE | PP |
|---|---|---|---|---|
| 密度/($g/cm^3$) | 0.92~0.93 | 0.91~0.93 | 0.94~0.97 | 0.91 |
| 结晶度/% | 50~55 | 50~70 | 80~95 | 35 |
| 熔点/℃ | 115~125 | 98~120 | 127~135 | 170 |
| 拉伸强度/MPa | 33 | 4.1~16 | 21~38 | 50 |
| 拉伸模量/GPa | 0.45 | 0.10~0.26 | 0.41~1.24 | 0.5 |
| 断裂伸长率/% | 400 | 90~800 | 20~130 | 400 |
| 埃氏缺口冲击强度/(J/m) | 未断裂 | 未断裂 | 27~1068 | — |
| 热变形温度(455 kPa)/℃ | — | 38~49 | 60~88 | 80 |

相对密度与材料的紧密程度有关。线形聚乙烯(HDPE)可以紧密排列是因为其线形链可以如图 5.2 所示有效地折叠在一起。相反地，支化聚乙烯(如 LDPE)由于支链的存在妨碍了链紧密规则的折叠而导致排列不够紧密。因此 HDPE 单位体积内具有更高的质量，也就是具有更高的密度。线形聚乙烯非常容易形成具有紧密排列结构的结晶，结晶速度非常快，即使是将聚合物的熔体迅速冷却，材料仍然会具有较高的结晶度。从图 5.2 中我们可以知道线形聚乙烯可以结晶形成紧密堆积的分子束，不仅使得材料具有较高的硬度和脆性，而且紧密堆积的分子束阻止了很多化学物质，包括水和气体分子的透过，因而使 HDPE 具有非常良好的阻隔性和耐溶剂、耐腐蚀性。

图 5.2　线形聚乙烯链的结晶区

在聚乙烯的无定形区域(图 5.3)中，由于分子链的缠结等因素，分子链排列和堆积较为疏松，约有 50%的区域为空区域。虽然如此，许多化学物质(如氧分子)仍然难以通过的。一页纸的厚度约为 0.05mm，而同样厚度(0.05mm)的聚乙烯片层大约含有 $10^{11}$ 层亚甲基单元。因此虽然看起来结晶聚乙烯在某些微观小区域空间中有许多空隙，但当材料达到一定厚度后也足以阻止绝大多数氧分子的通过。所以说，不论是结晶还是无定形聚乙烯，对大多数应用场合来说都是很好的阻隔物。

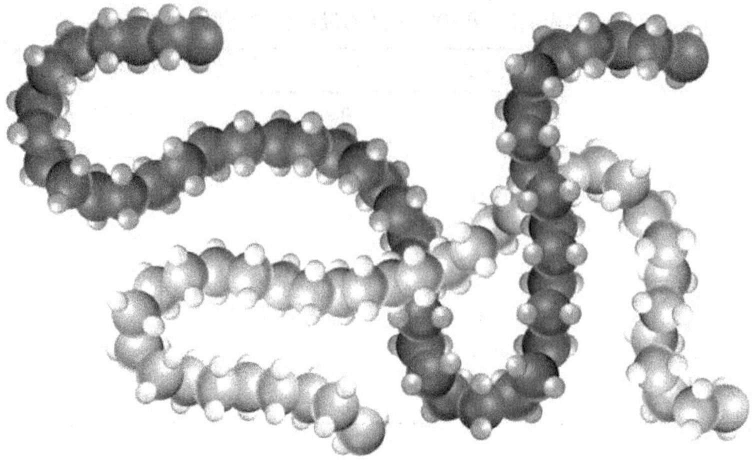

图 5.3　线形聚乙烯链的非晶区(无定形区)

常用的 HDPE 通常每 1000 个乙烯基单元含有少于 15 个支链(一般是 1~6 个)。它的熔点是 130℃，使用前可以经沸水消毒。典型的产品包括塑料瓶、盘、圆桶、槽、罐头、家用器皿、玩具、食品容器、管道、电线电缆的外壳、泡沫塑料、同轴通信电缆的绝缘外套、管材、包装袋、薄膜及板条箱等。

2. 低密度聚乙烯

在高温高压下用氧气作引发剂就可以得到产率较高的低密度聚乙烯(LDPE)。第二次世界大战爆发后，一批大规模生产 LDPE 的工厂如雨后春笋般建立。多支链的 LDPE 作为绝缘体能有效地应用于无线电监测(雷达)的同轴电缆中。

风靡全球的 Tupperware®(特百惠)的发明人 E. S. Tupper 是新汉普郡的一个园丁。他在第二次世界大战早期就开始用聚乙烯做实验。1947 年他设计并申请了著名的专利“Tupper 封条”。这种基于 LDPE 的容器通过“打饱嗝”来排除空气实现密封，产品可以防虫、防漏，不会腐烂或生锈，而且摔不破。虽然拥有上述这么多优点，一开始卖出的产品却非常少。Tupper 的秘书 E. B. Wise 是来自底特律的一个离婚的单亲母亲，为生计所迫，她想出一个绝妙的主意，即建立“Tupperware 派对”的新奇直销方式。到 1951 年，Tupper 从商店收回所有的 Tupperware 家用塑料制品并把销售权转给 Wise 作为产品的唯一销售商。

LDPE 与 HDPE 相比，具有较低的模量(柔韧性更好)和较低的熔点。尽管与其他一些高分子材料相比，LDPE 在酸、碱、油等介质中具有较好的稳定性，但相对 HDPE 还是要差一些。另外，与 HDPE 相比，$CO_2$、$O_2$ 等气体可以更容易地透过 LDPE 膜。这是因为 LDPE 每 1000 个乙烯单元内含有 50~150 个短烃基支链，这些支链有效地妨碍了晶体形成，材料的结晶度低于 50%，分子链的堆积更为疏松(图 5.4)。

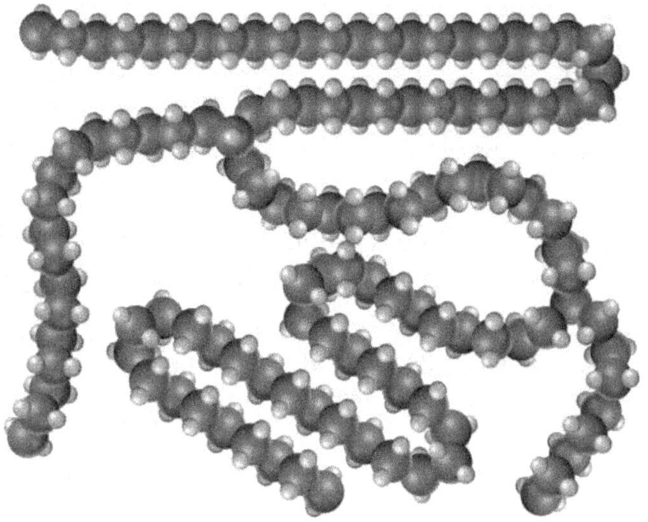

图 5.4　LDPE 的分子链结构

尽管 LDPE 是半结晶高分子，但 LDPE 膜几乎是透明的。这是因为结晶区部分是充满整个空间而不是孤立存在的球晶，因而在很大程度上表现出一定的各向同性。实际上，造成 LDPE 膜模糊或不透明的主要因素是材料表面的粗糙度，而不是材料内部的光散射。

LDPE 目前被广泛用作商店收银台的包装袋，也常被用作包装材料、薄膜、片材、管材、工业用容器以及家用塑料制品。

3. 超高相对分子质量聚乙烯

HDPE 分子链之间发生缠绕的最低聚合度约是 100。由于高相对分子质量聚合物制备较为困难，因此商业产品的聚合度通常仅稍高于这一极限值。然而由于 HDPE 的刚性随其相对分子质量的增大而增强，相对分子质量大于 1 000 000 的超高相对分子质量聚乙烯(ultra high molecular weight PE, UHMWPE)也被开发出来，并应用于一些对刚性和强度有较高要求的场合。

高分子由于其细长的分了链的能够很容易地传递和分散能量与形变，起到缓冲的作用，因而可以用于一些防护和保护装备，如内防护衣、车辆的保险杠、防弹衣、橄榄球头盔、防暴盾牌等。大多数防弹衣是用强度非常高的芳香族聚酰胺纤维制作的，如 Kevlar™(凯夫拉尔)纤维。近年来，UHMWPE 被发现具有与芳香族聚酰胺相似的防弹性能，而且质量更轻。因此现在一些新型的防弹衣已经改用 UHMWPE 或与 Kevlar 混合使用。防弹衣材料受到子弹射击的部位不能立刻被破坏，而是与其他部分一起分担和吸收冲击能量。除了要有较高的强度外，材料还应该有一定的延展性，使得其能传递一些能量给周围的材料分子。但如果各部分间结合力强度太强，能量的分散和传递也会降低，这是因为通过各个部分间相对滑移来分散冲击能的能量传递模式会相应受到削弱。因此材料在刚性和柔韧性等各方面性能需要达到一个平衡。具有特定序列的层状材料在分散冲击能上比其他材料有效得多，因此实际应用中常常将高强度和刚性的芳香族聚酰胺纤维层与强度弱一些但柔韧性和延展性较好的 UHMWPE 层交替复合。

4. 线形 HDPE

在 PE 聚合中引入链端双键的短链 1-烯烃，如 1-丁烯($H_2C{=}CHCH_2CH_3$)、1-己烯($H_2C{=}CHCH_2CH_2CH_2CH_3$)、1-辛烯[$H_2C{=}CH(CH_2)_5CH_3$]等，作为共聚单体制备得到的聚乙烯称为线形低密度聚乙烯(linear low density PE, LLDPE)。从链结构单元的角度来看，LLDPE 是线形结构，但由于共聚单体大体积的侧基存在，所以从空间拓扑结构来看，LLDPE 又可视为带有 PE 短接枝链的梳状高分子。因此 LLDPE 所占据的空间体积比线形结构的 HDPE 大，其相对密度也比 HDPE 低。LLDPE 可在气相或溶液中低压制得。用于合成 HDPE 的配位有机金属催化剂也可用于合成 LLDPE。

$$CH_2{=}CH_2 + CH_2{=}\underset{\displaystyle C_xH_{2x+1}}{\underset{|}{CH}} \longrightarrow -\!\!\left(CH_2-CH_2\right)_n\!\!-\!\!\left(CH_2-\underset{\displaystyle C_xH_{2x+1}}{\underset{|}{CH}}\right)_m\!\!- \tag{5.1}$$

LLDPE 具有短支链结构，因此具有和 LDPE 一样良好的弹性和柔韧性，可被用于制薄膜和塑料瓶。但这种线形短支链结构与 LDPE 的无规长支链结构相比，分子间作用力更强，因此 LLDPE 比 LDPE 强度更高。

5. 乙烯共聚物

除了 1-烯烃的共聚物 LLDPE，还有几种其他商业化乙烯共聚物。乙烯和乙酸乙烯的共聚物 EVA(ethylene-vinyl acetate)是一种无定形弹性共聚物，可制成透明薄膜，或用作熔融涂层。乙烯和甲基丙烯酸[$CH_2{=}C(CH_3)COOH$]的共聚物也是一种可模压的热塑性塑料。这种共聚物部分结构单元中的羧基 COOH 可以与一价或二价的金属形成高分子盐离聚物。以二价金属作为交联点的离聚物在常温下有稳定的交联结构，但升高温度后离子键解离，材料又恢复热塑性，如图 5.5 所示。这种坚韧的共聚物可代替树胶用作高尔夫球面等材料。

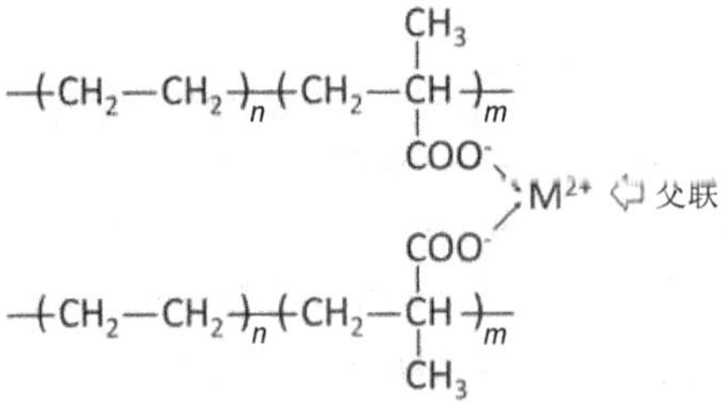


图 5.5　乙烯甲基丙烯酸共聚物

HDPE 和聚丙烯都是高熔点结晶聚合物。然而它们的无规共聚物却是无定形、低熔点弹性体，俗称乙丙橡胶。通常在这种聚合物中再加入一种可以发生交联的单体，如戊二烯，作为共聚单体制备成可硫化交联的弹性体(EPDM，三元乙丙橡胶)。EPDM 可用作轮胎的白色侧面胶，也可用于汽车上，如加热器和散热器软管、密封材料、垫子、挡风雨条、缓冲器以及其他主体部件。除汽车外，还可以用于涂层织物、垫圈、软管、电线以及电缆绝缘体等。

乙烯-丙烯的嵌段共聚物含有长链的乙烯和丙烯重复单元，是一种可模压的热塑性共聚物，可代替 HDPE 的多种用途。而相对密度和 LDPE 相似。

### 5.2.2 聚 丙 烯

诺贝尔奖得主 K. Ziegler 申请了采用 Ziegler 催化剂合成 HDPE 的专利，但并没有将这一技术应用到聚丙烯(PP)的合成中。诺贝尔奖得主 Natta、杜邦公司的 W. Baxter，以及 Hercules 公司的 E. Vanderburg 都申请了使用 Ziegler 催化法合成 PP 的专利。Phillips 公司的 J. Hogan、R. Banks、Amoco 公司的 A. Zletz 则申请了负载型金属氧化物催化剂的专利。1973 年美国专利局给予 Natta 关于 PP 的专利授权。

PP 是产量最高的通用合成高分子之一。PP 之所以有如此大的需求量是因为其结构与性能的多样性和多功能性，可适用于多种用途。例如，PP 薄膜可用于一次性尿布表面的不吸水层、医院制服和纺织品衬垫；PP 塑料可用于一次性方便盒和汽车构件；PP 纤维可用于地毯、家具织品和绳子。PP 的部分特性见表 5.3。

与 PP 不同的是，PP 聚合物主链上的碳原子除了与氢相连外还与甲基相连。甲基取代了一个氢，导致出现一些不同构型或者“立构规整度”的异构体(图 5.6)，包括全同立构(isotactic)和间同立构(syndiotactic)，这两者都是规整有序的结构，以及无规异构体(atactic)。全同立构和间同立构的有序结构使聚合物链段更容易紧密排列，形成结晶结构，即所谓的等规 PP(*i*PP)和间规 PP(*s*PP)。与无规 PP(*a*PP)相比，立构规整的 PP 具有更高的强度，气体与有机小分子更难渗透，因而具有更好的耐腐蚀、耐溶剂性以及气密性，熔点也有所升高。

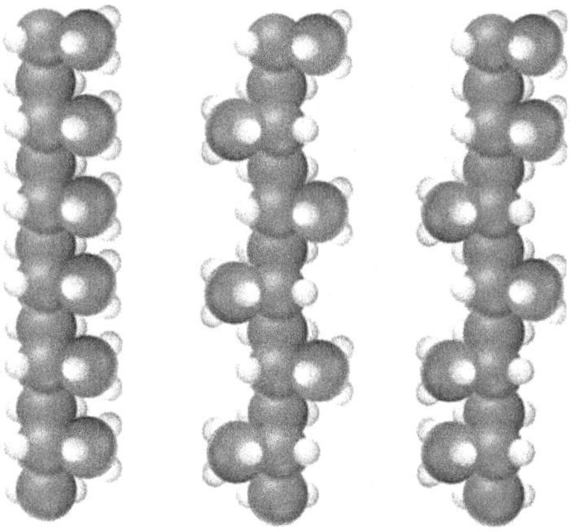


图 5.6　不同构型 PP 的空间填充模型

早期合成的 PP 因其立构规整度较低，结晶度很低，力学性能较差，难以获得实际的应用。20 世纪 50 年代末，Natta 及其同事尝试使用 Natta-Zeigler 催化剂制备 PP，得到的等规立构 PP 具有很高的立构规整度，其结晶度和相关性质也有大幅提高，如硬度增强、透明度更好、气密性更好，以及热变形温度升高。如今，通过使用更高效优化的催化剂，如茂金属催化剂，*i*PP 立构规整度进一步提高，可达 99%。

虽然目前应用最广泛、产量最高的是 *i*PP 和 *s*PP，但无规和无定形 PP 在一些特殊场合也仍然有所应用。*a*PP 是合成 *i*PP 时的副产物，可以用于黏合剂中或用作公路用沥青的改性剂。随着催化体系效率的提高，要得到大规模、高纯度的 *a*PP 反而较为困难。

因为 *i*PP 具有较高的刚性和 $T_g$(约 0℃)，因此需要降低 $T_g$ 以使材料具有更好的韧性。一种方法是在聚合时混入少量乙烯，从而得到一种 *i*PP 为主体但结晶度和 $T_g$ 降低的乙烯丙烯共聚物。另一种方法是将 *i*PP 与橡胶共混，通过橡胶微粒来对材料进行增韧。

使用茂金属催化体系可以得到 *a*PP 与 *i*PP 的嵌段异构共聚物。非晶性的 *a*PP 片段作为柔性段赋予材料弹性和柔韧性，*i*PP 段作为刚性段通过结晶起到物理交联位点的作用，保持材料的回复性。

### 5.2.3　聚 苯 乙 烯

#### 1. 聚苯乙烯均聚物

苯乙烯单体是由 Newman 于 1786 年发现的。聚苯乙烯(PS)则是由 Simon 于 1893 年首次合成的。虽然 PS 被成功合成出来，但直到 20 世纪 20 年代早期其合成的机理仍然未得到揭示。1920 年，Staudinger 将苯乙烯作为主模型，提出了自由基聚合机理。1938 年 Dow 公司首先成功地将 PS 合成商业化。

PS 的结构式可参见式(1.5)，由于与主链相连的大体积侧基——苯基的空间位阻效应抑制了聚合物链段的自由运动能力，因此与含甲基侧基的 PP 相比，PS 显得硬而脆，与之相应的是 PS 还具有相对较高的 $T_g$(约 100℃)。由于结晶度很低，PS 宏观上是透明的。

PS 可通过阳离子聚合、阴离子聚合、自由基聚合以及配位聚合合成，但其在工业上生产主要是采用自由基聚合。与 PP 一样，PS 也具有不同的立构异构体。其中最重要的异构体是间同立构 PS(*s*PS)。采用茂金属催化合成的 *s*PS 是一种半结晶聚合物，其 $T_m$ 高达 270℃。1997 年 Dow 公司首先以商标名 Questra 生产 *s*PS。与普通 PS 相比，*s*PS 分子空间排列更加紧密，空洞更少，是一种优良的耐溶剂、耐化学腐蚀材料。

PS 的物理性质依赖于其相对分子质量和添加剂。较高相对分子质量的 PS 具有更好的强度和韧性，但加工成型性能也有所降低。低相对分子质量的 PS 具有好的成型性能，但其强度和韧度较差。通常的情况下，纯的 PS 是一种脆性材料，几乎没有抗冲击性。对 PS 改性的早期研究主要集中在加强其抗冲击性。在这方面的工作中，高抗冲击性聚苯乙烯(high-impact polystyrene, HIPS)最为有效。HIPS 的制备方法是通过将丁二烯橡胶小颗粒分散到苯乙烯单体中，再通过聚合反应将其包裹到 PS 基体中。

PS 的主要用途是包装、容器、玩具、绝缘材料、电子元器件、厨房用品等。可发 PS 是一种发泡聚苯乙烯材料，可用作电子器材和易碎品的防震包装。

## 2. 基于苯乙烯的共聚物

随着苯乙烯改性的研究开展，基于苯乙烯与其他烯类单体的共聚已经成为现代热塑性塑料中的一个大家族。通过共聚反应可以结合不同结构单元的优点，获得综合性能优异的新材料，通过改变组分和分子结构，还可以对共聚物的性能加以调节，从而应用到不同的领域。常用的苯乙烯共聚物结构式如图 5.7 所示。

苯乙烯–丁二烯的共聚物(SBR)是一种高弹性的橡胶，又称丁苯橡胶，具有耐磨耐老化的优点，如果降低丁二烯链段的含量，则可用作韧性的塑料。苯乙烯-丙烯腈共聚物(SAN)有相对较高的挠曲温度。因为这种良好的热稳定性，SAN 被用于厨房用品和餐具等，如搅拌机外壳、增湿器的部件、冰箱内蔬菜和肉类的冷藏室。此外，用于发动机电池外壳的玻纤增强塑料和仪表盘的组件也可以采用 SAN。SAN 和丁腈橡胶(NBR)的混合物具有超强的抗冲击特性。

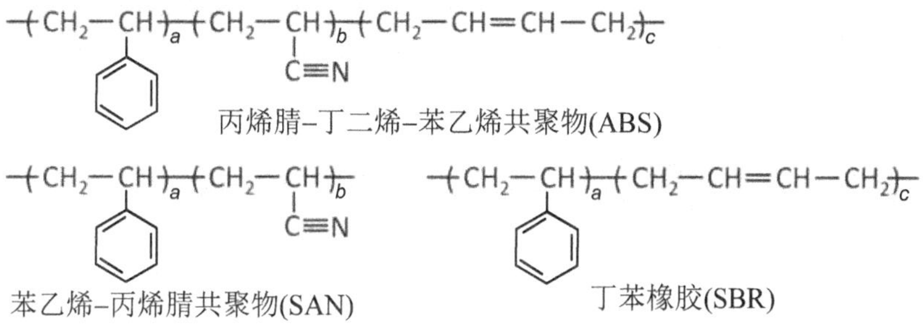


(5.2)

丙烯腈–丁二烯–苯乙烯共聚物(ABS)目前已经发展为产量最大、应用最广泛的热塑性聚合物之一，与 PE、PP、PS、PVC 并列，被称为第五大通用塑料，它将 PS、SAN、BS 的各种优异性能有机地统一起来，丙烯腈重复单元提供了良好的强度、热稳定性和抗化学性。苯乙烯单元提供刚性、加工性及好的表面，而丁二烯重复单元提供冲击强度、韧性，并且不饱和键的存在能形成交联，兼具韧、硬、刚的优良力学性能(图 5.7)。

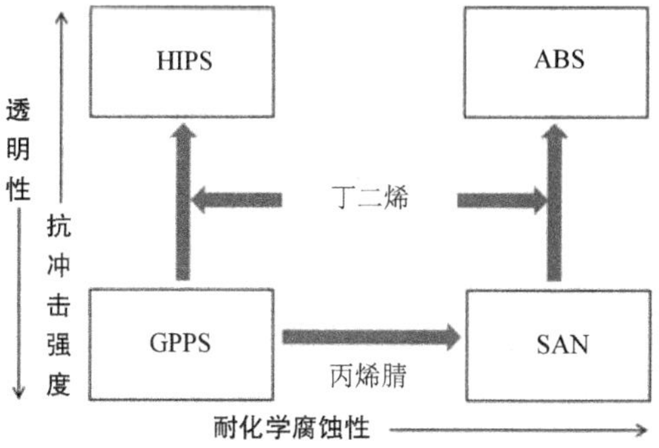


图 5.7　苯乙烯及其共聚物的性能特点(GPPS：普通聚苯乙烯)

ABS 具有优良的综合性能，有极好的冲击强度、尺寸稳定性、电性能、耐磨性、抗化学药品性、染色性，散热性。目前 ABS 已广泛应用于汽车配件(包括汽车架、内饰、仪表板、操作面板、工具舱门、车轮盖、缓冲器、反光镜盒等)、电子产品机壳、电话手柄、对强度有较高要求的电器(如吸尘器、搅拌器、除草机等)、键盘等。

### 5.2.4　聚 氯 乙 烯

聚氯乙烯(polyvinyl chloride, PVC)是最早工业化的聚合物之一。1872 年 Baumann 偶然发现放置氯乙烯的密封玻璃管经过光照可以得到固体 PVC。德国的科学家 Klasse 发现氯乙烯能够由 HCl 和乙炔的加成反应制得，从而为 PVC 的商业化应用打下了基础，即使到现在，大多数氯乙烯也是由这一反应路线制得。在第一次世界大战期间，德国生产了一系列柔性和刚性的 PVC 产品，主要用来作为耐腐蚀金属的替代品。

PVC 的加工难点在于其加工温度高于分解温度，加热塑化时会发生交联和分解。BF Goodrich 公司的年轻科学家 Waldo Semon 引入一种叫作增塑剂的添加剂，它使 PVC 可以在一个较低的温度下进行加工，得到了一种具有弹性的柔软材料，具有防水、防火、不导电等优良特性。这种有弹性的材料在商业上被命名为 Koroseal，于 1926 年进入市场，广泛用来制造窗帘、雨衣和雨伞。在第二次世界大战期间，美国空军用其来作为电线的保护层。

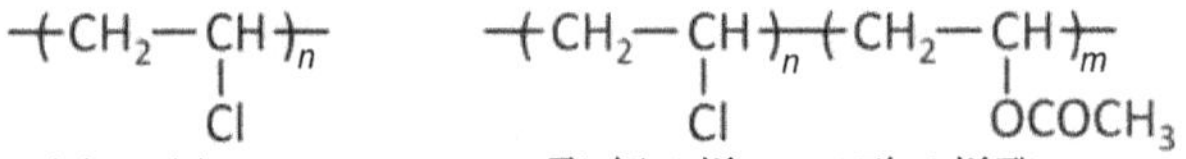

聚氯乙烯(PVC)　　聚(氯乙烯-*co*-乙酸乙烯酯)

(5.3)

除了添加增塑剂，科学家们还尝试通过其他一些方法来解决 PVC 的热塑性加工问题。Doolittle 和 Powell 将氯乙烯与乙酸乙烯酯共聚从而降低了 PVC 的加工温度。在第二次世界大战期间，德国科学家则通过加入热稳定剂来防止未增塑的 PVC 在加工成型过程中的分解。

近年来关于含氯材料对环境的影响引起了很大争论，已经成为工业界和学术界的焦点。在过去，PVC 和其他含氯的材料的处理就是通过简单的焚烧方法，燃烧过程中会产生具有腐蚀性的 HCl 或其他一些剧毒的有机氯，其中比较有名的就是具有致癌性的二噁英。

添加剂含量、种类的不同，使得 PVC 材料的性能具有多样性，用途非常广泛，已成为聚乙烯后的第二大通用高分子材料。聚氯乙烯制品中通常都加有添加剂(一般为增塑剂或热稳定剂)，同时也可能还有其他一些烯类单体的共聚单元，如乙烯、丙烯、乙酸乙烯酯等，但总体应含有质量分数大于 50%的氯乙烯重复单元。与其他高分子相比，聚氯乙烯所采用的添加剂对其制品性能非常重要，例如，用于住宅、灌溉的普通的硬质聚氯乙烯管件，可能含有锡类稳定剂、润滑剂、抗冲改性剂、碳酸钙、二氧化钛、碳酸钙以及固体石蜡等多种助剂。配方中各组分的具体含量由加工条件与最终用途决定。在这种硬性聚氯乙烯材料中添加剂的总质量分数一般为 5%~10%。

聚氯乙烯与其他高分子相比所具有的一大特性是阻燃性，未添加增塑剂等助剂的纯 PVC 氧指数高达 60%(也就是说纯 PVC 必须在氧气浓度高于 60%的条件下才能持续燃烧)。因此 PVC 在阻燃塑料中应用非常广泛，但由于其燃烧中产生有毒和腐蚀性气体的问题在近年来引起了广泛关注，一些国家甚至出台硬性规定限制含卤阻燃材料的使用，因此 PVC 已逐步退出在室内用阻燃材料中的应用。目前硬质聚氯乙烯约有 50%被用于制造管材，其他用途还包括管道附件、电插座外壳以及汽车零件等。软质聚氯乙烯材料则可用于耐油管道内衬、医用床单、鞋底、电线、弹性薄膜、防水层、化纤织物、屋顶防水涂层、冰箱隔热密封层、地板保护层、绝缘层以及套筒等。许多氯乙烯的共聚物也都获得了广泛的商业应用，如地板耐火砖等。典型的 PVC 性能列于表 5.4 中。

**表 5.4 PVC 的典型性能**

| 性质 | 硬质 PVC | 软质 PVC |
|---|---|---|
| 玻璃化转变温度 $T_g$/℃ | 85 | 85 |
| 加工温度/℃ | 165 | 185 |
| 热变形温度/℃ | 65 | — |
| 线性膨胀系数×$10^{-6}$/℃ | 35 | 65 |
| 抗压强度/MPa | 55 | 7 |
| 埃氏缺口冲击强度/(J/m) | 26.7 | 106.8 |
| 拉伸强度/MPa | 40 | 15 |
| 弯曲强度/MPa | 70 | — |
| 断裂伸长率/% | 60 | 300 |
| 拉伸模量/MPa | 3100 | — |
| 弯曲模量/$10^3$psi | 2750 | — |
| 密度/(g/cm$^{-3}$) | 1.4 | 1.2 |
| 介电常数 | 2.5 | 3.0 |

## 5.3 工 程 塑 料

工程热塑性塑料与通用塑料的界限并不明显，而且随着应用领域的变化而发生改变。一般来说，工程塑料是指机械性能和热性能均好，可在承受机械应力和较为苛刻的化学物理环境中使用、用于代替某些金属作为结构材料而应用的一类高分子材料。

工程塑料中常分为特殊工程塑料和通用工程塑料两类。所谓通用工程塑料常指热塑性塑料聚酰胺(PA)、聚甲醛(POM)、聚碳酸酯(PC)、聚苯醚(PPO)、芳香族聚酯(PBT 和 PET)等五种，而特殊工程塑料常指除以上五种以外的性能更优异的工程塑料。按照使用温度分，一般使用温度在 150℃以下为通用工程塑料(一般为 100~150℃)，超过 150℃为特种工程塑料，使用温度越高，则价格也随之提高。

工程塑料由于其优异的性能主要应用到以下两个方面：一是有强度、耐腐蚀性、耐磨性等要求的功能部件；二是有收缩率、尺寸精度、外观等要求的机械零件。实际应用时往往在两方面兼有性能要求。

工程塑料中汽车、电子电气方面的应用占到了一半以上，此外在机械、建材、轻纺、包装、航空航天、国防等行业也有广泛应用。虽然从消费总量上来看，目前工程塑料行业仍是很小的一个行业，但其下游消费行业多为汽车、电子、航空航天等世界各发达国家正大力发展的支柱行业，属于高新技术行业。从其价格走势上也可以看出，这几年在传统塑料行业利润空间不断缩减的情况下，工程塑料依然保持高位。据报道，1998 年我国总的工程塑料用量仅为 25 万 t，2002 年 70 万 t，2004 年 113 万 t，2006 年 152 万 t，增长幅度非常大，是一类高速发展的高分子材料。下面我们将简要介绍几种应用比较广泛、比较重要的工程塑料。

### 5.3.1 通用工程塑料

1. 尼龙

尼龙(nylon, PA)是脂肪族聚酰胺最初的商品名称，现在已经成为这一类聚合物材料的统称，是最重要的工程塑料，产量在五大通用工程塑料中居首位。1.2.2 小节中我们已经介绍尼龙的经验命名法是依据其聚合过程中单体二胺和二酸上碳原子的数量来命名的，例如，尼龙 66 即是己二酸与己二胺的缩聚产物。

尼龙是世界上第一种合成纤维，其发明经历了一个曲折的过程。1928 年美国杜邦公司在特拉华达州威尔明顿的总部所在地成立了基础化学研究所，年仅 32 岁的 Wallace H. Carothers 博士受聘担任该所有机化学部的负责人。Carothers 支持当时还不为科学界所接受的 Staudinger 的聚合物理论，决心通过实验来证实这一理论的正确性，他在单官能度有机物化学反应的基础上提出，当采用双官能度反应物进行同样的反应，反应物就可以串联起来形成高分子[式(5.4)]。一开始他选择了二酸与二醇进行酯化反应，得到了具有一定相对分子质量的聚合产物。但是由于这种脂肪族聚酯容易水解(后来逐渐发展为化学合成可生物降解聚合物非常重要的一大种类)，因此 Carothers 将研究转向了二酸与二胺的酰化反应：

单官能度缩合

$$\mathrm{R{-}OH + HOOC{-}R' \longrightarrow R{-}OOC{-}R' + H_2O}$$

双官能度缩聚

$$n\,\mathrm{HO{-}R{-}OH} + n\,\mathrm{HOOC{-}R'{-}COOH} \longrightarrow \mathrm{{+}O{-}R{-}OOC{-}R'{-}CO{+}_{\mathit{n}}} + (2n{-}1)\,\mathrm{H_2O} \quad (5.4)$$

1935 年初 Carothers 用戊二胺和癸二酸合成聚酰胺(即尼龙 510)，实验结果表明，这种聚酰胺拉制的纤维强度和弹性超过了蚕丝，而且不易吸水、耐有机溶剂，但不足之处是熔点较低，所用原料价格很高，还不适用于商品生产。紧接着在 1935 年 2 月 Carothers 合成出尼龙 66，这种聚合物不溶于普通溶剂，具有 263℃的高熔点，由于在结构和性质上更接近天然丝，拉制的纤维具有丝的外观和光泽，耐磨性和强度超过当时任何一种纤维，而且原料价格也比较便宜，杜邦公司决定进行商品生产和开发。当这种纤维出现在 1939 年纽约世界展览会上时，顿时引起了巨大的轰动。当时杜邦公司的宣传口号是“一种从煤，水和空气而来的纤维”，虽然这种说法比较夸张，但也真实反映了第一种人工合成纤维问世时的盛况。杜邦公司将这些聚酰胺纤维的商标命名为尼龙(nylon)。1940 年 5 月 15 日，当尼龙袜子在纽约的市场上一经推出时，仅仅几个小时内就卖出了 400 万双。第二次世界大战期间，当尼龙被大量用来制作重要军需物资降落伞时，尼龙袜的供应量急剧下降，一度造成黑市价飞涨，购买者仍然趋之若鹜的局面。

尼龙中的主要品种是尼龙 6 和尼龙 66，占绝对主导地位，常见的还有尼龙 11、尼龙 12、尼龙 610、尼龙 612，另外还有尼龙 1010、尼龙 46、尼龙 7、尼龙 9、尼龙 13，以及其他一些新品种。尼龙的改性品种数量繁多，可满足不同特殊要求，广泛用作金属、木材等传统材料代用品，作为各种结构材料。几种典型的尼龙的性能如表 5.5 所示。

尼龙 66 是第一种实现应用的热塑性工程塑料，具有坚硬、耐磨、自润滑性好等特点，而且具有相对较高的使用温度(可达 270℃)，被广泛应用到包括汽车齿轮、梳子、牙刷毛等各种商品中。尼龙 6 与其他常见的尼龙产品不同，它不是通过二胺和二酸的逐步缩聚反应制备的，而是通过己内酰胺的开环聚合来合成，属于连锁聚合。尼龙 6 的化学物理特性和尼龙 66 很相似，然而，它的熔点较低，加工温度范围很宽。它的抗冲击性和抗溶解性比尼龙 66 要好,但吸湿性也更强。由于塑料的许多性质都要受到吸湿性的影响，因此使用尼龙 6 设计产品时要充分考虑到这一点。

1990 年，DSM 工程塑料公司将尼龙 46 商品化，并以 Stanyl 为商标名出售，这种塑料能耐高压，具有非常高的耐化学品腐蚀性，其 $T_m$ 达到 295℃，结晶度比尼龙 66 更高，可以应用于汽车和电子工业。

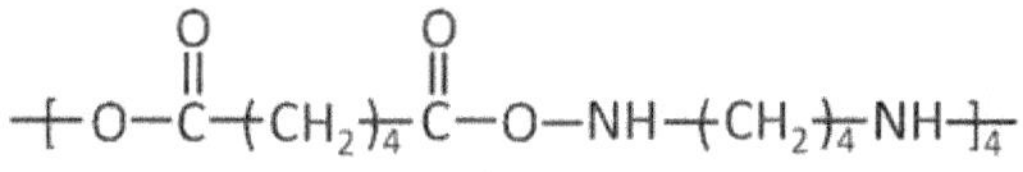

尼龙 46

(5.5)

与脂肪族的尼龙相比，芳香族尼龙由于苯环的引入，分子链刚性增强，链规整性也进一步提高，因而具有非常高的强度和耐热性，能在高温下使用，具有很好的阻燃性能。Nomex™ 被用于阻燃面料和航天器中；而著名的 Kevlar™ 是一种比钢铁还要坚硬、强度质量比超高的材料，被用于防弹衣的制造，相关内容我们将在功能高分子一章中加以详细介绍。

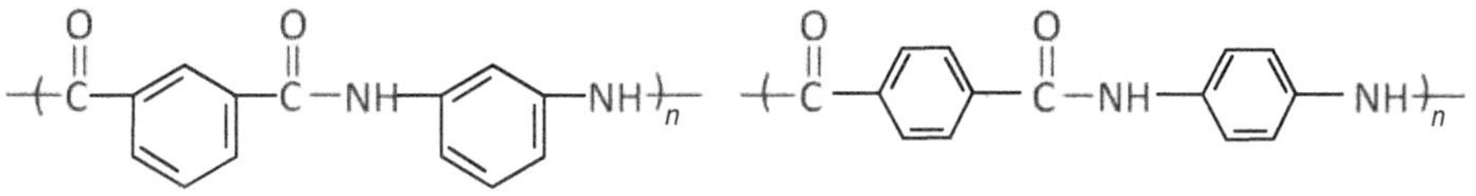

Nomex®　　　Kevlar®

(5.6)

尼龙主链中的酰胺键具有较高的极性，还可以形成如图 5.8 所示的周期性分子内氢键，因此尼龙分子链之间的相互作用力相对于很多高分子尤其是 C—C 主链的乙烯基类高分子来说要大得多。由于其分子链的堆积具有良好的有序性，再加上较强的分子间作用力，尼龙在宏观上表现出了较高的玻璃化转变温度、非常明显的熔点和很窄的熔程，以及一定的结晶度。因此在尼龙的加工过程中，需要严格控制温度，既能破坏较强的分子间的作用力从而具有充分的流动性，但同时又不能破坏分子链内部的化学键而发生降解。

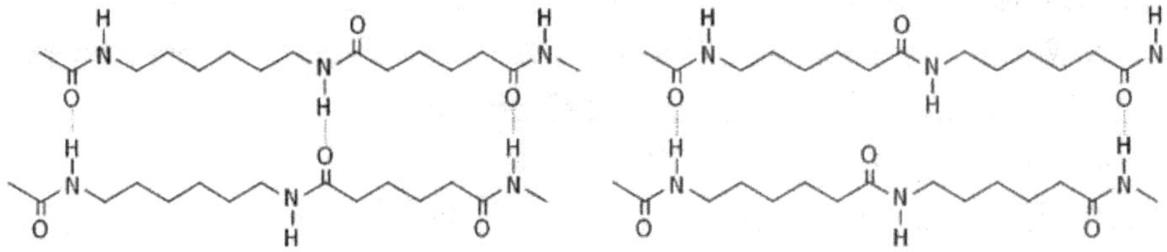


图 5.8　尼龙的分子间氢键

**表 5.5　几种典型尼龙的性能**

| 性能 | 尼龙 6 | 尼龙 66 | 尼龙 1010 |
|---|---|---|---|
| 相对密度 | 1.12~1.14 | 1.14~1.15 | 1.07 |
| 吸水率(20℃，相对湿度 65%)/% | 1.3~0.9 | 3.8 | 1.5 |
| 抗拉强度/MPa | 70~84 | 77~84 | 55 |
| 伸长率/% | 200~300 | 60~300 | 100~250 |
| 压缩强度/MPa | 84~90 | 100~110 | 65 |
| 弯曲强度/MPa | 120~125 | 56~97 | 80 |
| 冲击强度(缺口)/(kJ/m$^2$) | 2.14~6.43 | 2.14~5.36 | 5 |
| 洛氏硬度 R | 119 | 120 | 116 |
| 熔点/℃ | 220 | 252 | 210 |
| 热变形温度/(负载 1.85MPa)/℃ | 68 | 104 | 45 |
| 介电常数/(10$^6$Hz，温度 23℃、相对湿度 50%) | 3.4 | 3.6 | 3.1 |
| 击穿电压/(kV/mm) | 15.75 | 15.75 | 15 |
| 电阻率/(Ω·cm) | $10^{12}$ | $10^{14}$ | $10^{15}$ |

尼龙是一种自润滑性材料，这也就是说其具有很低的摩擦系数和很高的耐磨性，不需要周期性地添加润滑剂就能被用作机械齿轮和轴承等机械零件。

通常来说，结晶性大小是尼龙用作纤维材料还是工程塑料的一个很重要的影响因素，对结晶性的控制可以通过引入大空间位阻官能团、不对称单元以及熔体的快速冷却，添加增塑剂等方法来实现。

2. 聚酯

Carothers 和他的研究组在早期的研究中通过脂肪族二元酸和二醇的反应来合成聚酯。由于与酰胺的反应不同，该反应中的小分子副产物为水，因此难以迅速从反应体系中除去，从而影响反应平衡，如式(5.7)所示。二酸和二胺反应通常先形成铵盐，再在高温下脱水得到酰胺键，而生成的酰胺键不容易发生水解逆反应，因此反应较为容易进行，可以得到高相对分子质量的产物。而脂肪族二酸与二醇反应时则不能先生成盐，新生成的酯键也容易发生水解逆反应重新分解为酸和醇，所以采取缩聚法制备的脂肪族聚酯产物相对分子质量不高，很难达到纺丝的性能要求。

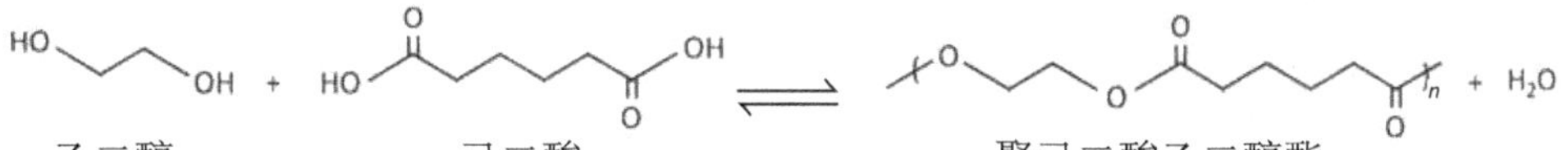

乙二醇　　己二酸　　聚己二酸乙二醇酯　　(5.7)

英国的 Whinfield 和 Dickson 进一步发展了聚酯的合成。他们用乙二醇和对苯二甲酸甲酯之间的酯交换反应来制取芳香族聚酯，即聚对苯二甲酸乙二醇酯(polyethylene terephthalate, PET)，1953 年英国帝国化学工业公司建立了第一条 PET 生产线。该方法克服了 Carothers 合成聚酯反应中小分子产物水难以除去的问题，反应如式(5.8)所示。

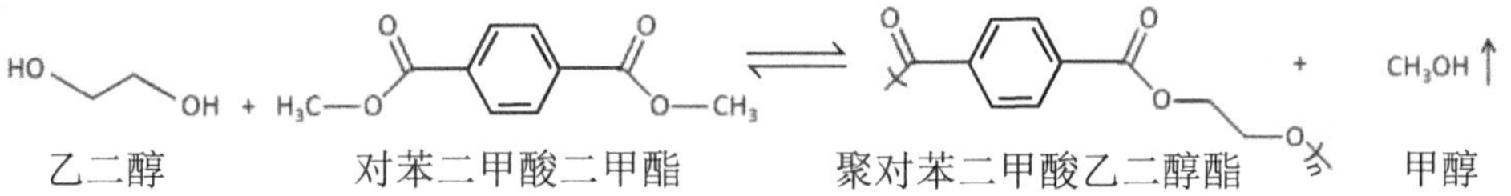

乙二醇　　对苯二甲酸二甲酯　　聚对苯二甲酸乙二醇酯　　甲醇　　(5.8)

甲醇比水的沸点低(甲醇为 65℃，而水为 100℃)，所以更容易移除，使反应平衡向生成高聚物方向移动。虽然 Whinfield 和 Dickson 合成的芳香族聚酯(简称为聚酯“polyester”)具有非常优异的性能，满足了制备合成纤维的大部分要求，但由于早期塑料成型技术的限制，直到最近的几十年，聚酯才实现了注射成型等加工技术的应用，从而将应用领域拓展到了工程塑料中。

由于聚酯加工和制备的难易与分子链结构单元中亚甲基($CH_2$)的个数有关，研究人员尝试采用丁二醇替代乙二醇来合成聚酯，得到了适用于模塑成型的工程塑料聚对苯二甲酸丁二醇酯(polybutylene terephthalate, PBT)。与 PET 相比，PBT 结构单元中的亚甲基数目从 2 个增加到 4 个，因而分子链的柔性和聚合物熔体的流动性都有很大提高。

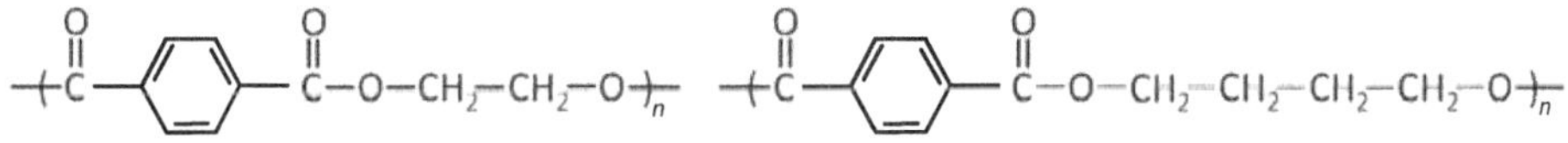

PET　　PBT　　(5.9)

由于 PET 具有非常低的 $CO_2$ 透过性，因此广泛用于制造碳酸饮料的饮料瓶。$CO_2$ 的透过性随着壁厚度和结晶度的增大而下降。为了达到必要的结晶度，常采用拉伸吹塑成模工艺促进 PET 的进一步结晶。表 5.6 列出了 PET 和 PBT 的主要力学性能。

PBT 的熔点大约为 225℃，通常加工温度在 250℃左右，而 PET 的熔点大约为 270 ℃。PBT 结构单元中多出的两个亚甲基使其更易热塑成型，因此 PBT 可以通过吹塑、注塑、挤出等热塑性加工等方法制作汽车内部的某些部件，包括保险丝护套、泵壳、电子连接器以及精选的汽车外部部件等。

**表 5.6 常用聚酯 PET 与 PBT 的性能**

| 性能 | PET | PBT |
|---|---|---|
| 拉伸强度/MPa | 65 | 55 |
| 断裂伸长率/% | 150 | 150 |
| 抗压强度/MPa | 90 | 83 |
| 弯曲强度/MPa | 110 | 97 |
| 埃氏缺口冲击强度/(J/m) | 27 | 50 |
| 热膨胀系数×$10^{-6}$/℃ | 65 | 75 |
| 热变形温度/℃ | 100 | 150 |

1958 年，Eastman Kodak 公司开发了一种更坚硬、疏水性更高的聚酯，名为 Kodel。这种聚酯采用 1,4-二羟甲基环己烷与对苯二甲酸二甲酯进行缩聚。这种聚酯可以通过吹塑加工制作洗发剂和液体洗涤剂的瓶子，也可通过挤出加工成为透明的粗纤维，用于包装金属和其他一些重的物件。

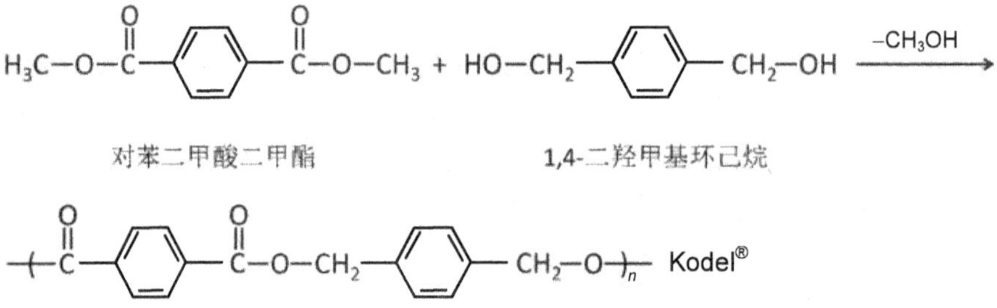


(5.10)

以芳香族二醇(酚)作为替代脂肪族二醇为单体的芳香族聚酯也有一定的应用。由于主链中刚性的苯环含量的增加，这些聚酯更难以溶解和加工，但相应地这类聚合物具有很高的耐热性。例如，聚苯酯“poly(*p*-benzoate)”是由对羟基苯甲酸均聚制备[式(5.11)]，其玻璃化转变温度超过 500℃，是一种高度结晶的聚合物，有很高的强度。

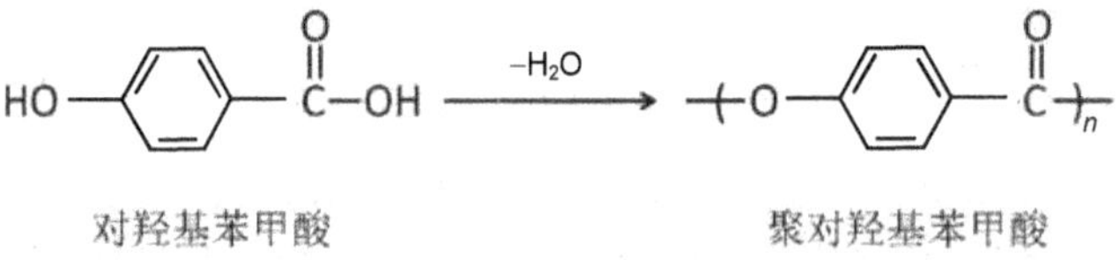


(5.11)

3. 聚碳酸酯

1898 年，Einhorn 将碳酰氯与氢醌或间苯二酚反应制备出一种高熔点透明的碳酸酯类聚合物。而商业化的聚碳酸酯(polycarbonate, PC)在 20 世纪 50 年代才由 General Electric 公司和 Bayer 公司几乎同时开发出来，两个公司都采用的是双酚 A 与碳酰氯($COCl_2$，光气)缩合反应制备 PC，商品名分别是 Lexan™ 和 Makrolon™。

这一合成工艺中使用了剧毒的光气为原料，虽然成本低廉，但不符合绿色环保的发展要求。近年来主要的聚碳酸酯生产商都开始部分采用新型的酯交换工艺合成 PC，其反应式如下所示。其中碳酸二苯酯可以以光气为合成原料，也可以采用碳酸二甲酯经酯交换反应制得。如果采用光气为合成原料，则仍归属于光气法。

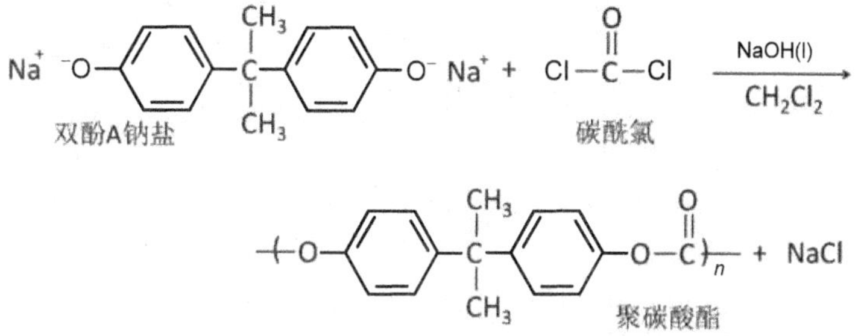


(5.12)

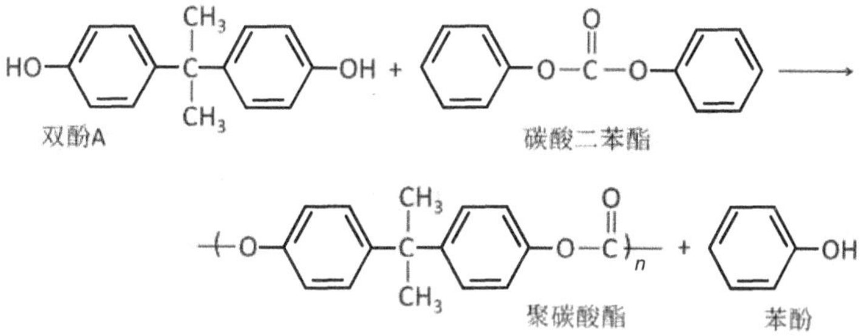


(5.13)

聚碳酸酯分子链中含有刚性的苯环和极性的碳酸酯基团，因此力学性能表现为坚硬、强度高。另外，由于异丙撑等结构的存在，主链结构有序性较低，所以 PC 为无定形的非晶聚合物，透明性和光学性能非常好，与聚苯乙烯(PS)、聚甲基丙烯酸甲酯(PMMA)并称为三大有机玻璃材料。PC 可以采用通用热塑性加工方法加工成型，制品可用于玻璃窗(40%)、装置设备(15%)、标识牌、可回收塑料瓶、太阳能集电器、CD 光盘、电子产品等领域。PC 具有良好的抗蠕变性、高热稳定性并且有很宽的温度使用范围(–50~130 ℃)。但由于 PC 易水解和溶于有机溶剂，板材表面往往需要涂布包覆层以提高其抗划痕和抗化学腐蚀的能力。

PC 与 ABS 的共混物(商标名 Bayblend)或与 PBT 的共混物(商标名 Xenoy)是坚硬耐热的塑料，负载热变形温度可达 200℃。表 5.7 列出了聚碳酸酯的一些典型性能。

**表 5.7　聚碳酸酯性能参数**

| 性能 | PC | 30%玻纤增强 PC |
|---|---|---|
| 拉伸强度/MPa | 66 | 131 |
| 伸长率/% | 110 | 4 |
| 抗压强度/MPa | 86 | 124 |
| 弯曲强度/MPa | 93 | 159 |
| 埃氏缺口冲击强度/(J/m) | 750 | 107 |
| 热膨胀系数×$10^{-6}$/℃ | 68 | 22 |
| 热变形温度/℃ | 132 | 146 |

CD 光盘的透明覆盖层是 PC 的重要应用之一。只读压缩光盘包括金属反射层和坚硬透明的 PC 层。金属反射层在与 PC 层界面处特定的物理性能的不同，例如，“凹与平”的不同，使得激光有不同的反射率来读取存储的信息。可反复擦写光盘中则是在 PC 层与金属反射层之间加入一层有机染料层。当用于刻录的激光射到染料层时将发生光化学反应，从而使染料层形成不同反射特性的点。两种光盘的数据读取机制比较类似，当用于读取信息的激光通过 PC 层到达记录层时(对于只读光盘直接为金属反射层，而可擦写光盘为染料层)，所产生反射光的强度由于不同位点的光学特性而不同，如果捕捉到了足够强度的反射光，则将信号转变为二进制中的“1”，反之则将信号转变为二进制中的“0”。读取信息的稳定性取决于光的波长。当今，绝大多数的 CD 播放器都采用的是近红外光，因为它的稳定性好。但如果采用波长更短的激光，那么在同样面积的区域内就可以记录更多的信息。目前由 Sony 公司开发出了蓝色激光来进行记录和读取的蓝光 DVD，其信息储存容量可达数百 GB，是普通 DVD 的上百倍。

4. 聚甲醛/聚醚

1859 年，Butlerov 将甲醛水溶液中的沉淀分离出来得到了聚甲醛(polyoxymethylene, POM)。Staudinger 在 20 世纪 20~30 年代，曾尝试用甲醛聚合，但是没能得到相对分子质量足够可以应用的产品。这是因为虽然纯甲醛容易发生聚合，但同时也很容易通过解拉链反应发生解聚。

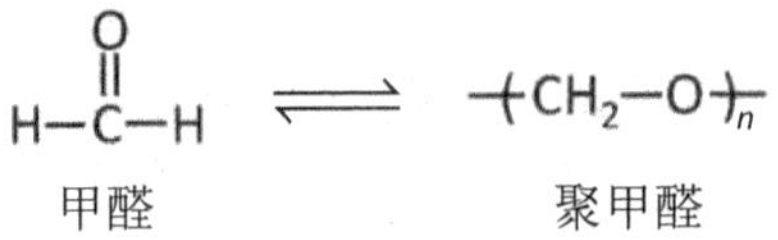


(5.14)

1947 年，甲醛实现了大规模商业化，DuPont 公司看到了这个机遇，启动了利用甲醛聚合制备高分子材料的项目。12 年后，他们宣布用甲醛制得的聚合物投入商业化生产，聚甲醛的商品名称是 Delrin。DuPont 公司之所以能够实现聚甲醛的商业化，其“奥秘”在于将分子链末端的羟基通过乙酰化封端，这样就有效抑制了解聚反应，使得产品相对分子质量有大幅提高：

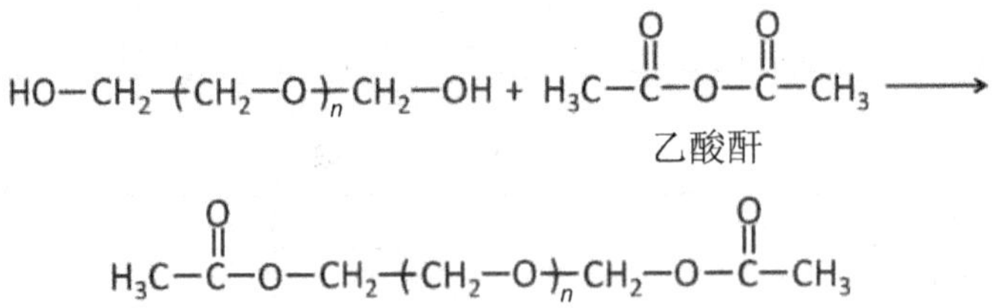


(5.15)

均聚甲醛虽然具有很高的机械性能，但长期耐热性不高。Celanese 公司于 1960 年推出了商品名称为 Celcon®的共聚甲醛。这种聚合物采用了甲醛与环氧乙烷共聚的方法，聚合后环氧乙烷的结构单元中比甲醛的结构单元多了一个亚甲基，因而链段的柔韧性有所增强、刚性有所下降。虽然所得产品的物理性能有所下降，但聚合物中氧含量有所降低，因此热稳定性比均聚甲醛有明显提高，同时也绕开了 DuPont 所申请的专利保护范围。

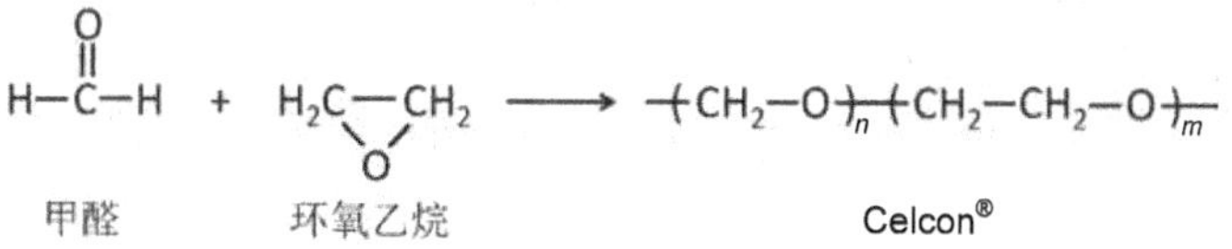


(5.16)

聚甲醛具有很高的尺寸稳定性、刚性、耐磨性、抗蠕变性能，力学性能接近金属材料，俗称“赛钢”、“人造石”，可用于替代铜、铸锌、钢、铝等金属材料。POM 从结构上来看是一种聚醚，其主链中含有大量氧原子，因此不耐强酸和氧化剂，耐候性也不好，长期在紫外线作用下会导致性能的明显下降；但 POM 对有机溶剂的耐溶剂性很好。由于其优异的力学性能，POM 常被用于机械、电子仪器设备中的耐磨结构性组件，如齿轮和轴承等，此外也常应用于一些对尺寸稳定性要求较高的精密元器件中。表 5.8 列出了均聚甲醛与共聚甲醛的性能参数。

**表 5.8　均聚甲醛与共聚甲醛的典型性能**

| 性能 | 共聚甲醛 | 均聚甲醛 |
|---|---|---|
| 密度/(g/cm$^3$) | 1.41 | 1.42 |
| 拉伸强度/MPa | 60 | 70 |
| 断裂伸长率/% | 60 | 25 |
| 弯曲强度/MPa | 90 | 98 |
| 抗压强度/MPa | 110 | 125 |
| 洛氏硬度/M | 80 | 94 |
| 埃氏缺口冲击强度/(J/m) | 70 | 75 |
| 吸湿率/% | 0.22 | 0.26 |

5. 聚苯醚

聚苯醚[poly(phenylene oxide), PPO]是以氯化铜为催化剂，氧化偶联二取代苯酚制备得到的。这种聚合方法 1956 年由 A. Hay 发明，并由美国 GE 公司于 1965 年实现纯 PPO 的商业化生产。PPO 主链中含有大量刚性的苯环，链段刚性非常高，因此材料熔点高、流动性差、加工成型非常困难。1967 年，GE 公司开始生产 MPPO(PPO/PS 的共混物)，商品名为 Noryl®。PPO 与 PS 共混后容易注塑成型，1978 年，日本旭道公司开发 PPO 的 PS 接枝改性品种，性能有了进一步的提高，商品名为 Xyron®。

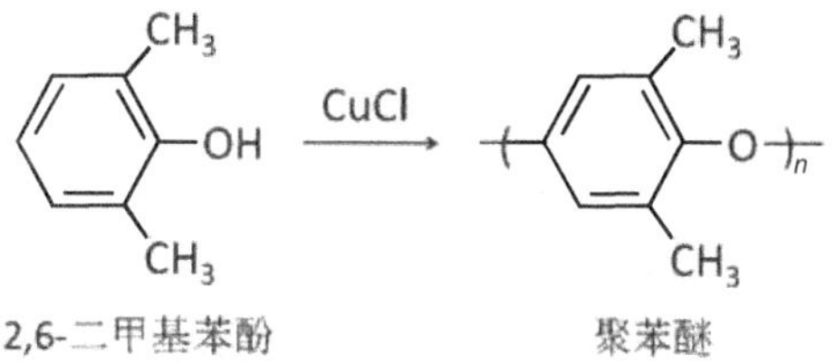


(5.17)

在五大通用工程塑料中，MPPO 工程塑料规模与产量略低居第 5 位。目前，全球仅有五家公司生产 PPO，其中美国 GE 公司一家的产量就占到 80%以上，与其他四种通用工程塑料相比，我国 PPO 及 MPPO 与世界发达国家的技术水平与产业化差距最大。

由于分子链中含有大量刚性苯环、苯醚结构的共轭效应以及侧甲基的存在，PPO 具有突出的机械性能，尤其是拉伸强度、冲击强度及耐蠕变性好，热膨胀系数在通用工程塑料中最低，具有很高的尺寸稳定性，刚性和硬度都较大，耐磨性好；但分子链的刚性使得 PPO 受外力作用强迫取向后又不易松弛，制品中容易残留有内应力，从而产生应力开裂。由于端基酚羟基的存在，PPO 的抗氧性不好，加工中通常需加入抗氧剂。与尼龙和聚酯相比，聚苯醚和聚甲醛一样，主链结构中不含有可能被水解的酰胺或酯键等基团，因而具有优良的耐水解性。此外 PPO 还具有优异的电性能，其介电常数和损耗角都非常低。由于这些突出的性能，PPO 在电子电气及家用电器、办公自动化、机械、汽车等运输工具、建材、航空及军事等领域具有广泛的用途。表 5.9 列出了 PPO 典型的性能参数。

**表 5.9　聚苯醚与聚苯硫醚的典型性能**

| 性能 | PPO | PPS |
|---|---|---|
| 拉伸强度/MPa | 55 | 65 |
| 伸长率/% | 50 | 1.5 |
| 抗压强度/MPa | 97 | 110 |
| 弯曲强度/MPa | 90 | 97 |
| 埃氏缺口冲击强度/(J/m) | 270 | 27 |
| 热膨胀系数×$10^{-6}$/℃ | 50 | 49 |
| 热变形温度/℃ | 110 | 135 |

## 5.3.2　特种工程塑料

1. 聚苯硫醚

聚苯硫醚(polyphenylene sulfide, PPS)由对二氯苯与多硫化钠缩合而成。这种高熔点聚合物($T_m$ = 285℃)常用于卤素灯、活塞、电路板以及其他一些装置设备中。表 5.9 同时列出了 PPS 的典型性能参数。

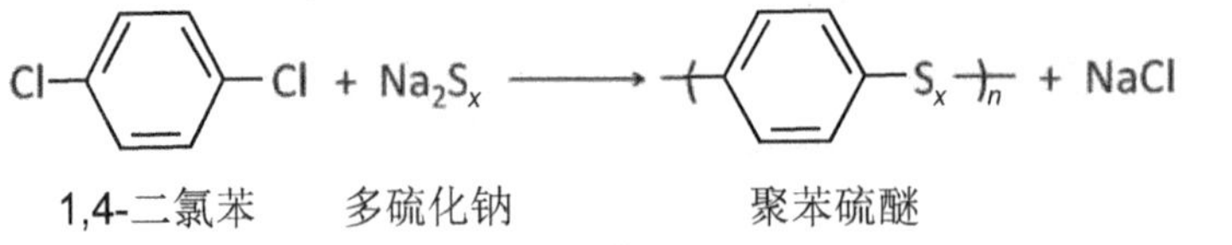


(5.18)

PPS 的分子结构与 PPO 有一定的相似性，分子主链中含有大量苯环，因而具有很高的刚性。与此同时，PPS 主链中以体积更大的硫原子取代了氧原子，因此分子链的刚性进一步增强，其强度比 PPO 更高，但相应的韧性有所下降，是一种硬而脆的材料。另外，硫原子的引入也使得 PPS 的具有了较高的热稳定性和阻燃性，其极限氧指数可达 55 以上。

2. 聚砜

聚砜(polysulfone)是主链中含有砜基基团(—$SO_2$—)的一类聚合物，按其主链分子结构的不同，聚砜又可分为聚砜、聚芳砜和聚醚砜。聚砜不仅具有优良的抗热氧化能力，而且还具有良好的耐水解性、耐有机溶剂性以及抗蠕变性能。1966 年，聚砜实现商业化，商品名称为 Udel®，结构式如式(5.19)所示。这种聚砜具有相当高的玻璃化转变温度，达到 190℃。

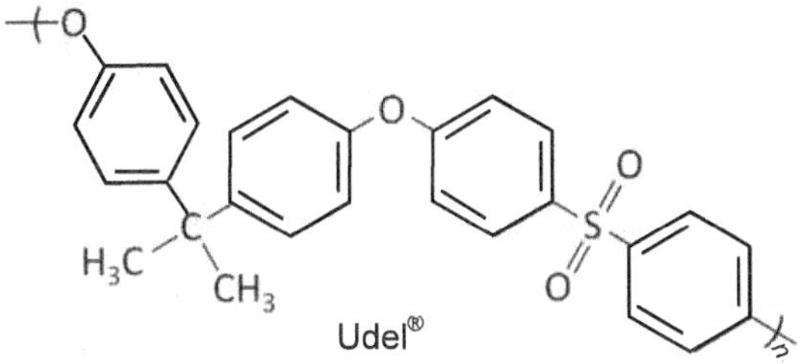


(5.19)

1976 年，美国联合碳化学公司在 Udel®的基础上对聚砜进行了改性，研发出了第二代聚砜，商品名为 Radel®。这种聚砜显示了优良的耐化学腐蚀性和耐溶剂性，玻璃化转变温度高达 220℃，同时具有很高的抗氧化稳定性和刚性。

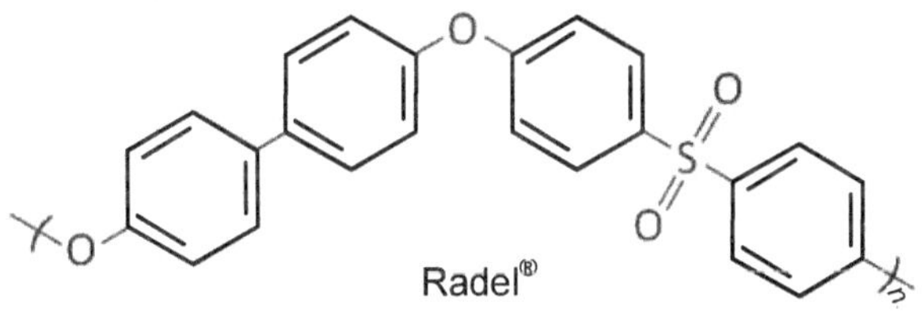


(5.20)

聚砜复合型材料能够直接注射成型，薄膜和薄片常用于印制电路板。由于聚砜具有良好的水解稳定性、良好的机械性能以及高的耐热性，它们非常适用于洗浴和食品加工设备、医疗和试验器械、生活用品等。由于在热分解过程中倾向于形成多环结构(成炭作用)以及含有部分氧化基团(—$SO_2$—)，聚砜具有难燃性和低烟性，因而被广泛应用于航空航天和汽车工业。

3. 聚酰亚胺

聚酰亚胺(polyimide, PI)是通过均苯四甲酸酐与二胺的缩合反应制备得到的，如式(5.21)所示：

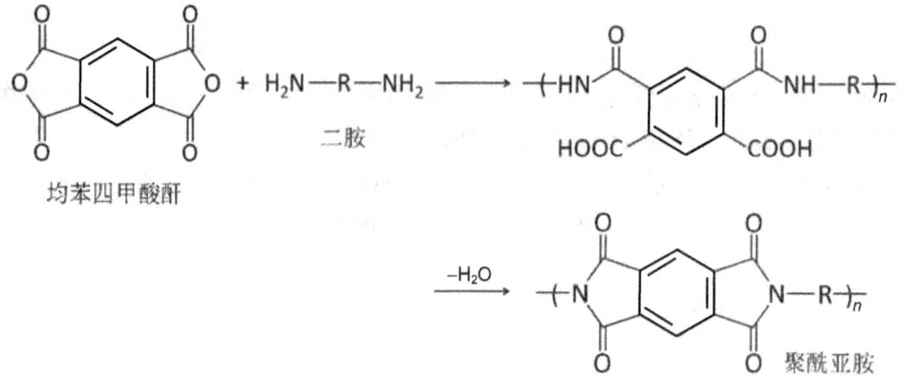


(5.21)

由于分子链中大量强极性基团(酰胺与酰亚胺基团)以及主链中的大芳香环结构，PI 表现出很高的刚性，因而具有很高的熔点、硬度、透明度、冲击和机械强度。由于大量环状结构的存在容易促使氧化成炭，所以 PI 具有高的阻燃性、低的发烟量以及耐化学试剂腐蚀性等非常实用的特性。但相应地，PI 的加工性能较差，难以通过普通的热塑性加工方法成型。

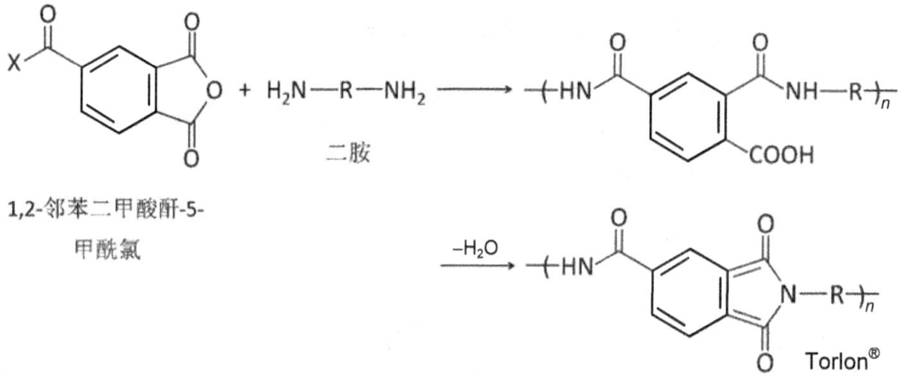


(5.22)

通过在原料二胺中引入醚键和亚甲基等基团可以提高 PI 的柔韧性，同时也可以改善其加工性能，使 PI 具有稳定的熔体黏度，甚至可以多次回收再加工。聚醚酰亚胺(PEI, 商品名 Ultem)和聚酰胺酰亚胺(PAI, 商品名 Torlon)都已实现商业化，其中后者被应用于福特汽车原型发动机。PI 与 PEI 的典型性能如表 5.10 所示。

**表 5.10　聚酰亚胺与聚醚酰亚胺的典型性能**

| 性能 | 聚酰亚胺 | 聚醚酰亚胺 |
|---|---|---|
| 抗拉强度/MPa | 90 | 105 |
| 断裂伸长率/% | 9 | 7.5 |
| 抗压强度/MPa | 240 | 140 |
| 弯曲强度/psi | 165 | 145 |
| 埃氏缺口冲击强度/(J/m) | 80 | 53 |
| 热膨胀系数×$10^{-6}$/℃ | 50 | 30 |
| 熔点/℃ | 400 | 330 |
| 热变形温度/℃ | 315 | 200 |

4. 聚醚醚酮和聚酮

芳香族聚酮(aromatic polyketone)是主链结构中含有与苯环相连羰基结构的一类聚合物。这类聚合物通常具有优良的热稳定性，良好的机械性能、阻燃性能、抗冲击性以及耐候性能。

聚醚醚酮[poly(ether ether ketone), PEEK]，由于极性的羰基和刚性的苯环的存在，具有良好的力学性能和热稳定性；而醚键则有利于提高分子链的柔韧性和材料的加工性能，异丙撑($CH_3$—C—$CH_3$)的存在也有利于提高柔韧性，但同时会降低结晶性。PEEK 的结构也再一次说明复合的基团结构有利于产品的综合性能提高。PEEK 应用包括用作机械零件和电子元器件，在航天工业中被用于飞行器整流罩、燃油阀以及导管等。

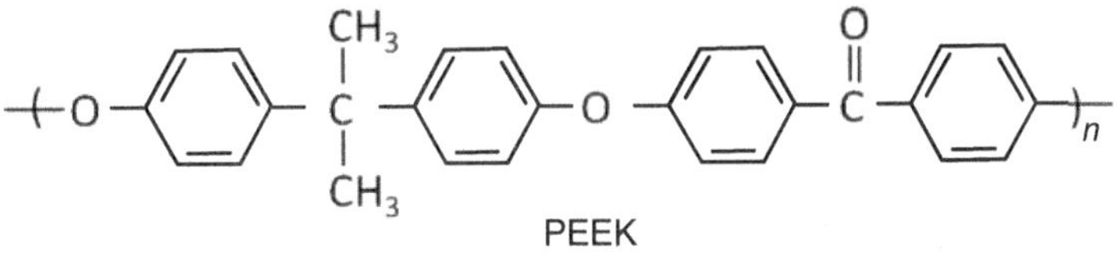


(5.23)

聚醚酮[poly(ether ketone), PEK]是由 Raychem 公司在 20 世纪 70 年代开发的，耐热性是芳香族聚酮中最高的。PEK 热膨胀系数低，耐热、耐辐射性好、耐高温蒸汽，吸水后尺寸稳定性佳。在汽车工业中用作发动机、排气管、底盘、引擎等关键组件的零部件，以减轻质量和减少噪声。PEK 可以用于电子、电气、机械、化工各种部件、电缆电线、雷达等。PEK 碳纤维长丝复合材料也被用作宇宙飞船和飞机上的结构材料和大型部件。PEEK 和 PEK 的典型性能如表 5.11 所示。

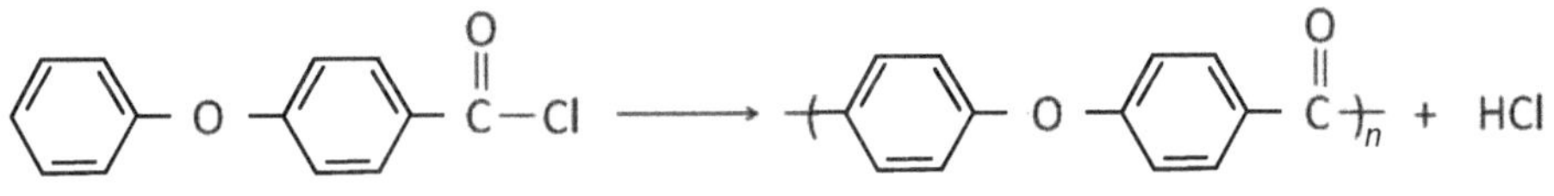


(5.24)

**表 5.11　聚醚醚酮和增强聚醚醚酮的性质比较**

| 性能 | PEEK | PEK |
|---|---|---|
| 抗拉强度/MPa | 70 | 60 |
| 伸长率/% | 100 | 300 |
| 抗压强度/MPa | — | — |
| 弯曲强度/MPa | — | 55 |
| 埃氏缺口冲击强度/(J/m) | 85 | 54 |
| 热膨胀系数×$10^{-6}$/℃ | 50 | 30 |
| 热变形温度/℃ | 160 | 210 |

脂肪族的聚酮是通过聚烯烃单体和 CO 在不同的催化剂作用下反应制得的，Shell 公司于 1996 年推出了基于 CO、乙烯以及少量丙烯合成的脂肪族聚酮，商品名称为 Carilon®。其玻璃化转变温度(15℃)和熔点(200℃)适用于工业生产中常用的温度使用范围。由于以柔性的脂肪烃链段替代了刚性的苯环，聚合物的刚性、强度、耐热性等有所下降，但柔韧性和加工性能有所提高。

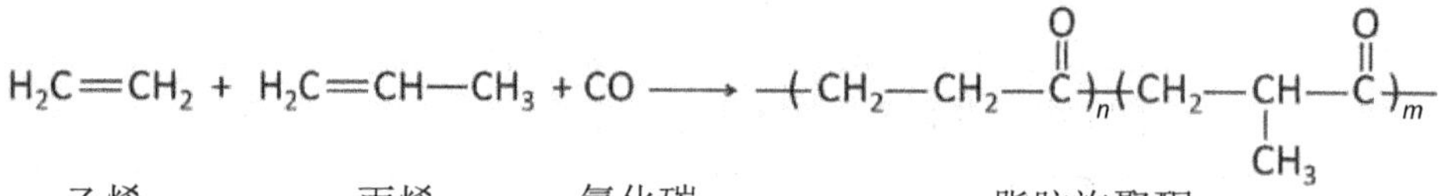


乙烯　　丙烯　　一氧化碳　　脂肪族聚酮　　(5.25)

## 5.3.3 其他工程塑料

聚苯并咪唑(polybenzimidazoles, PBI)具有良好的刚性和强度，已经运用于航天业，但它加工比较困难。PBI 是加工温度和使用温度最高的工程塑料之一(表 5.12)。

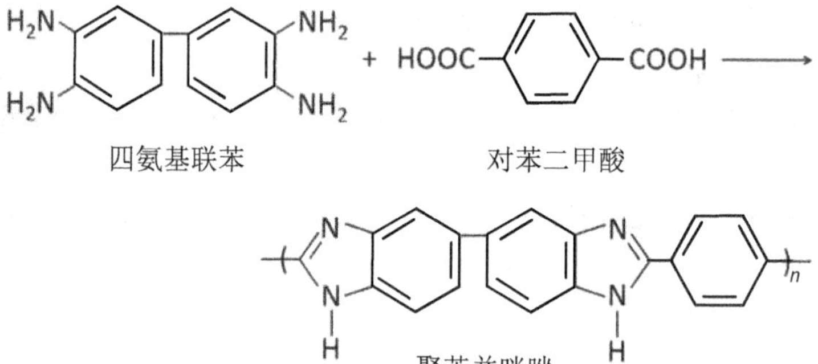


聚苯并咪唑　　(5.26)

聚磷腈(polyphosphazene, PPZ)是一种非 C—C 主链的元素有机高分子，其主链由磷和氮两种原子构成。虽然其开发还处于初始阶段，但已显示出了很大的应用潜力，这种聚合物的使用温度范围较广(–65~120℃)，并且有优秀的耐溶剂性、耐化学腐蚀性和良好的机械性能。

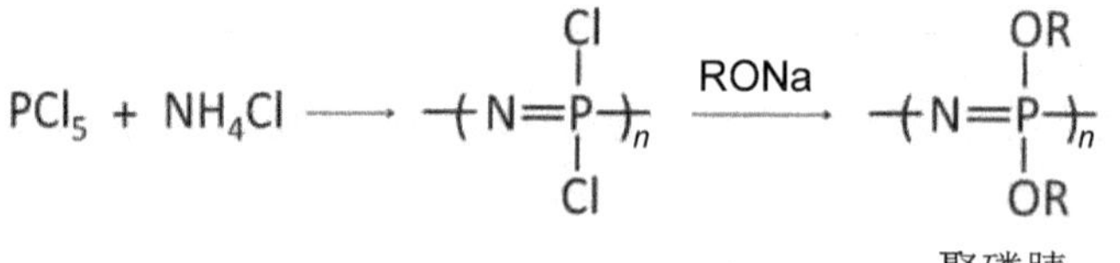


聚磷腈　　(5.27)

**表 5.12　部分工程塑料的最高使用温度**

| 聚合物 | 最高使用温度/℃ | 聚合物 | 最高使用温度/℃ |
| --- | --- | --- | --- |
| Kevlar(芳香族聚酰胺) | 500 | 聚苯醚 | 130 |
| 聚苯并咪唑 | 400 | 聚碳酸酯 | 130 |
| Nomex(芳香族聚酰胺) | 360 | 尼龙 66 | 100 |
| 聚酰亚胺 | 260 | 聚对苯二甲酸丁二醇酯 | 90 |
| Udel(聚芳基砜) | 160 | ABS 树脂 | 80 |
| 聚苯硫醚 | 150 | | |

# 5.4　其他重要的热塑性高分子

## 5.4.1　氟代烃类聚合物

分子内一个或多个氢原子被氟取代后的烯烃单体聚合制备得到的高分子统称氟代烃类聚合物。直到 20 世纪 30 年代，与 PVC 相似的氟代烃聚合物才被意外地发现。DuPont 公司的化学家 Roy J. Plunkett 和他的助手 Jack Rebok 在研究无毒制冷气体时，将四氟乙烯注入一个容器里。稍后当他们打开了容器时发现并没有气体逸出。而容器质量表明没有失重，他们用钢锯将圆柱形的容器锯成两半，发现了一些蜡状的白色粉末，他猜测四氟乙烯已经发生聚合。事实证明他们的猜测是正确的，进一步研究发现这些蜡白色的粉末具有一些非常有趣的性质，不仅对于强酸和强碱表现出了很高的惰性，并且在加热下也不溶于几乎所有的溶剂。

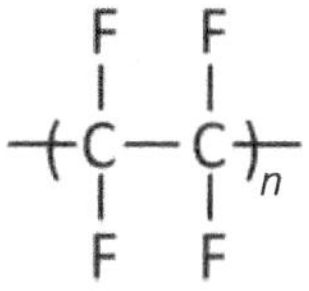
聚四氟乙烯(PTFE)

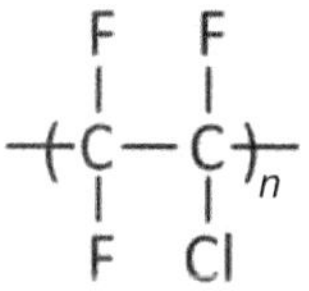
聚三氟氯乙烯(PCTFE)

(5.28)

由于加工比较困难，聚四氟乙烯(polytetrafluoroethylene, PTFE)在早期的应用非常有限。美国在研究原子弹时需要用到一种可以抵抗腐蚀性气体六氟化铀(用来制造原子弹的原料之一)的特殊材料来做垫圈。当时原子弹计划的负责人 Leslie Groves 将军听说了 DuPont 公司开发的惰性 PTFE 聚合物后，要求 DuPont 公司为他们生产基于这种材料的相关组件，从而开始了 PTFE 的首次应用。

1960 年，DuPont 公司开发出了可涂覆于平底锅和煎锅表面的 PTFE，并将其商标命名为“特氟隆”(Teflon)，这种涂覆了特氟隆的锅在烹饪时不会与食物发生黏结，因此又被称为“不粘锅”。不粘锅的出现使得 PTFE 正式进入了民用市场并风靡一时。现在 PTFE 在其他方面也有很广泛的应用，其中包括用作生物医学材料，如人造骨骼、关节、心脏瓣膜、肌腱、手术缝合线、义齿和人造气管等。它也被用于火箭的鼻锥体和太空车以及它们的燃料箱中作为隔热材料。因为 PTFE 的耐溶解、抗腐蚀性好，也被用于烹饪器械中作为衬垫和防护膜。由于 PTFE 的优良耐热性和密封性，其在化学实验装置中也有大量应用，用以替代玻璃仪器不适用的场合，如强碱性条件等。

**表 5.13 氟代烃聚合物的典型性能**

| 性质 | PTFE | PCTFE |
|---|---|---|
| 熔点 $T_m$/℃ | 325 | 220 |
| 加工温度/℃ | — | 260 |
| 热变形温度/℃ | — | — |
| 线性膨胀系数×$10^{-6}$/℃ | 35 | 25 |
| 抗压强度/MPa | 15 | 40 |
| 埃氏缺口冲击强度/(J/m) | 160 | 160 |
| 拉伸强度/MPa | 25 | 35 |
| 弯曲强度/MPa | 12 | 70 |
| 伸长率/% | 200 | 150 |
| 拉伸模量/MPa | 450 | 1400 |
| 弯曲模量/$10^3$psi | 550 | 1400 |
| 相对密度 | 2.2 | 2.1 |

PTFE 采用自由基聚合合成，虽然它具有非常突出的耐热耐腐蚀性，但仍然是一种边缘工程材料。因为它难以机械加工，拉伸强度也较低，耐磨损性和耐蠕变性差，所以常通过模压和烧结等方法铸造成型，此外也可以通过柱塞式挤出机挤出成型。

一氯三氟乙烯($CF_2$═CFCl，PCTFE)、偏氟乙烯($CH_2$═$CF_2$，PVDF)和一氟乙烯($CH_2$═CHF)的聚合物具有比 PTFE 较差的耐热、耐腐蚀性，润滑性也随着氟的含量降低而降低，但其加工性能相比 PTFE 有所改善。将氟代烃与乙烯共聚可以增强其柔韧性。偏氟乙烯和六氟丙烯的共聚物则是一种很好的耐热性弹性体。

### 5.4.2 丙烯酸类聚合物

丙烯酸类聚合物是指以丙烯酸及其衍生物为单体的一类高分子。丙烯酸的$\alpha$-氢可以被甲基、乙基、羟乙基等基团取代，羧基可以通过反应转化为酯、酰胺、酰氯、酸酐等；腈也可广义地看成羧基的衍生物。因此可用于聚合的丙烯酸及其衍生物单体有很多种，是一类非常重要的烯类单体。

Otta Rohm 在 19 世纪初合成了丙烯酸树脂，1927 年和 1931 年，基于丙烯酸聚合物的油漆分别在德国和在美国上市。在众多丙烯酸聚合物中，聚甲基丙烯酸甲酯(PMMA，俗称亚克力)成为了其中产量最大、应用最广的一类。

PMMA 的透光度大约能达到 92%，而且有较好的耐候能力，可用于标识牌、挡风玻璃、浴缸等。此外 PMMA 还被用于汽车漆等用途。

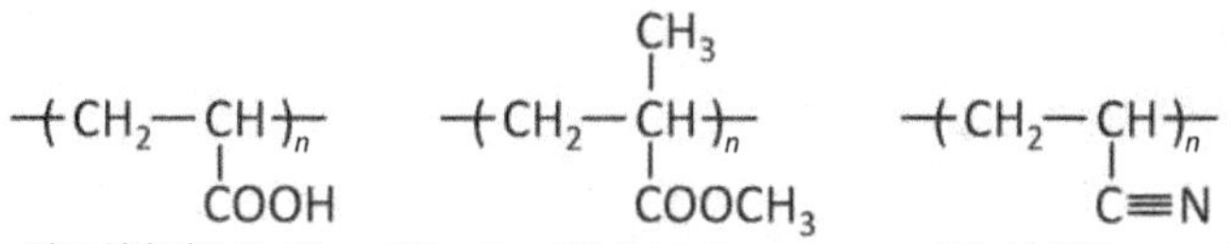

聚丙烯酸(PAA) 聚甲基丙烯酸甲酯(PMMA) 聚丙烯腈(PAN) (5.29)

其他一些丙烯酸类聚合物也具有广泛应用。聚丙烯腈可用作纤维(腈纶)；聚丙烯酸乙酯比 PMMA 具有较高的柔韧性和较低的软化温度；聚甲基丙烯酸羟乙酯由于羟基的良好亲和性和亲水性可以用作隐形眼镜；聚甲基丙烯酸丁酯则可用作为润滑油中的一种添加剂。

### 5.4.3 聚乙酸乙烯酯

聚乙酸乙烯酯(polyvinyl acetate, PVAc)以商品名 Elvacet 和 Gelva 于 1920 年开始了商业化生产，因为它的软化温度较低，通常用作黏合剂和防水材料，而不作为塑料使用。

目前 PVAc 的一个重要用途是通过水解(醇解)来生产水溶性的高分子聚乙烯醇(polyvinyl alcohol, PVA)。由于 PVA 具有独特的亲水性和强力黏结性，常用作胶水、表面活性剂、增稠剂、分散剂等。PVA 经缩醛处理后具有耐水性，因此可以用作纤维原料(维尼纶)。

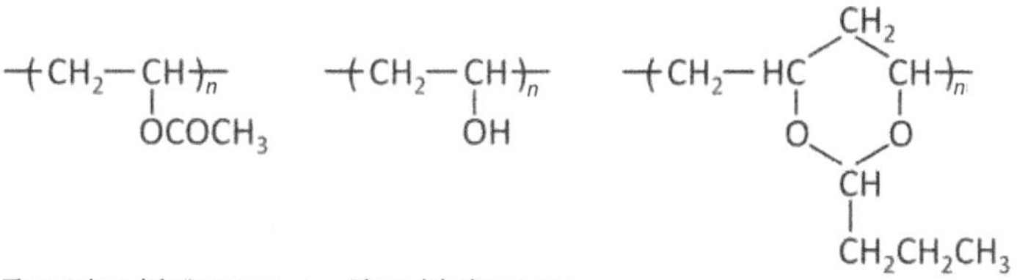

聚乙酸乙烯酯(PVAc) 聚乙烯醇(PVA) 聚乙烯醇缩丁醛(PVB) (5.30)

## 5.5 热塑性高分子的加工

### 5.5.1 热塑性加工基础

高分子的加工过程可以定义为将高分子原材料转变为具有目标形状和性能的产品的过程。市场上供应的热塑性树脂原料通常是不同尺寸的小球状、颗粒状或薄片状，有时可能还含有一些所需的添加剂。当加热到超过熔点或软化温度后，热塑性材料会变软，然后形成黏稠的熔体，通过加工设备可以将它们塑造成型，冷却后即可固定相应的宏观和微观的结构。

整个热塑性加工过程可以分为三个部分：预成型、成型和成型后处理。预成型阶段的目的在于使材料在加热和加压下等条件下能够形成混合均匀、具有流动性的熔体；成型过程即是将熔体在加热加压条件下，通过模具和加工设备塑造为所需的形状，然后冷却将被塑造的形状固定下来；成型后处理包括焊接、捆扎、修饰、切断、碾磨、钻孔、染色和黏合等，从而得到最终的制品。

材料的物理结构不仅由其化学结构所决定，还受到合成、加工和处理过程中一系列影响因素的作用(如外界的应力、光、热、化学环境等)，从而形成特定的二级结构。加工方法与材料的化学结构、物理结构(无定形/晶态)和性能之间是密切相关的，加工工艺的不同将直接影响制品的最终结构与性能。随着对材料及其制品性能要求越来越规范，了解这些因素及它们之间的关系就显得非常重要。

下面我们将简单介绍几种常用重要的热塑性聚合物加工方法。

### 5.5.2　挤　　出

挤出(extrusion)过程类似于挤牙膏，如图 5.9 所示。挤出加工是在加热的腔体和转动的螺杆的作用下将熔融塑料通过固定形状的挤出口模挤出，在牵引机作用下经水冷定型后切割。主要用于各种相同截面长条形产品的大量持续生产，如管、棒、异型材等，也可用于塑料复合、改性造粒，即先挤出条状物，再将条状产品用造粒机切成小颗粒状的产品，用于进一步加工。

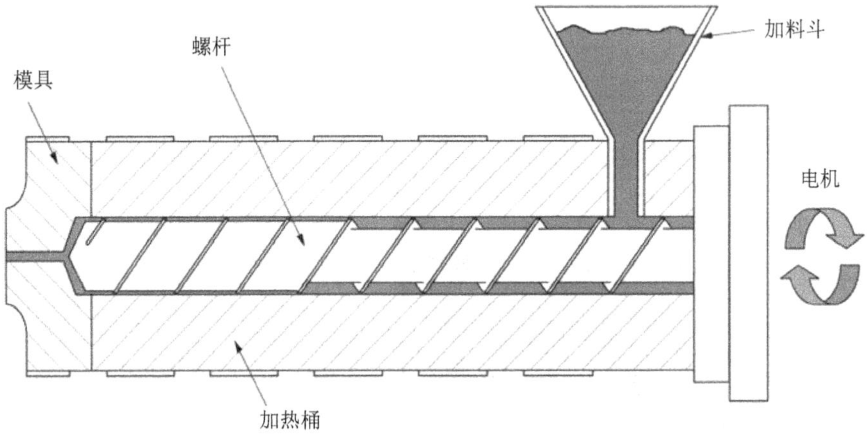


图 5.9　塑料的挤出加工方法

塑料挤出机的主机是挤塑机，它由挤压系统、传动系统和加热冷却系统组成。挤压系统包括螺杆、机筒、料斗、机头和模具，塑料通过挤压系统而塑化成均匀的熔体，并在这一过程中所建立压力下，被螺杆连续地挤出机头。常用的挤出机有单螺杆和双螺杆两种，目前以单螺杆挤出机应用最为广泛，适宜于一般材料的挤出加工。双螺杆挤出机由于具有由摩擦产生的热量较少、物料所受到的剪切比较均匀、螺杆的输送能力较大、挤出量比较稳定、物料在机筒内停留长，混合均匀。

### 5.5.3　注　　塑

注塑(injection molding)，是将熔融的塑料熔体以较快的速度注射入模具中。如图 5.10 所示，高分子粒料被加热、软化、熔融，然后通过柱塞或螺杆的挤压被注入一个密闭、低温的模具中。组装式的模具在塑料产品成型后可以打开，将产品取出，如此重复。

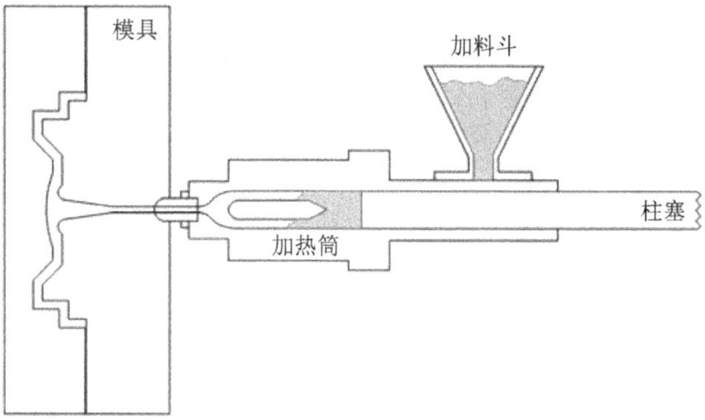


图 5.10　塑料的注塑加工方法

与缓慢的加压热成型相比，注塑成型技术有快速高效的优点。在多槽模具中，复杂的组件可以在几秒钟内成型固化。很多容器、齿轮、栅格、电器外壳、塑料零件等都是使用注模成型技术生产制造的。

### 5.5.4　吹　　塑

吹塑(blow molding)与柱压模塞真空热成型常被用来制造中空产品，如瓶子、空心薄壁的塑料玩具等。在吹塑技术中，塑料型坯被置入模具中，将空气从柱形塑料坯的开口处注入，将塑料吹向模具，即可成型。

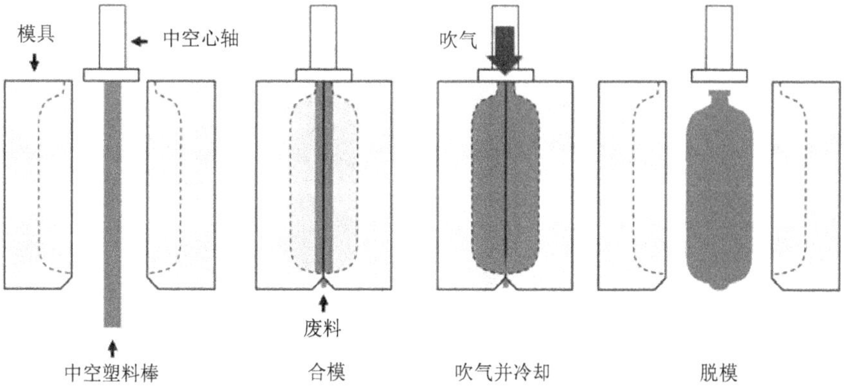


图 5.11　聚合物的吹塑加工方法

### 5.5.5 压　塑

压塑(compression molding)是目前最简单的成型技术之一，其过程是将物料放置在模具中进行压制，其制作过程与金属的模压相似。如图 5.12 所示，首先用带液压的加热装置来软化物料，然后加压压缩使之成型，最后将模具冷却、脱模，取出产品。大规模的压塑成型过程可以通过预热坯件而大大加快。压塑成型方法工艺过程简单，费用少，并能得到较好的强度。由于无浇口和流道，不浪费材料，减少了修饰成本，模具几乎也不用维修。根据制品结构和所用的塑料应用特点，可采用全压式模具、半压式模具和闭模。

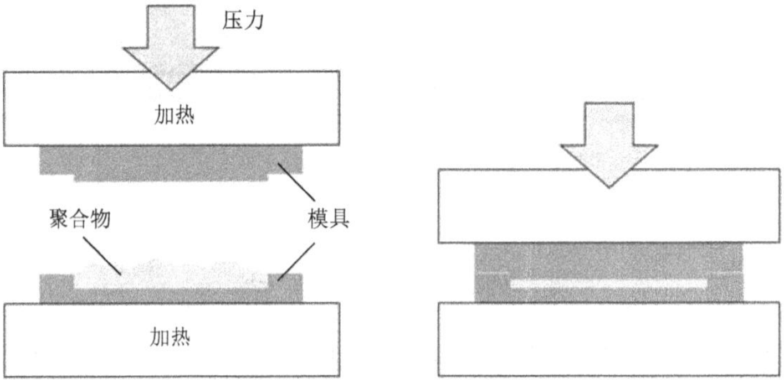


图 5.12　塑料的压塑加工方法

## 参 考 文 献

樊新民，车剑飞. 2006. 工程塑料及其应用. 北京：机械工业出版社
廖明义，陈平. 2005. 高分子合成材料学. 北京：化学工业出版社
马之庚，陈开来. 2004. 工程塑料手册——材料卷. 北京：机械工业出版社
王文广，田雁晨，吕通建. 2007. 塑料材料的选用. 第二版. 北京：化学工业出版社
杨鸣波. 2009. 聚合物成型加工基础. 北京：化学工业出版社
张玉龙. 2005. 塑料品种与性能手册. 北京：化学工业出版社
Tadmor Z, Gogos C G. 2009. 聚合物成型加工原理. 第二版. 任冬云译. 北京：化学工业出版社

# 第 6 章　热固性树脂

## 6.1　引　　言

热塑性塑料和热固性树脂是塑料的两大组成部分，热固性树脂指小分子化合物或线形预聚物在加热、加压下或在固化剂、紫外光等作用下，进行化学反应，交联固化成为不溶不熔物质的一大类合成树脂。这种树脂在固化前一般为相对分子质量不高的固体或黏稠液体，在成型前能软化或流动，具有可塑性。利用这种塑化流动，将热固性树脂在压力下充满型腔，随后在成型过程中发生化学反应而交联固化，进而形成具有确定形状和尺寸的制品，固化反应过程中有时会放出一些副产物，如水等。由于固化反应是化学交联反应，因此固化过程是不可逆的，一经固化，再加压加热也不可能使树脂再度软化或流动；如果温度过高则发生分解或炭化，这也是热固性高分子与热塑性高分子的基本区别。

在大部分合成热塑性高分子大规模推广应用之前，酚醛树脂就已经实现了商业化应用。20 世纪初，W. Smith 合成了甘酞树脂涂料，它是由甘油[$HOCH_2CH(OH)CH_2OH$]与邻苯二甲酸酐($C_6H_4C_2O_3$)缩聚而成的。甘油的仲羟基的活性比两端的伯羟基低，在控制的反应条件下不参与缩聚反应，所以形成的预聚物是线形的，而且每个重复单元中都有一个未反应的仲羟基。将预聚物通过涂覆等方式成型后，通过加热发生交联反应即可获得固定形状的热固性塑料。油性树脂涂料的涂装也是利用热塑性预聚物的交联固化，预聚物在有氧条件下通过干燥剂发生交联反应。不管是通过加热、辐照还是别的固化方式，通过化学交联方式成型的高分子都可定义为热固性树脂。

在塑料工业发展初期，热固性树脂所占比例很大，一般在 50%以上。随着石油化工的发展，热塑性塑料产量剧增，到 20 世纪 80 年代，热固性树脂在世界合成树脂总产量中仅占 10%~20%。

## 6.2　酚 醛 树 脂

1890 年前后，许多当时著名的化学家在进行苯酚与甲醛的反应中都得到了一些“黏稠、湿滑、脏乱”的“副产物”，然而当时并没有人认识到这种物质的重要特性。20 世纪初，以 Leo Baekeland 为代表的化学家们发现双官能团的物质相互反应可以生成线形聚合物，如二醇[$R(OH)_2$]与二酸[$R(COOH)_2$]反应，而三官能团物质与双官能团物质反应则可以生成不溶不熔的交联聚合物，如苯酚($C_6H_5OH$)的 2、4、6 位可以与甲醛($H_2CO$)反应，反应产物即是酚醛树脂(phenol formaldehyde resin 或 phenolic resin, PF)

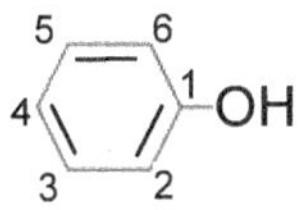


(6.1)

Baekeland 解决了反应过程中交联程度难以控制的问题。通过降低双官能度反应物(甲醛)的配比，与过量的三官能度的反应物苯酚在酸存在的条件下进行反应，反应可以控制只发生在苯酚的 2、6 位，得到线形的预聚物。这种预聚物中的苯酚基团仍保留了 4 位反应活性中心，可以进一步与甲醛反应，生成交联结构。基于这个反应原理，Baekeland 将预聚物与六亚甲基四胺的混合物在铸模中浇铸，加热后的六亚甲基四胺分解释放出甲醛，进而与预聚物反应形成交联结构，即可获得所需形状和尺寸的产品。Baekeland 的方法可以通过如下反应式说明：

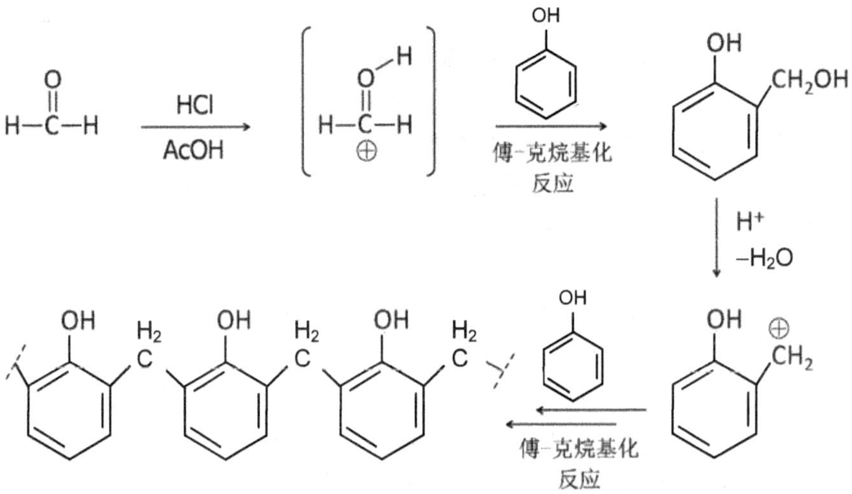


(6.2)

过量苯酚与甲醛反应得到的热塑性预聚物称为热塑性酚醛树脂。用于浇铸的酚醛树脂预聚物中除了配入六亚甲基四胺外，通常还会配入染料和填料(如木粉)等添加剂。线性的热塑性酚醛树脂预聚物也可以通过在碱存在条件下等物质的量比的反应物制得(图 6.1)。这种预聚物中含有部分对位取代的苯酚。

酚醛树脂主要应用于电绝缘体铸件，包括电器外壳、设备和汽车的部件等。也有部分用于木材层板的黏合剂，用于家具和室内装修。通过浸渍木材和纸板得到的装饰薄板可用于工作台面、印刷电路、墙面装饰等。将压缩气体加入酚醛树脂而制得的酚醛树脂泡沫，与其他商业泡沫塑料相比具有较高的阻燃性。在酚醛树脂中加入填充物加工成型可以改善材料冲击性能、降低成本。常用的填充物有玻璃纤维、尼龙、碳纤维、纤维素材料(如棉花、木粉)等。由于酚醛树脂在固化过程中需要预聚物与甲醛反应，板材中残留的和未参与反应的甲醛在使用过程中会逐渐向周围环境释放，是形成室内空气中甲醛污染的主体。由于甲醛具有致癌性，因此近年来家装中的甲醛问题越来越受到重视。

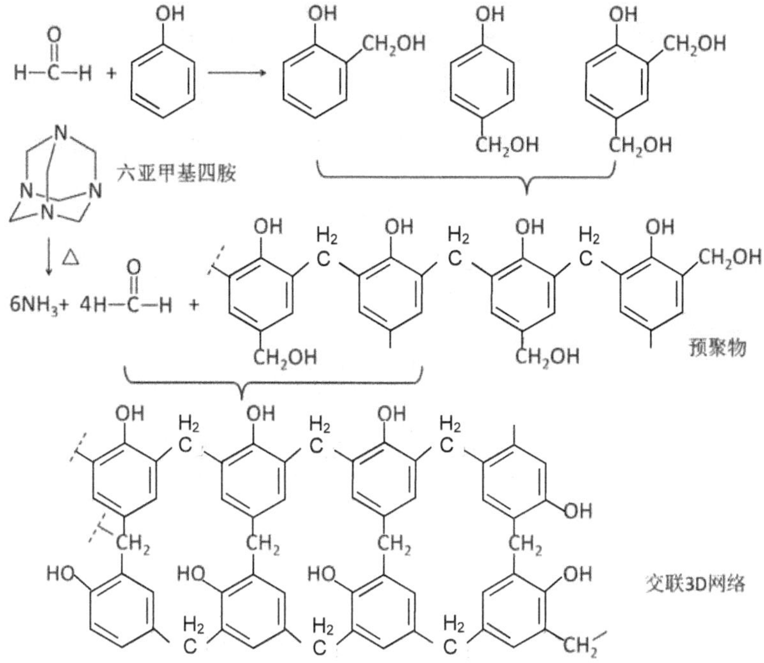


图 6.1　酚醛树脂的制备

酚醛树脂还可用于火箭或导弹的外层烧蚀材料。因为这些航天器在高速穿越大气层时与气体分子发生剧烈摩擦，产生高温和大量热能，如果使用金属材料会发生汽化而破坏航天器的内部结构，而酚醛树脂由于结构中含有大量苯环，可以热分解成碳形成一层碳保护覆盖层(类似于石墨)，反应同时还可以吸收大量热能，从而对航天器起到良好的保护作用。

## 6.3　脲醛树脂

Holzer 和 John 在 1884 年、Pollak 在 1918 年分别提出了用四官能度的尿素与甲醛反应制备脲醛树脂(urea formaldehyde resin 或 urea resin, UF)。虽然之前 Baekeland 已经在酚醛树脂的开发方面做过一些工作，但是脲醛树脂在 20 世纪 20 年代中期才实现商业化。

脲醛树脂是由过量尿素与甲醛在碱性条件下缩聚制得的。反应过程如图 6.2 所示。由于分子结构中含有胺基，脲醛树脂和蜜胺树脂也称为氨基树脂，表 6.1 列出了它们的典型性质。与蜜胺树脂相比，脲醛树脂抗热性和抗湿性较差，硬度也稍低，但是价格更便宜。大部分用于铸件的脲醛树脂都采用纤维素填充的。因为良好的耐溶剂性、耐油性、表面硬度、耐磨性和易着色性，脲醛树脂被广泛用于木制家具和夹板的黏合。通常也可以加入棉花和人造纤维以增强树脂的抗皱性、可控收缩率性、疏水性、阻燃性和硬度。

脲醛树脂与暗琥珀色的酚醛树脂相比颜色更浅，可作为碎料板、薄纸板、泡沫的黏合剂。纤维素填充的脲醛树脂可用作热固性树脂铸件。由脲醛树脂制得的釉质涂料可以作为厨房设备(如洗碗机、冰箱等)的镀层。这种釉称为烤瓷，含有脲醛树脂和醇酸树脂。

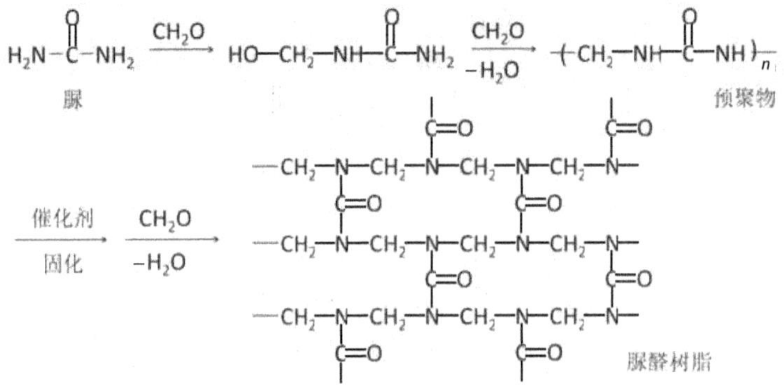


图 6.2　脲醛树脂的制备

**表 6.1　几种基于甲醛的热固性树脂的典型性能**

| 性能 | PF 木材填充 | UF 纤维素填充 | MF 纤维素填充 |
|---|---|---|---|
| 加工温度/℃ | 350 | 350 | 350 |
| 模压收缩率/($10^{-3}$ in/in) | 6 | 10 | 10 |
| 热变形温度/℃ | 350 | 275 | 300 |
| 长期使用温度/℃ | 300 | 260 | 250 |
| 线性膨胀系数×$10^{-6}$/℃ | 20 | 15 | 15 |
| 抗压强度/MPa | 170 | 240 | 190 |
| 抗拉强度/MPa | 48 | 69 | 55 |
| 弯曲强度/MPa | 70 | 85 | 60 |
| 断裂伸长率/% | 0.5 | 1 | 3 |
| 洛氏硬度 | M105 | E90 | E95 |
| 相对密度 | 1.4 | 1.5 | 1.6 |
| 平衡吸水率/% | 0.7 | 0.5 | 0.5 |
| 介电常数 | 6 | 6 | 5 |

## 6.4　蜜 胺 树 脂

三聚氰胺(又称蜜胺)含有六个反应位点(每个氨基上有两个)，结构见图 6.3。三聚氰胺与甲醛缩聚可生成浅色的耐热性塑料(图 6.3)，称为蜜胺树脂(melamine resin)或三聚氰胺甲醛树脂(melamine formaldehyde resin)。

20 世纪初，三聚氰胺甲醛树脂实现了商业化生产，其性质列于表 6.1。三聚氰胺甲醛树脂主要用于装饰层板的生产。纤维填充的三聚氰胺甲醛树脂用于铸造制作餐具(仿瓷，melmac)，填充物主要以纤维素为主，有时也采用玻璃纤维和棉织物填充。

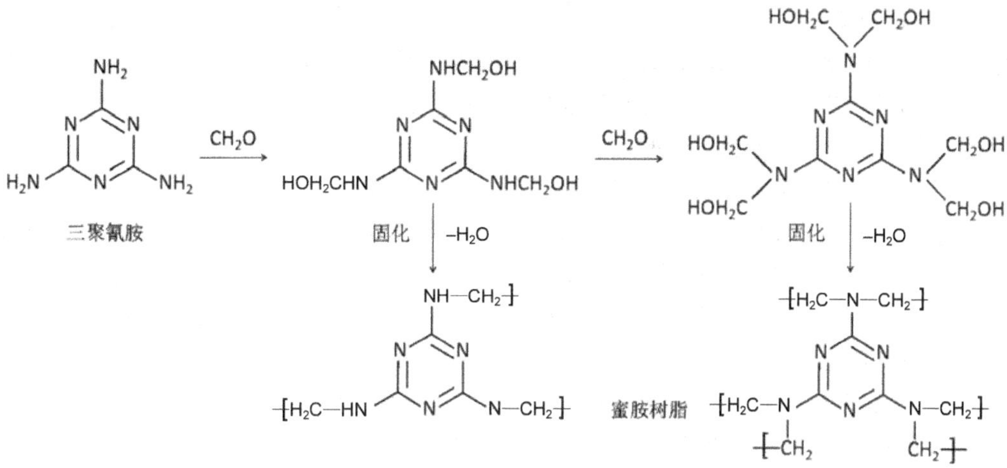


图 6.3　三聚氰胺甲醛树脂的制备

与酚醛树脂相比，脲醛树脂和三聚氰胺甲醛树脂有明显的优点：无色透明，易着色，而且硬度更大。但是脲醛树脂分子结构中含有酰胺键，其抗湿性、耐热性较差，而三聚氰胺甲醛树脂在沸水中稳定，甚至可以在 150℃使用，因此可用作餐具的釉质表面。三聚氰胺甲醛树脂也用于层板的生产，如工作台台面、橱柜表面、桌面。通常的工艺是将浸渍苯酚的纸板覆盖到浸渍三聚氰胺的纸板上来制作家具塑料贴面(formica)。此外三聚氰胺甲醛树脂也可用作汽车末道漆的配方材料。

## 6.5　醇酸–聚酯树脂

1847 年，Berzelius 将双官能度酒石酸与三官能度甘油反应，缩聚发生交联，制得了第一种含酯键的聚酯树脂(polyester resin)。1902 年，W. Smith 将双官能度的邻苯二甲酸与三官能度的甘油反应，缩聚后得到甘酞树脂，并在涂料中实现了商业化应用。在适当的温度条件下，甘油的两个伯羟基先与二酸反应得到的线形预聚物，而当温度升高后，预聚物中残留的仲羟基将继续发生反应，将线形的分子链交联(图 6.4)。

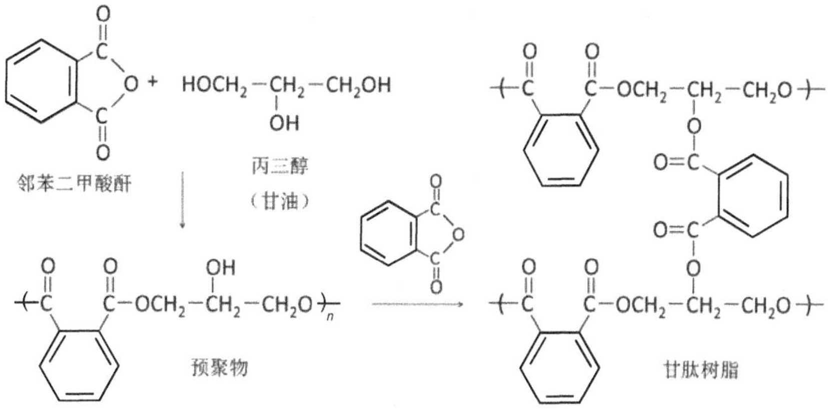


图 6.4　甘酞树脂的制备

在 19 世纪 20 年代，R. Kienle 将这些通过醇和酸缩聚得到的聚酯树脂命名为醇酸树脂(alkyd resin)。大多数醇酸树脂都是在不饱和酸如油酸的存在下，由双官能团的醇与羧酸缩聚制得的。在氧的存在下，这些醇酸树脂中的不饱和双键可以进一步反应形成交联。1948 年商品化的醇酸树脂正式推向了市场。

最为广泛使用的醇酸树脂是玻纤增强的不饱和聚酯树脂(FRP)，是热固性树脂中用量最大的，也是玻璃钢复合材料制品生产中用得最多的树脂(表 6.2)。虽然 FPR 归属于醇酸树脂，但是因为其多用途和高使用量，已经发展成为一个单独的行业。这类 FRP 材料通常是先以丁烯二酸、邻苯二甲酸、马来酸酐等不饱和二酸与二醇进行缩聚反应得到线形预聚物。将预聚物溶于烯类单体中，如苯乙烯、丙烯酸酯、乙酸乙烯酯等，加入引发剂(如过氧苯甲酰)和促进剂后，预聚物与烯类单体发生自由基共聚生成交联结构，其反应速率比没有交联单体时的要快 30 倍左右，如图 6.5 所示。

**表 6.2　醇酸树脂与玻纤增强不饱和树脂的典型性能**

| 性能 | 矿物填充的醇酸树脂 | BMC 树脂 | SMC 树脂 |
|---|---|---|---|
| 加工温度/℃ | 150 | 150 | 150 |
| 模压收缩率/($10^{-3}$ in/in) | 2 | 4 | 2 |
| 热变形温度/℃ | 220 | 190 | 220 |
| 长期使用温度/℃ | 205 | 175 | 205 |
| 热膨胀系数×$10^{-6}$/℃ | 15 | 10 | 15 |
| 抗压强度/MPa | 172 | 138 | 138 |
| 埃氏缺口冲击强度/(J/m) | 27 | 54 | 642 |
| 抗拉强度/MPa | 41 | 69 | 83 |
| 弯曲强度/MPa | 14 | 14 | 17 |
| 断裂伸长率/% | 1 | 4 | 3 |
| 洛氏硬度 | E98 | 60 (Barcol) | 60 (Barcol) |
| 相对密度 | 2 | 1.9 | 2 |
| 吸水率/% | 0.5 | 0.5 | 0.5 |
| 介电常数 | 5 | 4 | 4 |

玻纤直接与聚酯预聚物混合后浇铸成型称为本体浇铸复合物(BMC)，而将玻纤薄片基底(玻璃纤维布)浸渍入聚酯预聚物浇铸成型称作片层浇铸复合物(SMC)。1942 年，用玻璃纤维布增强制得的第一批聚酯玻璃钢雷达天线罩，其质量轻、强度高、透波性能好、制造简便，迅速用于战争。在我国，每年用于船舶、运输、建材、家居、机械、电子及汽车工业中的 FRP 玻璃钢复合材料达到 145 万 t，占到了不饱和聚酯树脂总量的 80%以上。

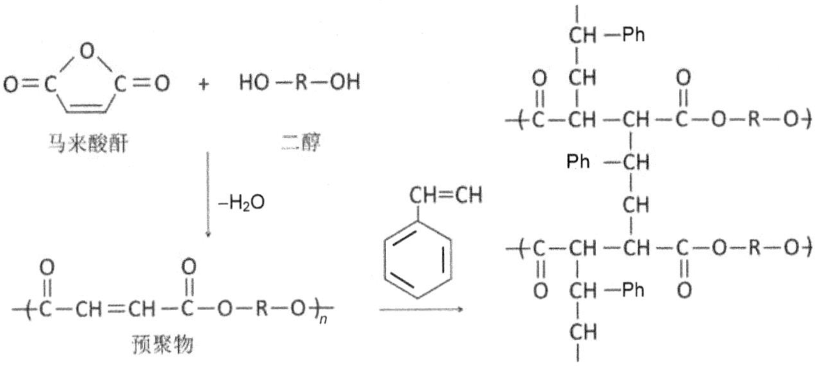


图 6.5　不饱和聚酯树脂的制备

除了玻璃钢材料外，醇酸树脂还主要用于涂料，例如，与天然树脂如虫漆一起用于清漆，或用作亮漆的干性油或树脂组分。

## 6.6　环 氧 树 脂

环氧“epoxy”这个单词源于希腊语前缀“epi”(意思是“之……间”)和英语后缀“oxygen”(氧)。环氧树脂的预聚物由双酚 A 和氯甲代环氧丙环缩聚合成，如式(6.2)所示。这一合成方法在 19 世纪后期由 Linderman 首次提出并在 1934 年由 P. Schlack 申请专利。缩聚产物为线形预聚物，分子链中含有羟基(—OH)和环氧基，可以与环状酸酐(如马来酸酐)在逐步升温下发生交联反应固化，或者与多元胺[$R(NH_2)_n$]在温和的温度下交联反应固化。例如，用脂肪族二胺作为交联或是固化剂制备的环氧树脂(epoxy resin, EP)具有较好的柔韧性。表 6.3 中归纳了典型环氧树脂的特性。

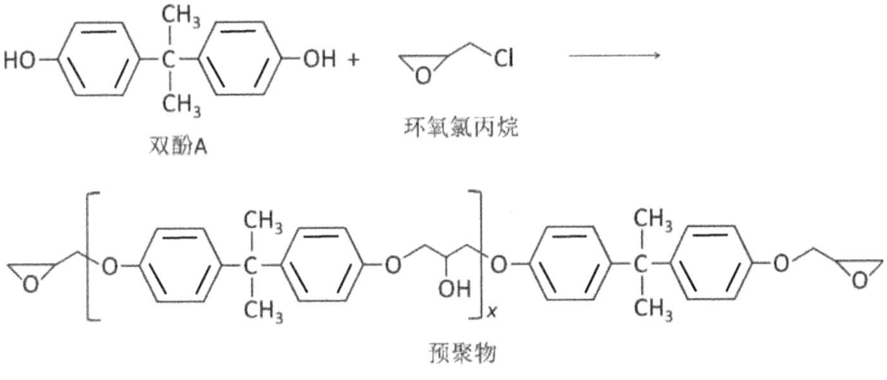


(6.3)

EP 的广泛应用是因为其工艺的多样性。改变预聚物中各组分的配比，就可以得到不同交联度和硬度的材料。EP 的固化主要有两种方式：第一种是以多元胺为固化剂室温交联。多元胺含有高度活泼的氢，是强亲核试剂，在室温下能打开环氧树脂的环氧基。短时间内即可交联。以伯胺为例，伯胺与环氧基反应，使之开环，生成仲胺；仲胺继续与其他环氧基反应生成叔胺从而形成网络结构(图 6.6)。第二种固化方式是以酸酐或多元羧酸等为交联剂在加热条件下与环氧基、羟基以及与环氧基反应后新生成的羟基发生反应，形成交联结构(图 6.7)。此外，热固性酚醛树脂与环氧树脂也可以发生共缩聚交联反应来固化环氧树脂。

**表 6.3 环氧树脂与硅树脂的典型性能**

| 性能 | 玻纤增强 EP | 矿物填充的硅树脂 |
|---|---|---|
| 加工温度/℃ | 150 | 150 |
| 热变形温度/℃ | 175 | 260 |
| 长期使用温度/℃ | 163 | 260 |
| 热膨胀系数×$10^{-6}$/℃ | 20 | 15 |
| 抗压强度/MPa | 172 | 83 |
| 埃氏缺口冲击强度/(J/m) | 134 | 340 |
| 抗拉强度/MPa | 80 | 40 |
| 弯曲强度/MPa | 138 | 80 |
| 断裂伸长率/% | 4 | 5 |
| 洛氏硬度 | M105 | M85 |
| 相对密度 | 1.8 | 1.9 |
| 吸水率/% | 0.1 | 0.2 |
| 介电常数 | 4 | 3 |

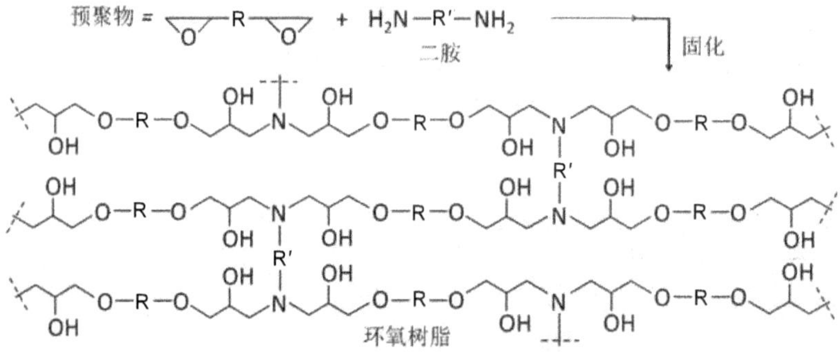


图 6.6 环氧树脂的固化——以二胺为固化剂

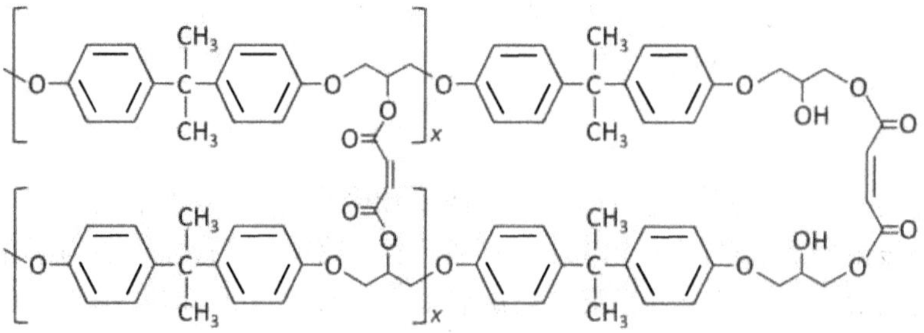

图 6.7 以二酸为固化剂

我国每年环氧树脂消耗量超过了 60 万 t，主要用于涂料、复合材料、电子电器、黏合剂等四大领域。环氧树脂是先进复合材料中应用最广泛的树脂体系，它可适用于多种成型工艺，可配制成不同配方，可调节黏度范围大，适应于不同的生产工艺。它的储存寿命长，固化时不释出挥发物，固化收缩率低，固化后的制品具有极佳的尺寸稳定性、良好的耐热及耐湿性能和高的绝缘性，因此，目前环氧树脂统治着高性能复合材料的市场。

## 6.7 硅　树　脂

聚硅氧烷(polysiloxane)，也叫硅树脂(silicone)，具有其他聚合物不具备的综合的电、化学以及力学性能。这类聚合物具有很多独特的性能，包括较高的热氧化稳定性和热稳定性、低的介电损耗、独特的流变和应力/应变行为、流变行为对温度不敏感、良好的耐溶剂和耐腐蚀性、良好的阻燃性燃性、剪切稳定性、高的抗压性能以及低的表面张力等。聚硅氧烷具有特别宽的温度使用范围，可以在−120~200℃甚至 300℃的温度范围内保持良好的性能，月球上的第一个足迹就是聚硅氧烷弹性体材料的鞋踩出的。

早在第一次世界大战前，F. Kipping 就研究了聚硅氧烷(polysiloxane，—Si—O—Si—)，他认为这些化合物是酮类，称它们为硅酮“silicone”，尽管这种聚合物并不含酮基，但这一名称仍然沿用下来。很可惜的是，F. Kipping 认为这些无机聚合物没有什么实际用途，因而也就没有尝试进一步的开发与研究。到了 19 世纪 40 年代，硅树脂才由 G.E.和 Dow-Corning 公司推广并商业化。

第一种硅树脂由氯甲基硅烷的水解/脱水制得。采用二氯甲基硅烷[$Cl_2Si(CH_3)_2$]可以制得线形聚合物，而如果加入一些三氯甲基硅烷[$Cl_3Si(CH_3)$]则可以得到交联聚合物。在水存在下，氯烷基硅烷或是甲氧基硅烷均可聚合制备得到硅树脂。最早合成的聚硅氧烷并不稳定，不稳定性来源于其活性的端基，容易导致解聚反应。通过改变末端基团可以解决这一问题，目前几乎所有的商品化聚硅氧烷都是以聚二甲基硅氧烷或其衍生物为主链，三甲基硅氧基为末端基团。

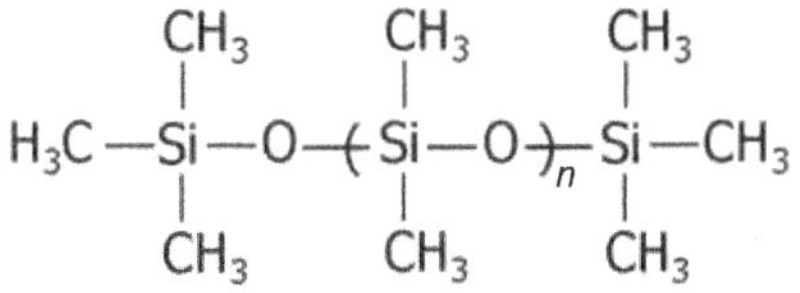

(6.4)

聚硅氧烷在低温下仍保持的良好柔韧性是由于它的玻璃化温度非常低，大约为 −120 ℃，这是因为 C—Si 键和 Si—O 键键长比 C—C 键和 C—O 键更长，所以连接在硅原子上的其他原子活动性增强，因而分子链具有了更高的柔韧性。

聚硅氧烷根据相对分子质量、结构的不同可以分为低相对分子质量流体、模塑树脂和弹性体等不同形态，其黏度和抗流动性随重复单元数目的增加而提高，但一些物理性能(如表面张力和相对密度等)在聚合度(DP)值超过 25 后基本不再变化。

DP 值在 2~30 的聚硅氧烷是低黏度的流体，常被用作衣物洗涤的防沫剂。这主要是因为聚硅氧烷链之间较低的分子间作用力以及因此而造成的低表面张力。这种低表面张力的特点也使得其可用于涂敷材料表面用作热固性密封材料，聚合物流体能迅速填充空隙、角落和裂缝。与此同时，低相对分子质量聚硅氧烷具有很好的导热性和流动性，因此在低温条件下可以用于低温热交换、低温油浴、自动调温器中的调节剂、电子产品中的导热胶等。

DP 值在 50~400 的聚硅氧烷是黏性流体状态。这些材料被用作玻璃、塑料和橡胶的脱膜剂，也被用作金属和非金属之间的摩擦润滑剂。在电子工业中它们常被用作绝缘流体(液体)，包括用于变压器和电容器；在真空泵或液压泵方面用作液压机液体；可用于精密计时器、照相器材、原油和增稠剂的混合以及惯性制导体系；此外还可用于防沫剂、护肤品、影印机墨。将聚硅氧烷与聚四氟乙烯或二硫化钼混合可以得到高性能的润滑脂产品。刹车液的主要成分即是 DP 为 50 的聚二甲基硅氧烷流体。DP 为 700~6000 的高黏度聚硅氧烷流体可以作为阻尼流体用于卡车刹车，作为流体弹簧吸收振动。较高相对分子质量的聚硅氧烷流体可以用于热塑性塑料的抗冲击性改性，也可在气相色谱中作为静止相。

当引入烷烃链后，长链聚硅氧烷根据分子结构不同可作为热塑性塑料、工程热塑性塑料、弹性体和热固性材料(当发生交联时)。固体聚硅氧烷应用于各种领域，包括密封胶、隔热剂、填缝料、保湿剂、O 形密封圈以及窗户的衬垫。冷却器、卡车和汽车的挡风条也常用聚硅氧烷制作。聚硅氧烷分子间作用力比较低，分子链排列不致密，相对密度低，制作为气体透过薄膜时，氧原子和氮原子等气体分子能够自由通过，但是水分子不能通过。因此，聚硅氧烷半透膜、薄膜已经在短时潜水呼吸器中应用。最早的隐形眼镜是用甲基丙烯酸甲酯制得的。虽然它可以抛光和加工，但却无法进行气体交换，而且太硬而容易伤害眼球。到 20 世纪 70 年代早期，这种隐形眼镜逐渐被交联聚 2-羟乙基丙烯酸甲酯[poly(2-hydroxyethyl methacrylate), HEMA]为主体的软隐形眼镜所取代。这种一次性镜片可以实现气体交换。最近，Salamone 等开发出了以硅氧烷基为基础的隐形眼镜，具有良好的透气性和亲和性。

聚硅氧烷还被广泛地运用于生物材料。图 6.8 展示了聚硅氧烷在生物医用材料人工器官中实际应用中的一些重要例子。例如，人造皮肤是一种双层材料，一层为极薄的聚硅氧烷，一层为牛皮革、胶原蛋白以及从鲨鱼软骨中提取的软骨素硫酸盐混合物。聚硅氧烷层既可让水分和气体透过，同时也是其下层物质与“外部世界”之间的保护层。由于聚硅氧烷具有柔性和多孔性，在药物控释体系中也有广泛运用。

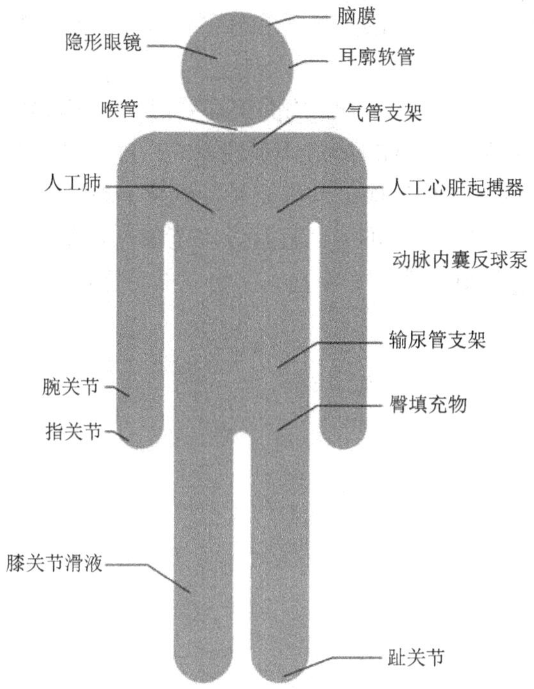


图 6.8　聚硅氧烷(硅胶)在人工器官中的应用

## 6.8 聚　氨　酯

1819 年，Wurtz 合成了有机异氰酸酯化合物(isocyanate)。这是一类化学性质非常活泼的物质，特别是苯基异氰酸酯，在有机化学分析中常被用作醇的定性分析试剂，其原理是异氰酸酯 R—NCO 可以与羟基化合物 R′—OH 反应生成 R—NH—COOR′。在 19 世纪 30 年代中叶，Otto Bayer 利用双官能度异氰酸酯反应物制备出了聚氨酯(polyurethane, PUR)，可以用作纤维、塑料、涂料、黏合剂、发泡材料等。PUR 的一些特性都是偶然发现的，例如，在制备 PUR 模塑材料时发现聚合物被牢固地粘到了金属模具上而无法取下，从而开发出了 PUR 黏合剂。PUR 发泡材料(也戏称为人造瑞士干酪)的发明则是因为反应物中痕量的水与异氰酸酯发生反应生成了 $CO_2$ 导致泡沫产生。

最为广泛使用的二异氰酸酯是甲苯二异氰酸酯[$H_3C—C_6H_3(NCO)_2$, TDI]。具有端羟基的低相对分子质量聚酯或聚醚被用作与异氰酸酯基团反应的二元醇化合物，分别称为聚酯多元醇和聚醚多元醇。产物最终的交联程度则由反应中加入的三元醇(如甘油)的量来控制。二异氰酸酯与羟基化合物的反应可参见式(2.6)。

不同的 PUR，制备方法也有所区别。合成弹性体时先制备低相对分子质量二元醇，再与过量芳香族异氰酸酯反应，生成异氰酸酯为端基的预聚物，最后与丁二醇反应，得到热塑弹性体；若用芳香族二胺扩链并进一步交联，则得到浇铸型弹性体；异氰酸酯过量较多的预聚物与催化剂、发泡剂混合，可直接得到硬质泡沫塑料。如将单体、聚醚、水、催化剂等混合，一步反应即可得到软质泡沫塑料。单体与多元醇在溶液中反应，可得到 PUR 涂料；胶黏剂则以多异氰酸酯单体和低相对分子质量聚酯或聚醚在使用时混合并进行反应。

通过对多元醇相对分子质量、分子结构的调控可以获得不同特性的 PUR 材料，由于这种性能上的多样性和可控性，PUR 的应用领域非常广泛，可谓五花八门，从紧身内衣到保龄球柱涂层，从室内装潢到鞋底，从汽车轮胎到隔音材料等。现代汽车所用的聚合物材料中，PUR 的用量不仅是最大的，而且其应用范围也是非常广泛的：从车箱到外部件，从软质到硬质，从轻型到致密型，一直到高强度的玻纤增强制品，随处可见 PUR 的应用。

## 参 考 文 献

黄志雄, 彭永利, 秦岩等. 2007. 热固性树脂复合材料及其应用. 北京: 化学工业出版社

廖明义, 陈平. 2005. 高分子合成材料学. 北京: 化学工业出版社

王文广, 田雁晨, 吕通建. 2007. 塑料材料的选用. 第二版. 北京: 化学工业出版社

张玉龙. 2005. 塑料品种与性能手册. 北京: 化学工业出版社

# 第7章 纤　　维

## 7.1 纤维基础

纤维是一种长径比(length to diameter ratio)不低于100∶1、具有一定柔顺性和强度的线形物，是用于制造纺织品的基础原料。纤维制成纺织品通常有两道工序，即首先将纤维纺(spinning)成纱线，再将纱线织(weaving)成织物。本节将介绍关于纤维的基本概念和工艺，以及一些通用和特种纤维。

### 7.1.1 纤维的起源与发展

纤维具有悠久的历史，伴随着人类社会发展的整个历史进程。随着体毛的退化，人们对保温的需要越来越高(特别是几次大冰河时期的低温)，开始了用兽皮、树皮和草叶蔽体的时代。在此之后，人类逐渐掌握了把植物纤维进行某种程度分离和精制的技术。到了中石器时代，气候转暖，森林茂盛，人类的生活方式从狩猎向农耕和放牧转变，相应的采用来源于动植物资源的纤维纺织技术也有了巨大发展，出现了搓、绩、编、织等简单的纺织技术来制作粗陋的衣服，此后又进一步发展出了编织、裁切、缝缀的技术，根据搓绳的经验，创造出绩和纺的技术。在这一时期，一些简单的纺织机械也开始出现。

虽然受产地所限，在不同地区所使用的天然纤维有所不同，例如，丝原产于中国，棉原产地是印度和美洲大陆，毛原产地是中亚细亚，但纺织技术在世界范围内都得到了广泛的发展和应用，从而进入了天然纤维纺织的时代。

1664年，英国人R. Hooke在他所著的Micrographia一书中，首次提到人类可以模仿蚕吐丝过程，用人工的方法生产纺织纤维。1846年，瑞典人Schönbein首次合成了硝化纤维素。经过不断探索，1883年英国化学家J. W. Swan在研究将硝化纤维素制造电灯丝的过程中制备了一种细纤维，并取名“人造丝”(artificial silk)，从而引起了全世界的瞩目。之后，法国人H.B. Chardonnet将硝酸纤维素溶解在乙醇或乙醚中制成黏稠液，再通过细管吹到空气中凝固而成细丝，这是最早的人造纤维：硝化纤维。由于硝化纤维易燃，生产中使用的溶剂易爆，纤维质量差，未能大量发展。但硝化纤维的出现开启了化学纤维工业的时代。

1899年，以纤维素的铜氨溶液为纺丝液，经化学处理和机械加工制得的铜氨纤维实现了工业生产；而C.F. Cross、E.J. Bevan和C. Beadle等发明了黏胶法制备纤维并申请专利，这种方法将纤维素分子直接溶于碱性二硫化碳溶液，然后再湿法纺丝，称为黏胶纤维。1905年黏胶纤维实现了工业化生产。这些制备方法因原料纤维素来源充分、辅助材料价廉、穿着性能优良，而发展成为人造纤维的最主要品种。继黏胶纤维之后，又实现了醋酸纤维、再生蛋白质纤维等人造纤维的工业生产。1922 年，人造纤维产量超过了真丝产量，成为重要的纺织原料。

人造纤维原料受到自然条件和天然聚合物本身特性的限制。而 20 世纪初以来，化学合成高分子取得了飞速发展，于是人们开始试图以合成高分子为原料，经过化学和机械加工，制得性能更好的纤维。DuPont 公司率先实现了尼龙 66 纤维的工业化生产。随后德国于 1941 年、1946 年分别进行了尼龙 6 纤维、聚氯乙烯纤维的工业化生产。50 年代以后，聚乙烯醇缩甲醛纤维(vinylon，维尼纶)、聚丙烯腈纤维(acrylon，腈纶)、聚酯纤维(terylene，涤纶)等合成纤维品种相继实现工业化(图 7.1)。

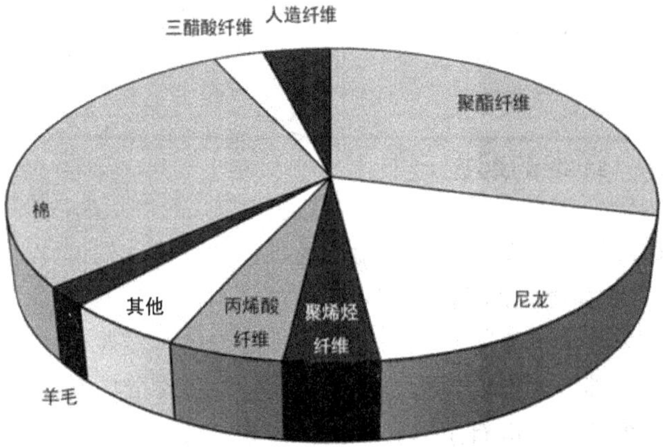


| 名称 | 比例/% |
|---|---|
| 聚酯纤维 | 29 |
| 尼龙 | 19 |
| 聚烯烃纤维 | 4 |
| 丙烯酸纤维 | 5 |
| 其他 | 5 |
| 羊毛 | 2 |
| 棉 | 29 |
| 三醋酸纤维 | 4 |
| 人造纤维 | 3 |
| 天然纤维 | *38* |
| 合成纤维 | *62* |

图 7.1　商业化纤维材料的相对产量

20 世纪 60 年代以后，合成纤维工业随着石油化工的高速发展而进入了新的阶段，1962 年全球合成纤维产量首次超过了羊毛产量，1967 年又超过了人造纤维，在化学纤维中占据了主导地位，成为仅次于棉的主要纺织原料。在生产技术方面，70 年代以后，合成纤维技术开发的重点，从研制新的成纤聚合物，转向通过改性或新加工工艺改进纤维的性能。通过这些化学和物理改性，得到了具有差别化功能的纤维制品，如染色性、光热稳定性、抗静电性、防污性、阻燃性、抗起球性、蓬松性、手感、吸湿性等。一些典型的纤维及其性质列于表 7.1 中。

**表 7.1　一些典型纤维的物理性质**

| 聚合物 | 纤维强度/(g/d) | 拉伸强度/(kg/cm$^2$) | 断裂伸长率/% |
|---|---|---|---|
| **纤维素** | | | |
| 棉 | 2.1~6.3 | 3000~9000 | 3~10 |
| 人造纤维 | 1.5~2.4 | 2000~3000 | 15~30 |
| 高强度人造纤维 | 3.0~5.0 | 5000~6000 | 9~20 |
| 二醋酸纤维素 | 1.1~1.4 | 1000~1500 | 25~45 |
| 三醋酸纤维素 | 1.2~1.4 | 1000~1500 | 25~40 |

续表

| 聚合物 | 纤维强度/(g/d) | 拉伸强度/(kg/cm$^2$) | 断裂伸长率/% |
|---|---|---|---|
| **蛋白质** | | | |
| 丝 | 2.8~3.0 | 3000~6000 | 13~31 |
| 羊毛 | 1.0~1.7 | 1000~2000 | 20~50 |
| 玉米蛋白 | 1.1~1.2 | 1000 | 30~35 |
| **合成纤维** | | | |
| 尼龙 66 | 4.5~6.0 | 4000~6000 | 26 |
| 聚酯 | 4.4~5.0 | 5000~6000 | 19~23 |
| 聚丙烯腈 | 2.3~2.6 | 2000~3000 | 20~28 |
| 聚偏氯乙烯 | 1.1~2.9 | 1500~4000 | 20~35 |
| 聚氨酯 | 0.7 | 630 | 575 |
| 聚丙烯 | 7.0 | 5600 | 25 |
| **无机纤维** | | | |
| 石棉 | 1.3 | 2100 | 25 |
| 玻璃 | 7.7 | 2100 | 3.0 |

### 7.1.2 纤维的特性

纤维的物理特征、化学组成和分子构成都直接决定了织物的特性。对纤维具体的性能要求与普通的塑料或橡胶制品也有所不同。一般来说主要包括以下几个方面：

(1) 纤维长度(length)。可以量度长度的纤维称为短纤维，无限长度的纤维称为长纤维。对于短纤维，纤维长度越长，成纱的品质越高。

(2) 横截面的形状(shape of cross section)和表面形状(surface)。决定了纤维的体积、质地、光泽和手感。例如圆形纤维不像扁的纤维那样容易压紧，制成的织物的体积较膨松，手感更为光滑。

(3) 直度(straightness)。纤维可以是直的，可以是扭曲或者卷曲的，纵截面的特征能影响了纤维的回弹性、弹性和耐磨性等。例如，卷曲的纤维有助于增强回弹性，膨松度、温暖性、伸长度和吸收能力等。

(4) 强度(strength)。纤维的强度决定了纱的强度与最终纺织品的牢固性和耐用性。纤维强度通常用(gf/tex)表示，其中 tex(特克斯)指 1000m 长的纤维束的克数，gf 是克力。

(5) 延伸性(extensibility)和弹性(elasticity)。指在张力的作用下纤维长度增加，释放后回复初始长度的能力。能伸长 100%以上并回复的纤维叫弹性纤维。

(6) 吸湿性(moisture absorption)。指吸纤维收水分的能力，用百分比来表示回潮率(moisture regain, M.R.)。M.R.指气温在 20℃、相对湿度在 65%时，绝对干燥的纤维从空气中吸收水分的能力。

(7) 耐磨性(wear resistance)。指纤维抵抗摩擦的能力。具有高断裂强力和高耐磨性的纤维较耐用。

(8) 光泽(brightness)与手感(hand feeling)。分别指肉眼观察外观和手触摸纤维表面的主观感受。纤维的不同特性，如横截面的形状、纵剖面的外观、纱种、织物组织和后处理等，都会影响其光泽度与手感。

(9) 密度(density)。低密度的纤维，质感较厚及膨松，但相对轻盈。

(10) 芯吸性(wickability)。指纤维将水分从一个截面运输到另一截面的能力。通常水分是沿着纤维表面挥发，纤维的芯吸性通常取决于纤维外表面的化学及物理结构。光滑表面会减少芯吸作用。亲水纤维具有良好的芯吸作用。而个别的疏水纤维(如聚丙烯)也具有良好的芯吸作用。

具有较高分子对称性的高分子纤维通常具有较高的力学性能，如高断裂强度和高模量，这是因为这类高分子的分子链在加工过程中由于拉伸取向的作用而排列紧密，提高了结晶度，也提高了链间的偶极作用和氢键作用等分子间作用力。但除了分子对称性，高分子的空间结构也对纤维性能有重要影响。例如，虽然聚苯乙烯链表现出较高的分子对称性，但并不适用于制备纤维，因为其链段内和链段间的相互作用力较小。

许多天然聚合物(如羊毛、丝绸和纤维素)的分子链同时具有强的次级键合作用和良好的结构单元对称性这两个优质纤维所需的重要特性，因此是性能良好的纤维材料。一些人工合成高分子材料(如尼龙 66)也具有纤维所需的分子对称性和分子间作用。实际上，尼龙是第一种性能可以与天然纤维(如羊毛、丝绸)媲美的人工合成高分子纤维。

## 7.2　纤维的生产工艺

### 7.2.1　熔 体 纺 丝

熔体纺丝(melt spinning)是化学纤维的主要成型方法之一，简称熔纺。合成纤维的主要品种涤纶、锦纶、丙纶等都采用熔融纺丝生产。熔纺的主要特点是卷绕速度高、不需要溶剂和沉淀剂、设备简单、工艺流程短。在大规模生产中常常将合成与纺丝成型两道工序联合起来，将合成中得到的高分子熔体直接进行纺丝，生产工艺大大简化。熔点低于分解温度、可熔融形成稳定熔体的成纤高分子，都可采用这熔体纺丝法成型。熔融纺丝的工艺大致包括以下步骤：①将热塑性聚合物加热形成可流动熔融态，并与相应助剂混合均匀，制备成纺丝用熔体；②熔体通过喷丝孔挤出拉伸形成熔体细流；③熔体细流冷却固化形成初生纤维。

熔融过程通常在螺杆挤出机内进行。从挤出机出来的熔体经过计量泵送往喷丝头组件。后者由过滤网、分配板和喷丝板等组件构成，其作用是除去熔体中的杂质，使熔体均匀地送至喷丝板。熔体通过喷丝板上的小孔形成熔体细流，细流直径在出喷丝小孔处会出现膨胀现象，这是熔体的弹性所致。熔体细流喷出后受到冷空气的作用而冷却固化。

高分子熔体具有一定的黏弹性，熔体细流一经固化，就具有良好的抗拉能力，所以熔纺的卷绕速度和喷丝头拉伸比(卷绕速度与熔体从喷丝孔喷出速度之比)比湿纺高。纤维所受的轴向拉力必须保持恒定才能制得粗细和结构均匀的纤维。经过熔融热加工过程，熔纺纤维刚成型时几乎是干的，容易积聚静电，纤维间的抱合力差，与设备的摩擦力大，因此在卷绕前要经过上油、给湿处理，使纤维顺利地卷绕并可改善其后拉伸的性能。如图 7.2 所示。

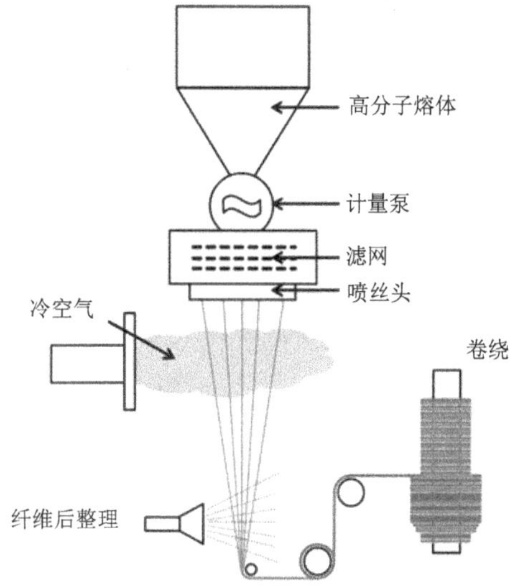


图 7.2　典型的熔融纺丝工艺

## 7.2.2　湿 法 纺 丝

湿法纺丝 (wet spinning)是溶液纺丝的一种，简称湿纺。将成纤高分子和相关助剂溶解在适当的溶剂中，得到具有一定组成、一定黏度的浓溶液，称纺丝原液。也可由均相溶液聚合直接得到纺丝原液。高分子溶液在纺丝之前，需要进行混合、过滤和脱泡等纺前准备工序，以获得均相无杂质的纺丝原液。

纺丝原液经过计量泵、过滤器、连接管而进入喷丝头，从喷丝孔眼中压出的原液细流进入凝固浴，原液细流中的溶剂向凝固浴扩散，凝固剂向细流渗透，从而使原液细流达到临界浓度，在凝固浴中析出而形成纤维。湿纺中的扩散和凝固是物理过程。但某些化学纤维在湿纺过程中还同时发生化学变化，如黏胶纤维。湿法纺丝速度由于受到溶剂和凝固剂双扩散速度与凝固浴的流体阻力等限制，因此比熔纺速度低得多。纺丝原液是兼具黏性和弹性的黏弹体，因此当原液从喷丝孔压出时，也会发生挤出胀大效应，使挤出细流的直径大于喷丝孔孔径。但相比熔体纺丝而言，高分子溶液的黏度比熔体要低很多，抗拉性能较差，因此为保证成型过程的稳定性，湿纺拉伸比一般为负值、零，或是很小的正值。

湿纺初生纤维由于含有大量液体而处于溶胀状态。高分子链具有较大的运动性；由于拉伸比较低，纤维中的高分子链在溶胀状态下的取向度也比较低，其形态结构与纺丝工艺条件关系极为密切。选择和控制纺丝工艺条件，可获得不同横截面形状或特殊毛细孔结构和特殊性能的纤维。

湿纺纺丝的工序大致包括原液制备、纺前准备、纺丝、凝固、拉伸、洗涤、整理、干燥、卷绕等多个步骤，其工艺流程复杂、设备繁多、纺丝速度低，而且涉及大量溶剂的使用和回收，因此成本较高。一般只有不适用于熔体纺丝的合成纤维。例如，聚丙烯腈纤维和聚乙烯醇纤维，才采用溶液湿纺生产(图 7.3)。

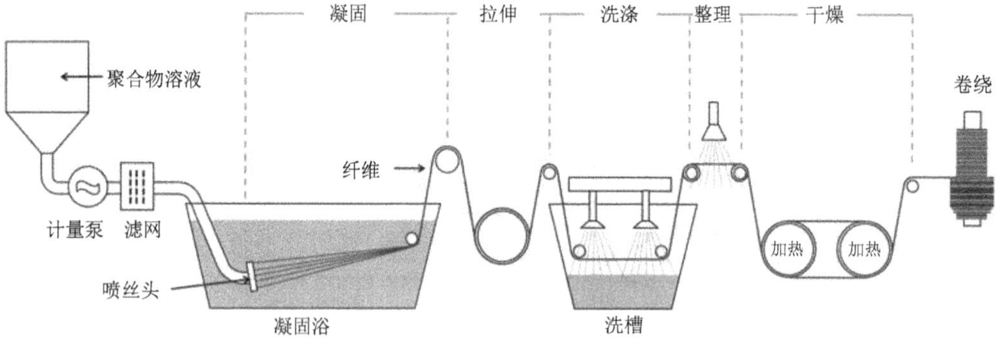


图 7.3　典型的湿法纺丝工艺

## 7.2.3　干 法 纺 丝

干法纺丝(dry spinning)和湿法纺丝一样，都是采用成纤高分子的浓溶液来形成纤维，简称干纺。与湿纺不同的是，干纺时从喷丝头毛细孔中压出的纺丝液细流不是进入凝固浴，而是进入纺丝甬道中。通过甬道中热空气流的作用，原液细流中的溶剂快速挥发，挥发出来的溶剂蒸气被热空气流带走。原液在逐渐脱去溶剂的同时发生固化，并在卷绕拉伸的作用下伸长变细而形成初生纤维。

干纺的纺丝速度主要取决于溶剂挥发的速度。通常在允许的条件下，纺丝液黏度应尽可能高，并选择沸点较低和蒸发潜热较小的溶剂，从而减少溶剂用量、降低热能消耗并提高纺丝速度。干纺纺丝原液的浓度和黏度一般都比相应的湿法纺丝原液高。为了保证溶剂快速挥发，干纺溶剂的沸点通常不超过 80℃，但对于一些在普通低沸点溶剂中溶解性较差的高分子(如聚丙烯腈)，也可以使用二甲基甲酰胺(DMF)等高沸点溶剂。

与熔纺相比，干纺适合于加工分解温度低于熔点或加热时易变色，但能溶解在适当溶剂中的成纤高分子。对于既能用干纺又能用湿纺成型的纤维(如聚丙烯腈纤维、聚乙烯醇纤维)，干纺一般更适于纺制长丝。干纺时也需有配制纺丝溶液和溶剂回收工序，辅助设备比熔纺多。干纺的投资通常比湿纺贵，但干纺的纺丝速度较高且所得纤维的结构较致密，物理机械性能和染色性也较好。

## 7.2.4　纤维的整理

纤维可以做成连续纤维(continuous filament)、切断纤维(staple)、短纤维纱(staple yarn)、长纤维纱(filament yarn)等形态不同的成品，如图 7.4 所示。连续纤维是一种连续从喷丝头拉出来的丝，它具有很广泛的用途，如钓鱼线；单丝也可以织成条状物，如遮光布；或者编成纺织制品，如袜子。大组的连续无捻纤维称为纤维束(tow)，通常用于切断或破碎制成短节的纤维，即切断纤维，如天然纤维(如羊毛和棉)都通常制作为切断纤维。切断纤维可以通过捻或纺制成短纤维纱，或者直接用作床垫、枕头和被褥等的填充物。切断纤维纺成的纱的规则性比连续纤维纺成的纱差，因为短纤维的两端容易伸出纱的表面，造成了绒毛效应。在相同质量下，纺出的纱锭也比连续纤维纺出的体积要大。因此，它们常被用于吸水、保暖和不光滑的纤维织物上。

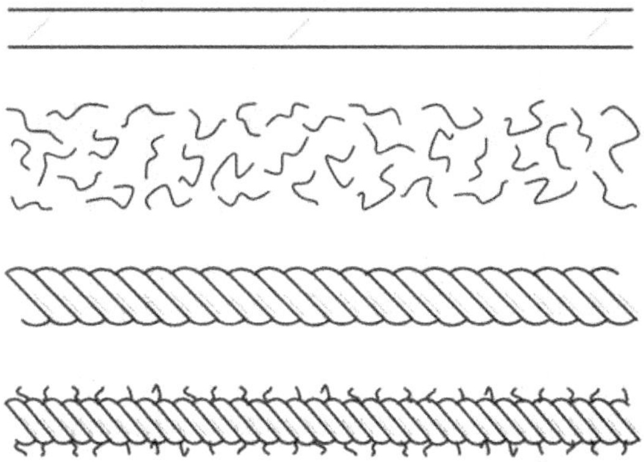


图 7.4　不同形态的纤维制品

在纤维工业发展早期，一般采用旦尼尔(denier)为单位，简写为“旦”(d)，即 9000m 纤维或纱线的克数。旦尼尔数越低，纱线就越轻。例如，15d 的尼龙纤维常被用作女式长袜，而 840d 的尼龙纤维则被用作轮胎加强线。纤维或纱线细度或线密度的国际标准单位是特克斯 tex。1 tex = 1g/1000m，因此 1 d = 0.1111 tex。

高分子制作为纺织材料(纤维、纱线和织物)的过程中，还需要进行以化学处理为主的工艺过程，使其具有实际应用的功能，这些工艺过程统称为染整(dyeing and finishing)。染整同纺纱、机织或针织生产一起，形成纺织物生产的全过程。染整包括预处理、染色、印花和整理。染整质量的优劣对纺织品的使用价值有重要的影响。预处理亦称练漂，其主要目的在于去除纺织材料上的杂质，使后续的染色、印花、整理加工得以顺利进行，获得预期的加工效果。染色是通过染料和纤维发生物理的或化学的结合而使纺织材料具有一定的颜色。印花是用色浆在纺织物上获得彩色花纹图案。整理是通过物理作用或使用化学药剂改进织物的光泽、形态等外观，提高织物的服用性能或使织物具有拒水、拒油、抗皱、防霉等特性。大多数整理加工是在织物染整的后阶段进行的。毛纺织物的染整中往往把许多预处理过程归入整理范畴，并把整理划分为湿整理和干整理。

将两种或多种不同的纤维混合纺成纱线称为混纺，从而使纺织物结合不同纤维的优点，扩大应用的范围。比如涤棉混纺物是以涤纶为主要成分，采用涤纶和棉混纱线织成的纺织品，特点是既突出了涤纶的风格又有棉织物的长处，在干、湿情况下弹性和耐磨性都较好，尺寸稳定，缩水率小，具有挺拔、不易皱折、易洗、快干的特点，不能用高温熨烫和沸水浸泡。

# 7.3　天然纤维与人造纤维

## 7.3.1　天 然 纤 维

天然纤维(natural fiber)是自然界原有的或经植物、动物资源取得的纺织纤维，是纺织工业的重要材料来源。尽管 20 世纪中叶以来合成纤维产量迅速增长，纺织原料的构成发生了很大变化，但是天然纤维在纺织纤维中仍占相当大的比例。

天然纤维的种类很多，长期大量用于纺织的有棉、麻、毛、丝四种。棉和麻是植物纤维，植物纤维主要组成物质是纤维素，又称为天然纤维素纤维，是由植物上种子、果实、茎、叶等处获得的纤维。毛和丝是动物纤维，动物纤维主要组成物质是蛋白质，又称为天然蛋白质纤维，分为毛和腺分泌物两类。其中棉纤维的产量最高，用途广泛，可供缝制衣服、床单、被褥等生活用品，也可用作帆布和传送带的材料，或制成保温和填充纤维材料。麻纤维大部分用于制造包装用织物和绳索，一部分品质优良的麻纤维可用于服装。羊毛和蚕丝的产量比棉和麻少得多，但却是极优良的纺织原料。用毛纤维制成呢绒，用丝纤维制成绸缎，华丽庄重，深受人们喜爱。在纺织用天然纤维中，只有毛纤维具有压制成毡的性能。毛纤维也是纤制地毯的最好原料。天然纤维的一些实例列于表 7.2 中。

**表 7.2　天然纤维的种类**

| 植物纤维 | | 动物纤维 | |
|---|---|---|---|
| 种类 | 实例 | 种类 | 实例 |
| 种子纤维 | 棉、木棉 | 毛发纤维 | 绵羊毛、山羊毛、骆驼毛、兔毛 |
| 叶纤维 | 剑麻、蕉麻 | 腺分泌物 | 桑蚕丝、柞蚕丝、蜘蛛丝 |
| 茎纤维 | 苎麻、亚麻、大麻、黄麻 | | |

## 7.3.2　人 造 纤 维

人造纤维(rayon)是化学纤维中的一个大类，是由提纯得到的某些线形天然高分子为原料，经直接用溶剂溶解或制备成衍生物后用溶剂溶解，之后再经纺丝加工制得的多种纤维的统称。具体又可分为再生纤维素纤维、改性纤维素纤维、蛋白质纤维和其他天然高分子物纤维。传统的重要品种有黏胶纤维、醋酸纤维、铜氨纤维等。其性能与合成纤维相比，纤维强度稍低，吸湿性好，染色比较容易。可用于制作服装和室内装饰用品，也可用于制作轮胎帘子线、香烟过滤嘴等。

传统的人造纤维因为所用溶剂的污染问题而逐渐被淘汰，随着新型绿色溶剂的开发，新一代的人造纤维开始出现并快速发展。Lyocell 是一种溶剂型纤维素纤维，商品名为 Tencel(天丝)，由英国 Courtaulds 公司和奥地利 Lenzing 公司成功将其商业化。Lyocell 是最典型的绿色环保纤维，原料来自木材，可不断自然再生；将木浆溶解在*N*-甲基吗啉-*N*-氧化合物溶剂(NMMO)中直接湿法纺丝，完全在物理作用下完成，溶剂可循环使用，回收率达99%以上，无毒无污染；纺织品使用后可生化降解，不会对环境造成污染，故被称为"21世纪绿色纤维"，并获得国际绿色环保证书。由Lyocell纱线织造的织物富有光泽，柔软光滑，自然手感，具有优良的悬垂性、良好的透气性和穿着舒适性。纯Lyocell织物具有珍珠般的光泽，固有的流动感使其织物看上去轻薄而具有良好的悬垂性，常用于高级服装中。

目前，市场上另一种发展较快的新型人造纤维为Modal纤维，主要来自于Lenzing公司，从其性能上看属于变化型高湿模量纤维。该产品以山毛榉木浆粕为原料制成，采用的仍是高湿模量黏胶纤维的制造工艺。Modal纤维力学性能虽稍逊于Lyocell纤维，但优于普通黏胶纤维，且价格低于Lyocell纤维许多，因此获得了市场的广泛认可。据统计，目前我国Modal纤维的用量已超过了Lyocell纤维。Modal纤维可与多种纤维混纺、交织，发挥各自纤维的特点，达到更佳的使用效果。Modal纤维面料吸湿性能、透气性能优于纯棉织物，其手感柔软，悬垂性好，穿着舒适，色泽光亮，是一种天然的丝光面料，适用于贴身穿着的衣物。

蛋白质纤维也是人造纤维的一个重要类别，指由从牛奶、大豆、花生、玉米等天然动植物制品中提取到的蛋白质为原料，溶解于适当溶剂中所制得的纤维。该纤维在20世纪30年代开始实现工业化生产，随着众多合成纤维的问世，相继停止生产。由于该纤维手感柔软，穿着舒适；90年代以来，有开发者开始从牛奶中提取乳酪蛋白生产"新一代蛋白质纤维"——酪素纤维(casein fiber)，用于制作内衣，其产品形式主要为短纤维。

## 7.4 合成纤维

合成纤维是指利用小分子化合物为原料通过化学合成制成的高分子纤维。

### 7.4.1 尼 龙

W. Carothers和J. Hill于1932年在DuPont实验室合成了低熔点的脂肪族聚酯纤维，但由于这种纤维易水解、不耐热，因而Carothers很快搁置了这个项目转而研究开发具有耐热性聚酰胺纤维。最早的聚酰胺纤维是聚-$\omega$-氨基壬酸(即尼龙9)，它具有比聚酯纤维更高的熔点，不会在熨烫之后发生变形。

1935年，Carothers先后合成了尼龙510和尼龙66。其中尼龙66不溶于普通溶剂，具有263℃的高熔点，由于在结构和性质上更接近天然丝，拉制的纤维具有丝的外观和光泽，耐磨性和强度超过当时任何一种纤维。研究中Carothers发现，如果反应物纯度不够，则无法得到高相对分子质量的聚合产物，因此他首先制备二元酸和二元胺的盐，通过结晶的方法去除其中的杂质，然后加热纯化后的盐合成聚合物。结果表明产物的聚合度为反应物纯度的函数，方程称为Carothers方程，如下式所示：

$$DP = (1-P)^{-1}$$

式中：$P$ 为反应物的纯度，这个值必须高于 0.995 才能合成得到高相对分子质量聚合产物。

尼龙 66 的应用十分广泛，已经成为了一种大众消费品，这是因为其原料己二胺和己二酸相对廉价易得。DuPont 公司的科学家们设计了从煤、空气和水为原料得到这两种原料单体的方法；随后，科学家们又开发出了从农业副产品(如米糠、玉米芯)中获得上述两种原料的方法。其合成路线如图 7.5 中反应方程式所示。

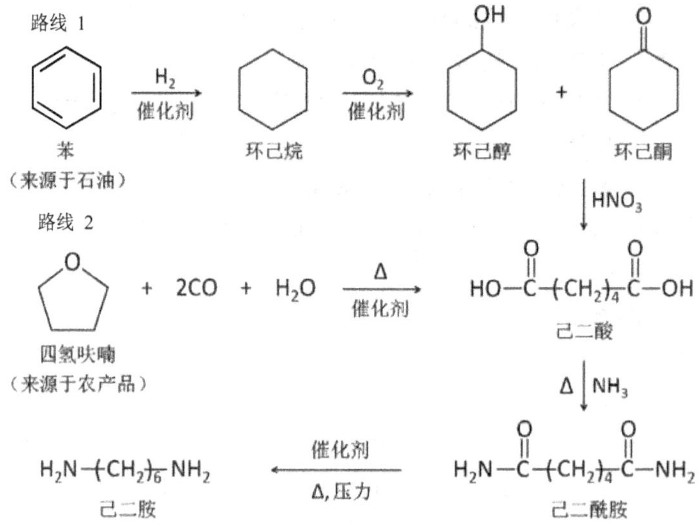


图 7.5　尼龙的两种合成路线

尼龙纤维可以用于做服装、饰带、降落伞、轮胎帘布、室内装潢、内衣、地毯、鱼线、刚毛刷、线(包括外科手术线)。尼龙在热稳定性、免烫性、抗皱性等方面接近或超过天然纤维，如棉和羊毛等。

芳香族尼龙可由芳香族或脂肪族二胺与芳香族二酰氯缩聚而得，它具有高的熔点和机械强度。这种尼龙纤维叫作芳纶(aramids)，可用于生产子午线轮胎、防弹衣、纤维增强复合材料等。主要的芳纶有聚对苯二甲酰对苯二胺(Kevlar®)和间苯二甲酰间苯二胺(Nomex®)，其中 Kevlar 的年产量超过 10 000t。

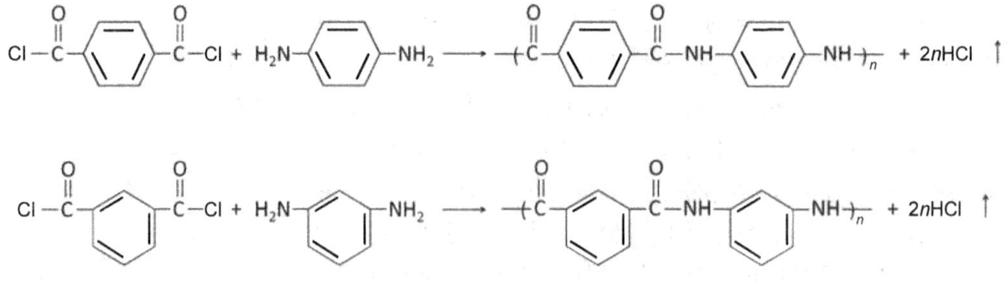


(7.1)

Quiana是由十二烷二酸和二-4-氨基环己基甲烷缩聚而得的，可以用于制作服装。有趣的是它具有比尼龙低的熔点(205℃)但更高的玻璃化转变温度(135℃)，更高的玻璃化转变温度使得其具有优异的抗皱性能和熨烫时成型能力。

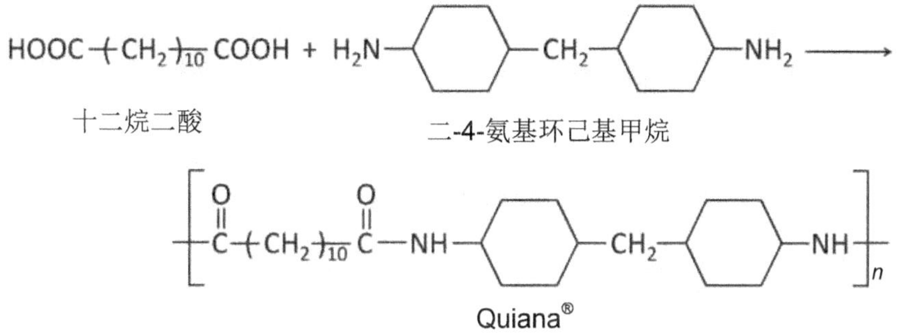


(7.2)

## 7.4.2 聚酯纤维

1940年，J. R. Whinfield和 J. T. Dickson用芳香族二酸代替脂肪族二酸制得了熔点相对较高的聚酯纤维(polyester fiber)。1940年英国和1945年美国DuPont公司先后开始生产这类纤维。生产聚酯纤维的公司很多，其商品牌号也很多，如Dacron、Kodel、Terylene和Trevira。在我国，聚酯纤维的商品牌号是“涤纶”。

目前应用最广泛的聚酯纤维是由乙二醇和对苯二甲酸缩聚而得的聚对苯二甲酸乙二醇酯(polyethylene terephthalate，PET)，熔点约为250℃。这两种原料可以从石油产品中得到，对苯二甲酸可由对二甲苯催化氧化制备。乙二醇是由环氧乙烷水解而来，而环氧乙烷则由石油产品中的乙烯经催化氧化制备。

聚酯纤维织物可以用于制作服装、地毯、室内装潢等，也可以用作轮胎帘布。聚酯纤维织物具有优良的耐皱性、弹性和尺寸稳定性，良好的抗霉变、腐烂和抗褪色性能，制作的衣物具有坚牢挺括、易洗易干、免烫的特点。

## 7.4.3 聚丙烯腈纤维

聚丙烯腈具有很高的熔点，与其分解温度接近，因此不适用于熔融纺丝。20世纪40年代，Monsanto和DuPont的化学家们发现聚丙烯腈可溶于*N*, *N*-二甲基乙酰胺(DMAC)中，于是他们用溶液纺丝的方法制备得到了聚丙烯腈纤维(polyacrylonitrile fiber)。改性聚丙烯腈纤维(modacrylic fiber)是一类基于聚丙烯腈的共聚物，根据共聚单元的不同可以获得具有不同性能的纤维，例如，与氯乙烯单体的共聚物具有速干的特性。这种纤维在50年代实现了商业化。

由丙烯腈单体聚合而来的聚丙烯腈及其共聚物统称为丙烯酸纤维(acrylic fiber)，根据丙烯腈结构单元的含量又分为acrylic fiber(丙烯腈结构单元质量分数大于85%的纤维)和modacrylic fiber(丙烯腈结构单元质量分数在85%~35%的纤维)。

丙烯酸纤维使用寿命长，干燥快，不易褪色，抗皱，抗霉变。适用于做地毯，运动衣，毛衣，毯子以及其他产品。和尼龙和聚酯一样，聚丙烯腈可以用作塑料和衣料。丙烯腈单体一般通过丙烯的氨氧化反应合成制备。

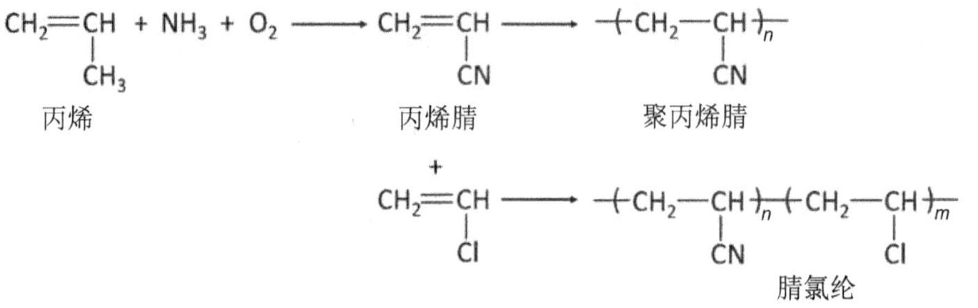


(7.3)

### 7.4.4　聚烯烃纤维

聚烯烃纤维中应用最广泛、最著名的是聚丙烯纤维(polypropylene fiber)，也称为丙纶，它是通过拉伸溶剂溶胀的聚丙烯丝制备的，其强度可以通过牵引拉伸得到大幅度的提高。丙纶属轻装面料之一，其质量仅为棉花的 3/5；丙纶织物的吸湿性极小，其回潮率被视为 0%，因此其服装以快干、挺爽、不缩水等优点著称。但舒适性欠佳，染色性亦很差；丙纶织物的强度、耐磨性很好，服装坚固耐穿；丙纶织物耐腐蚀，但不耐热、不耐光、易老化。基于以上特点，丙纶广泛用于户外或室内地毯、绳索、室内装潢。由于其抗脏力强又易于洗涤，所以广泛用于客流量大容易脏的地方的地毯，如商场的入口处、庭院、游泳池等。丙纶是所有服装用纤维中相对密度最轻的，但其强度很好，因此在服装中得到了普遍应用。

以聚氯乙烯为基础制备的纤维称为氯纶(polyvinyl chloride fiber)。聚氯乙烯虽是通用塑料中产量最大的品种，但直至解决了溶液纺丝所需的溶剂问题，以及改善了纤维的热稳定性后，才使氯纶纤维有了较大的发展。由于原料丰富、工艺简单、成本低廉，又有特殊用途，因而它在合成纤维中具有一定的地位。聚氯乙烯虽然可采用配入增塑剂后，进行熔融纺丝，但大多数还是用丙酮为溶剂，以溶液纺丝而制得氯纶。氯纶的突出优点是难燃、保暖、耐晒、耐磨、耐蚀和耐蛀，弹性也很好，可以制造各种针织品、工作服、毛毯、滤布、绳绒、帐篷等，特别是由于它保暖性好，易生产和保持静电，故用它做成的针织内衣对风湿性关节炎有一定疗效。但由于染色性差，热收缩大，限制了它的应用。改善的办法是与其他纤维品种共聚(如维氯纶)或与其他纤维(如黏胶纤维)进行乳液混合纺丝。

### 7.4.5　聚氨酯纤维

DuPont 公司的研究人员 Joseph Shivers 花费 10 年时间开发出了 Spandex 弹性纤维。

DuPont 公司选择了一个富有吸引力、优美的名字 Lycra(莱卡)为其命名，并于 1958 年向市场推出了这种纤维。Lycra 是一种同时包含软链段和硬链段的嵌段聚氨酯(PUR)共聚物，各个部分对材料的整体性能都有贡献。软链段由大分子多元醇“macroglycols”构成，硬链段由 MDI 与肼($H_2N—NH_2$)加聚构成。Macroglycols 一般是聚合度在 40 左右的含端羟基的聚酯或聚醚短链段。端羟基与过量的 MDI 反应生成酰胺键连接起来，产生交替的软链段与硬链段。软段高分子具有较低的玻璃化转变温度，表现出良好的柔韧性和延展性，在外力作用下可以发生形变；刚性的硬段具有高的玻璃化转变温度和很强的分子间作用，可以形成物理交联结构，使得材料所受外力消失后能迅速回复原有形状。

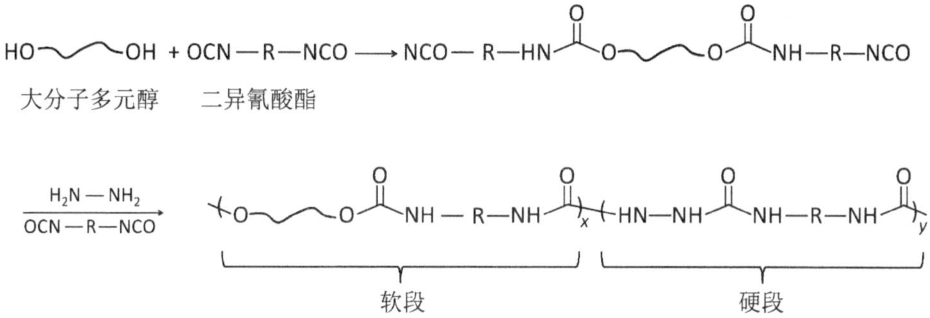


(7.4)

PUR 弹性纤维有着出众的伸展性和回复性，但一般不单独使用，而是与其他纤维交织使用，而且添加量很少，一般控制在 1%~10%，因而不会改变织物的外观，却能明显改善织物的性能。成衣中加入 PUR 弹性纤维，褶皱可轻易地自动回复，衣服不易变形，灵动自如。即使制作严谨的西服、外套等，也没有丝毫紧迫与局促感，内衣、紧身衣等针织品中加入一点点 PUR 弹性纤维，既合身又舒服，穿在身上伸展自如，能随身而动。近年来一些新型专业运动泳装也大量采用 PUR 纤维，用以减少游泳时水的阻力。如著名的“鲨鱼皮”，其中 PUR 纤维含量甚至超过 50%。

### 7.4.6　纤维增强用合成纤维

除了以上介绍的常见的合成纤维，还有一些用作特殊用途的特种合成纤维。例如，聚酰亚胺纤维具有良好的热稳定性和耐高温性；碳纤维(又称石墨纤维)具有高强度、刚性、质轻等特点；芳纶纤维具有约 5 倍于钢丝的抗拉强度。这类合成纤维和玻璃纤维常用于与塑料复合制备纤维增强材料，用于山地自行车、汽车组件、高尔夫球棒、鱼竿、高级网球或羽毛球拍、消防服，以及航空航天飞行器用材料等。

从式(7.5)可知，碳纤维是由聚丙烯腈在高温下制得的。聚丙烯腈在 570℃环化，直到 1290℃都可以稳定存在。这种产品最早是由 Hautz 于 1950 年报道的，DuPont 公司将其命名为黑腈纶，碳纤维也可以用沥青或者其他原料制成。

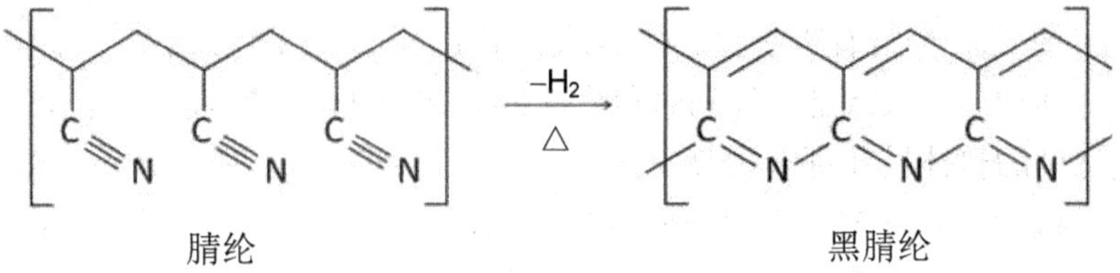


(7.5)

## 参 考 文 献

李栋高. 2006. 纤维材料学. 北京: 中国纺织出版社
萨利姆 R D. 大卫 R. 2004. 聚合物纤维的结构与形成. 高绪珊, 吴大诚译. 北京: 化学工业出版社
肖长发, 尹翠玉, 张华等. 2005. 化学纤维概论. 第二版. 北京: 中国纺织出版社
邢声远. 2005. 纺织纤维. 北京: 化学工业出版社

# 第 8 章　橡胶(弹性体)

## 8.1 引　　言

橡胶树原产于南美洲，在该树干的表皮上割一道口子，从切口处流出牛乳状的白色液体，与空气接触后逐渐凝固且变成黑色有弹性的物质。约 1000 多年前，玛雅文明时期的运动员就开始使用一种橡胶做的球来玩被称作“tlachti”的游戏。这种游戏与现代篮球很相似，哪一方将球被扔进环形石洞就获得胜利。然而，与现代体育运动不同的是：一场球赛只用一个球决定胜负，而且失败的球队的全体队员都会被处死。

南美洲的印第安人称橡胶树为“heve”或“cauuchu”，后者意即“流泪的树”。据说，1493 年 Columbus 从海外回到欧洲的时候，带回了各种各样珍奇的物品，其中就有一个“cauuchu”的球，然而当时的欧洲人对这种东西不感兴趣，就把它直接送进了博物馆。1735 年，巴黎科学院组织了一个赤道科学探险队。在这个探险队里，有一位法国科学家 Charles Marie de La Condamine，他参加了南美秘鲁的勘察队。历经十年的勘察旅行，Condamine 越过安第斯山脉沿亚马孙河而下，于 1745 年踏上归国的路途。他把采集的全部橡胶标本带到欧洲，并在出版的《南美洲内地旅行纪略》中详细地报道了当地人怎样用凝结的乳胶制成不进水的靴子。从此欧洲人开始对橡胶产生了极大的兴趣，开始不断派人前往巴西亚马孙河流域专门研究橡胶，并逐渐将橡胶树移植到世界各地的热带地区。时至今日，“caaochu”一词在法语中仍被使用。此外，从其他一些植物中也获得了类似的胶乳和橡胶，如印度橡胶树(*Ficus elastica*)、银胶菊(*Pathenium argentatum*)、秋麒麟类草属植物(*Solidago*)和橡胶草(*Koksaghyz*)等。但到目前为止，天然橡胶的主要来源仍然是橡胶树。

1770 年，英国化学家 Joseph Priestly 发现这种来源于橡胶树胶乳，有极好弹性的橡胶材料可以用来擦去铅笔的字迹。因此他将这一用途的材料称为橡皮“rubber”，于是这个名词一直使用到今天。1820 年，苏格兰化学家 Charles Macintosh 把溶解在石脑油中的胶乳涂在两块布之间，制成了 Macintosh 夹布雨衣。但是这些生胶橡胶制品都有一个致命的缺点，就是对温度过于敏感。温度稍高它就会变软变黏，而且有臭味；温度一低它就会变脆变硬。这一缺点使得早期的橡胶工业无一例外地陷入了危机，直到 Charles Goodyear 在一次偶然的事故中把生胶橡胶和硫黄一起加热，获得了硫化橡胶(交联)。硫化反应过程涉及橡胶单体的聚合与聚合物的交联，这也是今天橡胶工业的基础。汽车的出现，极大地增加了橡胶的需求，橡胶成为了一种非常重要的民用和战略物资，在国民经济中占有不可替代的重要地位。可惜的是，Goodyear 的这一技术与这一技术的价值却没有同时到来，1860 年 6 月 1 日，他因贫病交加在纽约去世，死后负债估计为 200 000~600 000 美元。在 Goodyear 去世后的 38 年以后，为了纪念他对橡胶工业作出的巨大贡献，Frank Seiberling 把自己创建的轮胎橡胶公司命名为固特异。

随着橡胶工业的迅速发展，原用野生的天然橡胶在性能和产量方面已不能满足需要，19 世纪中后期开始了天然橡胶的人工栽培。到 20 世纪 20～30 年代，人工栽培的天然橡胶已经逐步取代野生橡胶，成为天然橡胶的主要来源。在今天使用的天然橡胶中，有超过 90%是由分布于巴西、印度尼西亚、马来西亚、泰国、斯里兰卡、印度、菲律宾、柬埔寨等热带地区的橡胶种植园供应的。在我国，橡胶的种植主要有海南、云南、广东三大天然橡胶种植生产基地和广西农垦植胶园，种植面积达 77.5 万 $hm^2$，年产量约 55 万 t，种植面积和年产量均居世界 43 个产胶国中的第 5 位。

橡胶树的种植需要占用大面积的土地，橡胶树的生长又具有一定的区域性，即使大规模人工种植，天然橡胶的产量仍然远远不能满足需要，因此人们开始把目光转向了合成橡胶。人工合成橡胶的思路首先来自对天然橡胶的剖析和仿制。化学家们通过加热的方法使天然橡胶降解，并分析降解产物，弄清楚了天然橡胶的结构，天然橡胶主要的降解产物是异戊二烯“isoprene”，它是含有两个双键的五个碳原子的二烯烃[式(8.1)]。1879 年，法国化学家布恰特用天然橡胶热裂解制得的异戊二烯单体重新合成为橡胶弹性体。

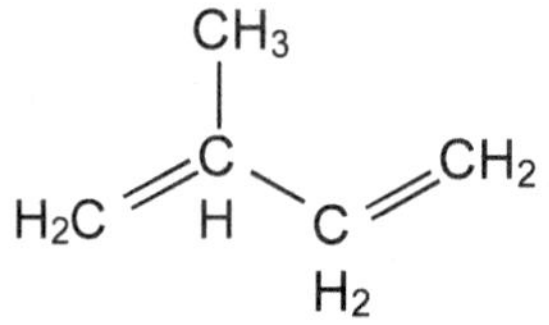


(8.1)

异戊二烯发生 1,4-加成自由基聚合得到每个结构单元含有一个双键的聚合产物，这些双键可以与硫发生加成反应从而交联形成网络状分子结构，得到硫化橡胶。此后的合成橡胶研究都是基于这一反应机理进行设计(反应式可见图 2.3)。

第一次世界大战期间，由于天然橡胶供不应求，德国开始了甲基橡胶的小批量生产，主要用于制造硬质橡胶制品。这种合成橡胶性价比较差，战后即停止了生产。20 世纪 30 年代开始了合成橡胶的大规模商品化生产，聚丁二烯橡胶(顺丁橡胶)、氯丁橡胶、丁苯橡胶、丁腈橡胶、丁基橡胶等相继投产。在第二次世界大战期间，由于对战略物资的需求，合成橡胶及与战争相关的橡胶制品(如汽车轮胎、飞机轮胎、各种军车用轮胎)的生产均得到了很大的发展。

第二次世界大战以后，发达国家的汽车等工业蓬勃兴起，推动了世界橡胶工业的大发展。钢丝帘布轮胎(steel cord fabric tyre)、子午线轮胎(radial ply tyre)、无内胎轮胎相继问世。随后有规立构合成橡胶、液体橡胶、热塑性弹性体等新型橡胶产品也不断被开发出来。到 20 世纪 70 年代初期，橡胶加工及橡胶合成的生产技术达到了空前未有的高度。从橡胶的消耗量看，1950 年世界橡胶使用量为 230 万 t，1973 年则首次超过了 1000 万 t。70 年代中期，石油危机发生，严重冲击了汽车工业及石油化学工业，橡胶工业随之出现了危机，不景气的局面一直持续到 80 年代初期，世界橡胶工业开始进入了较为缓慢的增长时期。橡胶企业的主要注意力由扩大产量转移到努力提高产品质量及技术水平，努力开发新产品、新技术。随着世界范围内新技术革命的兴起、计算机的广泛应用，橡胶生产的技术水平大大提高，进入了新的发展阶段。一些典型的橡胶及其性能列于表 8.1 中。

**表 8.1　典型弹性体的物理性质**

| 类型 | 纯硫化橡胶 | | | 炭黑增强硫化橡胶 | |
|---|---|---|---|---|---|
| | 玻璃化转变温度 /℃ | 拉伸强度 /(kg/cm$^2$) | 伸长率 /% | 拉伸强度 (kg/cm$^2$) | 伸长率 /% |
| 天然橡胶(NR) | −100 | 210 | 700 | 315 | 600 |
| 丁苯橡胶(NBR) | −60 | 28 | 800 | 265 | 550 |
| 丙丁橡胶(NBR) | | 42 | 600 | 210 | 550 |
| 聚丙烯酸酯(ACM) | | | | 175 | 400 |
| 乙硫橡胶(Thiokol) | | 21 | 300 | 85 | 400 |
| 氯丁橡胶(CR) | | 245 | 800 | 245 | 700 |
| 丁基橡胶(IIR) | −81 | 210 | 1000 | 210 | 400 |
| 顺丁橡胶(PB) | −140 | 210 | 700 | 315 | 600 |
| 聚氨酯弹性体(PU) | | 350 | 600 | 420 | 500 |

## 8.2　橡胶的基本性质

1805 年，John Gough 观察到当橡胶带在绝热的情况下拉伸时，其温度会升高。同样的，橡胶在负载重物下受热过程中表现为收缩而不是伸展。这种现象与传统的液体、固体或气体物质有很大的不同，如图 8.1 所示。这种特性称为热弹效应(thermoelastic effect)。

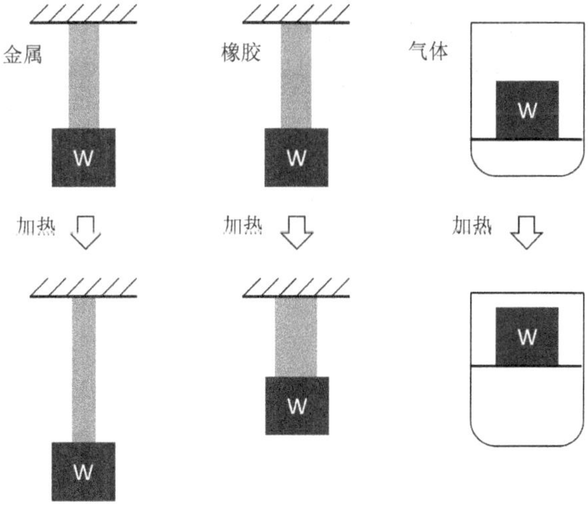


图 8.1　加热对金属、橡胶以及气体的影响

长度为 $l_0$ 的橡胶试样，等温下受外力 $\boldsymbol{f}$ 的作用拉伸，伸长为 d$\boldsymbol{l}$。根据热力学第一和第二定律可知热力学能、熵和做功的关系为

$$dU = dQ - dW = TdS - dW \tag{8.2}$$

对于橡胶带的变形，其所做的功($W$)由两部分组成，即系统体积的膨胀和拉伸力造成的位移。其中，系统所做的功(即压力-体积做功)为正值，而外力做功为负值，表示为

$$\mathrm{d}W = p\mathrm{d}V - f\mathrm{d}l \tag{8.3}$$

其中 $\mathrm{d}V \approx 0$，则

$$\mathrm{d}U = T\mathrm{d}S + f\mathrm{d}l \tag{8.4}$$

在恒定的温度和体积条件下，整理式(8.4)可得

$$f = \left(\frac{\partial U}{\partial l}\right)_{T,V} - T\left(\frac{\partial S}{\partial l}\right)_{T,V} \tag{8.5}$$

实验证明在橡胶拉伸过程中热力学能基本不变，即 $\left(\frac{\partial U}{\partial l}\right)_{T,V} \approx 0$，因此有

$$f = -T\left(\frac{\partial S}{\partial l}\right)_{T,V}$$

由此可知，当橡胶伸长变形时，分子链段或分子链由无序排列变有较有序的排列，引起熵值减少；同时由于分子间的内摩擦而产生热量；分子规则排列而发生结晶过程而放出热量。由于上述三种原因，拉伸橡胶时放出热量，造成温度的降低。

橡胶弹性体的聚合物分子链都是通过弱的分子间色散力聚集在一起的，因此在外力作用下分子链能快速相对滑动。硫化反应引入了交联结构，它允许聚合物交联点间的链段能被快速拉伸，但一旦达到链段所能伸展的极限，额外的拉伸就必须破坏化学键或结晶区。将分子链通过化学键网络固定，这使得橡胶能“记忆”最初的形状，即在微观上保持分子链的原位置。此外，当拉伸时分子链排列由于取向作用变得规整，从而导致结晶，这又进一步提高了材料的强度(图 8.2)。

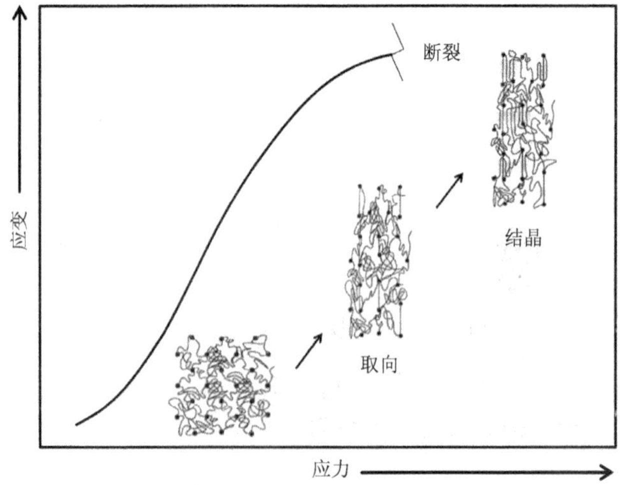


图 8.2　橡胶的拉伸过程

## 8.3 天然橡胶

从天然产胶植物中制取的橡胶称为天然橡胶，世界上约有 2000 种不同的植物可生产类似天然橡胶的聚合物，并已从其中 500 种中得到了不同种类的天然橡胶，但真正有实用价值的是三叶橡胶树，市售的天然橡胶主要都是由三叶橡胶树的乳胶制得的。橡胶树的表面被割开时，树皮内的乳管被割断，胶乳从树上流出。从橡胶树上采集的乳胶，经过稀释后加酸凝固、洗涤，然后压片、干燥、打包，即制得市售的天然橡胶。天然橡胶是一种以聚异戊二烯为主要成分的天然高分子，分子式是 $(C_5H_8)_n$，其成分中 91%~94% 是橡胶烃(聚异戊二烯)，其余为蛋白质、脂肪酸、灰分、糖类等非橡胶物质。天然橡胶是应用最广的通用橡胶之一。

在橡胶中的异戊二烯结构单元为顺式排列，即碳–碳键的伸展都在每个乙烯单元的同一侧。相反的其他一些植物胶(如“古塔胶”、“巴拉塔橡胶”以及杜仲橡胶等)的主要成分也为聚异戊二烯，但其结构单元为反式排列，如图 8.3 所示。反式排列使得高分子链在排列时更加紧密，更容易结晶，因此古塔胶是一种坚硬的材料，无法像天然橡胶一样作为弹性体使用。

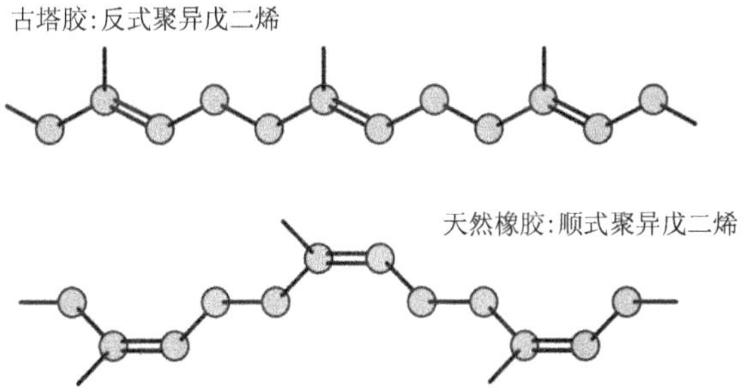


图 8.3　聚异戊二烯的顺反异构

天然橡胶在常温下具有较高的弹性，稍带塑性，具有非常好的机械强度，滞后损失小，在多次变形时生热低，因此其耐屈挠性也很好，并且因为是非极性橡胶，所以电绝缘性能良好。因为有不饱和双键，天然橡胶是一种化学反应能力较强的物质，光、热、臭氧、辐射、屈挠变形和铜、锰等金属都能促进橡胶的老化，不耐老化是天然橡胶的致命弱点，通常需要添加抗老化剂来扩大天然橡胶的使用范围和延长其使用寿命。

天然橡胶有较好的耐碱性能，但不耐浓强酸。由于天然橡胶是非极性橡胶，只能耐一些极性溶剂，而在非极性溶剂中则容易发生溶胀，因此，其耐油性和耐溶剂性很差。一般来说，烃、卤代烃、二硫化碳、醚、高级酮、高级脂肪酸对未硫化的天然橡胶均有一定溶解和溶胀作用，而小分子酮、酯及醇类等极性溶剂对天然橡胶则是不良溶剂。

天然橡胶由于具有上述一系列物理化学特性，尤其是优良的回弹性、绝缘性、隔水性及可塑性等特性，并且，经过适当处理后还具有耐油、耐酸碱、耐热、耐寒、耐压、耐磨等性质，所以具有非常广泛的用途。例如，日常生活中使用的雨鞋、暖水袋、松紧带；医疗卫生行业所用的外科医生手套、输血管、避孕套；交通运输上使用的各种轮胎；

工业上使用的传送带、运输带；农业上使用的排灌胶管；气象测量用的探空气球；科学试验用的密封、防震设备；国防上使用的飞机、坦克、大炮、防毒面具；甚至连火箭、人造地球卫星和宇宙飞船等高技术产品都离不开天然橡胶。

受到产地所限，植物学家们目前仍然在努力改进橡胶树种，通过嫁接和育种等方法得到新的品种，一些新品种可以产生比野生三叶胶树多十倍的胶乳。另外一个研究方向是从其他的植物中提取橡胶，如银胶菊，与天然橡胶树不同，这是一种生长在沙漠地区的植物，可以像普通农作物一样机械化地收割。虽然人类利用橡胶已有几千年的历史，种植橡胶树也超过了 100 年,但是改进培育橡胶树和扩大发展橡胶来源的研究仍在继续。

## 8.4　通用合成橡胶

通用橡胶指可以部分或全部代替天然橡胶使用的橡胶，如丁苯橡胶、氯丁橡胶、顺丁橡胶、乙丙橡胶等，主要用于制造各种轮胎及一般工业橡胶制品。通用橡胶的需求量大，是合成橡胶的主要品种。

### 8.4.1　顺 丁 橡 胶

顺丁橡胶全名为顺式-1,4-聚丁二烯橡胶[*cis*-poly(1,4-butadiene) rubber，BR]，是由丁二烯聚合制得的结构规整的合成橡胶。与天然橡胶和丁苯橡胶相比，硫化后的顺丁橡胶的耐寒性、耐磨性和弹性特别优异，动负荷下发热少，耐老化性尚好，易与天然橡胶、氯丁橡胶或丁腈橡胶并用。根据顺式结构含量的不同，顺丁橡胶又可分为低顺式(顺式-1,4 结构单元含量为 35%~40%)、中顺式(90%左右)和高顺式(96%~99%)三类。顺式结构含量可以通过选用不同催化剂来控制。低顺式顺丁橡胶最早由美国费尔斯通公司开发，催化剂为丁基锂；中顺式顺丁橡胶最早由美国菲利浦石油公司开发，催化剂是四碘化钛–三烷基铝；高顺式顺丁橡胶则可用钴系(一氯二烷基铝-钴盐)和镍系(环烷酸镍–三烷基铝–三氟化硼乙醚络合物)催化剂进行生产。

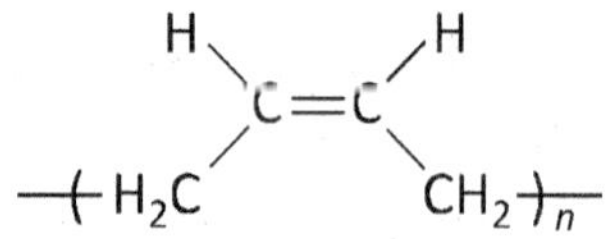

聚顺式-1, 4-丁二烯

(8.6)

高顺式顺丁橡胶分子间力小，相对分子质量高，因而分子链柔性大，玻璃化转变温度低(–110℃)，在常温无负荷时呈无定形态，承受外力时有很高的形变能力，是弹性和耐寒性最好的合成橡胶。且由于分子链比较规整，无大体积侧基，拉伸时可以获得结晶补强，加入炭黑又可获得显著的炭黑增强效果，是一种综合性能较好的通用橡胶。而低顺式顺丁橡胶由于分子链中含有无规分布的反式结构，分子链规整性下降，玻璃化转变温度较低，在拉伸中也不易获得结晶补强，与高顺式相比具有更好的耐寒性。

顺丁橡胶特别适于制作汽车轮胎和耐寒制品，还可以制造缓冲材料以及各种胶鞋、胶布、胶带等。但顺丁橡胶存在加工性能较差，生胶有一定冷流倾向等缺点。近年来，出现的充油顺丁橡胶可使上述缺点得到一定程度的改善。此外顺丁橡胶抗撕裂强度偏低，抗湿滑性不好，黏着性不如天然橡胶和丁苯橡胶，尚有待研究改进。目前顺丁橡胶有近 20 个品种，总产量仅次于丁苯橡胶，在合成橡胶中居第二位。

### 8.4.2 丁 苯 橡 胶

丁苯橡胶(styrene-butadiene rubber)是 1,4-丁二烯和苯乙烯经共聚制得的弹性体，缩写为 SBR。丁苯橡胶是合成橡胶的一种，在 20 世纪 20 年代后期，Tschunker 和 Bock 发明了将 1,4-丁二烯和苯乙烯在水乳浊液中共聚的方法，并申请了专利。这种合成橡胶的商品名叫 Buna-S，其分子结构中丁二烯和苯乙烯结构单元的比例为 3∶1。苯乙烯结构进一步削弱了分子链间的紧密接触，进而促进了链段间的相对滑移。

Buna-S 的名称来源于丁二烯(butadiene)和苯乙烯(styrene)的首写字母以及用于催化剂的金属钠的元素化学符号(Na)。在 1941 年前，Buna-S 在德国的年产能力达到了 175 000t，苏联也有年产 90 000t 钠催化聚丁二烯橡胶的产能，丁苯橡胶的出现，极大地保障了两国在战争中对橡胶的巨大需求。

丁苯橡胶按其合成方法通常分为乳液聚合丁苯橡胶(简称乳聚丁苯橡胶，ESBR)和溶液聚合丁苯橡胶(简称溶聚丁苯橡胶，SSBR)。乳聚丁苯橡胶是自由基聚合，其生产技术成熟，产品质量稳定，品种牌号齐全；而溶聚丁苯橡胶采用阴离子活性聚合，具有相对分子质量分布窄、顺式含量高、耐磨性能优异、滚动阻力小的优点。解决了顺丁橡胶存在的抗湿滑性不好的问题，是轮胎面胶理想的材料，因此近年来取得了快速的发展。

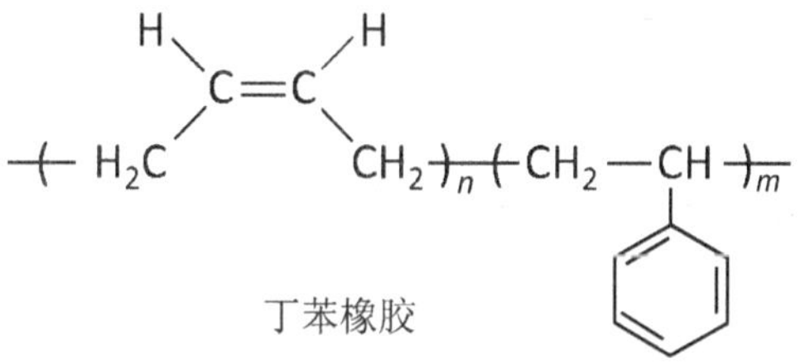


(8.7)

丁苯橡胶是最大的通用合成橡胶品种，也是最早实现工业化生产的合成橡胶之一。其物理机械性能、加工性能及制品的使用性能接近于天然橡胶，部分性能(如耐磨、耐热、耐老化及硫化速度)较天然橡胶更为优良，可与天然橡胶及多种合成橡胶并用，广泛用于轮胎、胶带、胶管、电线电缆、医疗器具及各种橡胶制品的生产等领域。

### 8.4.3 氯 丁 橡 胶

氯丁橡胶是由 2-氯-1,4-丁二烯(2-chlorine-1,4-butadiene，即氯丁二烯“chloroprene”)聚合制得的合成橡胶，具有良好的综合性能，简称 CR。除了在橡胶中的广泛应用，它还是一种优良的胶黏剂。氯丁橡胶由美国 DuPont 公司于 1931 年首先实现商业化生产。目前，氯丁橡胶的世界年生产能力已超过 50 万 t。

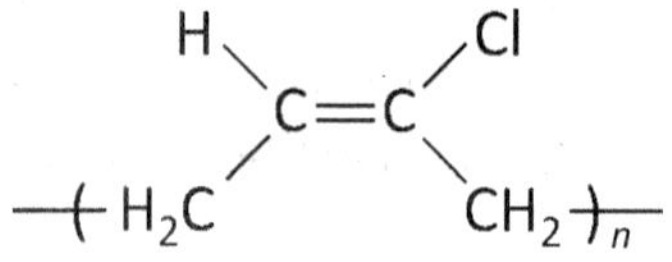

氯丁橡胶

(8.8)

氯丁橡胶均以乳液聚合法生产。与一般合成橡胶不同，由于强极性氯原子对 π 电子的吸引，双键的反应活性降低，氯丁橡胶难以像普通橡胶那样通过硫与双键进行加成而形成交联硫化。在实际生产中氯丁橡胶通常采用氧化锌、氧化镁等金属氧化物进行硫化，氧化锌可以将 1,2-加成结构的氯丁二烯单元中的氯置换形成氯化锌，从而通过氧原子将分子链交联起来。如式(8.9)中所示。

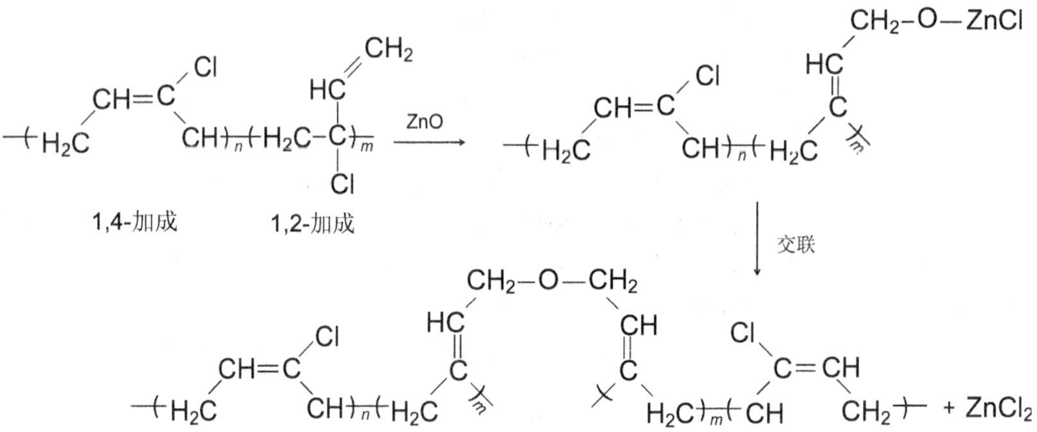


(8.9)

氯丁橡胶的拉伸性能与天然橡胶相似，其生胶具有很高的拉伸强度和断裂伸长率，属于自补强型橡胶。氯丁橡胶分子绝大多数是由线性的 α-聚合物组成的，分子结构规整，分子链中含有极性的氯原子基团，增大了分子间的作用力，因此在外力作用下，较易拉伸，结晶自补强，分子链之间不易滑脱。如纯胶复合的硫化氯丁橡胶，拉伸强度可达 27.5MPa，断裂伸长率可达 800%。

氯丁橡胶的分子链上连接有氯原子，使得双键和氯原子都变得不活泼，因此其硫化胶的稳定性良好，不易受大气中的热、氧、光的作用，表现为具有优良的耐老化(耐候、耐臭氧、耐热)性能，特别是耐候和耐臭氧性能，在通用橡胶中仅次于乙丙橡胶和顺丁橡胶，远优于天然橡胶，耐热性优于天然橡胶和丁苯橡胶，和丁腈橡胶相近，能在 150℃下短期使用，在 90~110℃下使用可达 4 个月之久。

和聚氯乙烯一样，氯丁橡胶的阻燃性是通用橡胶中最好的，它具有不自燃的特点，接触火焰可以燃烧，但隔断火焰即自行熄灭。这是因为氯丁橡胶燃烧时，在高温的作用下可分解出可捕捉自由基的氯化氢气体而自行熄灭。氯丁橡胶的耐油性仅次于丁腈橡胶而优于其他通用橡胶，这是因为氯丁橡胶含有极性氯原子，增大了分子的极性。根据相似相溶的原理，一般非极性的烃类化合物很难使氯丁橡胶溶胀或溶解。氯丁橡胶的耐化学腐蚀性也很好，除强氧化性酸(硝酸和甲酸)外，其他酸、碱对其几乎没有影响。

相应地，极性的氯原子使得氯丁橡胶电绝缘性不好，比天然橡胶、丁苯橡胶和丁基橡胶低，仅适用于 600V 以下的低电压使用。

氯丁橡胶分子由于结构的规整性和有极性，内聚力较大，容易产生拉伸诱导结晶而使橡胶失去弹性，甚至发生脆折断裂现象。强的分子间作用力也限制了分子的热运动，玻璃化转变温度较高，因此耐寒性不好，低温下容易变硬变脆，长期存放后也会缓慢硬化，丧失黏着性。

氯丁橡胶主要用以制作多种耐油胶管、运输皮带、密封材料、传动带、海底电缆的外护套、造纸和纺织机械的胶辊等。此外，由于氯丁橡胶分子间作用力强，因此具有良好的黏合性，被广泛应用于胶黏剂，氯丁橡胶系胶黏剂占合成橡胶类胶黏剂的 80%，其特点是黏合强度大，适用范围广，耐老化、耐油、耐化学腐蚀，具有弹性，使用简便，一般无需硫化。

## 8.5　特种合成橡胶

特种合成橡胶是指具有耐高温、耐油、耐臭氧、耐老化和高气密性等特点的橡胶，常用的有丁腈橡胶、硅橡胶、氟橡胶、聚硫橡胶、氯醇橡胶、聚丙烯酸酯橡胶、聚氨酯橡胶等，主要用于要求某种特性的特殊场合。

### 8.5.1　丁 腈 橡 胶

丁腈橡胶(nitrile-butadiene rubber)简称 NBR。丁腈橡胶是由丁二烯与丙烯腈无规共聚而制得的一种合成橡胶，是耐油(尤其是烷烃油)、耐老化性能较好的合成橡胶，其耐油性仅次于聚硫橡胶和氟橡胶。丁腈橡胶中丙烯腈含量有 18%~24%、25%~30%、31%~35%、36%~41%、42%~46%五种。丙烯腈含量越多，耐油性越好。但由于腈基具有较强极性，分子间作用力强，材料的玻璃化转变温度也相应升高，耐寒性则相应下降。丁腈橡胶可以在 120℃的空气中或在 150℃的油中长期使用。此外，丁腈橡胶还具有良好的耐水性、耐磨性、气密性及优良的黏结性能。

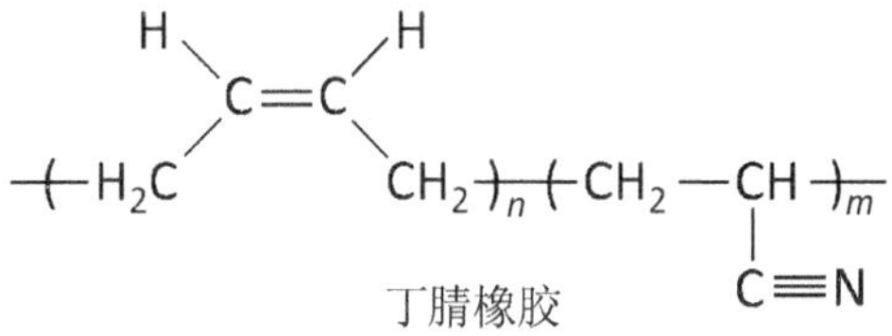


丁腈橡胶

(8.10)

丁腈橡胶 1935 年在德国首先进行工业化生产。20 世纪 80 年代以来，丁腈橡胶的世界年产量约为 40 万 t。丁腈橡胶多采用乳液聚合连续生产，其工艺过程与丁苯橡胶类似。

丁腈橡胶由于分子链间作用力较强，硬度较大，故加工较困难。工业上常采用调节分子量的方法来改善加工性能。另外，丁腈橡胶还可通过与多种橡胶(如氯丁橡胶、异戊橡胶、顺丁橡胶、丁苯橡胶等)及合成树脂如聚氯乙烯、酚醛树脂等共混，使性能得到改进。

丁腈橡胶目前广泛用于制备各种耐油橡胶制品、多种耐油垫圈、垫片、套管、软包装、软胶管、印染胶辊、电缆胶材料等，在汽车、航空、石油、复印等行业中成为必不可少的弹性材料。

### 8.5.2　硅　橡　胶

硅橡胶(silicon rubber)是主链由硅氧原子交替组成、在硅原子上带有有机基团的合成橡胶。分子中的有机基团可以是—$CH_3$、—CH ═ $CH_2$ 或—Ph 等，相应称作甲基、乙烯基和甲基苯基硅橡胶。硅橡胶突出的性能是使用温度宽广，能在−60℃(或更低的温度)至+250℃(或更高的温度)下长期使用。虽然硅橡胶柔韧性比较高，但其抗拉强度和抗撕裂强度等机械性能较差，在常温下其物理机械性能不及大多数合成橡胶，此外，硅橡胶还具有优良的耐臭氧性和良好电绝缘性能。硅橡胶按硫化特性可分为高温硫化型(硫化温度 150~200℃)、室温硫化型和加成型；按性能和用途的不同可分为通用型、超耐低温型、超耐高温型、高强力型、耐油型、医用型等。

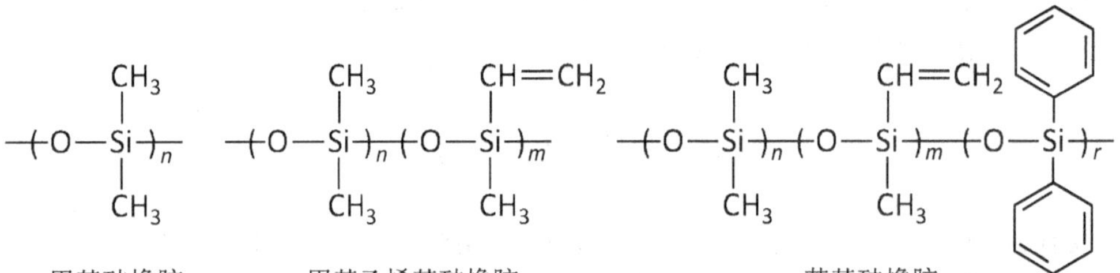


甲基硅橡胶　　　甲基乙烯基硅橡胶　　　苯基硅橡胶

(8.11)

二甲基硅橡胶生胶为无色透明的弹性体，通常用活性较高的有机过氧化物进行硫化。过氧化物首先均裂生成活性自由基，自由基夺取甲基上的一个氢从而生成大分子自由基，大分子自由基之间发生偶合从而形成交联结构，如式(8.12)所示：

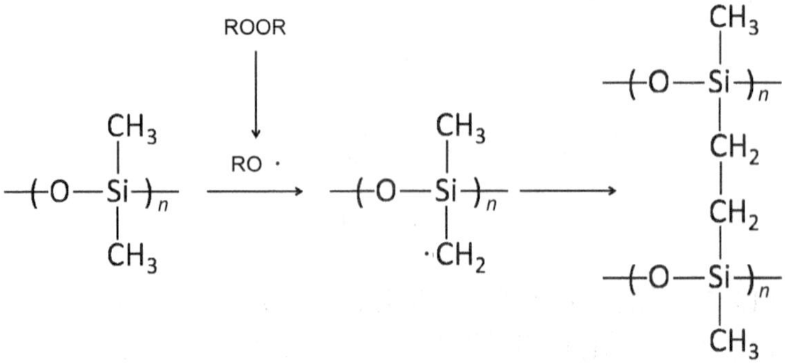


(8.12)

二甲基硅橡胶的硫化活性低，高温压缩永久变形大，不宜于制厚制品，厚制品硫化比较困难。由于含少量乙烯基的甲基乙烯基硅橡胶性能较之为优，故二甲基硅橡胶已逐渐被甲基乙烯基硅橡胶所取代。目前生产和应用的其他类型的硅橡胶，它们除含有二甲基硅氧烷结构单元外，还含有或多或少的其他双官能硅氧烷的结构单元。

乙烯基硅橡胶(也称甲基乙烯基硅橡胶)含有少量的乙烯基侧链，故比甲基硅橡胶容易硫化，可采用多种类的过氧化物为硫化剂。采用含少量乙烯基的硅橡胶与二甲基硅橡胶配合，可使抗压缩永久变形性能获得显著的改进，适用于制备密封垫圈。

乙烯基硅橡胶工艺性能较好，操作方便，可制成厚制品且半成品表面光滑，是目前较常用的一种硅橡胶。甲基苯基乙烯基硅橡胶(简称苯基硅橡胶)是在乙烯基硅橡胶的分子链中，引入二苯基硅氧链节或甲基苯基硅氧链节而得的。根据硅橡胶中苯基含量(苯基与硅原子之比)的不同，可将其分为低苯基、中苯基及高苯基硅橡胶。当橡胶发生结晶或接近于玻璃化转变温度时，均会导致橡胶变硬和易脆。引入适量的大体积的基团使聚合物链的规整性受到破坏，可以降低聚合物的结晶度，因此低苯基硅橡胶具有优良的耐低温性能，硫化胶的脆性温度为−120℃，是现今低温性能最好的橡胶之一。低苯基硅橡胶兼有乙烯基硅橡胶的优点，而且成本也不很高，因此有取代乙烯基硅橡胶的趋势。但当苯基含量提高到一定程度时则会使分子链的刚性增大，从而导致玻璃化转变温度升高，耐寒性和弹性降低，但耐烧蚀和耐辐射性能将有所提高，苯基含量达 $C_6H_5/Si$=20%~34%的中苯基硅橡胶具有耐烧蚀的特点，高苯基硅橡胶($C_6H_5/Si$=35%~50%)则具有优异的耐辐射性能。

硅橡胶是医用高分子材料中特别重要的一类，它具有优异的生理惰性，无毒、无味、无腐蚀、抗凝血、与机体的相容性好，能经受苛刻的消毒条件。根据需要可加工成管材、片材、薄膜及异形构件，可用作医疗器械、人工脏器等生物医用材料。目前有多种专门的医用级硅橡胶品种实现了商业化。

### 8.5.3　氟　橡　胶

氟橡胶(fluororubber)是指主链或侧链的碳原子上含有氟原子的合成高分子弹性体。最早的氟橡胶为 1948 年美国 DuPont 公司试制出的聚-2-氟代-1,4-丁二烯及其与苯乙烯、丙烯等的共聚体，但性能并不比氯丁橡胶、丁苯橡胶突出，而且价格昂贵，没有实际商业价值。20 世纪 50 年代后期，美国 Thiokol 公司开发了一种低温性好、耐强氧化剂($N_2O_4$)的二元亚硝基氟橡胶，氟橡胶开始进入实际工业应用。此后，随着技术进步，各种新型氟橡胶不断开发出来。

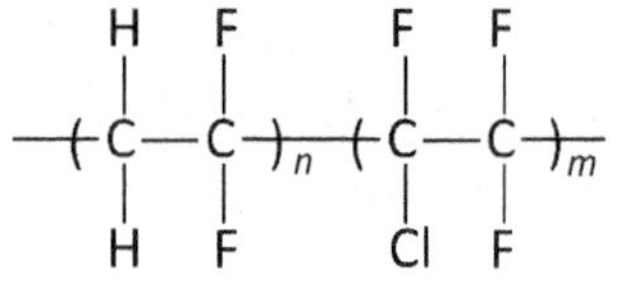

氟橡胶 23

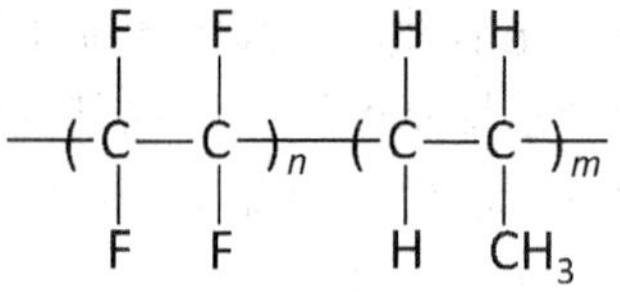

氟橡胶 TP

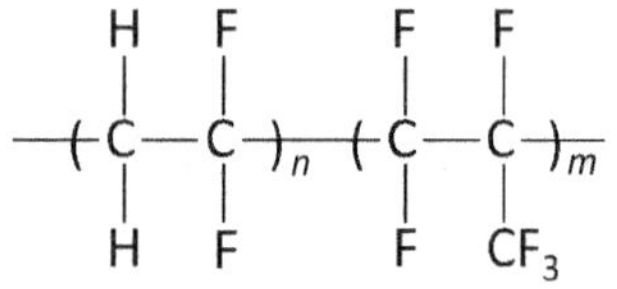

氟橡胶 26

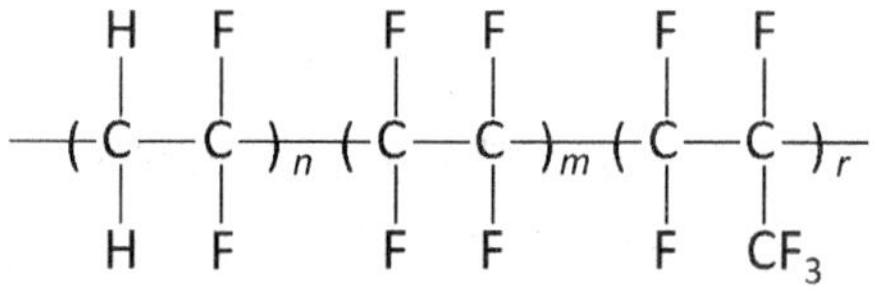

氟橡胶 246

(8.13)

由于 C—F 键具有非常高的键能，氟橡胶具有高度的化学稳定性，是目前所有弹性体中耐溶剂性能最好的一种。26 型氟橡胶(偏氟乙烯和六氟丙烯共聚物)能耐各种油类、无机酸，耐多数的有机、无机溶剂，仅不耐低相对分子质量的酮、醚、酯。23 型氟橡胶(偏氟乙烯和三氟氯乙烯共聚物)的耐溶剂性能与 26 型相似，且耐强氧化性的无机酸(如发烟硝酸、浓硫酸)，性能更好。

氟橡胶的耐高温性能很好，可以说是目前橡胶中最好的。246 型氟橡胶在 350℃热空气老化 16h 之后，在 400℃热空气老化 110min 之后仍能保持良好弹性。由于良好的化学稳定性，氟橡胶具有极好的耐候性和耐老化性能，耐臭氧性能。据报道，DuPont 开发的 VitonA 在自然环境中放置十年之后性能仍然达到应用需求，在臭氧浓度为 0.01%的空气中经 45d 作用没有明显龟裂。

26 型和 246 型氟橡胶具有极好的真空性能。其中 246 型氟橡胶已成功应用在 $10^{-9}$ torr 的真空条件下。

此外，氟橡胶具有优良的物理机械性能和电性能，透气性小。但氟橡胶的低温性能不好，这是由于极性 F 原子带来的强烈分子间作用使得分子链运动能力下降，如 23-11 型的玻璃化转变温度 $T_g > 0℃$。

氟橡胶具有耐高温、耐油及耐多种化学药品侵蚀的特性，是现代航空、导弹、火箭、宇宙航行等尖端科学技术不可缺少的材料。近年，随着汽车工业对可靠性、安全性等要求的不断提升，氟橡胶在汽车中的用量也迅速增长。

### 8.5.4　聚氨酯橡胶

聚氨酯橡胶(polyurethane rubber, UR)，是由聚酯或聚醚多元醇与二异氰酸脂类化合物聚合而成的。在第 7 章中已介绍到聚氨酯可以制成具有高弹性和回复性的弹性纤维，通过调节软硬段比例和种类等，聚氨酯也可以制作为具有多种用途的橡胶弹性体。聚氨酯橡胶耐磨性高，强度高、弹性好，还具有优良的耐油性、耐臭氧、耐老化性和气密性。但由于分子结构中含有酰胺键，聚氨酯橡胶的耐湿性、耐水性和耐碱性较差。

按加工方式，聚氨酯橡胶可分为混炼型、热塑型和浇铸型三类。混炼型生胶是饱和的或有少量双键的端羟基聚氨酯，可用普通橡胶的加工方法加工成型，产量较小。热塑型橡胶有全热塑性和半热塑性两种，前者是线形结构，后者有少量交联，它们可以用热塑性塑料的加工方法和设备成型。浇铸型橡胶多采用液态的预聚物与扩链剂迅速混合后浇铸成型或进行喷涂，适应性较强。目前，约有 2/3 的聚氨酯橡胶制品采用浇铸法成型。近年出现的反应注射成型技术，可从液体单体直接注压而快速反应成型，具有效率高、投资少以及制件性能好等优点。

聚氨酯橡胶的物理性能和力学性能优异，它在很大的硬度范围内伸长率均能达到 600%~800%。耐磨性能好，为天然橡胶的 2~10 倍，耐油性和耐臭氧性也比普通橡胶好。

## 8.6　热塑性弹性体

热塑性弹性体(thermoplastic elastomer, TPE)兼具有硫化橡胶的物理机械性能和软质塑料的热塑性加工性能。热塑性弹性体通过简单的塑料加工机械即可很容易地制成最终产品，无需普通橡胶的硫化过程，并且可直接回收再生，具有节能环保的特点。与普通橡胶相比，热塑性弹性体生产流程缩短了约 1/4，节约能耗 25%~40%，提高效率 10~20 倍，堪称橡胶工业又一次材料和工艺技术革命。最近 30 多年来，热塑性弹性体作为第三代橡胶在世界各地取得了极为迅猛的发展。目前，热塑性弹性体的产量早已逾越第二代的液体橡胶，成为当今橡胶工业的又一新型材料。

热塑性弹性体可概括为通用 TPE 和工程 TPE 两个类型，目前已发展到 10 大类 30 多个品种，见表 8.2。从 1938 年德国 Bayer 最早发现聚氨酯类 TPE，1963 年和 1965 年美国 Phillips 和 Shell 开发出苯乙烯–丁二烯–苯乙烯嵌段聚合物 TPE，到 20 世纪 70 年代美国、日本、欧洲开始批量生产烯烃类 TPE 以来，技术不断创新，新的 TPE 品种不断涌现，构成了当今 TPE 的庞大体系，使橡胶工业与塑料工业结合大大向前迈进了一步。

**表 8.2　热塑性弹性体种类与组成**

| 类别 | 结构组成 | | 制备方法 | 用途 |
|---|---|---|---|---|
| | 硬段 | 软段 | | |
| 苯乙烯类 | | | | |
| SBS | 聚苯乙烯 | 聚丁二烯 | 化学共聚 | 通用 |
| SIS | 聚苯乙烯 | 聚异戊二烯 | 化学共聚 | 通用 |
| SEBS | 聚苯乙烯 | 氢化聚丁二烯 | 化学共聚 | 通用、工程 |
| SEPS | 聚苯乙烯 | 氢化聚异戊二烯 | 化学共聚 | 通用、工程 |
| 烯烃类 | | | | |
| TPO | 聚丙烯 | 三元乙丙橡胶 | 物理共混 | 通用 |
| TPV-PP/EPDM | 聚丙烯 | 三元乙丙橡胶+硫剂量 | 物理共混 | 通用 |
| TPV-PP/NBR | 聚丙烯 | 顺丁橡胶+硫化剂 | 物理共混 | 通用 |
| TPV-PP/NR | 聚丙烯 | 天然橡胶+硫化剂 | 物理共混 | 通用 |
| TPV-PP/IIR | 聚丙烯 | 丁基橡胶+硫化剂 | 物理共混 | 通用 |
| EVA | 结晶聚乙烯 | 乙酸乙烯酯 | 化学共聚 | 通用 |
| EEA | 结晶聚乙烯 | 丙烯酸乙酯 | 化学共聚 | 通用 |

续表

| 类别 | 结构组成 | | 制备方法 | 用途 |
|---|---|---|---|---|
| | 硬段 | 软段 | | |
| 双烯类 | | | | |
| TPB | 聚 1,2-丁二烯 | | 化学聚合 | 通用 |
| T-NR | 聚反式 1,4-异戊二烯 | | 化学聚合 | 通用 |
| TP-NR | 改性聚顺式 1,4-异戊二烯改性物 | | 接枝聚合 | 通用 |
| 氯乙烯类 | | | | |
| TPVC | 结晶聚氯乙烯 | 非结晶聚氯乙烯 | 共聚或共混 | 通用 |
| TPVC-BR | 聚氯乙烯 | 丁腈橡胶 | 物理共混 | 通用 |
| TCPE | 结晶氯化聚乙烯 | 非结晶氯化聚乙烯 | 共聚或共混 | 通用 |
| 氨酯类 | 氨酯 | 脂肪族聚醚或聚酯 | 化学共聚 | 通用、工程 |
| 聚酯类 | 芳香族聚酯 | 脂肪族聚醚或聚酯 | 化学共聚 | 工程 |
| 酰胺类 | 聚酰胺 | 脂肪族聚醚或聚酯 | 化学共聚 | 工程 |
| 有机氟类 | 氟树脂 | 氟橡胶 | 化学共聚 | 通用、工程 |
| 有机硅类 | | | | |
| | 聚苯乙烯 | 聚二甲基硅氧烷 | 化学共聚 | 通用、工程 |
| | 聚碳酸酯 | 聚二甲基硅氧烷 | 化学共聚 | 工程 |
| | 聚芳酯 | 聚二甲基硅氧烷 | 化学共聚 | 工程 |
| | 聚砜 | 聚二甲基硅氧烷 | 化学共聚 | 工程 |
| 离子键型 | 乙烯-甲基丙烯酸离聚体 | | 离子聚合 | 通用 |

和 8.5.4 小节介绍的热塑性聚氨酯一样(如表 8.2 所示，线形的聚氨酯即是一类重要的 TPE 材料)，TPE 中包含可以形成物理交联的硬链段的和可形成橡胶相的软链段，二者可以通过化学键连接在一起而形成共聚物，也可以通过机械共混的物理方式混合在一起。因此 TPE 的制造方法大致可分为化学聚合和机械共混两大类型，前者是以高分子的形态单独出现的，有主链共聚、接枝共聚和离子聚合等类型；后者主要是橡胶与热塑性高分子的共混物。

热塑性弹性体是介于橡胶与塑料之间的一种新型高分子材料，具有橡胶与塑料的双重性能，因此应用领域非常广阔，在橡胶工业中广泛用于制造各种橡胶制品。与此同时，热塑性弹性体还可代替橡胶大量用在 PVC、PE、PP、PS 等通用热塑性树脂甚至 PU、PA、CA 等工程塑料的改性，大大简化了制备工艺，降低了成本与能耗。

## 8.7　橡胶的加工

除了一些特例，天然橡胶和合成橡胶加工的一般步骤都是相同的，而具体的加工步骤则随聚合物的类型和应用目的而有所不同。

各种橡胶制品加工的基本过程包括塑炼、混炼、压延或压出、成型和硫化等基本工序，其中每个过程针对制品有不同要求，分别配合以若干辅助操作，如图 8.4 所示。

为了能将各种所需的助剂加入橡胶中，生胶首先需经过塑炼提高其塑性；然后，通过混炼将炭黑及各种橡胶助剂与橡胶均匀混合成胶料。常见的添加助剂有硫、催化剂、颜料(如炭黑)、抗老化剂、再生胶、填料等。其中，硫在加工过程中需较早加入，主要用于在硫化过程中使聚合物形成交联结构；催化剂用于提高硫化比例，即交联程度；炭黑可提高橡胶强度和耐水性；抗老化剂可延缓橡胶制品的老化，包括空气、水、热、紫外线等环境因素造成的不利影响。

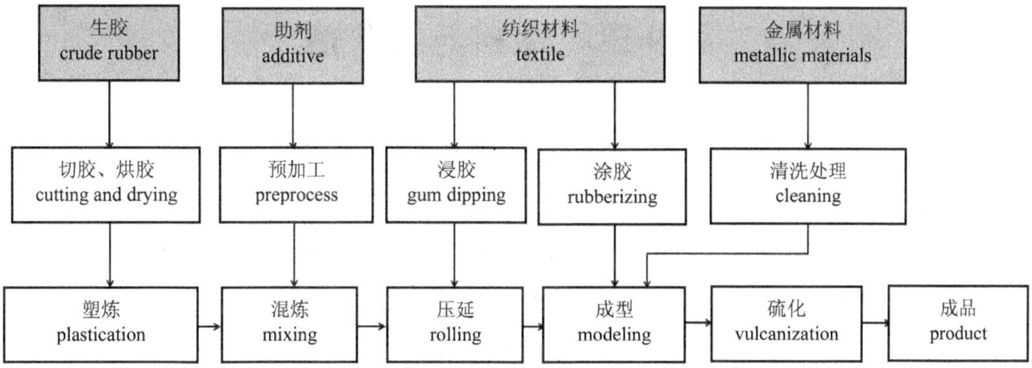


图 8.4　橡胶加工的基本工艺流程

将塑炼后的胶料压制成一定形状的坯料；再使其与经过浸胶或涂胶的纺织材料(或与金属材料)复合在一起成型为半成品；最后经过硫化又将具有塑性的半成品制成高弹性的最终产品。在整个加工过程中，混炼和硫化对橡胶产品最终性能有直接影响。成型与硫化步骤可以与很多过程结合在一起，如改性或注塑成型等。从 20 世纪 50 年代开始，在塑料加工的基础上，开发出了注塑硫化工艺。这种方法是通过注塑机将胶料注射入模具中进行硫化，用于生产有特殊形状要求的橡胶制品。近年来浇铸成型在橡胶工业中也开始推广应用，这种方法是首先制备出含有可反应基团，具有流动性的预聚物，将预聚物注入模型中成型，然后固化反应交联，制成最终橡胶制品。这种技术称为液体橡胶技术，与传统方法相比，其加工工艺大大简化，胶料半成品可以采用连续化生产。目前这种技术被广泛用于各种橡胶制品的加工成型，被称为第二代橡胶。

## 参 考 文 献

德热纳 P G，巴杜 J. 2000. 软物质与硬科学. 卢定伟，唐玉立，孙大坤译. 长沙：湖南教育出版社

聂恒凯. 2004. 橡胶材料与配方. 北京：化学工业出版社

王艳秋. 2006. 橡胶材料基础. 北京：化学工业出版社

Bhowinich A K, Stephen H L. 2005.弹性体手册. 吴棣华，刘大华，王德充译. 北京：中国石化出版社

# 第 9 章　涂料与黏合剂

## 9.1　涂料的历史

涂料(paint)是一种具有装饰和保护作用的物质。在远古时期，天然涂料就被用作信息交流和记录的重要手段。大约在 15 000 年前，人类就开始用矿石做成涂料画画，在世界各地均发现有这一时期的岩画，如在西班牙 Altimara 和我国发现的野牛岩画、法国 Laucaux 发现的马岩画等。漆是早期天然涂料中最为重要的一种，来源于原产我国的漆树，主要成分为漆酚和漆酶。在干燥过程中，漆酶可以催化漆酚发生氧化交联反应，从而形成坚固的高分子膜。从漆树上采割下来的汁液称为毛生漆或原桶漆，用白布滤去杂质称为生漆，即可直接涂饰家具及其他制品。漆器的使用最早可追溯到我国的河姆渡文化，而到了周朝时期漆已经在我国大规模应用，因此我国漆又有“国漆”之称。在世界各国，对天然涂料的使用也有所不同，古印度人主要从昆虫身上提取树脂材料，即虫漆；古埃及人和古巴比伦人曾使用沥青与树胶树脂作为船只的密封剂；在古希腊，人们已经开始使用蜂蜡等材料用以保护制品。但总的来说，在工业革命之前，由于高成本和基础知识的缺乏，涂料的发展非常缓慢。

## 9.2　涂 料 基 础

涂料，俗统称为油漆。中国涂料界比较权威的《涂料工艺》一书是这样定义的：“涂料是一种材料，这种材料可以用不同的施工工艺涂覆在物件表面，形成黏附牢固、具有一定强度、连续的固态薄膜。这样形成的膜通称涂膜，又称漆膜或涂层。”早期大多以植物油为主要原料，故被叫作“油漆”。

大约在 14 世纪，人们开发出了从亚麻的种子中提取的油类天然涂料，即亚麻籽油。可用在涂料工业上的其他植物油还有大豆油、红花油、桐子油、oiticica 油(利堪蔷薇属)和鲱鱼油等，这些油都含有不饱和脂肪酸，包括单键不饱和的油酸($C_{17}H_{33}COOH$)和双键不饱和的亚油酸，而亚麻油和大豆油则还含有叁键不饱和亚油酸($C_{17}H_{29}COOH$)。这些不饱和油酸或亚油酸在氧气存在的条件下可发生交联聚合反应，重金属(如铅和钴等)的可溶性有机酸盐可以催化这一反应。不饱和脂肪酸的固化是连锁聚合反应，与乙烯的加聚反应相似，有链的引发、增长和终止。在链引发阶段，不饱和油结合氧生成可分解成自由基的过氧化氢，自由基会引起链增长反应从而形成交联聚合物膜。

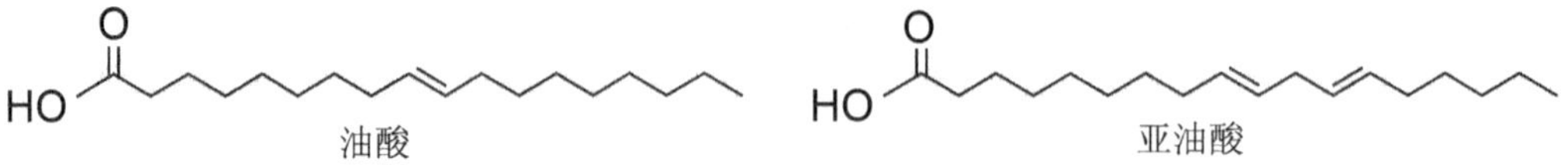

油酸　　亚油酸

(9.1)

涂料主要由四部分组成：成膜物质、颜料、溶剂、助剂。成膜物质通常为可形成交联聚合物的预聚物或小分子化合物。由于涂料成膜后需要具有一定的韧性，才能具有很好的保护作用，因此涂料的使用温度需高于其成膜物质的玻璃化转变温度。

根据所采用溶剂的种类和用量的不同，涂料的可分为油溶性、水溶性、高固体含量、和干性涂料四种。

涂料的生产过程主要包括混合和研磨。通常都是先将成膜物、颜料等助剂与少量溶剂混合形成黏度很大的糊状物，然后在球磨机或高速研磨机中进行研磨，接着再加入溶剂稀释制成所需的涂料制品。图 9.1 列出了五种涂料的主要成分。

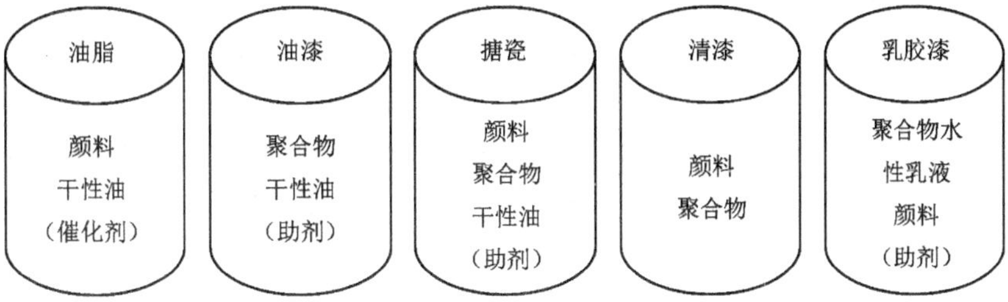


图 9.1　涂料的主要组分

由于在实际应用中，涂料的涂装工序对制品最终的性能有直接而重要的影响，因此开发具有优良涂装性质的产品是目前涂料工业的发展方向。另外，由于对环境保护和健康卫生的重视，减少有毒有害的有机溶剂的使用的需求，水性涂料和含少量或根本不含溶剂的固体涂料也是目前发展的重要方向。但即使是大多数的水溶性涂料，也都仍含有8%~10%的非水溶剂。这些有机溶剂的挥发对环境和健康造成了潜在的威胁。目前，世界各国纷纷出台相应法规，限制涂料挥发性有机物(volatile organic compound, VOC)值的排放量，这也使得以减少有机溶剂使用为导向的环保型涂料得到了长足发展。目前高固体分涂料、水性涂料、粉末涂料以及两相复合涂料等环保型涂料在涂料应用中呈逐年上升的趋势。

在极端的或是特殊的条件(如能在水中和在温度较低的底面上)下，涂装的涂料非常适合于一些具有现场快速加工要求的场合，具有很高的应用前景。开发具有耐久性和功能性的涂料也是目前研究和开发的热点之一，从而不仅使涂料具有保护等传统功能，还能起到其他一些特殊的功能。

### 9.2.1　成 膜 物 质

成膜物质是涂料的基础，它对涂料和涂膜的性能起决定性的作用，它具有黏结涂料中组分形成涂膜的功能。作为成膜物质使用的物质种类很多，当代的涂料工业主要使用高分子聚合物。早期的涂料主要使用天然树脂为成膜物质，而目前则广泛采用合成热固性树脂。第一种涂料用合成树脂是由 Leo Baekeland 于 20 世纪初期发明的酚醛树脂，而目前使用最为广泛的涂料用树脂是醇酸树脂。

总体来讲，目前在涂料领域常用的合成树脂包括醇酸树脂(alkyd resin)和聚酯树脂

(polyester resin)、酚醛树脂(phenolic resin)、氨基树脂(amino resin，包括脲醛树脂与蜜胺树脂)、环氧树脂(epoxy resin)、聚氨酯树脂(polyurethane resin)、丙烯酸树脂(acrylic resin)，其他用作涂料的合成树脂还包括有机硅(organosilicon)、氯化橡胶(chlorinated rubber)、烃类树脂(hydrocarbon resin)、氟树脂(fluoro resin)等，有关这些聚合物树脂材料的详细内容，包括合成路线、加工方法等可参见“热固性树脂”一章。

### 9.2.2 颜　　料

颜料是有颜色的涂料(色漆)的一个主要的组分。颜料使涂膜呈现色彩，使涂膜具有遮盖被涂物本体的能力，从而起到装饰和保护的作用。有些颜料还能提供诸如提高漆膜机械性能、提高漆膜耐久性、提供防腐蚀、导电、阻燃等性能。颜料按来源可以分为天然颜料和合成颜料；按化学成分分为无机颜料和有机颜料；按在涂料中的作用可分为着色颜料、体质颜料和特种颜料。涂料中使用最多的是无机颜料，合成颜料使用也很广泛，但目前发展较快的是有机颜料。

### 9.2.3 溶　　剂

溶剂能将涂料中的成膜物质溶解或分散为均匀的流动相，以便于涂装施工，当涂装后溶剂能挥发至大气中，原则上溶剂不构成涂膜组成部分，也不应存留在涂膜中。水、无机化合物和有机化合物都可以作为涂料的溶剂组分。现代的某些涂料中开发应用了一些既能溶解或分散成膜物质为液态，又能在涂装成膜过程中与成膜物质发生化学反应形成新的物质而存留在涂膜中的化合物，被称为反应型溶剂或活性稀释剂。溶剂有的是在涂料制造时加入，有的是在涂料施工时加入。成膜物的溶解分散性能、溶剂的挥发速度都对涂装的性能有重要的影响，因此选择适当的溶剂对涂料非常重要。

## 9.3 涂料的种类

涂料品种繁多，仅目前在我国市面上销售的品种就超过了1000种。

按有无颜料可分为：清漆(varnish paint)和色漆(pigmented paint)。

按形态可分为：水性涂料(water paint)、溶剂型涂料(solvent coating)、粉末涂料(powder coating)、高固体分涂料(high solid coating)、无溶剂涂料(solventless coating)。

按用途可分为：汽车漆(automobile paint)、建筑漆(construction paint)、木器漆(carpentry paint)等。

按施工方法可分为：喷漆(spray paint)、浸漆(soaking paint)、烘漆(baking paint)等。

按效果可分为：绝缘漆(insulated paint)、防锈漆(antirust paint)、防污漆(antifouling paint)等。

即使对同一类涂料品种，其性能和用途也各不相同。

涂料的成膜方式按不同形态分类有所不同，如表9.1所示。

**表 9.1　涂料的成膜方式**

| 类型 | 成膜方式 | | 例子 |
|---|---|---|---|
| 物理成膜 | 溶剂或分散介质挥发 | | 纤维素漆、丙烯酸漆、沥青漆 |
| | 聚合物粒子凝聚 | | 分散型涂料、粉末涂料 |
| 化学成膜 | 自由基聚合 | 氧化反应 | 天然树脂、醇酸树脂、酚醛树脂、环氧树脂 |
| | | 引发剂 | 不饱和聚酯 |
| | | 能量引发 | 烯类和炔类单体 |
| | 逐步聚合 | 缩聚 | 氨基树脂、醇酸树脂 |
| | | 氢转移 | 聚氨酯、环氧树脂 |
| | 交联剂 | | 催化型聚氨酯 |

## 9.3.1　溶剂型涂料

溶剂型涂料(solvent based coatings)完全以有机物为溶剂或分散介质的液体涂料。在现有涂料中，品种和数量都占绝大多数。其中主要是溶剂溶解型即溶液型涂料(solution coating)，溶剂分散型实用品种包括非水分散体涂料和有机溶胶。常规的溶剂型涂料含溶剂量一般在 50%以上，施工时通常还要进一步加入溶剂。虽然溶剂型涂料存在着污染环境、浪费能源以及成本高等问题，但溶剂型涂料仍有一定的应用范围，还有其自身明显的优势。从性能比较来看，溶剂型涂料仍占很大优势：

(1) 涂膜的质量。在有高装饰性要求的场合，水性涂料的丰满度通常达不到要求，高光泽涂料多使用溶剂型涂料来实现。

(2) 对各种施工环境的适应性。对于水性涂料，则无法调节其挥发速率，要想获得高性能的水性乳胶涂料涂膜，就必须控制施工环境的温度、湿度。在一些条件较为苛刻的环境，如外墙面、桥梁上的施工，无法人工营造一个温、湿度可控的条件，因此水性涂料的应用可能会受到限制；相反，采用溶剂型涂料，可随地点、气候的变化进行溶剂比例的控制，以获得优质涂膜。

(3) 溶剂型涂料对高分子树脂的选择范围较广。不同的树脂具有各自独特的性能，如聚氨酯具有优异的耐候及耐化学性、高光泽、耐磨性等，有机硅树脂具有极优秀的耐热和耐低温性，可用作耐热、耐候涂料的基料。在溶剂型涂料中，各种树脂几乎都可找到适宜的有机溶剂，因此可选择范围较广。

## 9.3.2　水 性 涂 料

水性涂料(water paint)以水为主要溶剂或分散介质。水性涂料中有机溶剂的用量很少或不使用有机溶剂，因此更加符合环保要求，施工安全、不可燃、无毒性、无异味，是传统涂料最好的替代品之一。

凡是用水作溶剂或者作分散介质的涂料，都可称为水性涂料。水性涂料包括水溶性涂料、水稀释性涂料、水分散性涂料(乳胶漆)三种。水溶性涂料是以水溶性树脂为成膜物，如聚乙烯醇及其各种改性物，除此之外还有水溶性醇酸树脂、水溶性环氧树脂及无机高分子水性树脂等。水稀释性涂料是首先将成膜物质溶在有机溶剂中，然后在乳化剂的辅助下通过强烈的机械搅拌使有机相分散在水中形成乳液，制成的涂料在施工中可用水来稀释。水分散涂料则是在乳化剂辅助下，直接将在一定温度条件下聚合而成的预聚物小粒子团分散在水中形成分散乳液(图 9.2)，涂装后随着水和有机溶剂的挥发，聚合物粒子凝聚或进一步交联，形成涂膜。乳胶漆实际上就是颜料和聚合物的水分散体系(乳液)的混合物。为了便于成膜和加工，乳胶漆中通常还加入了分散剂、增稠剂等助剂。乳胶漆目前已广泛应用于建筑内外的装饰中。

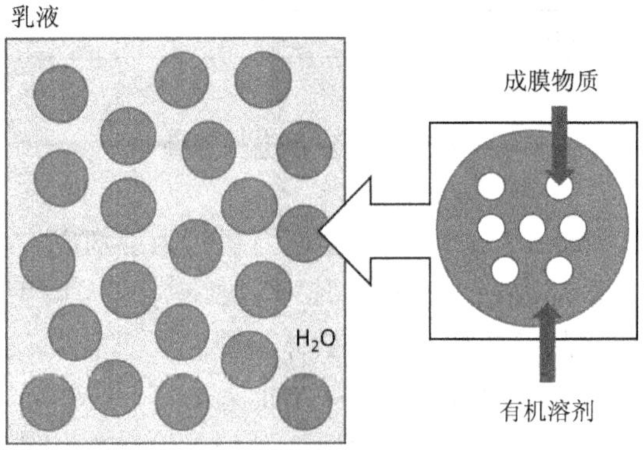


图 9.2　水分散型涂料(乳胶漆)的组成

### 9.3.3　高固体分涂料

高固体分涂料(high solid coating)是溶剂型涂料的一类改进品种。通常的溶剂型涂料在施工前需要进行稀释到一定的溶液黏度，固体分低，一般只有 30%左右，所得涂膜较薄，要反复涂装多次。高固体分涂料用相对分子质量分布很窄的、官能团含量较多的低相对分子质量聚合物为成膜物质，在可施工黏度时固体含量可高达 55%~62%。涂装一次即可得到 2~3 倍于通常溶剂型涂料的厚度的涂膜，减少了施工次数；同时降低了溶剂的使用量，减少了对环境的污染，而涂膜性能仍能保持较高水平。但相应的，高固体分涂料的成膜物质的制备难度较大。已得到实际应用的包括高固体分聚氨基酯烘漆、高固体分热固性丙烯酸涂料等。

### 9.3.4　粉 末 涂 料

粉末涂料(powder coating)是一种完全不含有机溶剂、以粉体形态涂装并形成涂膜的新型涂料。其特点是生产和施工过程中不用溶剂，成膜物质接近 100%，一次涂层就可达到 60μm 以上，过量喷出的粉末可回收利用，生产工序简单，施工效率高，因而节省资源、能源和劳动力；生产和操作比较安全，避免了因溶剂挥发带来的环境污染、健康卫生、易燃易爆等潜在危险。

粉末涂料可应用于连续生产，例如，家用电器和汽车工业等，主要用作防腐、耐磨以及装饰涂层。就其成膜机理而言，粉末涂料可分为热塑性粉末涂料和热固性粉末涂料两大类。热塑性粉末涂料开发应用较早，它以热塑性高分子为成膜物质，涂膜具有优良的韧性，适于厚涂装。用于热塑性粉末涂料的高分子有聚乙烯、聚氯乙烯、聚酰胺、聚丙烯、氯化聚醚、热塑性聚酯、聚三氟氯乙烯、聚四氟乙烯粉末涂料等。热固性粉末涂料有优异的物理机械性能，使其一经问世后产量就急剧上升，品种也日渐增多。它以热固性树脂作为成膜物质，主要品种有环氧型、聚酯/环氧混合型、纯聚酯型、聚氨酯型、丙烯酸型粉末涂料。

## 9.4　涂料的用途

随着涂料工业的不断发展，其应用领域已不仅仅局限于家装领域，还广泛地应用到国民生产和生活中，涂料的主要用途包括：

### 9.4.1　保 护 功 能

物质暴露在大气之中，受到氧气、水分、酸性气体等的侵蚀，造成金属锈蚀、木材腐朽、水泥风化等破坏现象。在物件表面涂以涂料，致密的高分子涂层将形成一层保护膜，能够阻止或减缓这些破坏现象的发生和发展，使各种材料的使用寿命延长。所以，保护作用是涂料的一个主要和基本作用。目前涂料的保护功能已经不仅仅涉及在大气中的老化，针对不同的使用场合，涂料还需要具有防腐、防水、防油、耐化学品、耐光、耐温、耐辐射等特殊的保护功能。例如，在宇宙空间站中使用的硅橡胶控温涂料可以反射约 75%的太阳能，避免了光能辐射对空间站的损害。

### 9.4.2　装 饰 功 能

涂料的装饰功能包括颜色、光泽、图案和平整性等。目前在建筑和家具行业中，对涂料的装饰性有着越来越高的要求。不同材质的物件涂上涂料，可得到五光十色、绚丽多彩的外观，起到美化人类生活环境的作用，对人类的物质生活和精神生活做出不容忽视的贡献。例如，我国的漆器即是一种非常著名的工艺品，具有很高的观赏和收藏价值。

### 9.4.3　其 他 功 能

随着人类科学技术和社会生活的飞速发展，涂料的应用领域也不断拓展，对涂料功能的要求已不仅仅局限于保护、装饰和标记这样一些基本功能，还包括了防污、绝缘、导电、荧光、磁性等特殊的功能化应用。对现代涂料而言，这些功能与其基础功能相比越来越显示出了很高的重要性。随着国民经济的发展和科学技术的进步，涂料将在更多方面提供和发挥各种更新的特种功能。目前一些功能化涂料品种能提供多种不同的特殊应用，如：

(1) 电绝缘、导电、屏蔽电磁波、防静电产生等作用。例如，电子产品生产线上应用的防静电涂料，可以有效防止生产过程中静电的积聚和释放对产品造成的损坏。

(2) 防霉、杀菌、杀虫、防海洋生物黏附等生物化学方面的作用。例如，远洋航船的船底长期浸泡在海水中，容易造成海洋生物的附着，从而对船体造成损害，而应用含有特殊生物活性物质的抗污功能涂料后即可有效抑制海洋生物的生长。

(3) 耐高温、保温、示温和温度标记、防止延燃、烧蚀隔热等热能方面的作用。例如，膨胀型阻燃涂料在燃烧时首先与火焰接触，通过自身发生的一系列氧化和热分解反应形成一层表面致密、内部中空多孔的膨胀碳层，从而起到隔绝热量传递、阻止可燃气体和助燃气体相互扩散的作用，使得内部的易燃基体材料不会进一步发生燃烧。

(4) 反射光、发光、吸收和反射红外线、吸收太阳能、屏蔽射线、标志颜色等光学性能方面的作用。

(5) 防滑、自润滑、防碎裂飞溅等机械性能方面的作用。

(6) 防噪声、减振、卫生消毒、防结露、防结冰等各种不同作用等。

功能涂料的制备方法主要有两大类：一类是直接在涂料的高分子结构中引入功能化的基团，使涂料本质即具有功能化的特性；另一类是在已有的涂料基础上混入具有功能化的物质，制备为高分子复合材料。

## 9.5　黏　合　剂

黏合剂与涂料在使用上有很多相似之处，与涂料只黏附在物体一个表面上不同，黏合剂用于将两个物体的表面黏结在一起。约 6000 年前，古埃及人就开始用树脂黏合剂黏合陶制容器。其他一些在人类社会发展早期应用的天然黏合剂还包括从牛奶中提炼出的干酪素、从植物中提炼的糖浆，以及从动物中提炼的胶。在合成高分子出现以前，黏合剂的发展非常缓慢，来源主要还是天然动植物和矿物，如糨糊、骨胶、皮胶等。1903 年，一位名叫 Edouard Benedictus 的法国化学家不小心将一个装过化学品的玻璃烧瓶掉在地上。玻璃烧瓶虽然摔坏并裂成了许多小碎片，但这些碎片却仍然黏结在一起保持瓶子其原有的形状而并没有散落得到处都是。通过进一步的研究发现，在瓶子的内部有一层起到黏合作用的薄膜。这层薄膜是棉花与硝酸反应制得的硝酸纤维素在溶剂蒸发后形成的。当时的汽车还没有安全玻璃技术，一旦发生事故，乘客很容易被飞溅的玻璃碴划伤，甚至造成生命危险。基于这一实际问题，Benedictus 就尝试用硝酸纤维素在高压下黏结玻璃片，制作出了第一块安全玻璃。这种安全玻璃由三层构成，中间是高分子层，两侧是玻璃层。在 1909 年 Benedictus 获得此材料的专利，并用于汽车玻璃生产。由于硝酸纤维素具有易燃易爆的特性，因此已逐渐淘汰，目前汽车和建筑用安全玻璃通常采用聚乙烯醇缩丁醛作为高分子黏合层。

黏合剂一般由基料、固化剂、稀释剂、增塑剂、填料、偶联剂、引发剂、阻聚剂、增稠剂、稳定剂等其中的几种或多种构成。基料即主体高分子，是赋予黏合剂黏性的主要成分，可分为树脂型和橡胶型。固化剂是促使基料从小分子化合物聚合为高分子或从线形高分子交联为网络状高分子的反应试剂。溶剂是黏合剂中常用的试剂，通常为低黏度、易挥发有机溶剂。从黏合剂的组成和作用原理可知，黏合剂与涂料一样在大多数情况下采用热固性树脂作为基体材料。

黏合剂在使用前是液态(溶液或熔融)的，涂覆在物体表面后，黏合剂中的聚合物或单体发生聚合或交联，随着黏合剂中的溶剂挥发或熔融聚合物冷却后达到黏合的效果。按固化方式可分为溶剂挥发型、化学反应型和热熔型。目前使用的几种重要的黏胶剂包括以下几种。

### 9.5.1　环氧树脂黏合剂

环氧树脂黏合剂是目前应用最广泛的一种黏合剂，它具有黏合力强、机械强度高等特性。在环氧树脂结构中含有羟基、醚基和极活泼的环氧基。羟基和醚基都有较强的极性，使环氧树脂分子能与材料界面产生较强的分子间作用力，而环氧基团能与介质表面的游离基团(如羟基、胺基、羧基等活性基团)反应形成化学键连接，所以环氧树脂的黏合力特别强。它对大部分的材料(如木材、金属，玻璃、塑料、橡胶、皮革、陶瓷、纤维等)都具有良好的黏合性能，有万能胶之称。

固化后的环氧树脂具有优良的耐化学腐蚀性、耐热性、耐酸碱性、耐有机溶剂性及良好的电绝缘性。此外，树脂固化后收缩性小，如加入适量填充剂，收缩率能降至0.1%~0.2 %，并可在 150~200℃下长期使用，耐寒性可达–55℃。

### 9.5.2　聚氨酯黏合剂

聚氨酯黏合剂是指在分子链中含有氨基甲酸酯基团(—NHCOO—)或异氰酸酯基(—NCO)的胶黏剂，是合成黏胶剂的重要品种之一，反应活性高，常温能固化，黏合工艺简便，黏合层具有极佳的耐低温性能，优良的稳定性和耐冲击性等特性，在许多领域都得到了广泛的应用，特别适用于其他类型胶黏剂不能黏结或黏结有困难的地方。

聚氨酯黏合剂结构中含有极性很强的胺基甲酸酯基团和化学活泼性很高的异氰酸酯基团，它与含有活性羟基或氨基的材料(如泡沫塑料、木材、皮革、织物、纸张、陶瓷等多孔材料)和金属、玻璃、橡胶、塑料等表面光洁的材料都有着优良的化学黏合力。与此同时，聚氨酯的酰胺键还可以与被黏合材料之间形成氢键作用，进一步增强分子间的作用，从而使黏结更加牢固。与聚氨酯弹性体一样，通过选择具有不同结构的聚酯或聚醚多元醇、二异氰酸酯就可以获得具有不同物理机械性能和亲和性的黏合剂，具有结构和性能上的可控性与多样性。正是由于聚氨酯黏合剂这种优良的黏结性能和对多种基材的黏结适应性，使其应用领域不断扩大，在国内外近年来成为发展最快的胶黏剂。

## 9.5.3　丙烯酸酯黏合剂

丙烯酸酯黏合剂是以聚丙烯酸酯为单组分或主要组分的胶黏剂，有热塑性和热固性两种。单组分的没有溶剂，可在室温固化，并有一定的透明性。主要有丙烯酸酯胶黏剂和$\alpha$-氰基丙烯酸酯胶黏剂两类。$\alpha$-氰基丙烯酸酯胶黏剂大多数是单组分的低黏度液体，不需加固化剂，能在常温下迅速固化。$\alpha$-氰基具有较强的极性，可以通过氢键与许多材料形成强的分子间作用，除了聚乙烯、聚丙烯、有机硅等非极性高分子材料外，几乎对各种同类材料或异种材料都能黏合，并有良好的黏结性能。适宜于小零件的黏合、修补和固定。也可用于皮肤伤口无线缝合。缺点是固化速度快，在空气中微量水催化下就会发生加聚反应，迅速固化，因而不宜于大面积长时间的黏合操作，此外保存也必须在低温密闭的条件下。丙烯酸酯类胶黏剂黏度较低，不易涂布，而酯键的存在使得其耐水耐碱性较差。市售 501、502 胶即此类胶黏剂。

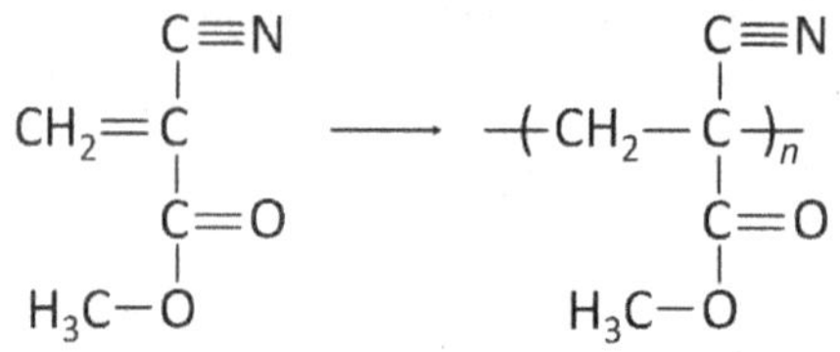


$\alpha$-氰基丙烯酸甲酯

(9.2)

丙烯酸酯类黏合剂聚合方式多样，在多种条件下均能作用，具有臭味小、与颜料黏合性好等优点。

## 9.5.4　乙酸乙烯酯黏合剂

乙酸乙烯酯黏合剂又称热熔胶，一般由聚乙酸乙烯酯或 EVA(乙酸乙烯酯–乙烯共聚物)构成，具有黏附力强、胶层有韧性、耐候性好等优点。热熔胶在室温下通常为固体，加热到一定温度下时熔融形成熔体，一旦冷却到熔点以下，又迅速成为固体(固化)。具有固化快、无溶剂、黏合力强的优点。胶层既有一定柔性、韧性，又有一定的硬度；胶液涂抹在被粘物上冷却固化后的胶层，还可以再加热熔融，重新变为胶黏体再与被粘物黏结，具有一定的再黏性；使用时，只要将热熔胶加热熔融成所需的熔体，并涂抹在被粘物体上，经压合后在几秒钟内就可完成黏结固化，几分钟内就可达到硬化冷却干燥的程度。

## 9.5.5　氯丁橡胶黏合剂

氯丁橡胶黏合剂是一类重要的合成橡胶胶黏剂。由氯丁橡胶与一定的填料、硫化剂(交联剂)、抗老化剂、溶剂等配合而成。由于氯丁二烯结构规整、含有极性的氯原子，因此分子间作用力强、初黏力大、黏合强度高，并具有耐臭氧、日光、水、油和化学试剂的特性。主要用于黏合橡胶与金属、橡胶与橡胶等，也广泛应用于织物、皮革、塑料、木材、玻璃等材料的黏结。为了提高其耐热性和对金属材料的黏附性，常用酚醛树脂进行改性。

### 9.5.6　有机硅黏合剂

有机硅黏合剂指以硅树脂或硅橡胶为基体的黏合剂。具有独特的耐热和耐低温性，化学稳定性高、透气有弹性，可以在较宽的温度范围内作用。

有机硅黏合剂按原材料来源可分为以硅树脂为基料和以硅橡胶为基料的黏合剂。前者主要用于黏合金属和耐热的非金属材料，所得制品可在−60~200 ℃温度范围内使用；后者主要用于黏合耐热橡胶、橡胶与金属以及其他非金属材料。硅树脂对铁、铝和锡之类的金属黏合性能好，对玻璃和陶瓷也容易有不错的效果，俗称玻璃胶。硅树脂为基料的胶黏剂固化温度通常较高，又称为高温硫化硅胶(HTV)，黏合强度低，加工设备复杂，因而应用受到限制。从 20 世纪 60 年代开始以可室温硫化的硅橡胶为基体的有机硅黏合剂逐渐发展起来。常用的硫化剂为硅酸酯，如硅酸四甲酯，在有机锡盐类催化剂(如二月桂酸二丁基锡、辛酸亚锡等)作用下，使含端羟基的硅橡胶与硫化剂之间发生脱醇缩合反应而形成交联结构(图 9.3)。

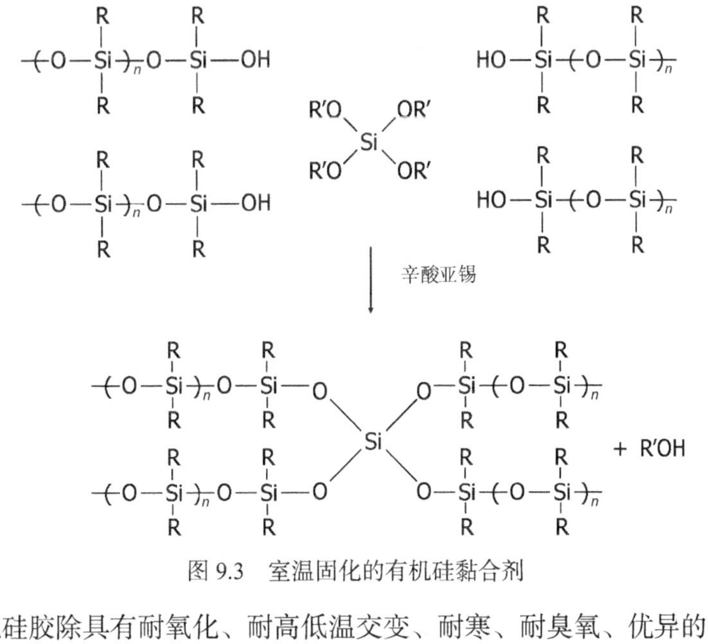


图 9.3　室温固化的有机硅黏合剂

室温硫化硅胶除具有耐氧化、耐高低温交变、耐寒、耐臭氧、优异的电绝缘性、耐潮湿等优良性能外，最大特点是施工和使用方便。因硅树脂中官能团的数目、取代基、聚合度、支化度和交联度不同，产品的性能也随之改变，从而适用于不同的应用领域。

有机硅黏合剂具有较高的弹性和柔韧性，但强度不高，因此常与聚酯、环氧或酚醛等热固性树脂共聚改性，可获得兼具有耐高温性能和优良的机械性能的黏合剂，用于耐高温的结构胶。

### 9.5.7　淀粉黏合剂

淀粉黏合剂是将淀粉加热和水糊化后形成的半透明黏稠的胶体状物质，俗称“糨糊”。淀粉黏合剂由于其分子结构与纸张用纤维素类似，均为吡喃葡萄糖聚合物，因此常用于瓦楞纸箱生产用黏合剂，主要原料是玉米淀粉或木薯淀粉。由于生产淀粉黏合剂原料来源广、价格低、黏结性能较好，胶层可生物降解，因此具有绿色环保的优点，目前世界上大多数瓦楞纸厂都用其制作黏合剂。

## 参 考 文 献

程时远，李盛彪，黄世强. 2008. 胶黏剂. 北京：化学工业出版社
李和平. 2009. 胶黏剂生产原理与技术. 北京：化学工业出版社
刘安华. 2005. 涂料技术导论. 北京：化学工业出版社
刘登良. 2010. 涂料工艺. 第四版. 北京：化学工业出版社
郑顺兴. 2007. 涂料与涂装科学技术基础. 北京：化学工业出版社

# 第 10 章　功能高分子

功能高分子是在合成或天然高分子原有性能的基础上，再赋予传统使用性能以外的各种特定功能(如化学活性、光敏性、导电性、催化活性、生物相容性、药理性能、选择分离性能等)而制得的一类高分子。例如，具有绝缘性的高分子就不属于功能高分子范畴，而导电高分子却是功能高分子的一个重要类别。功能高分子是 20 世纪 70 年代发展起来的新领域，目前尚处于开拓阶段。

功能高分子一般在主链上或侧链上具有表达某种功能的基团，其功能性的表达往往是很复杂的，不仅取决于高分子链的结构单元化学结构、结构单元序列、相对分子质量及其分布、支化、立体结构等一级结构，还取决于高分子链的构象，以及高分子链的聚集态结构等高级结构，尤其是后者对于生物活性功能的表达更为重要。

## 10.1　导电高分子

众所周知，金属是很好的导电材料，过去大多数导体材料都是由金属(如铜、银、金)制成的。而一些非金属材料具有半导体的特性，例如硅，在电子产品、计算机等领域有着关键性的重要应用。过去的一般认识都认为高分子是绝缘性的，尤其是早期合成的一些聚烯烃类通用高分子材料，如聚乙烯、聚丙烯等，都具有非常好的绝缘性，因此被用于电线电缆的绝缘外护套。通用材料的导电性列于图 10.1 中。

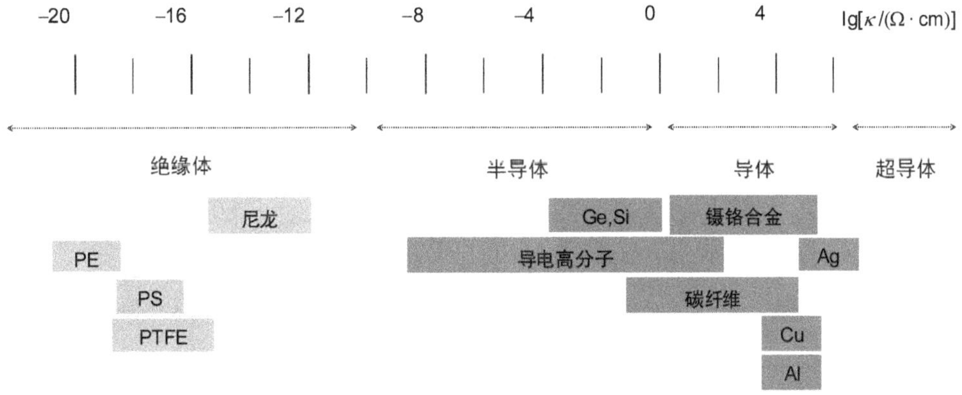


图 10.1　通用材料的导电性

将高分子材料应用于用导体或半导体材料源于一次偶然的实验。日本科学家白川英树和他指导的一位学生在一次合成实验中错误地加入了大大过量的催化剂，结果得到了一种银色金属光泽的膜材料，经过分析发现这种膜是顺式聚乙炔，其电导率达到了半导体的级别。当时美国的化学家 A.G. McDiarmid 和物理学家 A. Heeger 正在研究有金属光泽的无机高分子硫化氮$(SN)_x$。因此在一次东京的研讨会，当 McDiarmid 听说白川的重要发现后，就邀请他到宾州大学访问，合作进行研究。白川以及来自中国台湾的博士后研究员姜传康通过加碘蒸气掺杂的方法进一步改变了聚乙炔的导电性，顺式聚乙炔的电导率因此增大了 100 万倍。第一种导电高分子就此诞生！他们将发现发表在英国皇家化学会的期刊“*Chemical Communications*”上，开创了高分子科学具有划时代意义的一个领域。三人因为这一重大研究成果分享了 2000 年的 Nobel 化学奖。

广义上的导电高分子材料可分为两大类：一类是由绝缘高分子与导电材料(如金属粉、炭黑等)共混而成的复合型导电高分子材料，该类导电高分子材料的导电性能主要由其中的导电填料所决定，其中的高分子主要提供可加工性能。另一类是高分子本身的结构拥有可流动的载流子，即高分子本身具有导电性，其导电性能主要取决于高分子本身的结构，常称为“本征导电高分子”(intrinsically conducting polymer, ICP)或“合成金属”，后者也是本章将要重点讨论的内容。

所有的导电高分子都属于所谓的“共轭高分子”。共轭高分子最简单的例子就是聚乙炔。它由长链的碳分子以 $sp^2$ 键连接而成。由于 $sp^2$ 键的特性，每一个碳原子有一个价电子未配对，且在垂直于 $sp^2$ 面上形成未配对键。相邻原子的未配对键的电子云互相接触，会使得未配对电子很容易沿着长链移动。然而，实际的情况较为复杂，未配对电子很容易和邻位配对而形成“单键-双键”交替出现的结构。这种转变称为配对化(dimerization)，物理上称为派若斯(Peirels)不稳定性。目前为止发现的导电高分子仍属于半导体的范畴，而未能达到真正的金属态，常见的“导电高分子”如图 10.2 所示。能隙是激发一个电子从价带到导带所需要的能量，金属能隙趋近于零，但是绝缘体(如聚乙烯)的能隙非常大，这意味着激发电子去空的能带需要很大的能量，半导体和导电高分子等则介于二者之间。

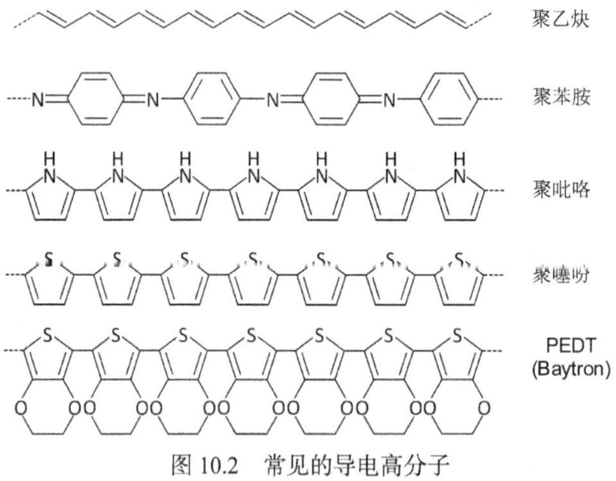


图 10.2　常见的导电高分子

为了使共轭高分子导电，必须要做掺杂，这和半导体经过掺杂后可以经由荷电载子提高导电率类似。掺杂是将部分电子从高分子链中迁移出来从而使得电导率由绝缘体级别跃迁至导体级别的一种处理过程。导电高分子掺杂后除了具有高分子聚合物的一般的结构特点外还含有一价的对阴离子(p 型掺杂)或对阳离子(n 型掺杂)。聚合物的掺杂过程直接影响导电聚合物导电能力，掺杂方法和条件的不同直接影响到导电聚合物的物理化学性能。

聚乙炔在惰性气体中具有良好的热稳定性，但是在空气中很容易氧化，掺杂的样品对空气更加敏感。聚乙炔膜表面有银色光泽并且有一定的柔韧性，掺杂后所能达到的电导率在已发现的导电聚合物中是最高的，达到了 $10^5$ S/cm 量级，接近 Pt 和 Fe 的室温电导率。其他常见导电聚合物还包括聚苯胺(polyaniline)、聚吡咯(polypyrrole)、聚噻吩(polythiophene)、聚苯(polybenzene)等。其中聚苯胺结构多样、掺杂机制独特、稳定性高，技术应用前景广泛，在目前的研究中备受重视。

尽管通过导电高分子的电导率还不能与金、银这些高电导率重金属材料相比，但高分子制备的导电材料具有轻便、柔韧、耐腐蚀、价格低、易加工等优点。导电高分子特殊的结构以及优异的物理化学性能，使得其在能源电池、光电器件、晶体管、发光二极管(LED)、传感器、电磁屏蔽、隐身技术以及生命科学等方面都有广阔的应用前景。导电高分子常见的应用列于表 10.1 中。目前导电高分子已被 IUPAC 列为 21 世纪化学研究的重要内容，作为分子器件研究的重要组成部分，导电聚合物研究的重大突破将直接带来分子器件研究的重要进展。虽然经过 20 多年的发展，在导电高分子领域已经取得了一系列重大成果，但是其性能还有待进一步提高(包括电学性能、力学性能、光学性能、化学稳定性等)，理论研究尚待深入以及创新。

**表 10.1　导电高分子的应用**

| 应用领域或有用的效用 | 实例 |
|---|---|
| 电子电导 | 电加热元件的挠性导体，电磁屏蔽材料，抗静电材料 |
| 电极 | 燃料电池，光化学电池，传感器，心电图仪 |
| 边界层效应 | 选择性透过膜，离子交换剂，医药控制释放 |
| 电子学 | 分子电子学，发光二极管，数据存储，改良场效应晶体管 |
| 光学 | 电致变色显示器，非线性光学材料，滤光片 |
| 电致伸缩效应 | 微触动器 |

## 10.2　吸附分离功能高分子

吸附分离功能高分子是指对某些特定离子或分子具有选择性吸附作用的高分子。吸附分离功能高分子通常含有一些特殊的官能团，这些官能团可以与液体或气体中的某些特定离子或小分子间产生强烈的亲和作用，从而将离子或小分子结合固定于固体材料上。利用对不同小分子亲和性吸附的选择性，即可实现复杂物质体系的分离、富集、纯化及检测等。按吸附机理，吸附分离功能高分子可分为化学吸附、物理吸附和亲和吸附高分子。

为了保证吸附分离功能高分子树脂在使用时不被溶解，其分子链结构通常需有一定程度的交联，一般的方法是将单乙烯基单体与可形成交联点的多乙烯基单体共聚。材料可以有无定形、珠状和纤维状三种基本形态，其中珠状材料应用最为广泛。在合成吸附分离功能高分子材料过程中，如果不加入致孔剂，聚合所得的交联高分子为凝胶型(微孔型)。凝胶型在干态时孔隙非常小，只有在添加良溶剂溶胀后才会重构形成一定的孔隙，因此通常必须在良溶剂中使用。用于测定高分子相对分子质量和相对分子质量分布的GPC(凝胶渗透色谱)即是基于这一技术。如果在聚合反应过程中加入致孔剂，则可得到大孔型交联小球，其多孔结构是永久的，在气相和不良溶剂中也可使用，并且大孔型交联小球比凝胶型交联小球吸附能力更强，在进行化学改性时，更容易获得高的功能基引入率。

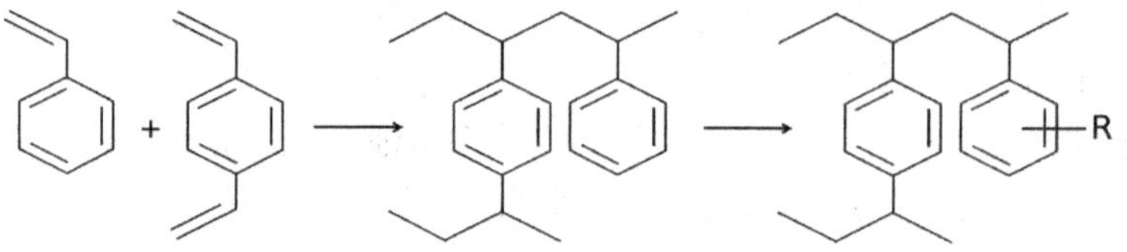


(10.1)

化学吸附树脂主要包括离子交换树脂和高分子螯合树脂两类。离子交换树脂是最早出现的功能高分子材料，其历史可追溯到20世纪30年代。英国的Adams和Holmes发表了关于酚醛树脂和苯胺甲醛树脂的离子交换功能的报告，开创了离子交换树脂领域，也同时开创了功能高分子领域。溶液中游离的阳离子和阴离子可以与带有羧基或氨基等可离子化基团的高分子形成盐，从而被固定下来，这也就是离子交换树脂软化水、脱盐的基础。离子交换树脂可以使水不经过蒸馏而脱盐，既简便又节能，因此很快实现了商业应用。除了传统的水的脱盐，软化，离子交换树脂还被应用于分离、纯化、脱色、催化等方面。

大多数家用水软化剂都是基于离子交换树脂。第一种用于水软化剂的离子交换材料是称为沸石的天然聚硅酸铝盐，能同钙、铁和镁离子交换。后来开发了合成沸石。目前，大部分水处理离子交换材料都是基于含磺酸基的交联高分子树脂。盐(氯化钠)中的 $Na^+$ 通过树脂层，交换磺酸中的氢离子，脱出盐分(图 10.3)。水中的 $Ca^{2+}$、$Fe^{2+}$、$Fe^{3+}$和 $Mg^{2+}$ 与磺酸基团具有更大的亲和力，因此硬水通过树脂层后，不仅可以交换氢离子，还可以

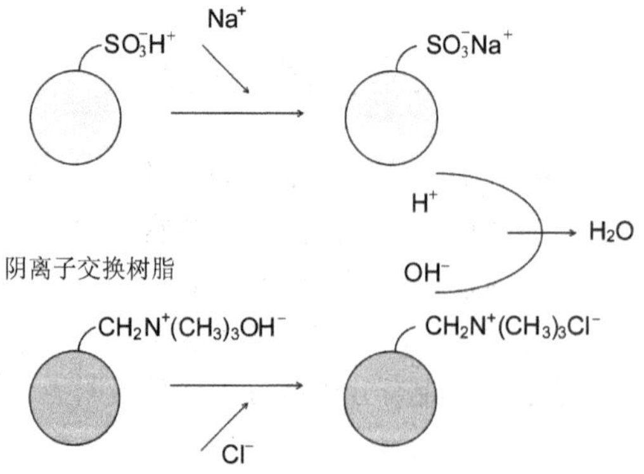


图 10.3　离子交换树脂脱盐机理

交换钠离子，得到软水。当树脂中的磺酸基团被这些硬离子饱和时，树脂层必须通过添加大量过量的盐酸溶液或氯化钠溶液进行再生，以交换紧密结合的硬离子。当体系脱掉硬离子后，树脂又可以进行循环使用。

用于离子交换树脂的骨架基体材料种类很多，常用的包括聚苯乙烯、聚丙烯酸、酚醛树脂、环氧树脂、脲醛树脂、聚乙烯基吡啶、聚氯乙烯、聚硅氧烷和多聚糖树脂等，其中应用最为广泛的是聚苯乙烯基。这些树脂通常都是先经过交联形成不溶于水的网络结构，然后将可离子化的官能团接到树脂表面进行官能化。以聚苯乙烯为例，苯乙烯单体与对苯二乙烯共聚形成交联，然后在苯乙烯基元中引入官能团。功能性基团(如羧基和磺酸基)能吸引并固定阳离子，因此称为阳离子交换树脂。胺基类官能团吸引并固定阴离子，称为阴离子交换树脂，常见的官能团如表 10.2 所示。

**表 10.2　离子交换官能团**

| 活性基团 | 结构 |
|---|---|
| 阳离子交换树脂 | |
| 磺酸基类(强酸型) | $—SO_3H$ |
| 丙烯酸类(弱酸型) | —COOH |
| 阴离子交换树脂 | |
| 季铵盐类 | $—CH_2NR_3^+Cl^-$ |
| 仲胺类 | $—CH_2NHR$ |
| 叔胺类 | $—CH_2NR_2$ |

将阳离子交换树脂与阴离子交换树脂分别装柱串联使用或混合装柱，可同时消除水中的阴离子和阳离子，可以用于制备去离子水、废水处理等。利用离子交换的可逆性，还可应用于离子交换反应，最成功的应用是离子交换色谱，可以用来分离由多种离子组成的混合物。此外，离子交换树脂还可应用于酸、碱催化反应。例如，质子型的阳离子交换树脂可作为非常有效的高分子酸性催化剂，氢氧根型阴离子交换树脂则是一种性能良好的高分子碱性催化剂。此外，离子交换树脂还可用于药物和生物大分子的鉴定、浓缩铀、控制胆汁和胃酸药物等特殊用途。

高分子螯合树脂的特征是在高分子骨架上连接有对金属离子具有配位功能的螯合基团，如$\beta$-二酮螯合树脂和冠醚类螯合树脂。

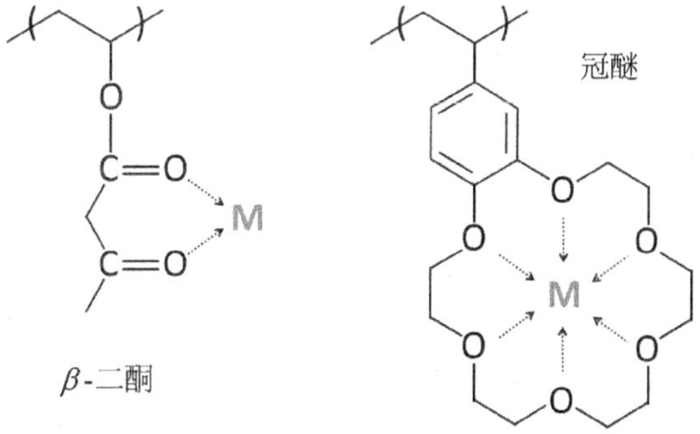


(10.2)

通过对不同金属离子的选择性螯合作用，高分子螯合树脂可实现对各种金属离子的分离与富集，可广泛地应用于分析检测、污染治理、环境保护和工业生产。

吸附树脂也称物理吸附功能高分子，主要是一些非离子吸附树脂，根据其极性大小可分为非极性、中极性和强极性三类。

非极性吸附树脂主要是交联聚苯乙烯大孔树脂，可通过范德华力吸附具有一定疏水性的物质；中极性吸附树脂主要是交联聚丙烯酸酯类及其与苯乙烯的共聚物，其吸附作用除范德华力外，氢键也起一定的作用；强极性吸附树脂主要是聚丙烯酸酯树脂利用水解反应生成强极性的羧基，其吸附作用主要通过氢键和偶极作用进行。

## 10.3　高吸水性聚合物

部分高分子具有非极性结构，例如，聚苯乙烯和聚乙烯，因此它们是疏水(hydrophobic)高分子。而大多数高分子都具有极性结构，如尼龙和聚氯乙烯等，但相对分子质量大小、结晶性、分子间作用等因素使得其在水溶液中并不表现出溶解或溶胀等亲水性质，因此这些高分子仍是疏水性高分子。当高分子结构单元侧基中含有大量羟基、羧基等强极性亲水基团时，其亲水性将得到巨大改变，如淀粉、聚乙烯醇、聚丙烯酸等，这些聚合物就称为亲水性(hydrophilic)聚合物，由于其具有一定的水溶性，因此也称为水溶性高分子。而一些兼具有亲水性链段和疏水性链段的聚合物，同时表现出一定的亲水性和疏水性，则称为两亲性聚合物(amphiphilic polymer)。

高吸水性树脂(superabsorbent resin, SAR)又称高吸水性聚合物(superabsorbent polymer, SAP)是一种含有羧基、羟基等强亲水性基团并具有一定交联度的水溶胀型高分子聚合物。这些聚合物的基体是水溶性聚合物，但交联结构使得其既不溶于水，也不溶于有机溶剂，却有着很强的吸水性能和保水能力，同时又具备高分子材料的优点，与传统的吸水材料(如海绵、棉花、纤维素、硅胶等)相比，高吸水性树脂的吸水量大，可达自身质量的数十倍乃至上百倍，并且保水性强，即使在受热、加压条件下也不易失水，对光、热、酸、碱的稳定性好，通常还具有良好的生物降解性能。

目前，对于高吸水性树脂的合成体系的研究，主要集中在淀粉接枝共聚物和合成树脂两大类，此外还有部分纤维素接枝共聚体系。高吸水性树脂的研究是以淀粉接枝丙烯腈开始的。淀粉接枝丙烯腈制得的共聚物，是带腈基(—CN)的接枝物。—CN 是憎水基团，为了使接枝共聚物吸水，必须加碱水解，使—CN 变成—$CONH_2$、—COOH 或— COOM(M 为碱金属离子)等亲水基团，才能成为吸水性产物。

纤维素具有与淀粉相似的分子结构，能与多种低分子反应，而且原料来源广泛、价格低廉，是近十多年来吸水性材料发展的一个重要方向。纤维素具有很强的吸水性，这一方面由于它是亲水性的多羟基化合物，另一方面因为它是纤维状的物质，有很多的毛细管，表面积大。因此，它作为吸水性材料获得了广泛的应用。但是纤维素分子结构规整性高、排列紧密，分子间具有很强的氢键作用，结晶性强，因此吸水能力不高。为了提高其性能，主要是通过化学反应使它具有更强或者更多的亲水基团，但仍然保持其纤维状态，进而保持高比表面积和多毛细管等特性。制备的方法一般是通过醚化、酯化、接枝共聚等方法中的一种或几种，以制备纤维素基吸水性材料。

合成树脂系高吸水性树脂自 20 世纪 70 年代以来迅速兴起，已成为高吸水性树脂发展的重要方面。现在已工业化生产的高吸水性树脂以合成树脂系——聚丙烯酸钠占主导地位。合成树脂系高吸水性树脂目前的种类也很多，主要有丙烯酸(盐)类、丙烯腈类、聚乙烯醇类等。其中以聚丙烯酸(盐)类最重要。合成树脂系高吸水性树脂实际上是一种低密度交联的高分子聚合物。水溶性高分子根据交联程度的增加，逐渐由水溶性转变为膨润性的树脂，若进一步交联就成为吸水性树脂。依交联程度可分为交联度高和交联度低两种。交联密度越低，水分子越容易渗入分子链间使高分子网络膨胀，进一步亲水而凝胶化，成为高吸水性状态。但交联密度不能太低，否则就会溶解于水，起不到固定水的作用。因此在不溶于水的前提下处于低交联程度的亲水性高分子，才可以称为高吸水性高分子。

卫生用品是最早使用高吸水性树脂且应用研究比较成熟的一个领域。由于高吸水性树脂具有吸水率高、保水性强、安全无毒、质量轻等优点，广泛用于一次性婴儿尿布、妇女卫生巾、宇航员尿袋、餐巾、手帕、母乳垫片、手术衬垫、外科绷带等有吸液要求的制品。目前，卫生用品是高吸水性树脂的主要应用领域，占其消费总量的 80%～95%。此外，高吸水性树脂在药物中也常用作辅助材料。

高吸水性树脂在农业、林业、园艺领域的应用也非常重要，作为土壤的改良剂和保水剂可以改善土壤的团粒结构，提高土壤的透气性和透水性，现已被许多国家用来治理沙漠。高吸水性树脂还可用作种子保水剂，提高发芽率；涂于植物根部，可防止根部干燥，减少移植休克，提高成活率。此外，还可用于水果保鲜、农用薄膜防雾、农药和化肥的缓释剂等。

除了以上重要应用，高吸水性树脂由于其优良特性还可应用于食品包装材料、油水分离剂、灭火剂、耐用碱性电池、光纤电缆的防漏剂、人造雪、空气清新剂等许多领域。

## 10.4　生物医用高分子

生物医用材料是指以医疗为目的、用于与生物组织接触以形成功能的无生命的材料，被广泛地用来取代和(或)恢复那些受创伤或退化的组织或器官的功能，从而提高病人的生活质量。生物医用材料主要有金属、陶瓷和高分子材料。由于生物体结构物质(如纤维素、蛋白质)，生物遗传物质(如 DNA、RNA 等)都是高分子化合物，因此高分子材料是生物医学材料中发展最早、应用最广泛、用量最大的一类材料。生物医用高分子既可以来源于天然动植物资源，也可以人工合成，性能和形态上具有多样性，易于加工成复杂的形状和结构，并且易于与其他材料复合以克服单一材料的许多不足，因此高分子材料几乎涉及了生物医学的各个领域。

一般来说，生物医用材料需具备以下一些基本特性：首先，无急性毒性、致敏、致炎、致癌和其他不良反应；其次，具有良好的生物力学性能和良好的加工性能；最后，对于体内使用的医用材料，还必须具有良好的组织相容性、血液适应性和适当的生物降解性。所谓适当的生物降解性可将生物医用高分子分为非降解和可降解两种。对于一些长期植入人体内的医用高分子材料，要求具有很好的耐生物降解性，在生物环境中能长期保持稳定，不发生降解、交联或物理磨损等，并具有良好的物理机械性能，不致因发生生物降解而需定期更换；而有些高分子材料植入人体内后，只需在一定时期内发挥作用，在完成其功能后必须从体内去除，如外科手术的缝合线、医用黏合剂和接骨材料等，这就需要具有可控、良好的生物降解性，在使用周期内可保持所需性能。使用完后可被生物机体逐渐降解吸收或代谢。非降解型高分子主要包括聚乙烯、聚丙烯、聚丙烯酸酯、芳香族聚酯、聚硅氧烷、聚甲醛等。可降解型高分子主要包括胶原、脂肪族聚酯、甲壳素、纤维素、聚氨基酸等。

根据使用的目的或用途，医用高分子材料还可分为医用修复材料、植入材料和高分子药物等，如表 10.3 所示。

### 10.4.1　修复性医用高分子材料

人体组织通常可分为软组织(如皮肤、血管、软骨、韧带等)和硬组织(如骨、牙等)两大类，相应的高分子医用材料在组织修复上的应用也可分为软组织修复材料和硬组织修复材料。可应用于软组织修复的高分子材料是一些具有生物惰性和生物相容性高分子材料，常用的有聚对苯二甲酸乙二醇酯(PBT)、聚四氟乙烯(PTFE)、聚丙烯(PP)、聚氨酯(PU)和硅橡胶、异丁烯/聚苯乙烯嵌段共聚物等。填充材料是一类用来弥补容貌缺陷、萎缩或者发育不完全，使之符合审美要求的医用材料，常用的高分子材料有硅橡胶、聚乙烯(PE)和聚四氟乙烯等。

**表 10.3　高分子材料的医疗用途**

| 领域 | 用途 | 举例 |
|---|---|---|
| 治疗 | 受损组织的修复或置换 | 人工骨头、关节、牙齿、人工心脏瓣膜、人工血管、眼球晶状体、隐形眼镜、人工皮肤等 |
| | 辅助或暂时取代受损器官的生理功能 | 人工心脏、人工肺、心脏辅助系统(起搏器等)、人工血液、人工肾、人工肝、人工胰 |
| | 日常医疗用品 | 乳胶管、导管、注射器、手术缝合线、医疗器械等 |
| 药物成分 | 改善药物动力学的新型药物释放系统 | 药品控制释放的载体、靶向给药体系 |
| | 高分子药物 | 小分子药物的高分子化、高分子药物 |
| 诊断检验 | 药品、病毒、生理、组织活性等项目的检验 | 高灵敏度、快速响应的试剂和工具，临床检验等 |
| 生物工程 | 体外组织培养 | 细胞培养的合成基质或载体颗粒、细胞融合、组织工程支架材料、杂化器官的添加剂 |
| | 血液成分分离 | 血液分离、细胞分离、除去毒害物质 |

用于血管移植的材料必须具有血液相容性，且其机械性能与疲劳性能也必须与主体血管相近。作为体内使用的医用材料不可避免地将要与血液接触，而血液与异物表面接触时很可能发生溶血或凝血而形成血栓。因此，材料与血液的相容性问题也是医用材料在应用中不可忽视的一个问题。用于血管移植的高分子材料一般包括聚酯无纺布(用于大直径人造血管)和聚四氟乙烯(用于中等直径人造血管)。

伤口包扎材料包括：烧伤包敷材料，多采用生物降解性高分子，如骨胶、壳聚糖、聚乳酸等；高分子绷带，由纱布浸渍聚氨酯预聚体制成；外科缝合线，一般采用可生物降解聚合物，如聚乳酸(PLA)、聚对二氧环己酮(PPDO)、聚丙交酯–乙交酯(PLGA)共聚物等；医用胶黏剂，如$\alpha$-腈基丙烯酸丁酯(504 胶)。

用于外科修复材料的可生物降解聚合物通常是脂肪族聚酯，其分子结构单元中的酯键在生理环境下会逐渐发生水解反应，降解为小分子化合物，从而进入代谢被人体吸收或排出体外，其降解产物一般为小分子羟基和羧基化合物，具有良好的生物相容性。一些常见的脂肪族聚酯如式(10.3)所示。

硬组织修复材料包括骨固定材料和人工骨等。理想的骨固定材料是一些生物降解性高分子复合材料，随着骨折的愈合，骨钉、夹板材料等也逐渐地被人体分解吸收，不需要像金属材料或非生物吸收性材料一样需要进行二次手术，常见的包括聚对二氧环己酮(PPDO)、聚丁二酸丁二醇酯(PBS)、聚羟基丁酸酯戊酸酯共聚物(PHBV)等。人工骨用以置换病人体内无法愈合的伤骨和关节。人工骨将长久地留在人体内代替骨的功能，对材料的机械性能要求很高，用于制备人工骨的主要是一些高强度、高耐磨性、生物惰性的高分子复合材料，如陶瓷/超高相对分子质量聚乙烯复合材料。丙烯酸酯树脂是较早使用的牙冠修复高分子材料，但其存在机械强度较差、使用寿命较短等缺点，因此现在多已被一些牙科复合树脂所取代。

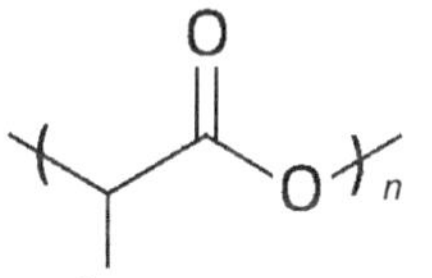

聚乳酸(PLA)

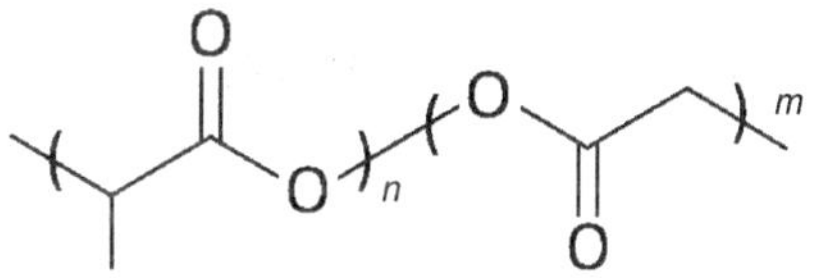

聚乙丙交酯(PLGA)

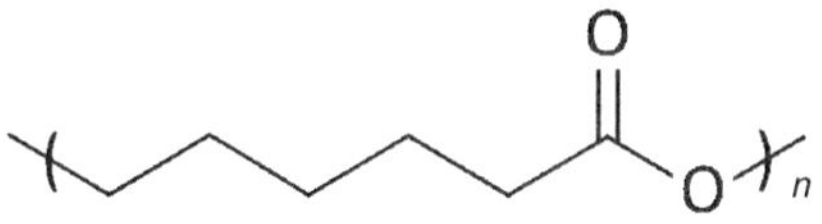

聚己内酯(PCL)

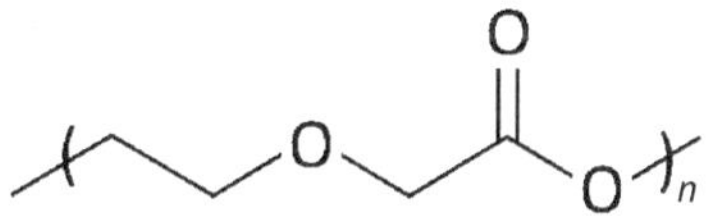

聚对二氧环己酮(PPDO)

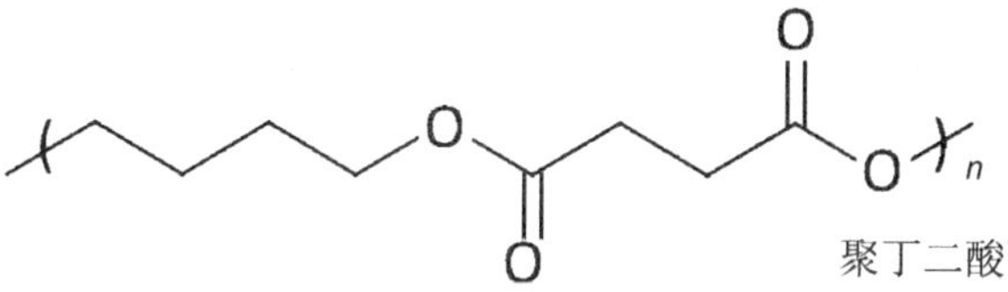

聚丁二酸丁二醇酮(PBS)

(10.3)

组织工程中的一个重要技术是首先以高分子材料构建支架，在其上种植器官或组织的生长细胞，在相应营养素和酶的促进下，使之逐渐生长形成自然组织，是一种用来修复、维持或提高组织功能的一种外科替代疗法。组织工程支撑材料以多孔固体支撑材料应用最为广泛。用于组织工程多孔固体支撑材料的高分子主要是一些线形脂肪族聚酯，包括有聚羟基乙酸(PGA)、聚乳酸、羟基乙酸和乳酸的共聚物(PLGA)，这类材料具有良好的力学性能和可生物降解性。

### 10.4.2　药用高分子材料

高分子材料在药物中的应用主要有两大方面：药物辅助材料和高分子药物。

药物辅助材料指高分子本身不具有药理活性，而只是辅助药物能更好更有效地被人体吸收、利用和代谢的一类材料。常用的药物辅助高分子材料包括：充填材料，即通过高分子材料来控制药物的可压缩性、硬度、吸潮性、脆性等；黏合剂与黏附材料，通过高分子材料黏合解决药粉压缩性差、自身难成片的问题；崩解材料，通过亲水性高分子的溶解性防止药物因压缩产生的黏结；包衣膜材料，抑制外界湿气、氧等对药物的腐蚀作用，或抑制药物本身的气味或挥发问题；保湿材料，通过疏水性高分子抑制药物中水分的挥发，或通过亲水性高分子吸收水分以保持药物的含水量。

将高分子载体材料与药物复合，再通过不同的控制机理实现药物的缓慢、靶向、可控释放是药物辅助高分子材料的一个前沿研究热点。控制释放机理包括：

(1) 可溶性高分子载体的缓慢溶解释放药物。由于高分子化合物的溶解是一个缓慢的过程，因此将药物与水溶性高分子载体混合均匀后制成片剂或微粒，利用高分子载体溶解慢的特性，使药物缓慢释放。

(2) 通过高分子载体的生物降解释放药物。通过可生物降解聚合物的降解过程，将负载在聚合物基体里的药物逐步缓慢释放。通过高分子载体的降解速度来调节药物的释放速度。

(3) 在压力、温度、pH 等外部环境调控药物的释放。将药物用高分子载体包裹，利用高分子载体在不同环境下溶解性/溶胀性的不同，使之选择性地在特定条件下释放药物。例如，胃液是酸性的(pH=1~2)，肠液是微碱性的(pH=7~8)，若选用一些含羧基的水凝胶作载体，在胃酸环境下，由于羧基之间的氢键作用，水凝胶的结构紧密，溶胀度小，其包裹的药物难释放；而在肠的微碱性环境下，羧基被离子化，水凝胶溶胀，所负载的药物就逐渐被释放出来，从而实现对肠的定向给药。又如，聚 *N*-异丙基丙烯酰胺(PNIAAm)在 37℃以下的水溶液中可良好分散溶解，而大于 37℃时，聚合物发生低临界相转变，溶解度大幅下降。因此通过 PNIAAm 交联聚合物的这种特殊温度响应性，即可实现药物在不同温度下具有不同释放速度。

高分子药物是高分子材料在药用中的另一重要应用。我国是医药文明古国，在天然药用高分子的使用方面历史非常悠久。20 世纪以来，随着药学和有机合成的高速发展，有机低分子药物由于其疗效高、使用方便，为人类的医疗卫生起到了巨大的推动作用。但是，有机低分子药物往往同时也存在巨大的副作用，如过敏、毒性积累等。高分子药物是指高分子本身即具有药理活性基团或药理活性作用，可以直接用作药物。研究发现，高分子药物具有低毒、高效、缓释、长效、与血液和机体相容性好等特点，可以降低用药剂量，避免频繁用药；使药物药理活性更加持久，更有效到达症患部位，从而具有更高的疗效。

药理活性高分子材料通常可分为两类。高分子化的低分子药物是将低分子药物以某种化学方式连接在高分子上。研究表明，低分子药物通常含有羟基、氨基等活性基团，因此可以通过含特定化学基团的高分子与低分子药物偶联起来，得到高分子化的药物。而高分子药物是指高分子链本身即具有药理活性，这类高分子是真正意义上的药物。常见的高分子药物有：聚赖氨酸，很多聚氨基酸都具有良好的抗菌活性，而其对应的氨基酸单体却没有药理活性；聚乙烯基吡咯烷酮(PNVP)，具有良好的血液相容性，是早期的代血材料，另外，PNVP 可以抑制脊髓炎病毒在血液中的活动能力；离子聚合物，如聚阳离子季铵盐是很好的杀菌剂，对病毒和癌症也有一定的抑制作用；聚丙烯酰胺，可减缓动脉硬化的程度，改善血液流动状态。

## 10.5 高分子液晶

1888 年，Reintzer 首次报道了胆甾醇苯甲酯分子的液晶行为，在研究中他发现原本不透明的液体在加热时变得透明。具有液晶性的材料在一定条件下可以进行分子的取向，从而使得材料在不同的方向上表现出不同的物理性质，即各向异性。

1937 年，Bawden 和 Pirie 在研究烟草花叶病病毒时，发现其悬浮液具有液晶的特性。这是人们第一次发现高分子的液晶性。其后 1950 年，Elliott 与 Ambrose 第一次人工合成了溶致型高分子液晶。20 世纪 50~70 年代，美国 Dupont 公司投入大量人力和经费进行高分子液晶的研究，取得了重要的成果，并研制出了强度优于玻璃纤维和钢丝的 Kevlar 纤维。随后，高分子液晶的研究从溶致型转向了热致型。Jackson 等合成了对苯二甲酸乙二醇酯与对羟基苯甲酸的共聚物，可注塑成型，是一种模量极高的自增强液晶材料。时至今日，高分子液晶的应用已经非常广泛，除了电脑显示器、电视、手机、数码相机、数字时钟、电子相框等电子消费品，增强复合材料也是高分子液晶的重要应用领域。

液晶分子通常具有刚性的结构单元，导致液晶形成的刚性结构部分称为液晶单元。按致晶单元与高分子的连接方式，可分为主链型液晶和侧链型液晶。主链型液晶和侧链型液晶根据致晶单元的连接方式不同又有许多种类型。

跟小分子相比，高分子液晶热稳定性有大幅度提高；热致性高分子液晶有较大的相区间温度，黏度大，流动行为与一般溶液显著不同。在常见的液晶中，液晶单元通常由苯环、脂肪环、芳香杂环等通过一刚性连接单元(X，又称中心桥键)连接组成。构成这个刚性连接单元常见的化学结构包括亚氨基(—C═N—)、反式偶氮基(—N═N—)、氧化偶氮(—NO═N—)、酯基(—COO—)和反式乙烯基(—C═C—)等。在致晶单元的端部通常还有一个柔软、易弯曲的基团 R，这个端基单元是各种极性的或非极性的基团，对形成的液晶具有一定稳定作用，因此也是构成液晶分子不可缺少的结构因素。常见的 R 包括烷基、烷氧基、—COOR′、—CN、—OOCR′、—COR′、—CH═CH—COOR′、—Cl、—Br、$—NO_2$ 等。

高分子液晶一般都具有高模量、高强度，并且在其相区间温度时的黏度较低，且高度取向，利用这一特性进行纺丝，不仅可以节省能耗，而且可以获得高模量、高强度的纤维，可用于消防的耐火防护服或各种规格的高强缆绳；另外，经过改性后的高分子液晶还可用于显示材料或信息记录材料；小分子胆甾型液晶已成功用于测定精密温度和痕量药品的检测，高分子胆甾型液晶材料在这方面的应用也正在开发之中。

## 10.6　离子键聚合物

离聚物是分子主链或侧链中含有离子键的共聚物，通常在其高分子链的结构中含有负离子化基团，如羧基、磺酸基等。离子化基团在分子间可以通过二价金属离子形成离子键而使高分子链交联起来。这类聚合物的合成与加工工艺与其他热塑性高分子相似，在加热条件，离子键交联结构被破坏，可以实现熔融加工。冷却后离子基团与金属离子重新形成离子键交联而使得离聚物呈热固性。

对于高分子来说，合成方法和加工方式对其性能有很大影响。对于离聚物尤其如此，其中金属键的位置、数量、性质和分布很大程度上决定着它的性质。很多工业化的离聚物是首先向大部分的未离子化的预聚物中加入含金属的反应物，再通过加热和搅拌的方法获得离聚物。金属与酸根的离子键(成盐)形成物理交联点(如 5.2.6 小节所示)，使得离子聚合物表现出一定的热固性材料的特性。

离聚物通常都具有好的韧性、高的硬度以及耐磨性能、良好的透明性、高的熔体强度、较好的拉伸性能和耐油性，金属离子的存在还可以催化聚合物在加热条件下成碳，因此离聚物通常具有阻燃性。

磺酸离子型三元乙丙橡胶可以制成多种橡胶产品，包括鞋类黏合剂、管材和压延片材等，其全氟化离聚物的商品牌号为 Nafion，可制成膜、应用在化工分离、废酸再生、电化学燃料电池、离子选择分离、电渗析和氯的生产中，也可以用作化学合成和加工固态催化剂。

## 参考文献

何天白，胡汉杰. 2001. 功能高分子与新技术. 北京：化学工业出版社
焦剑，姚军燕. 2007. 功能高分子材料. 北京：化学工业出版社
李建颖. 2005. 高吸水与高吸油性树脂. 北京：化学工业出版社
李玉宝. 2003. 生物医学材料. 北京：化学工业出版社
辛志荣，韩冬冰. 2009. 功能高分子材料概论. 北京：中国石化出版社
徐又一，徐志康. 2005. 高分子膜材料. 北京：化学工业出版社
赵长生. 2009. 生物医用高分子材料. 北京：化学工业出版社
赵文元. 2006. 聚合物材料的电学性能及其应用. 北京：化学工业出版社

# 第 11 章　高分子复合材料

## 11.1　引　　言

复合材料(composite)是指包含两种或两种以上物理化学性质不同并以一定程度上的相分离形式混合在一起的材料。一般来说，其中一种为连续相(continuous phase)，另一种为功能增强相，也称分散相(dispersed phase)。复合材料的总体性能应优于各单独组分材料，或在某些方面可能具有独特性能。这种性能变得更好的效应称为复合效应或协效。因此，复合材料应与简单的混合填充材料有所区分。从某种程度上说，复合材料与人类息息相关，这是因为实际应用的材料很少有单一组分的情况，而总是由多种不同物质共同构成。从狭义上来说，高分子复合材料是指高分子与另外不同组成、不同形状、不同性质的物质复合而成的多相材料，大致可分为结构复合材料和功能复合材料两种。广义上的高分子复合材料则还包含了高分子共混体系，统称为“高分子合金”。当分散相为金属/无机物时，则称为有机/无机高分子复合材料；而当分散相为异种高分子材料时，则称为高分子共混物。自然界中有大量的高分子复合材料的例子，如树木、蜂巢、燕窝等。本章中我们将重点对高分子结构复合材料、高分子共混体系进行简单的介绍。

## 11.2　高分子结构复合材料

高分子复合材料的分散相可以是具有增强增韧、承受应力作用，对材料总体力学性能改善的物质，也可以是起功能化作用的物质。前者称为结构复合材料，后者称为功能复合材料，如某些电导、半导、磁性、发光、压电材料。

高分子结构复合材料应用非常广泛，日常生活中常见的一些高分子材料，如玻璃钢、汽车轮胎、家用电器外壳等，都是结构复合材料。用于结构复合材料的分散相种类很多，按分散相的形状大致可分为粒子增强、纤维增强、层状增强。

与复合物相比，基体材料本身及增强材料本身(如玻璃纤维)强度有时候都不是很高。而当它们结合在一起却具有很高强度。这是因为聚合物基体可以将被施加的压力转移并分配到增强材料上。

### 11.2.1　纤维增强复合材料

纤维增强的机理，存在一个关于纤维长度和与基体材料之间黏结的关系。假设只有纤维的尖端(一端)置于树脂中(图 11.1)，当拔出纤维时，黏结被破坏，纤维从基体中被拔出而未发生断裂。逐步将纤维插入基体更深一些，再拔出纤维。一直重复这个实验，直到纤维在被拔出基体之前就断掉。纤维拔出时刚好发生断裂时的纤维在基体中的深度即为临界纤维长度，在这点上纤维的强度和基体与纤维之间的黏结达到平衡，只有超过临界纤维长度时，纤维才能起到承担应力的作用，从而对基体材料起到增强效果。纤维的强度随直径增加而增大，但其临界纤维长度随直径的增加而降低，因此在制备纤维增强材料时需要在纤维的长度和直径之间取得最优的平衡。纤维长度大于其临界纤维长度的称为连续性纤维，而小于其临界纤维长度的则为非连续性纤维或短纤维。短纤维几乎不能转移应力，因此也几乎没有增强作用。因而，我们一般选用长度超过临界纤维长度的纤维。

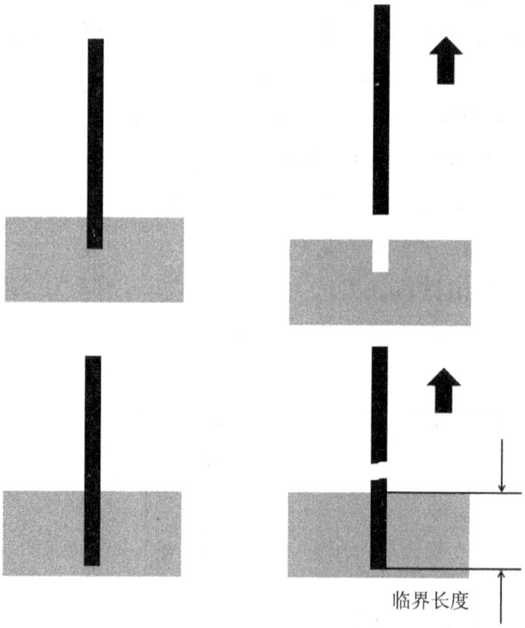


图 11.1　临界纤维长度

目前应用最为广泛的纤维增强复合材料大致可以分为三类：玻璃、炭(石墨)、芳香族尼龙(芳纶)。玻璃纤维是将熔融的玻璃拉丝后冷却制得的，主要为无定形态。纤维状的碳包括碳纤维和碳晶须。由于巨大的芳香环结构，这些基于碳的纤维状物质通常具有非常高的强度。碳晶须是六角形碳原子片层以层叠有序排列形成的层状材料。碳纤维通常采用聚丙烯腈纤维制备，即腈基单元在高温下逐步的分子内环化–脱氢石墨化过程，如图 11.2 所示。常用的芳纶纤维有两种：聚间苯二甲酰间苯二胺(Nomex®)较为柔韧，应用于韧性要求更高的材料中；而聚对苯二甲酰对苯二胺(Kevlar®)具有更高的强度与刚性，应用于强度要求更高的材料。一般来说，基体与纤维间应有良好的黏结，但在某些特殊情况下也并非如此，例如，在防弹衣中，芳纶纤维从基体中有效地脱除将有利于吸收外部冲击能量。

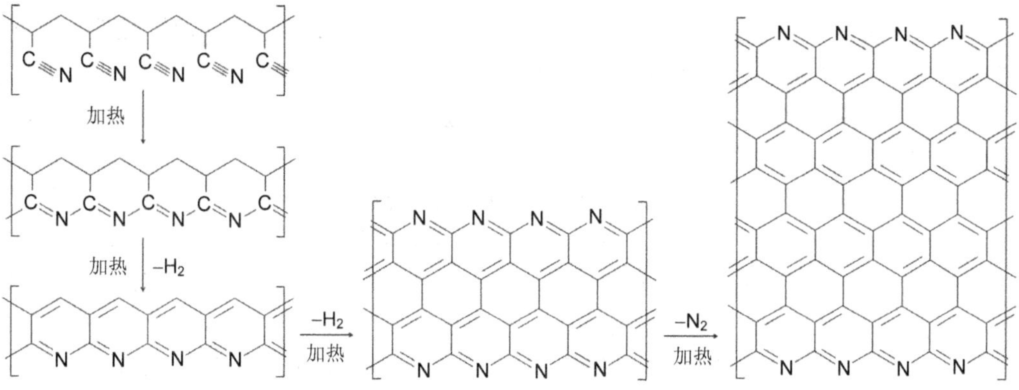


图 11.2　由聚丙烯腈制备碳纤维

制备纤维增强复合材料的工艺较多，对于热固性聚合物包含以下几种：缠绕成型、部分交联树脂预浸渍纤维和挤出成型。挤出成型的方法通常用于制备棒、管、柱等形状的制品，其连续纤维具有恒定的横截面形状。部分交联热固性树脂进行连续纤维预浸渍的工艺称为“预浸渍成型”，是指取向排列的连续纤维等浸渍树脂后形成的厚度均匀的薄片状半成品，又称预浸带。将预浸带直接以模压等热固性加工方法成型即可获得所需形状的制品。缠绕成型是在控制张力和预定线形的条件下，以浸有树脂胶液的连续丝缠绕到芯模或模具上来成型纤维增强复合制品。这种方法通常适用于制造圆柱形和球形等回转体，随着新机械的发展，也可以绕成复杂的形状及设计图案。

对于热塑性聚合物来说，纤维增强材料的加工要简单得多，一般直接将基体聚合物与玻纤混合即可。加工过程中聚合物熔体在剪切和拉伸作用下，纤维逐步取向，沿轴向规整排列。

### 11.2.2　粒子与层状增强复合材料

如果纤维长度低于临界长度，与基体之间没有足够的黏结，那么可将纤维视为仅作为填料的颗粒。很多填料价格便宜，因而只用来增加材料的体积，降低材料价格，但却不能显著提高材料的整体强度。但有一些添加填料的材料也可以纳入复合材料的范畴。如混凝土，只要加入的颗粒相对较小，且尺寸大致相同，并能均匀分散在混合物中，它们也会起到增强作用。该混合物各组分堆积紧密且具有良好的界面相互作用，因而具有比纯水泥更高的强度。这是由于该混合物中含有不同尺寸的填料，即尺寸较大的粗沙及尺寸较小的细沙，而细沙有助于填补小石头之间的孔隙的缘故。水量能调控不同组分间的混合与相互作用。需要保持足够量的水分，以有利于表面湿润及反应，但是水太多又会生成大的孔隙，使水泥强度降低。

高分子粒子增强复合材料即是将小尺寸的粒子高度弥散地分布在高分子基体中。例如，酚醛树脂中掺入木粉的电木、碳酸钙粒子改性热塑性塑料的钙塑材料(合成木材)等。与纤维复合材料相比，粒子复合材料通常是各向同性的，承受载荷的主要仍是高分子基体材料，均匀分散的粒子材料可以阻碍导致塑性变形的分子链运动，因此粒子复合通常可以同时起到增强和增韧的作用。粒子直径一般在 0.01~0.1μm 范围内时增强效果最好。如果粒径过大，在粒子与基体界面的应力就会相对集中，造成受力不均；而如果粒径过小，则近于固溶体结构，粒子难以起到阻碍分子链运动的作用(但对于纳米复合材料情况又有所不同)。

高分子粒子复合材料的加工较为简便，通常是将粒子直接添加到高分子基体的熔体或溶液中，在剪切、振荡等作用下分散，最后固化或冷却成型。常用的粒子包括无机物类，如二氧化钛($TiO_2$)、碳酸钙($CaCO_3$)等，也可以是有机高分子材料，例如，高抗冲聚苯乙烯(HIPS)即是在 PS 基体中加入增韧的橡胶粒子。

层状复合材料是指在基体中含有多重层片状高强高模量增强物的复合材料，是一种各向异性的复合材料(层内平面二维同性，层间各向异性)。多层黏合、具有表面涂层的高分子材料等都是层状复合材料。结构层状材料在建筑、运输及包装等领域都有广泛应用。

层状结构复合材料由二维片状材料组成，可以是均相与非均相复合材料的片层状组合。单层材料在某一方向上具有更高强度。各层呈一定角度互相叠加，通过高分子基体结合在一起，各片层之间的作用力以物理作用为主。

层状结构复合材料的加工工艺根据材料特性不同有所不同。如热塑性的层状复合材料可采用共挤出工艺生产。热固性的层状复合材料一般是先将增强片材预浸渍在树脂中，再将浸渍片材叠在一起热固成型；也可以直接将各层表面用热固性树脂黏合在一起。例如，层压复合材料由芯材及强度更高的包覆层组成，可用作结构增强材料、耐高温材料等。一般芯层较轻、相对具有高强度的外层，在一定程度上起着填料的作用。简单的瓦楞纸板就是蜂窝状层状芯材结构的例子(图 11.3)。

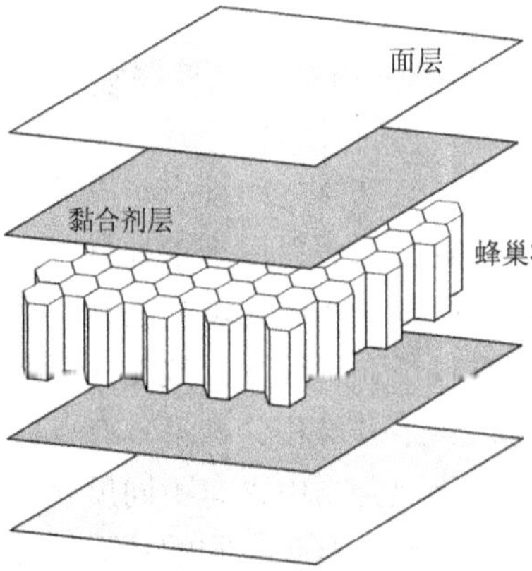


图 11.3　瓦楞纸的层状复合结构

### 11.2.3　高分子结构复合材料的应用

高分子结构复合材料具有高强度、低质量、耐腐蚀和易加工等优良特性，因此很早就在船舶工业(如划艇、帆船、赛艇、快艇及大型海船的制造)中有大量的应用。高分子结构复合材料的应用不仅提供了与钢铁等金属材料相近甚至更优的力学性能，还大幅降低了船只的质量，并且能够很好地抵御海水侵蚀。目前船体用的复合材料通常都由玻璃纤维或玻璃纤维/碳纤维复合增强材料组成，芳纶也有所应用。

在航空航天领域，飞行器保持高速运动都需要大量的燃料，所以降低飞行器质量是降低能耗、增加航程的关键所在。以航天飞机为例，部分固体推进剂储藏罐是由普通玻璃纤维和玻璃纤维/碳纤维复合材料构成的；货舱门是由碳纤维/环氧树脂/蜂窝状材料构成的层状复合材料。隐形飞机的主体也大量采用是用碳纤维增强环氧树脂复合材料，以减少金属材料的使用，有助于大幅降低飞机对雷达波的反射。成功穿越英吉利海峡的第一架人力飞机也含有大量轻质的复合材料，从而使得人力驱动成为可能，其基体材料为碳纤维/芳纶增强环氧树脂。高分子复合材料在波音飞机上的使用也可以从一定程度上反映出其快速发展的趋势，图 11.4 显示了高分子复合材料在波音系列客机中的使用情况。从图中可以看出，复合材料在大型客机中使用量越来越大，最新式的波音 787 飞机已含有约 50%的高分子复合材料。大量采用复合材料使得波音 787 燃料消耗大幅降低、碳排放减少，此外高分子材料还使得飞机具有低噪声、较高可靠度、较低维修成本等优点，航程覆盖达到 6500~16 000km，可实现远程的点对点不经停直飞航线。因此波音 787 又被称为“梦想飞机” (dreamliner)，是航空史上首架超长程中型客机。

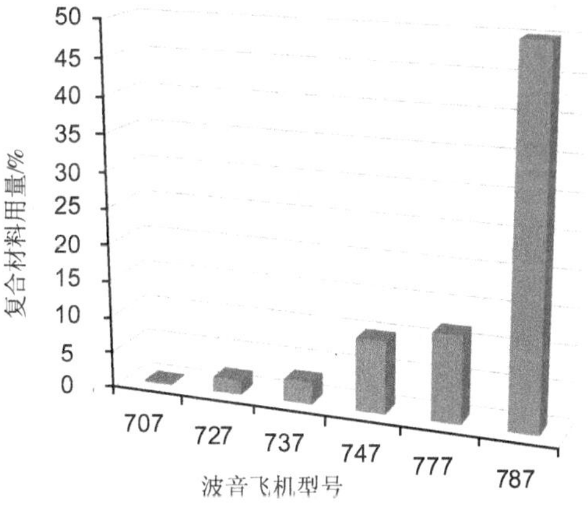


图 11.4　波音飞机中高分子复合材料的使用情况

体育运动器械是复合材料另一重要应用，如高尔夫球棒、羽毛球和网球的球拍、棒球棒、自行车框架、冲浪板、滑板、篮球篮板以及钓鱼竿等。以滑雪橇为例，其顶部和侧面是由具有较低玻璃化转变温度的 ABS 聚合物构成，可以在较低温度下保持其柔韧性。聚氨酯构成其芯层及阻尼层，可用作填料并改善抗震性；底部是一种碳纤维浸渍基体的复合材料，具有硬、强及耐磨等特性。它含有多层玻纤，其中双向玻纤层位于聚氨酯层的外层，提供扭转硬度；单向玻纤层提供纵向硬度。唯一的非复合材料是硬化钢边，所有的材料组合构成的滑雪橇具有轻质、高强度、高柔韧性、减震的综合特点。

高分子结构复合物材料在汽车工业方面也有大量的运用，如各种玻璃纤维、碳纤维和芳纶纤维增强的工程塑料(如尼龙、PBT、PET、POM 等)。复合材料也应用于生物材料。与金属相比，高分子/羟基磷灰石复合材料制备的人工骨非常轻，具有生物惰性，也具备足够的强度，所以可用在人工组织中。目前碳纤维/环氧树脂板也已逐渐代替了钛金板在骨外科上的运用。

## 11.3　纳米复合材料

多相体系其相尺寸至少有一维在纳米尺度，就可称为纳米复合材料。当复合材料的分散相达到纳米尺度时，其界面原子占极大比例，从而构成与晶态、非晶态均不同的一种新的结构状态。其独特的表面效应、体积效应和量子尺寸效应使得材料具有非常特殊的物理性能。

自然界中就广泛存在天然的纳米复合材料，例如，土壤就是一种有机/无机纳米复合材料，可以渗滤、吸附小分子化合物，起到保水、固氮等特殊作用。与传统的非纳米复合材料相比，纳米效应通常是纳米复合体系中各单独组分都不具有的特殊效应，只有在几种物质复合后才产生，这也使得近年来纳米材料受到研究人员的广泛关注。

常用于高分子纳米复合材料的纳米粒子包括层状硅酸盐\黏土\金属氧化物、纳米纤维、纳米微粒等。

### 11.3.1　高分子/纳米层状黏土复合材料

纳米层状黏土的主要成分为层状硅酸盐(layer silicate)，其单位晶胞由一个铝氧八面体夹在两个二氧化硅四面体中间构成，靠共用氧原子形成层状结构，黏土片层厚度在 1nm 左右，如图 11.5 所示。由于铝氧八面体亚层中的部分铝原子被低价原子取代，片层带有负电荷，过剩的负电荷靠游离于层间的 $Na^{+}$、$Ca^{2+}$和 $Mg^{2+}$ 等阳离子平衡，因此容易与

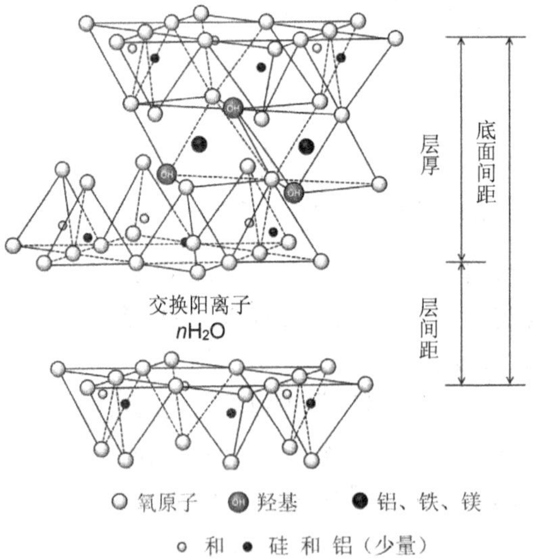


图 11.5　层状黏土结构

烷基季铵盐或其他有机阳离子进行交换反应而生成有机黏土。因此在制备纳米层状黏土

复合材料时，首先需使黏土有机化，常用方法就是用有机阳离子(插层剂)进行离子交换而使黏土内外表面由亲水转为疏水，同时使层间距增大，改善层间微环境，降低表面能，利于单体或聚合物插入黏土层间形成纳米复合材料。常见的层状黏土包括蒙脱土(montmorillonite, MMT)、硅藻土(diatomite)、锂皂石(laponite)、蛭石(vermiculite)、累托石(rectorite)、高岭土(kaolinite)等。

纳米层状黏土根据在聚合物基体中的分散情况可分为“插层型(intercalated)”和“剥离型(exfoliated)”两种(图 11.6)。前者是指有机化黏土的层状结构基本保留而未被破坏，但由于聚合物分子链进入到层间使得层间距有所增大；而后者则是指由于聚合物与黏土层相互作用使得层状结构被破坏，黏土在基体中以分离的片层存在。

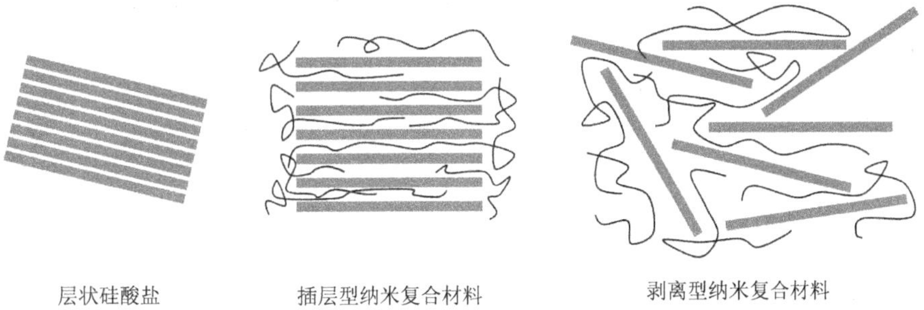


图 11.6　高分子/层状黏土复合材料

添加纳米黏土可以提高高分子复合材料的强度、韧性、热稳定性、阻燃性、气体阻隔性等。对于大多数应用来说，剥离型的纳米黏土复合材料具有更好的增强、阻燃效果；而插层型则可以起到更佳的增韧效果。

### 11.3.2　高分子/碳纳米管/纳米碳纤维复合材料

1991 年，日本 NEC 公司的研究人员饭岛在高分辨透射电子显微镜下检验石墨电弧设备中产生的球状碳分子($C_{60}$)时，意外发现了由管状的同轴纳米管组成的碳分子，这就是现在被称作“carbon nanotube”的碳纳米管(CNT)，又名巴基管。碳纳米管具有典型的层状中空结构，是一种具有特殊结构(径向尺寸为纳米量级，轴向尺寸为微米量级)的一维纳米材料。它主要由呈六边形排列的碳原子构成单层或数层到数十层的同轴圆管，直径一般为 2~20nm。由于其独特的结构，碳纳米管的研究具有重大的理论意义和潜在的应用价值，巨大的长径比和中空的管状结构使其有望用作坚韧的纳米碳纤维，其强度可达钢的 100 倍，质量却不到钢的 1/6；大芳香环离域电子结构使得碳纳米管有望用作为分子导线、纳米半导体材料、催化剂载体、分子吸收剂和近场发射材料等。碳纳米管自问世以来，日益引起了研究者们极大的兴趣，关于高分子/碳纳米管的复合材料研究和开发层出不穷，其独特的性能正在被认识并加以利用。目前碳纳米管的价格仍然比较昂贵，如何降低成本、大量生产有特定结构的碳纳米管依然是重点研究的方向。

碳纳米管直径比碳纤维小数千倍，其性能远优于普遍使用的玻璃纤维，可作为高分子复合材料的增强材料。碳纳米管基本上可分为单壁和多壁两类，其制作方法有很大区别。单壁碳纳米管外径一般为 1~2nm，多壁纳米管直径则根据管壁的数目介于几到几十纳米，它的典型长度一般为 10μm，最长可达 100μm，长径比至少可达 1000：1。由于巨大的芳香环共轭结构，碳纳米管的力学性能相当突出，单壁纳米管平均弹性模量达 1.2TPa，多壁纳米管的平均弹性模量可达 1.8TPa，而拉伸强度实验值可达 200GPa，是钢的 100 倍、碳纤维的 20 倍。尽管碳纳米管的强度非常高，但由于其直径非常细，具有一定的挠度，因此不像碳纤维那么脆，可承受一定程度的弯曲形变。碳纤维在约 1%变形时就会断裂，而碳纳米管要到约 18%变形时才会断裂，因此高分子/多壁碳纳米管与制成的复合材料断裂伸长率较碳纤维的同类制品大。在碳纳米管做成的复合材料中，一根纤维的失效几乎不导致相邻纳米管的过载，因此能将载荷有效地传递到纳米管上，实现增强的目的(图 11.7)。

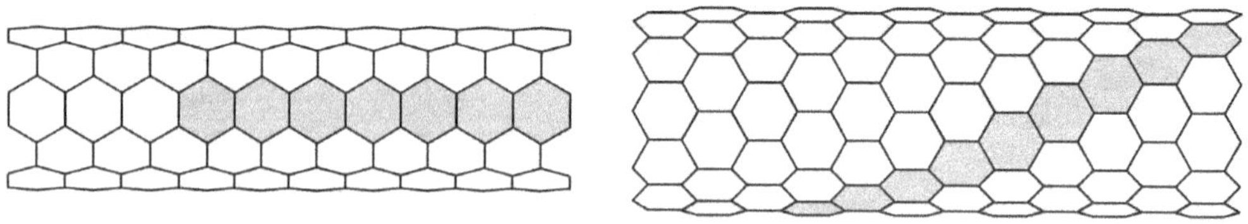


图 11.7　典型的碳纳米管结构

在电性能方面，碳纳米管用作高分子的填料具有独特的优势。碳纳米管上碳原子的 p 电子形成大范围的离域 π 键，由于共轭效应显著，加入少量碳纳米管即可大幅度提高材料的导电性。对于传统的复合材料，为了提高导电性，经常向树脂中加入炭黑，碳纳米管与炭黑相比具有高得多的比表面积，因此，只需添加少量碳纳米管即可达到较好的电导效果。多壁碳纳米管的平均长径比约为 1000；同时，由于纳米管的本身绝对长度不大，而且挠曲性好，因此在混入聚合物基体的过程中能保持其高长径比。研究表明，在塑料中混入 2%~3%的多壁碳纳米管即可使电导率提高 14 个数量级，从 $10^{-12}$S/m 提高到了 $10^{2}$S/m。

用于与碳纳米管复合的高分子基体材料几乎涵盖了所有的高分子类型，其中部分已经获得实际应用。例如，航天器在飞行时外部气流与一般纤维材料(如玻璃纤维)增强的树脂之间产生的摩擦常引起静电而干扰无线通信，而用碳纳米管增强工程塑料可以在大幅度提高基体高分子力学性能的同时解决这一问题。美国国家航空与宇宙航行局(NASA)已开始着手将高分子/碳纳米管复合材料应用于航天领域。目前高分子/碳纳米管复合材料的研究重点是如何利用碳纳米管的优良特性达到材料的增强，或实现提高材料的导电性、电磁屏蔽性和光电子发射性能等目的。

### 11.3.3　高分子/纳米粒子复合材料

纳米粒子的粒径小，比表面积大，因此与高分子复合会产生很强的界面作用，使纳米粒子的刚性、热稳定性、尺寸稳定性与高分子的强度、韧性、介电性、加工性有机地结合在一起，得到性能提升的纳米复合材料。纳米粒子表面存在大量的悬键吸附和晶格缺陷，对聚合物晶区具有诱导结晶，对非晶区具有诱导取向的作用，从而改变聚合物的聚集态结构，增强分子间作用力，束缚分子链的链间运动。纳米粒子表面活性中心浓度大，与基体高分子之间具有很强的相互作用，在基体中产生较多的微变形区，可以起到吸收应力，阻碍分子链相对运动的作用，从而对基体产生增强增韧的作用。目前研究较多的纳米粒子包括无机纳米氧化物(如纳米 $SiO_2$、$TiO_2$、$Al_2O_3$)、纳米硅化物(如纳米 SiC、$Si_3N_4$)、纳米碳酸盐(如 $CaCO_3$、$MgCO_3$)、纳米金属(如纳米 Ag、Cu)等。

纳米 $SiO_2$ 表面有硅醇基和活性硅烷键，能够与高分子基体形成氢键，具有优良的稳定性、增强性、增稠性和触变性，能提高高分子复合材料的耐热性、电性能和力学性能。纳米 $Al_2O_3$ 具有晶相稳定、硬度高、尺寸稳定好等特点，可用于高分子的增强增韧，提高复合材料的耐磨性及力学性能。纳米 $TiO_2$ 具有抗紫外线、抗菌、自洁净、抗老化等优点，可增加产品黏结性，提高高分子基体的耐光氧化、耐老化及力学性能。纳米 SiC、$Si_3N_4$ 等具有高热传导率、耐化学药品腐蚀性能好、低热膨胀系数及高温强度大等特点，可在复合材料中形成细微的弥散相，从而提高复合材料的综合性能。纳米 $CaCO_3$ 有补强性，可提高聚合物复合材料的拉伸性能、弯曲性能、抗冲击性能。纳米银对大肠杆菌、淋球菌、沙眼衣原体等数十种致病微生物都有强烈的抑制和杀灭作用，而且不会产生毒性和耐药性，同时，还对受损上皮细胞具有促进修复作用。此外与纳米金属复合后，高分子复合材料的电性能也会有明显改变，可应用于光电功能高分子材料领域。

### 11.3.4　高分子纳米复合材料的制备

高分子/纳米复合材料涉及的范围较广，制备方法也多种多样，各种制备纳米复合材料方法的核心思想都是要对复合体系中纳米单元自身的几何参数和空间分布参数及体积分数等进行有效的控制。简而言之，就是要使纳米单元保持自身独有纳米结构而不发生积聚，能够均匀分散和分布在高分子的基体中。这需要对纳米单元的初级结构及其聚集体的次级结构同时进行控制。按具体的制备方法可分为如下几类：

(1) 纳米单元与高分子直接共混。该方法是将制备好的纳米单元与高分子直接共混，可以是溶液、乳液、悬浮液共混，也可以是加热熔融形式共混。可用于直接共混的纳米单元的制备方法、种类很多，通常有两种形式的制备：从小到大的构筑，即由原子、分子等前驱体制备纳米单元；从大到小的粉碎，粉碎方法又可分为物理方法、化学方法、物理化学方法三种，使大尺度的材料转变为纳米尺度的分散。此外为了提高纳米材料与基体之间的相容性，在很多场合下还需对纳米分散相进行表面改性，一般是通过纳米粒子表面的活性基团(羟基、羧基、氨基)进一步与有机或高分子试剂进行反应，得到有机化改性的纳米粒子，例如，CNT 表面改性即是通过 $H_2SO_4$、$HNO_3$ 等强氧化性酸将表面缺陷 C 原子氧化为羧酸(—COOH)，然后进一步与含羟基的有机化合物或高分子反应，得到表面有机化接枝改性的碳纳米管。

(2) 在高分子基体中原位生成纳米单元。这种方法是利用高分子特有的官能团的络合吸附及基体对反应物运动的空间位阻，或基体提供了纳米级的空间限制，从而原位反应生成纳米复合材料，常用于制备金属、硫化物和氧化物等纳米单元的功能高分子复合材料。

(3) 在纳米单元存在下单体分子原位聚合生成。这种方法主要是指在含有纳米单元的胶体粒子的溶液中，单体原位聚合生成高分子，其关键是保持胶体粒子的稳定性，使之不易发生团聚。

(4) 纳米单元和高分子同时生成。此法包括插层原位聚合制备聚合物基有机–无机纳米复合材料，利用高分子的聚合过程插层或剥离层状材料，蒸发沉积法制备纳米金属有机聚合物复合膜及溶胶-凝胶法等。

## 11.4　高分子共混物

高分子共混物(polymer blend)俗称高分子合金(polymer alloy)，是一类表观均一，但含有两种或两种以上不同结构的多组分高分子体系的材料。通过共混可提高高分子材料的物理性能、加工性能，降低成本，扩大使用范围。

相容性是高分子共混物在研究和应用中一个重要概念。相容共混体系(miscible blend)指两种高分子可以达到分子级分散，形成均一(homogeneous)体系。不相容共混体系(immiscible blend)表现为两种高分子不能完全混合，而是一种高分子以集聚分散的形式存在于另一种高分子基体(matrix)中。实验表明绝大多数的高分子共混体系均为不相容体系。而不相容性又可分为完全不相容和部分相容。从热力学的角度来讲，两种高分子相容与否取决于共混过程的 Gibbs 自由能变化，对于相容的共混聚合物，有

$$\Delta G_{\mathrm{M}} = \Delta H_{\mathrm{M}} - T\Delta S_{\mathrm{M}} \leqslant 0 \tag{11.1}$$

式中：$\Delta G_{\mathrm{M}}$、$\Delta H_{\mathrm{M}}$和$\Delta S_{\mathrm{M}}$分别为共混聚合物体系的混合 Gibbs 自由能、混合焓和混合熵；$T$ 为共混物体系的温度。由于高分子混合时的熵变值$\Delta S_{\mathrm{M}}$ 很小，而大多数高分子/高分子间的混合是吸热过程，即$\Delta H_{\mathrm{M}}$ 为正值，因此要满足$\Delta G_{\mathrm{M}}$ 小于零的条件较困难，也就是说绝大多数高分子共混体系不能达到分子水平的混合，而形成非均相的“两相结构”。对于相容的高分子体系，也只是在某一温度范围内能表现为相容，像高分子溶液一样，有溶解度曲线，这与小分子混合体系存在最低沸点和最高沸点类似。相容高分子共混体系的相容性与含量的关系如图 11.8 所示。

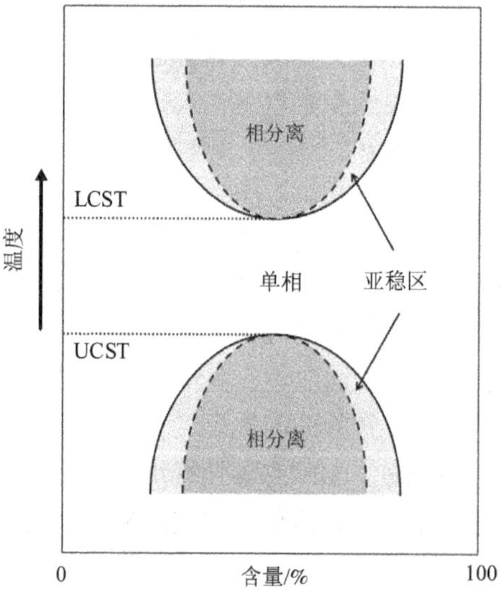


图 11.8　高分子共混体系的相图

其中 LCST 为低临界相转变温度(low critical solution temperature)，UCST 为高临界

相转变温度(upper critical solution temperature)。大部分高分子共混体系具有 LCST，这是高分子相容性的一个重要特点。但由于玻璃化转变温度的存在，UCST 通常都观察不到。应该指出的是，高分子的相容性还与相对分子质量的分布有关。一般地，平均相对分子质量越大，高分子的相容性就越小。

除了采用电子显微镜等手段直接观察共混物相容性以外，研究两组分高分子玻璃化转变温度的变化也是研究高分子相容性的有效手段。高分子共混物的玻璃化转变温度与两种聚合物分子水平的混合程度有直接关系，若两组分相容，共混物为均相体系，就只有一个玻璃化转变温度，此玻璃化转变温度取决于两组分的玻璃化转变温度和质量分数，可以用 Fox 方程来表示。

$$\frac{1}{T_g(\text{blend})}=\frac{W_1}{T_{g1}}+\frac{W_2}{T_{g2}} \tag{11.2}$$

式中：$W_x$ 和 $T_{gx}$ 分别为组分 $x$ 的质量分数和玻璃化转变温度。由于 Fox 方程没有考虑分子间相互作用等影响因素，因此在实际应用中二者的相互关系往往不一定符合 Fox 方程，这时就需要采用其他一些修正的方程，如 Gordon-Taylor 方程，其中 $K$ 值为常数。

$$T_g(\text{blend})=\frac{T_{g1}W_1+KT_{g2}W_2}{W_1+KW_2} \tag{11.3}$$

若两组分完全不相容，形成界面明显的两相结构，就有两个玻璃化转变温度，分别等于两组分的玻璃化转变温度，部分相容的体系介于上述两种极限情况之间，即虽然表现出各自的 $T_g$，但会向二者的中点靠近，也就是说原来 $T_g$ 较低的组分其 $T_g$ 会相应升高，而较高者则相应降低；具体可以用动态热机械法(TMA，模量–温度曲线)、示差量热扫描法(DSC，热焓–温度曲线，图 11.9)以及介电常数等来测定玻璃化转变温度。

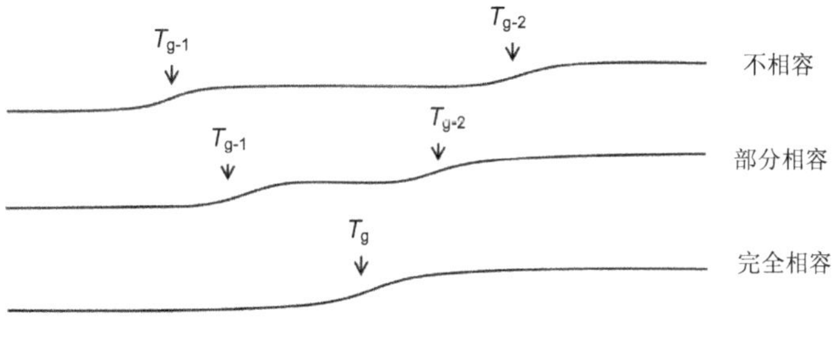


图 11.9 高分子共混体系 $T_g$ 与相容性的关系

不相容体系中两相可以以连续相-分散相分布，也可以以双连续相的网络状分布。这里需要指出的是，分布(distribution)与分散(dispersion)是两种不同的概念。分布指分散相高分子在基体高分子一定范围中的散布情况；分散指分散相的分散程度。通过旋转的方式使流体反复分离和取向来可获得良好分布混合的共混体系。使混合物通过狭窄区域，如挤出加工时的口模，可获得具有良好分散混合的共混体系。如图 11.10 所示。

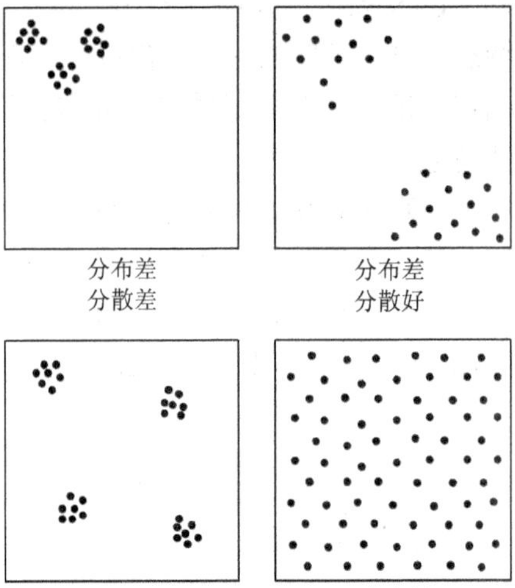


图 11.10 不相容高分子共混体系的分散与分布

相容剂是改善高分子分散相与基体之间相容性，稳定熔融分散混合效果的助剂，通常为两相高分子的共聚物或同时含有与两种高分子具有亲和性基团的化合物。相容剂的不同链段会与共混体系中相应的均聚物部分相互作用，从而降低表面张力，增强分散相与基体的黏附。这一过程即被称为“增容作用”(compatibilization)。

## 参 考 文 献


保罗 D R，巴克纳尔 C. B. 2009. 聚合物共混物：组成与性能. 殷敬华，韩艳春，安立佳等译. 北京：科学出版社

顾书英，任杰. 2007. 聚合物基复合材料. 北京：化学工业出版社

何曼君，张红东，陈维孝等. 2007. 高分子物理. 第三版. 上海：复旦大学出版社

柯杨船. 2009. 聚合物纳米复合材料. 北京：科学出版社

马晓燕，梁国正，鹿海军. 2009. 聚合物-天然硅酸盐黏土纳米复合材料. 北京：科学出版社

麦亚潘 M. 2007. 碳纳米管——科学与应用. 刘忠范译. 北京：科学出版社

倪礼忠，陈麒. 2007. 聚合物基复合材料. 上海：华东理工大学出版社

# 第 12 章　天然高分子

## 12.1 引　　言

自然界构成动植物(包括人类在内)的结构物质中，主要都是高分子。生物的物质基础是各种生物高分子化合物与小分子化合物的组合，生命现象就是这些分子间相互的物理、化学现象。从前面章节中介绍可知，高分子是“由重复单元以化学键连接成的线形长链高相对分子质量化合物”。按照这个定义，天然高分子可以分为：聚氨基酸类，如多肽、蛋白质、酶等；聚磷酸酯类，如核糖核酸、脱氧核糖核酸等；聚多糖类，如淀粉、肝糖、菊粉、纤维素、甲壳素等；橡胶类，如天然橡胶、杜仲胶等；树脂类，如大漆、阿拉伯树脂、琼脂、褐藻胶等。

人们在远古时期，就已经利用天然高分子作为生活资料和生产工具，在人类的发展史中，天然高分子始终起着至关重要的作用。淀粉、纤维素、木质素和橡胶等来源于植物，年产量达数千亿吨，是食物和住所的基础。来源于动物的重要高分子包括蛋白质、核酸、木质素和肝糖等，年产量超过 1000 亿 t。虽然这些物质被单独划分为天然高分子一类，但其在基本性质上与合成高分子都遵循同样的规律。

## 12.2 聚　多　糖

1812 年，Guy Lussac 分析得出多糖类，如淀粉、纤维素等，其碳、氢、氧的质量分数分别是 45%、49%、6%。除以相应的相对分子质量后，得到其最简化学式为 $CH_2O$。因此 Lussac 称淀粉和纤维素为“碳水化合物”(carbohydrate)。

D-葡萄糖是聚多糖(polysaccharide)的重要构建模块或者重复单元。淀粉和纤维素都属于 D-葡萄糖聚合物，但二者重复单元连接方式不同。这些大分子在植物中作为能源物质(淀粉)或结构材料(纤维素)而存在。在人类和其他动物体内作为能量物质储存的是一种叫糖原(glycogen)的聚多糖。糖原是由 D-葡萄糖缩合成的支链多聚糖，其结构与支链淀粉类似，但支链比支链淀粉更多。动物或人摄入的糖类大部分转变成甘油三酯储存在脂肪组织中，只有小部分以糖原形式储存，因此又有“动物淀粉”之称。糖原很易降解为葡萄糖，为各项生理活动提供能量，其意义在于当机体需要葡萄糖时可以迅速被动用以供急需。糖原的聚合(构建)和解聚(分解)过程由胰腺分泌的胰岛素所控制。

从甘油醛(2,3-二羟基丙醛)的分子结构式和骨架式(骨架式中羟基用“—”来表示)可以看出，这种最基本的醛糖类化合物和所有的高相对分子质量醛糖一样均包含羟基和羰基。因此对所有的醛糖，均以醛基碳原子为起始，依次编为 C1，C2，…，C*x*。

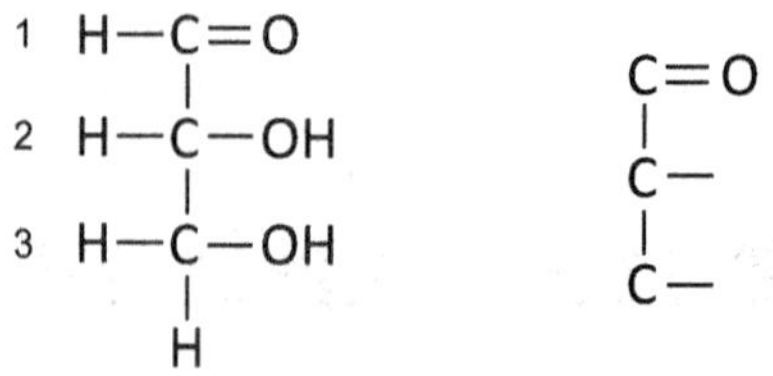


甘油醛　　　　骨架式　　　　(12.1)

由上式可知甘油醛的 C2 分别与四种不同基团(H、HC═O、OH 及 $H_2COH$)相连，因此是一个手性碳原子，与之相连的羟基和氢原子有两种可能的排列方式，二者互为镜像。这种立体异构体又称为光学异构体。根据拉丁语词汇“*dexter*”(右)和“*laevus*”(左)来命名手性分别为右旋和左旋的异构体为“*dextro*”(缩写为 D-)和“*levo*”(缩写为 L-)，如 D-葡萄糖与 D-果糖。有趣的是，自然界天然化合物中几乎只以右旋糖形式存在，而在后面讨论蛋白质时，可以发现天然氨基酸几乎只有 L-氨基酸一种形式。最简单的醛糖甘油醛对映体骨架式如式(12.2)所示：

D-甘油醛　　　　L-甘油醛　　　　(12.2)

含三个碳原子的甘油醛又称为丙糖，含有一个手性碳原子，因而有两种异构体。对于丁糖(四碳糖)、戊糖(五碳糖)和己糖(六碳糖)，由于其手性碳原子数分别为 2、3、4，则其分别可能有 $2^2$ 、$2^3$、$2^4$ 种异构体。总的来说，一个手性分子中可能有 $2^n$ 种光学异构体，$n$ 等于分子中手性碳原子的数目。

水溶液中单糖的线形结构与环状结构相互平衡(图 12.1)，但纤维素和淀粉的多聚糖结构单元以环状结构存在。环状结构又称为吡喃葡萄糖，其中 C1(1 号碳原子)称为异头碳原子(anomeric carbon)，这是因为原本为非手性的醛基碳原子脱水成环时形成了新的手性碳原子，其相邻基团也可以有两种不同的手性排列方式。这两种结构分别称为 $\alpha$-D-吡喃葡萄糖和 $\beta$-D-吡喃葡萄糖。这些吡喃糖和其他所有低相对分子质量的醛糖和酮糖统称为单糖。

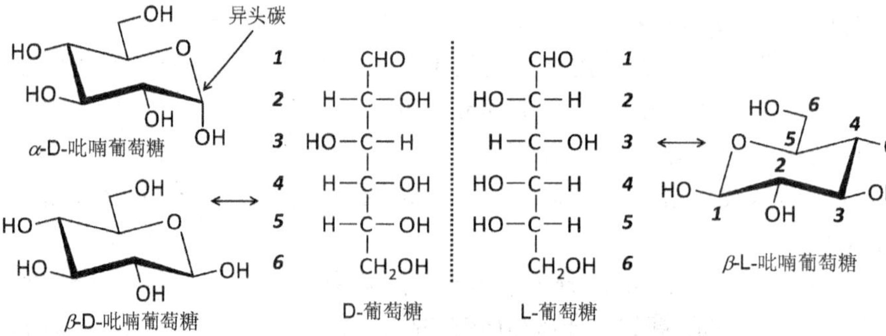


图 12.1　葡萄糖的异构体

### 12.2.1　淀　　粉

淀粉(starch)是植物体中储存的养分，储存在种子、水果、块茎、根茎中，用作主食的农作物中淀粉含量都比较高，例如，大米含淀粉 62%~86%，麦子含淀粉 57%~75%，玉米含淀粉 65%~72%，马铃薯含淀粉 12%~14%，是我们饮食中糖类的主要来源，也是许多动物的食物。

两分子单糖缩合生成二糖。例如，我们日常生活中的食用糖即是一种俗名为蔗糖的二糖。它含有 $\alpha$-D-葡萄糖与 $\beta$-D-果糖单元。连接两个单糖单元的 C—O—C 醚键称为糖苷键。$\alpha$-D-葡萄糖与 $\beta$-D-果糖的 C—O—C 连接称为 $\alpha$ 连接，而 $\beta$-D-葡萄糖与 $\beta$-D-果糖的 C—O—C 连接称为 $\beta$ 连接。两分子的 $\alpha$-D-吡喃葡萄糖能连接起来，生成一分子的 $\alpha$-麦芽糖。从下面的结构式中可以看出，在 $\alpha$-麦芽糖($\alpha$-maltose)中两分子的 $\alpha$-D-吡喃葡萄糖单元是通过 C1 和 C4 之间的醚键或者糖苷键连接的。

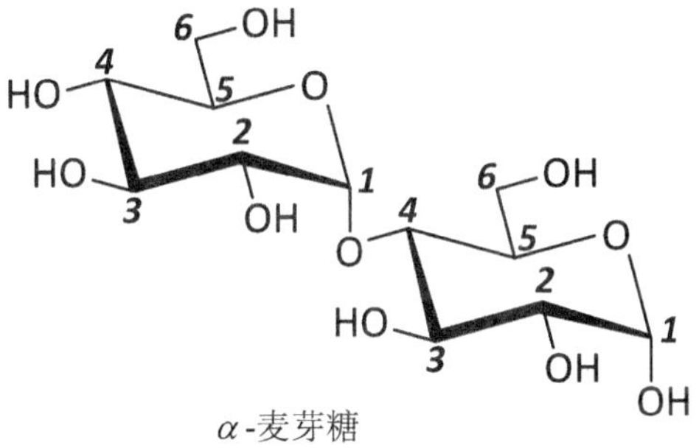


$\alpha$-麦芽糖

(12.3)

在植物中，这种 $\alpha$-D-吡喃葡萄糖单元可以通过缩合聚合生成一种叫直链淀粉(amylose)的聚合物。典型的直链淀粉含有超过 1000 个 D-吡喃葡萄糖单元，其分子链具有一定的柔性并趋向于形成螺旋结构(图 12.2)。碘分子能与这种螺旋状分子很好地结合，并呈现出特征蓝色以检验淀粉。另外一种形式的淀粉叫支链淀粉(amylopectin)，具有高度支化的结构，其在 D-葡萄糖重复单元的 C6 处形成支链。

支链淀粉相对分子质量比直链淀粉更大，一般含有 6000~1 000 000 个 D-吡喃葡萄糖单元，其支化点位于 C6 上，以 1,6-糖苷键相连。支化点间隔为 20~30 个葡萄糖单元。支链上还可以进一步分支，形成与糖原相似的扇状或树状结构(图 12.3)，因此支链淀粉是一种结构非常复杂的材料。和具有特异性、同一性的核酸和蛋白质不同，聚多糖的结构与人工合成高分子类似。在生物体内的合成过程中，往往会在一定长度的聚多糖链形成后发生“模板损坏”，而使得单根分子链的结构单元数量、支化点数量与位置都存在一定的随机性，以至于找到两个完全相同的淀粉分子链的概率非常小。

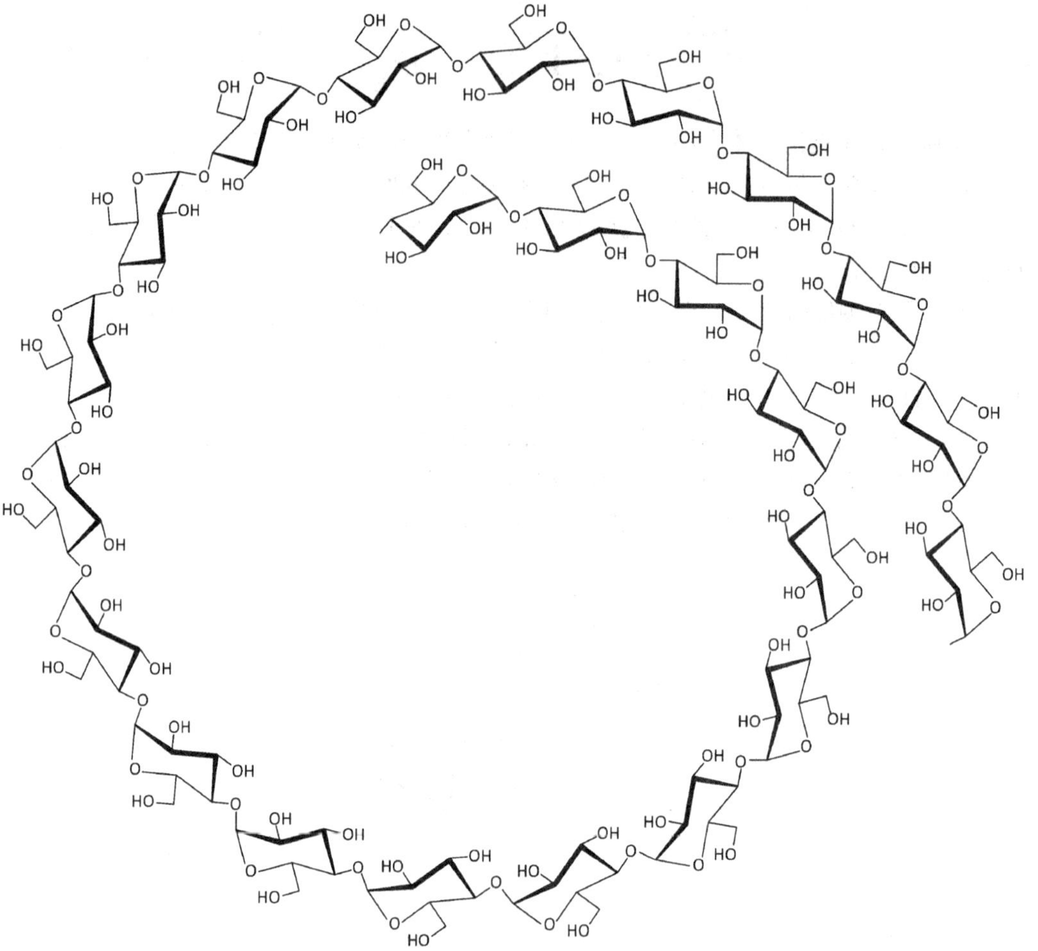

图 12.2　直链淀粉的螺旋结构

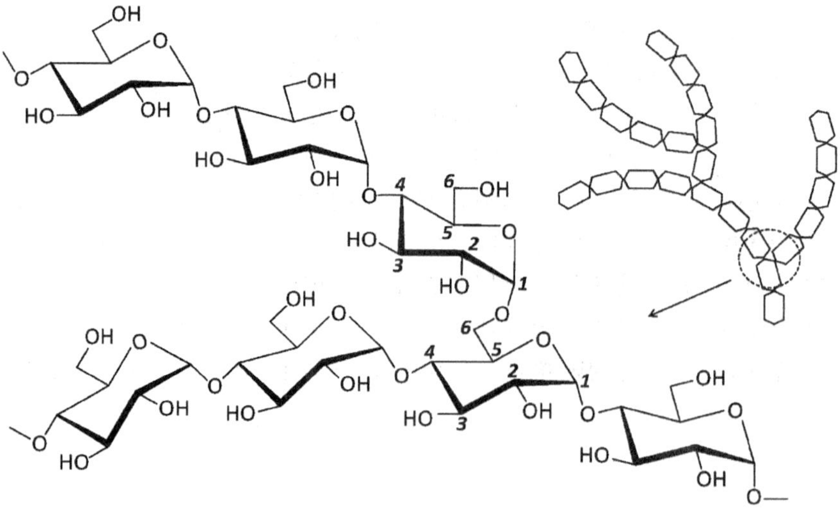

图 12.3　支链淀粉的结构

天然淀粉是一种多分散的大分子，是直链淀粉与支链淀粉的混合物。其中直链淀粉和支链淀粉的比例取决于淀粉的来源。例如，糯米淀粉中含有 98%以上的支链淀粉，支化的分子结构使得分子链之间的缠绕明显增加，因而表现出很高的黏合性。

淀粉分子链间存在氢键，因此淀粉颗粒不溶于冷水，但在热水中会溶胀。当水温持续上升至接近 100℃时，氢键受到破坏，淀粉逐渐分散开来。淀粉在加热过程中要隔绝氧气，否则会发生分子链断裂。高温下分子间氢键作用受到破坏，直链淀粉和支链淀粉都具有水溶性。如前所述，直链淀粉的链趋于螺旋状构型而形成紧凑的结构，因此水溶性要稍差一些。

将淀粉用一种叫芽孢杆菌的淀粉酶(环糊精葡萄糖基转移酶)处理后可得到一系列具有水溶性的环杯状低聚糖：环糊精(cyclodextrin, CD)(图 12.4)。环糊精分为 *α*-、*β*-、*γ*-三种，区别仅在于 D-吡喃葡萄糖单元的数目依次分别为 6、7、8 个。

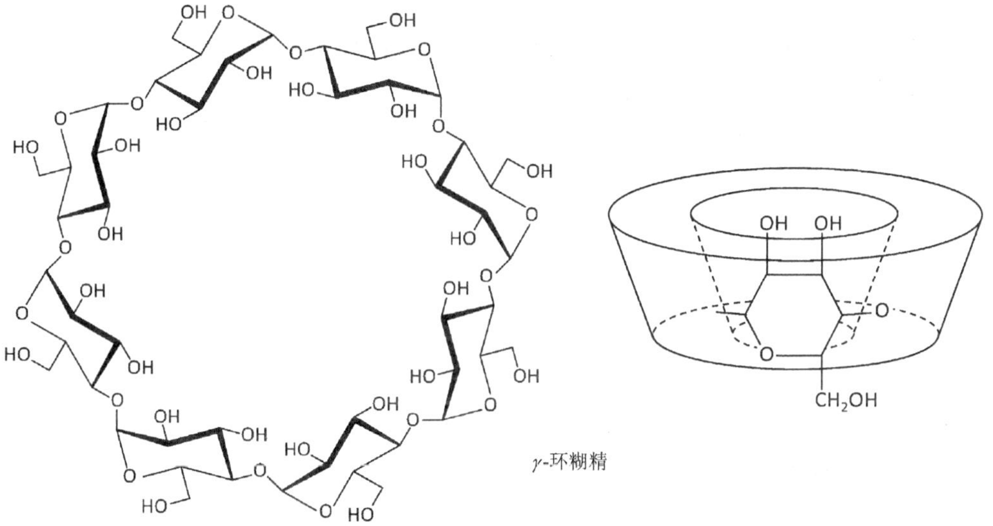


*γ*-环糊精

图 12.4　环糊精的结构

由于环糊精的外缘(rim)亲水(羟基)而内腔(cavity)疏水(六元环)，因而它能够像酶一样提供一个疏水的结合部位，作为主体(host)包络各种适当的客体(guest)形成组装体系，如有机分子、无机离子以及气体分子等。这种选择性的包络作用即通常所说的分子识别，形成的组装体称为主客体包络物(host-guest complex)。环糊精是迄今所发现的类似于酶的理想宿主分子，并且其本身就有酶模型的特性。因此，在催化、分离、食品以及药物等领域中，环糊精受到了极大的重视和广泛应用。

绿色化学是近年来出现的一个多学科交叉研究领域，其目标是在材料的生产、使用、回收的整个过程中，减少对人类健康和环境有害的原料、产物、副产物和溶剂等的使用。淀粉作为一种天然的高分子化合物，具有产量高、价格低廉、可生物降解吸收、对环境无害等优点，因此是一种理想的绿色原材料。然而天然淀粉不溶于冷水、易老化、成膜性差、力学性能差等缺点限制了其广泛的应用。如何从更深度和广度上开发应用淀粉资源已成为国内外研究人员普遍关注的课题。即通过物理、化学或酶的方法对天然淀粉进行改性处理，使其具有原本不具有的特殊性质和用途，这一过程称为淀粉的变性，其产品统称为变性淀粉。

目前，变性淀粉的品种、规格达两千多种，一般根据处理方式可分为以下几大类别。

物理变性：包括预糊化淀粉、γ 射线辐照、超高频辐射处理淀粉、机械研磨处理淀粉、湿热处理淀粉等。这些方法较为简便，无需使用化学试剂进行反应，经过物理处理后淀粉的加工性能、力学性能等得到了一定的改善。但相应的物理方法并没有改变淀粉本身的性质，因而这种改善较为有限。

化学变性：淀粉分子结构单元中含有活性的羟基基团，因此可通过化学改性的方法合成多种淀粉衍生物，衍生产物仍然保持着良好的可生物降解性能。通过改性不仅可改善其原有性质，还可赋予其新的功能性，从而极大地拓展了淀粉的用途。化学变性淀粉主要有两大类：一类是使淀粉相对分子质量下降，如酸解淀粉、氧化淀粉、焙烤糊精等；另一类是使淀粉相对分子质量增大，如交联淀粉、酯化淀粉、醚化淀粉、接枝淀粉等。

酶催化变性(生物变性)：利用酶处理淀粉，使得淀粉的分子链结构发生改变。如通过酶催化制备环糊精、麦芽糊精、直链淀粉等。

复合变性：采用以上两种或多种处理方法得到变性淀粉，如氧化交联淀粉、交联酯化淀粉等。采用复合变性得到的变性淀粉兼具有两种变性淀粉的各自优点。

### 12.2.2 纤　维　素

纤维素(cellulose)是由 D-吡喃葡萄糖组成的大分子聚多糖，不溶于水及一般有机溶剂，是植物细胞壁的主要成分。纤维素是自然界中分布最广、含量最多的一种聚多糖，占植物界碳含量的 50%以上。纤维素存在于超过三分之一的植物中，陆地植物每年大约生产数百亿吨的这种可再生资源，而海洋中的产量则是陆地植物产量的两倍多。其中棉花的纤维素含量接近 100%，为最纯的天然纤维素来源。一般木材中，纤维素占 40%~50%，还有 10%~30%的半纤维素和 20%~30%的木质素。此外，麻、麦秆、稻草、甘蔗渣等，都是纤维素的丰富来源。纤维素是重要的造纸原料。此外，以纤维素为原料的产品也广泛用于塑料、炸药、电工及科研器材等方面。食物中的纤维素(即膳食纤维)对人体的健康也有着重要的作用。

纤维素的相对分子质量为 50 000~2 500 000，相当于 300~15 000 个吡喃葡萄糖单元通过 1,4-$\beta$-连接(吡喃糖单元中与 C1 异头碳原子相连的羟基为 $\beta$-构型，而淀粉为 $\alpha$-构型，图 12.1)，因此纤维素与淀粉的结构单元虽然为异构体，但二者高分子链的几何构型差异很大。具有 $\beta$-连接的纤维素呈线形排列(图 12.5)形成折叠片状结构，羟基比较均一地排列在链外，有利于其紧密接触并形成大量分子间或分子内氢键。这种排列能形成硬而韧、不能溶解的纤维状材料，非常适于作为植物的细胞壁原料。与之相对应的是，直链淀粉的 1,4-$\alpha$-连接得到的是一种螺旋结构(图 12.5)，在这结构中链内部和外部的均存在一些未形成分子间氢键的羟基，因而具有更好的润湿性。纤维素分子间的氢键非常强，使得其不溶于水；而螺旋线形直链淀粉则是水溶性的。而且由于缺乏分子间氢键，直链淀粉具有较高的柔韧性，而不像纤维素那样呈刚性。

在糖类聚合物中由于 $\alpha$-和 $\beta$-连接的不同，不仅引起物理性质的变化，同样也使其可消化性存在差异。人类所拥有的淀粉酶只能破坏 $\alpha$-连接而不能破坏 $\beta$-连接，因此我们能消化马铃薯而不能消化纤维素；而食草动物和白蚁等动物的消化系统中存在能分泌消化 $\beta$-连接多聚糖酶的共生微生物，因此它们能食用纤维素。

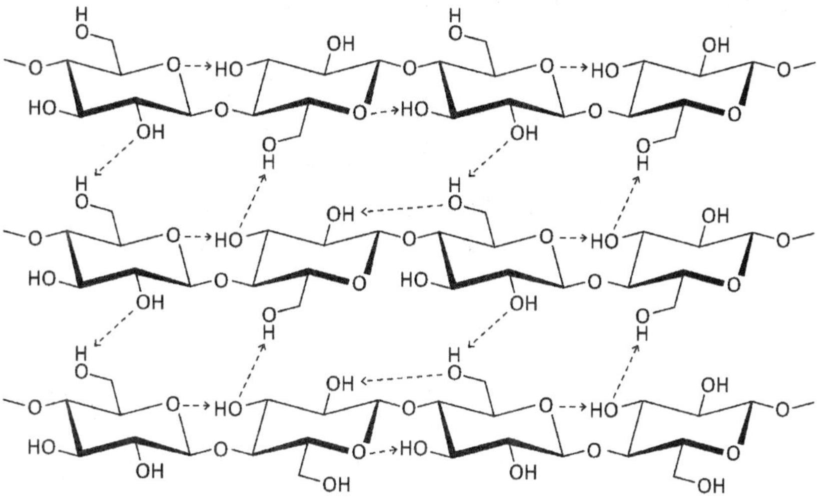

图 12.5　纤维素的分子间和分子内氢键作用

木头的硬度也是纤维素分子和木质素之间的氢键作用的结果。暴露在氨气中的木材会由于氢键遭到破坏而发生降解，所形成的部分降解的纤维素可以进行加工成型。当氨去除后新的氢键会重新形成，从而使加工形状固定。但长期的暴露于碱中会破坏纤维素的糖苷键，并且导致强度永久性的破坏。酸也具有相似的作用，但其破坏糖苷键的速度更快，因此当聚多糖与酸一起加热时会很快降解为单糖(D-葡萄糖)。

随植物来源、生长区域、年龄、季节性条件、处理方式等不同，纤维素多糖的精细的结构也会发生变化，因而使得植物表现出多样性的特点。纤维素的宏观形态通常呈丝状或束状，称为原纤。除了棉花，植物中纯纤维素很难找到，它常与其他物质(如木质素及半纤维)共存。如干燥的木材含有 40%~55%的纤维素、15%~35%的木质素和 25%~40%的半纤维素。

原生纤维素由于其分子间强烈的氢键作用，难以通过熔融和溶液的方式进行加工，因此除了食品、纺织、家具建材等领域，其应用受到了很大的限制。和淀粉一样，纤维素分子结构单元中含有三个活泼的羟基，是一种多元醇聚合物，这些醇羟基可以发生酯化和醚化等化学反应，形成纤维素酯和纤维素醚两大类纤维素衍生物，常见的包括硝酸纤维素、醋酸纤维素、羟乙基纤维素等。纤维素衍生物的取代度定义为平均每个葡萄糖结构单元上被取代的羟基数，也就是说每个重复单元都可能发生一取代、二取代或者三取代反应，因此取代度是一个平均值，可以不是整数，但最大不超过 3。

1846 年，C. F. Schonbein 用妻子的棉围裙擦拭溢出的硝酸($HNO_3$)与硫酸($H_2SO_4$)的混合物后，把湿的围裙放在火炉上烘烤，偶然间制得了易燃的硝酸纤维素[式(12.4)]。J. N. Hyatt 在此基础上，以樟脑为增塑剂制得了可热塑性加工的二硝基纤维素，俗称赛璐珞

(celluloid)，并把色素加入到这种热塑性聚合物中制成了仿象牙台球。当使用浓硝酸处理纤维素时，其结构单元中所有羟基都被硝化就得到了三硝酸纤维素，也称硝化棉或者火胶棉。这种物质在空气环境中点燃后极易燃烧，点火之后迅速分解，并释放出大量的热和气体，因此很快就被应用于军事工业中。

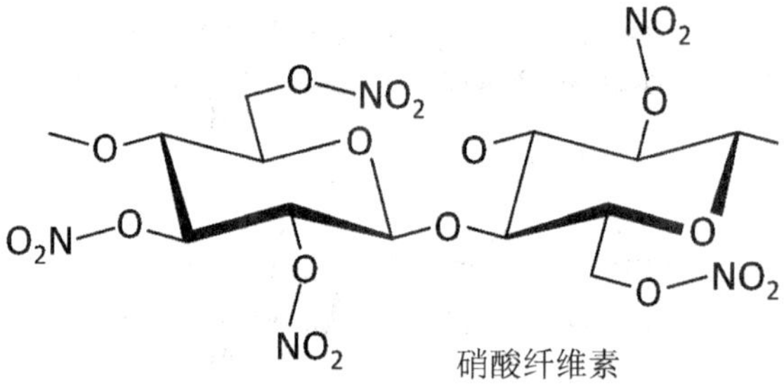


硝酸纤维素

(12.4)

1896 年，P. Schutzenberger 用纤维素反应生成三醋酸纤维素，但是由于需要用昂贵的溶剂(如氯仿)来溶解这种纤维素的衍生物，因而它迟迟未能得到广泛应用。1902 年，G. Miles 通过部分皂化的方法除去每个重复单元中的一个醋酸酯得到二醋酸纤维素，从而解决了这个难题。纤维素的乙酰化和部分脱乙酰化反应的化学方程式可参见式(2.12)。

三醋酸纤维素羟基含量很低，具有较强的疏水性，热处理可使其高度结晶而保持理想的固定形状，因此可用于免熨烫衣物。而二醋酸纤维素因为其结构不规整，即使经过热处理，结晶度和取向度也比较低。一般来说，三醋酸纺织品比二醋酸纺织品具有更好的耐碱性。两者都是耐弱酸性的，但是在强无机酸中易降解。

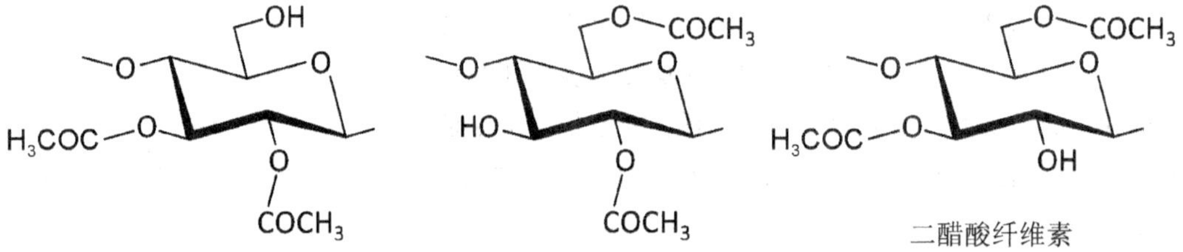


二醋酸纤维素

(12.5)

纤维素酯类通常都具有热塑性，可以采用常规的热塑性加工方法加工为薄膜、片材及注塑成型的零件，具有良好的韧性、光滑度、透明度和光泽度。

纤维素结构单元的羟基氢被烃基取代而生成纤维素醚类衍生物。纤维素醚可以溶于水、稀碱溶液和有机溶剂，并具有热塑性。根据所用醚化剂的不同有甲基纤维素、羧甲基纤维素、乙基纤维素、苄基纤维素、羟乙基纤维素、羟丙基甲基纤维素、氰乙基纤维素、苄基氰乙基纤维素、羧甲基羟乙基纤维素和苯基纤维素等多个品种。纤维素醚性能优良，广泛用于建筑、水泥、石油、食品、纺织、洗涤剂、涂料、医药、造纸及电子元器件等领域，其中又以甲基纤维素和乙基纤维素的应用最为广泛。

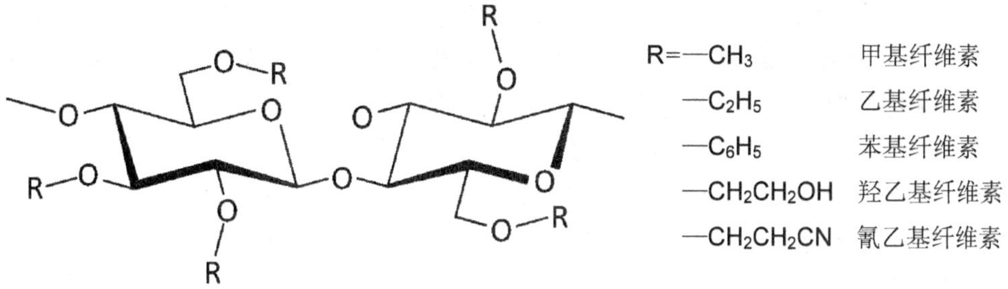


(12.6)

此外纤维素、淀粉等聚多糖的改性还可通过使用多种方法进行接枝，得到接枝改性聚多糖。接枝方法包括电离辐射、紫外–可见光辐射、氧化还原系统、有机配位金属催化剂引发开环聚合、羟基偶联反应等。

### 12.2.3　其他多糖类聚合物

糖原是动物食物储备多糖，也出现在一些酵母和真菌中。它存在于动物的肝脏和肌肉中，结构与支链淀粉相似，但在 C6 上有更多的支链。

葡聚糖(dextran)是一种通过 1,6 位碳原子相连的聚-*α*-D-葡萄糖，在 C3 上偶尔会存在支链。因为 1,6-连接使得葡聚糖与 1,4-连接的淀粉和纤维素相比，主链结构中多了一个亚甲基，因此具有较好的柔顺性。葡聚糖是一种无定形固体，在水溶液中形成不规则的无规线团卷曲。葡聚糖已被用作药物中血浆体积扩充剂、食品(如冰淇淋)增稠剂，以及乳液稳定剂等。

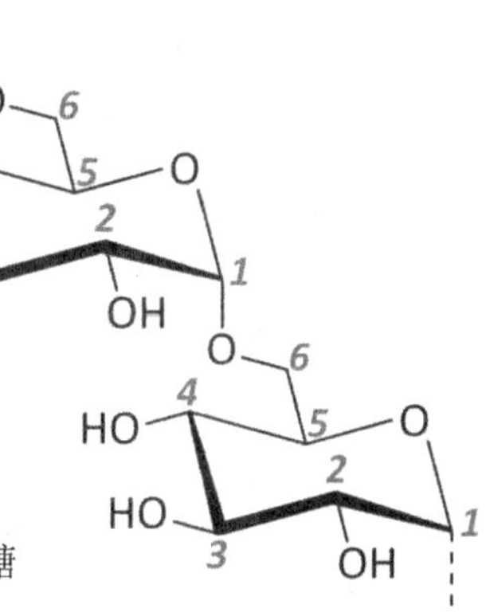

葡聚糖

(12.7)

许多陆生植物和海藻含有多糖醛酸苷，如藻酸、琼脂、果胶酸及卡拉胶等，其结构与聚多糖类似，但重复单元中的羟甲基(—$CH_2OH$)被羧基(—COOH)取代。因为羧基比羟基具有更高的亲水性，因此这些树胶都是水溶性的。一些多糖醛酸苷，如半乳甘露聚糖、卡拉胶、琼脂、阿拉伯树胶以及藻酸盐，被用作冰淇淋、馅饼馅料、果冻和沙拉酱中的食品添加剂。许多还用于制药业，作为胶囊及乳液稳定剂和细菌培养基等。

甲壳素又名甲壳质、几丁质，是一种化学结构与纤维类似的高分子聚多糖，它广泛存在于昆虫、甲壳类动物的硬壳以及菌类的细胞壁中。甲壳素的结构单元与纤维素相似，不同之处在于 D-吡喃葡萄糖单元 C2 上的羟基被乙酰胺基(—$NHCOCH_3$)所取代，即聚 *N*-乙酰氨基葡萄糖。由于大量来源于海洋生物，如虾和蟹，甲壳素在自然界中的产量很大，仅次于与之结构相似的纤维素，是自然界第二大类的天然高分子。甲壳素分子结构与纤维素类似，结构规整，而且亲水性的羟基被疏水性的乙酰胺基取代，因而不溶于酸碱也不溶于水，不能被生物体吸收利用。甲壳素脱乙酰基后生成壳聚糖(chitosan)，溶解性有明显提高，产物结构单元为氨基葡萄糖。脱乙酰度(degree of deacetylation)决定了壳聚糖分子链上胺基($NH_2$)含量的多少。脱乙酰度越高，胺基含量越高，则亲水性越好。壳聚糖不具有毒性且可以被生物体分解吸收，而且胺基的存在使得其具有一定的生物活性，可以结合酸分子，是天然多糖中唯一的碱性多糖，作为低等动物组织中的纤维成分，兼有高等动物组织中胶原质和高等植物组织中纤维素两者的生理功能。1989 年日本科学家首次将其用于皮肤癌和肺功能障碍疾病治疗中获得成功，此后陆续作为保健食品和临床药物开发应用，欧美国家非常重视甲壳素与壳聚糖的研究，将其誉为蛋白质、糖、脂肪、维生素和矿物质之后的第六生命要素，视其为最具有潜力的生物高分子。

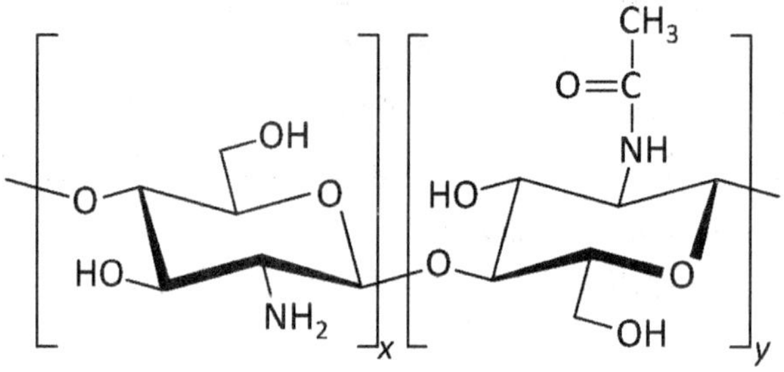


甲壳素, *x*<<*y*; 壳聚糖, *x*>*y*　　(12.8)

## 12.3　蛋白质与多肽

包括人在内的所有生命体最重要的生命物质都是由高分子组成，如脱氧核糖核酸(DNA)、核糖核酸(RNA)、蛋白质等。这些高分子对生物体的生命活动有着直接和决定性的作用。其中，蛋白质(protein)是生命的物质基础，与生命和各种形式的生理活动紧密联系在一起，机体中的每一个细胞的构建和其功能的实现都由蛋白质所决定。蛋白质的种类很多，性质、功能各异，但都是由 20 多种氨基酸按不同比例组合而成的，并在体内不断进行代谢与更新。被食入的蛋白质在体内经过消化分解成氨基酸，吸收后在体内重新按一定序列组装成自身的特定蛋白质，同时旧的蛋白质又在不断代谢与分解，处于一个动态平衡中。

### 12.3.1　氨　基　酸

目前存在的 200 余种氨基酸，仅有大约 20 种是维持生命存在所必不可少的(表 12.1)。

每一种氨基酸均含有一个氨基官能团和一个羧基官能团，当这两种官能团连接在同一个 C 原子上时又称为 α-氨基酸。除甘氨酸(甘氨酸的 R 基团为 H)外，其他 α-氨基酸都有对应的光学异构体存在。如图 12.6 所示，这两种光学异构体结构相互呈镜像存在。所有生命所必需的氨基酸都是左旋光学异构型，即 L-型。

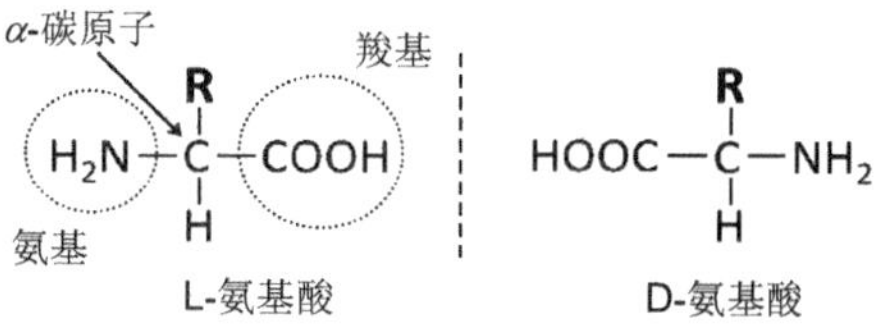


图 12.6　氨基酸的分子结构

**表 12.1　常见的 20 种氨基酸**

| 名称 | 符号 | 分子式 |
|---|---|---|
| 甘氨酸 | Glycine (Gly) | $H-\underset{NH_2}{\underset{\vert}{CH}}-COOH$ |
| 丙氨酸 | Alanine (Ala) | $H_3C-\underset{NH_2}{\underset{\vert}{CH}}-COOH$ |
| 缬氨酸* | Valine (Val) | $H_3C-\underset{CH_3}{\underset{\vert}{CH}}-\underset{NH_2}{\underset{\vert}{CH}}-COOH$ |
| 亮氨酸* | Leucine (Leu) | $H_3C-\underset{CH_3}{\underset{\vert}{CH}}-CH_2-\underset{NH_2}{\underset{\vert}{CH}}-COOH$ |
| 异亮氨酸* | Isoleucine (Ile) | $H_3C-CH_2-\underset{CH_3}{\underset{\vert}{CH}}-\underset{NH_2}{\underset{\vert}{CH}}-COOH$ |
| 苯丙氨酸* | Phenylalanine (Phe) | 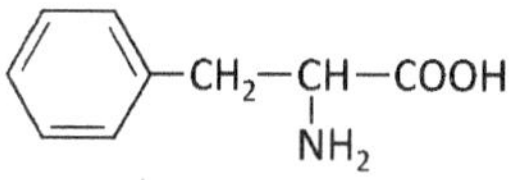 |
| 酪氨酸 | Tyrosine (Tyr) | 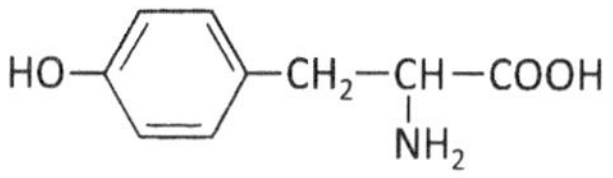 |
| 丝氨酸 | Serine (Ser) | $HO-CH_2-\underset{NH_2}{\underset{\vert}{CH}}-COOH$ |
| 苏氨酸* | Threonine (Thr) | $H_3C-\underset{OH}{\underset{\vert}{CH}}-\underset{NH_2}{\underset{\vert}{CH}}-COOH$ |

续表

| 名称 | 符号 | 分子式 |
|---|---|---|
| 半胱氨酸 | Cysteine (Cys) | $HS-CH_2-CH(NH_2)-COOH$ |
| 蛋氨酸* | Methionine (Met) | $H_3C-S-CH_2-CH_2-CH(NH_2)-COOH$ |
| 色氨酸* | Tryptophan (Trp) | 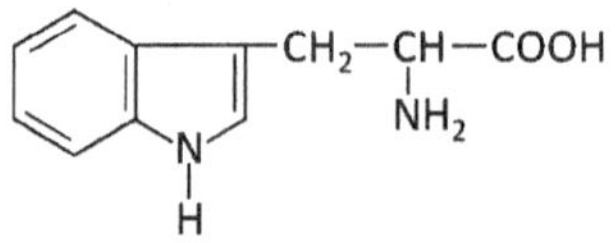 |
| 脯氨酸 | Proline (Pro) | 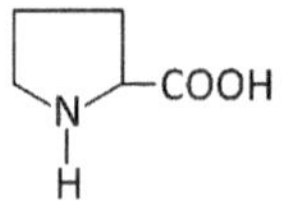 |
| 天冬酰胺 | Asparagine (Asn) | $H_2N-C(=O)-CH_2-CH(NH_2)-COOH$ |
| 天冬氨酸 | Aspartic acid (Asp) | $HO-C(=O)-CH_2-CH(NH_2)-COOH$ |
| 谷氨酰胺 | Glutamine (Gln) | $H_2N-C(=O)-CH_2-CH_2-CH(NH_2)-COOH$ |
| 谷氨酸 | Glutamic acid (Glu) | $HO-C(=O)-CH_2-CH_2-CH(NH_2)-COOH$ |
| 赖氨酸* | Lysine (Lys) | $H_2N-(CH_2)_4-CH(NH_2)-COOH$ |
| 精氨酸 | Arginine (Arg) | $H_2N-C(=NH)-NH-(CH_2)_3-CH(NH_2)-COOH$ |
| 组氨酸* | Histidine (His) | 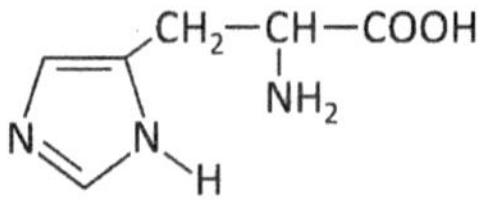 |

*为人类不能自身合成的氨基酸，称为必需氨基酸。

氨基酸是两性分子“zwitterions”，因为在每一个氨基酸分子中同时存在氨基和羧基。两性分子一词源于希腊词“zwitter”，意为杂合体。当溶液中的 pH 不同时，氨基酸所带的电荷也会不同。当达到一定 pH 时，氨基酸溶液中的正负电荷可以达到平衡，称为等电点。人体自身可以通过 pH 的变化来有效调控补充特殊的氨基酸，确保特殊氨基酸的及时补充。例如，苯丙氨酸带电性随 pH 的变化如式(12.9)所示：

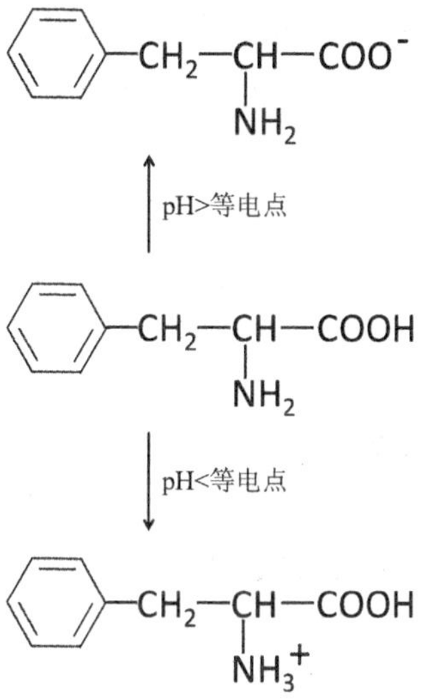


(12.9)

人类身体健康所需要的 20 种氨基酸中，有 11 种可以在人体中合成，其余 9 种需从食物中获得。不同氨基酸有不同的食物来源。谷物中缺乏赖氨酸，因此饮食侧重谷物时应配以其他食物以供给赖氨酸，如豆类等。人体所必需的大部分硫存在于胱氨酸和蛋氨酸两种氨基酸中。硫在人体中起很重要的作用，例如，作为交联剂，与在橡胶中硫化交联时作用一样。这种交联结构将不同分子链通过交联作用连接在一起，使得其相对位置固定，使天然大分子保持所需要的形态以实现特定的功能。

## 12.3.2　蛋　白　质

蛋白质一词是由希腊语“proteios”衍生而来，意为“首位、重要”。G.V. Mulder 在 1835 年发明此词，当时他认识到这些含氮有机物是所有生命进程所不可缺少的物质。从分子结构来看，蛋白质可以视为不同氨基酸单体的共聚物。

### 1. 蛋白质的基础知识

一分子氨基酸的胺基可以与另一分子氨基酸的羧基发生脱水缩合，生成二聚体，也称二肽，连接两分子氨基酸的酰胺键又称为“肽键”，重复以上逐步缩聚反应得到的低相对分子质量聚合物称为多肽。高相对分子质量的氨基酸聚合物也可称为多肽，但通常称为蛋白质。

$$H_2N-CH-COOH + H_2N-\overset{R'}{CH}-COOH \longrightarrow H_2N-\overset{R}{CH}-\underbrace{CO-NH}_{\text{肽键(酰胺键)}}-\overset{R'}{CH}-COOH \tag{12.10}$$

由于组成蛋白质的单体氨基酸可以多达 20 种，而特定的蛋白质其氨基酸在分子链上排列的序列也是特定的，因此可以用氨基酸的缩写符号来描述蛋白质的结构。例如，丙氨酸和甘氨酸通过丙氨酸上的羧基与甘氨酸上的氨基生成的二肽记为 Ala-Gly，命名为丙氨酰甘氨酸。如果是丙氨酸上的氨基和甘氨酸上的酸基反应，那么表示方式相应变为Gly-Ala，命名为甘氨酰丙氨酸。以羧基为反应官能团的氨基酸在表示时位于氨基为反应官能团的氨基酸之前。

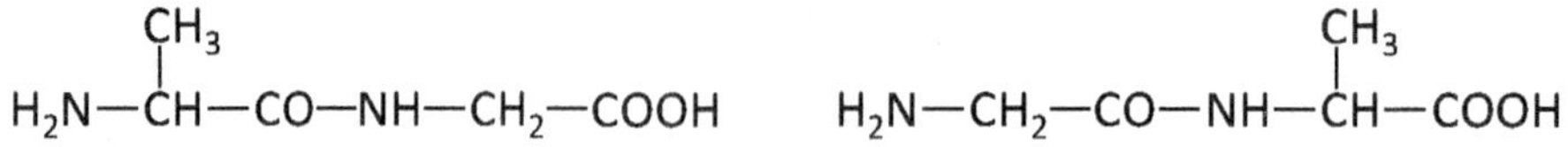

Ala-Gly　　　　Gly-Ala　　　　(12.11)

蛋白质在盐酸中加热时,分子链上肽键会发生水解生成氨基酸或其低聚体的混合物,由此可以分析其含有的氨基酸种类和含量。结合氨基酸分析、分子量测定、电子显微镜以及 X 射线衍射技术可以了解有关蛋白质的实际形态和尺寸的信息，但要确定氨基酸具体详细序列仍然非常困难而复杂，因此仅被应用于少数极重要并且结构简单的蛋白质。例如，溶酶体加压素由九个氨基酸单元构成，是一种由脑垂体腺所分泌的蛋白质激素，在临床上用作血压调节剂。它也是首个在实验室合成的天然多肽。1955 年 V. du Vigneaud 因这项合成被授予了诺贝尔奖。其化学结构简式如下：

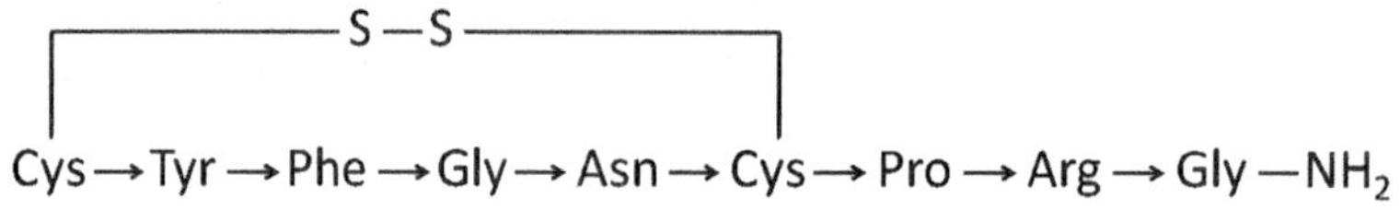

加压素　　　　(12.12)

蛋白质根据功能可以分为结构蛋白(structural protein)、调控蛋白(regulator protein)和转运蛋白(transport protein)三大类，如表 12.2 所示。

**表 12.2　蛋白质分类**

| 功能 | 实例 | 描述 |
|---|---|---|
| 结构蛋白 | | |
| | 胶原蛋白 | 结缔组织，包括骨、软骨、肌腱、血管 |
| | 角蛋白 | 覆盖保护组织，包括毛发、蹄、爪、羽毛、喙、指甲 |
| 调控蛋白 | | |
| 酶 | 胰凝乳蛋白酶 | 与消化行为有关，分解由胰腺分泌的多肽 |
| | 溶菌酶 | 与消化行为有关，在许多天然产物(如蛋清)中存在，分解多糖 |
| 荷尔蒙 | 缓激肽 | 调控血压，存在于血浆中 |
| | 胰岛素 | 维持葡萄糖的正常新陈代谢 |
| 转运蛋白 | | |
| | 血红蛋白 | 负责肺部到细胞的氧气运输、细胞中废二氧化碳的排除，存在于血红细胞中 |
| | 肌血蛋白 | 负责结合并存储从血红蛋白中获得的氧气，存在于肌肉组织中 |

## 2. 蛋白质的结构

构成蛋白质的氨基酸单元的构型、尺寸和特殊序列决定了这种蛋白质的形态和功能。蛋白质根据形态可分为纤维蛋白(fibrin)和球蛋白(globin)两大类。纤维蛋白是一类不溶于水的蛋白质，通常都含有多条呈现相同二级结构的多肽链，呈束状紧密结合，可以为单个细胞或整个生物体提供机械强度，起着保护或结构上的作用。纤维蛋白主要存在于结缔组织中，包括肌腱、骨骼以及软骨。球蛋白是一类结构紧凑的、近似球形的、含有折叠紧密的多肽链的蛋白质，大部分都溶于水。典型的球蛋白含有能特异地识别其他化合物的凹陷或裂隙部位，整体形态通常通过交联来固定。球蛋白(如血红蛋白和肌血球素)通常存在于转运单元中。

要全面了解蛋白质的功能，就必须对其特征结构以及这些结构与性能的关系进行详细的了解。与合成高分子相比，蛋白质不仅具有相应的一、二、三级结构，还具有特殊的四级结构。

### 1) 一级结构与二级结构

多肽链中氨基酸特征序列称为一级结构(primary structure)。随着氨基酸单元的增加，单链中氨基酸单元间不可避免发生一定的相互作用。这些次价键作用(分子间力)通常情况下主要是多肽链中羰基和酰胺基团之间氢键作用，使得链结构单元之间产生了特殊的固定的空间构象，也就是蛋白质的二级结构(secondary structure)。$\alpha$-螺旋结构($\alpha$-helix)和 $\beta$-折叠结构($\beta$-sheet)是蛋白质主要的两种二级结构，氢键是稳定二级结构的主要作用力。对于螺旋结构，氢键存在于单个分子链中，而对于折叠结构氢键存在于相邻的链间，如图 12.7 所示。

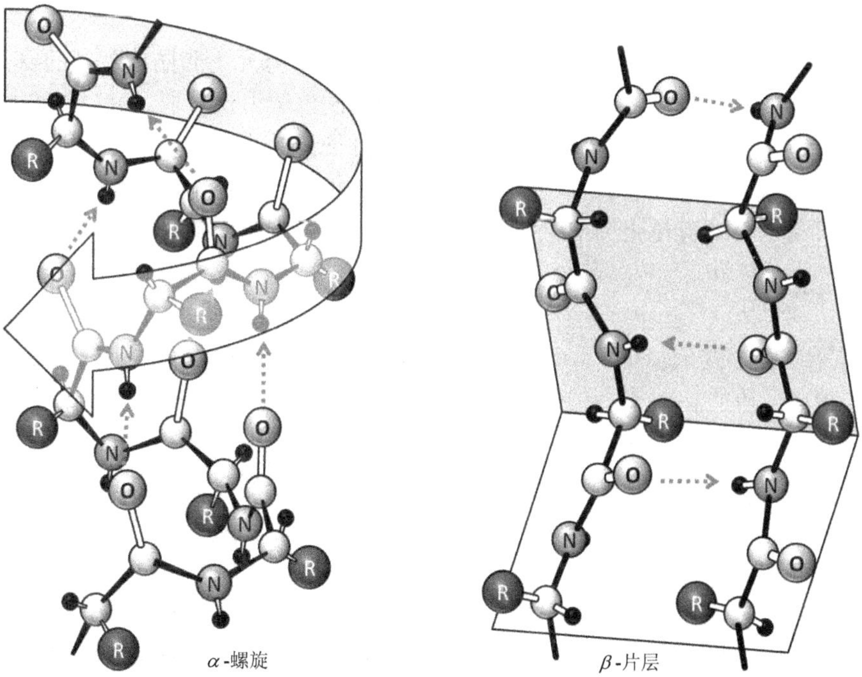


图 12.7　蛋白质的二级结构

氨基酸单元在对蛋白质形成不同的二级结构上有着不同的影响。在蛋白质内采用螺旋形态的氨基酸有蛋氨酸、丙氨酸、亮氨酸、谷氨酸及赖氨酸；含大型芳香基(色氨酸、酪氨酸及苯丙氨酸)或$\beta$-C 取代基的氨基酸(异亮氨酸、缬氨酸及苏氨酸)则通常采用$\beta$-折叠形态；而脯氨酸及甘胺酸通常会形成转角，并且可以破坏$\alpha$-螺旋骨架的规则形态。但是应注意的是，蛋白质分子链最终的构象是由整个序列单元共同作用的结果，以上的经验性判据都不足以成为预测蛋白质二级结构的有效方法。

头发和羊毛等由螺旋状角蛋白(即 $\alpha$-角蛋白)构成。一根头发由许多角蛋白组成。$\alpha$-角蛋白的螺旋链相互缠绕而形成原纤维，原纤维相互缠绕形成微纤。成百的微纤包埋在蛋白质基质中形成宏观意义的纤维，相互结合最后就形成了毛发。指甲也是由$\alpha$-角蛋白组成的，但是在这种角蛋白中含有大量的硫交联结构，使得指甲具有较高硬度。一般来说，交联结构越多，刚性越强。

蜘蛛丝和蚕丝则是$\beta$-角蛋白，折叠片状结构是触摸真丝时感到柔软的主要原因。丝绸中蛋白质链几乎是完全伸展的，因而不容易被拉长，但$\beta$-角蛋白层间较低的次价键作用允许其互滑移，因而具有柔性。在鸟的羽毛中及爬行动物的鳞片中也存在$\beta$-角蛋白结构。

胶原(collagen)，也称为原胶原蛋白，是含量最大的蛋白质，占人体全部蛋白质量的三分之一左右。胶原纤维形成骨骼的基质，也是肌腱和皮肤的主要部分。胶原基本结构单元为三条多肽链形成的三螺旋结构，每条链大约有 1000 个氨基酸基元。胶原纤维强度很高，肌腱中胶原纤维与冷拉铜丝的硬度相似。胶原蛋白的韧性大部分源自其结构单元间的交联。在人的整个生命期内这种交联反应都将持续进行，这就使得骨骼和肌腱随着人年龄的增长弹性变少而脆性增加。也就是说，少量交联是必需的，但过量的交联将导致脆性增大。

弹性蛋白(elastin)富含甘氨酸、丙氨酸和缬氨酸等 R 基元为脂肪族烷基的氨基酸，具有良好的延展性和柔顺性。由于分子内和分子间的次价键力比较弱，其二级结构近似于无规线团，在受到张力作用时能较好地延展。其分子链结构中也包含一些赖氨酸侧链，四条赖氨酸侧链结合形成一种“锁链交联”(desmosine)。这种交联结构能防止弹性蛋白链被完全伸展，并能促使张力消除后蛋白纤维回复到原有的构象。

2) 三级结构

蛋白质三级结构(tertiary structure)是指蛋白质分子处于它的天然折叠状态的三维构象。是上述蛋白质的$\alpha$-螺旋、$\beta$-折叠等二级结构在侧链和主链构象单元间的相互作用下，进一步卷曲、折叠成具有一定规律性的三维空间结构。蛋白质的三级结构包括每一条肽链内全部二级结构的总和及所有侧基原子的空间排布和它们相互作用的关系。稳定三级结构的因素，除了主链肽键和分子内分子间氢键外，还包括离子键、疏水作用、范德华力等的次价键作用以及交联结构等。

具备三级结构的蛋白质一般都是球蛋白。球蛋白整个分子排列紧密，内部有时只能容纳几个水分子。这是因为球蛋白中同时含有亲水性和疏水性的氨基酸链段，大多数疏水性氨基酸链段通过疏水作用形成一个致密的核，包埋在球蛋白的内部。这一疏水的核对稳定蛋白质的构象有十分重要的作用，同时常常也是蛋白质分子的功能部位或活性中心；而大多数亲水性氨基酸链段因为与水的亲和作用而分布在球蛋白的表面，它们与水接触形成亲水的壳层，从而使球蛋白分子在水中能稳定存在。亲水–疏水和表面张力的作用使得这类蛋白质分子呈球状或椭球状，因而得名“球蛋白”。

蛋白质的三级结构决定了蛋白质的生物学功能，对蛋白质加热或是与强酸、碱或其他化学物质反应会导致蛋白质整体结构的永久改变，产生不可逆的固化(如煮鸡蛋)，称为蛋白质的变性(denaturation)。

3) 四级结构

具有两条或两条以上独立三级结构的多肽链组成的蛋白质，其多肽链间通过次级键相互组合而形成的空间结构称为蛋白质的四级结构(quarternary structure)。其中，每个具有独立三级结构的多肽链单位称为亚基(subunit)。四级结构实际上是指亚基的立体排布、相互作用及接触部位的结构。亚基间次级键的结合比二、三级结构疏松，因此在一定的条件下，四级结构的蛋白质可分离为其组成的亚基，而亚基本身构象仍可保持不变。

一种蛋白质中，亚基结构可以相同，也可不同。如烟草斑纹病毒的外壳蛋白是由 2200 个相同的亚基形成的多聚体；正常人血红蛋白 A 是两个 $\alpha$-亚基与两个 $\alpha$-亚基形成的四聚体；天冬氨酸氨甲酰基转移酶由六个调节亚基与六个催化亚基组成。蛋白质的一至四级结构如图 12.8 所示。

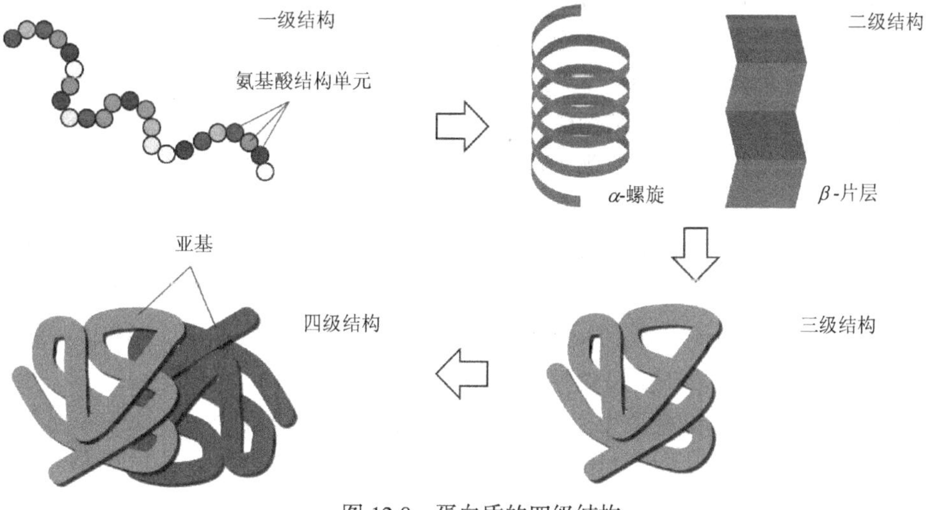


图 12.8　蛋白质的四级结构

### 12.3.3　酶

在动物体中蛋白质除了用作食物和结构组织外，还以酶(enzyme)的形式存在。酶是具有特殊生物活性的生化反应催化剂，它几乎涉及生物体所有的生命活动。以人为例，人体内存在大量酶，结构复杂、种类繁多，到目前为止已发现3000种以上。例如，米饭在口腔内咀嚼时，咀嚼时间越长，甜味越明显，这是米饭中的淀粉在口腔分泌出的唾液淀粉酶的作用下，水解解聚成葡萄糖的缘故。人体内还有胃蛋白酶、胰蛋白酶、肠蛋白酶等多种水解酶。人体从食物中摄取的蛋白质，必须在蛋白酶等作用下，水解解聚成氨基酸从而被消化系统所吸收，然后再在其他酶的作用下，选择所需的20多种氨基酸，按照一定的序列重新结合成人体所需的各种蛋白质，这其中涉及了许多复杂的化学反应。可以这样说，没有酶就没有生物的新陈代谢，也就没有自然界中形形色色、丰富多彩的生物界。

酶可以在生物机体中十分温和的条件下(常温、常压、水介质)，高效率地催化各种生物化学反应，具有如下的特点：

(1) 高效性：酶的催化效率比无机催化剂更高，使得反应速率更快。

(2) 专一性：一种酶只能催化一种或一类底物，如蛋白酶只能催化蛋白质水解成多肽。

(3) 多样性：酶的种类很多，大约有4000多种，涉及生命活动的各个方面。

(4) 温和性：是指酶所催化的化学反应一般是在较温和的条件下进行的，通常在生理温度、pH中性范围、水溶液等条件下酶才会具有催化活性，高温、强酸碱性等会使酶失活。

(5) 活性可调节性：包括抑制剂和激活剂调节、反馈抑制调节、共价修饰调节和变构调节等。

(6) 易变性：由于大多数酶是蛋白质，因而会被高温、强酸、强碱等破坏。

参与酶催化生化反应的物质称为底物(substrate)，可以是化学元素、小分子或高分子，经酶催化反应形成产物。关于酶催化的机理，E. Fischer首先提出酶和底物结合时，底物的结构和酶的活动中心的结构刚好吻合，就好像一把钥匙配一把锁一样。酶的这种互补形状，使酶只能与对应的化合物契合，从而排斥了那些形状、大小不适合的化合物，这就是“锁和钥匙学说”(lock-and-key model theory)。后来的研究发现，当底物与酶结合时，酶分子上的某些基团常常发生明显的变化。另外，酶常能够催化同一个生化反应中正逆两个方向的反应。因此“锁和钥匙学说”把酶的结构看成是固定不变的是不符合实际的。1958年，Daniel E. Koshland Jr.提出酶并不是事先就以一种与底物互补的形状存在，而是在受到诱导之后才形成互补的形状。底物一旦结合，就能诱导酶蛋白的构象发生相应的变化，从而使酶和底物契合而形成酶–底物络合物，这就是“诱导契合学说”(induced-fit theory)。后来，科学家对羧肽酶等进行了X射线衍射研究，结果有力地支持了这个学说。

## 12.4 核　酸

核酸(nucleic acid)是由许多核苷酸聚合而成的生物大分子化合物，为生命的最基本物质之一，存在于所有生命细胞的细胞核中，其作用是合成特殊蛋白及遗传信息传递。1867年J. Miesher从脓细胞中分离出了核酸，因其存在于细胞核中而将它命名为“核质”(nuclein)。这里需要特别提到的是在细胞质中也有核酸存在。

### 12.4.1　核 酸 基 础

核酸不仅是基本的遗传物质，而且在蛋白质的生物合成上也占重要地位，因而在生长、遗传、变异等一系列重大生命现象中起决定性的作用，是生物遗传与进化的核心因素。根据化学组成不同，核酸可分为核糖核酸(ribonucleic acid, RNA)和脱氧核糖核酸(deoxy- ribonucleic acid, DNA)。DNA 是储存、复制和传递遗传信息的主要物质基础，RNA 在蛋白质合成过程中起着重要作用，其中转移核糖核酸，简称 tRNA，起着携带和转移活化氨基酸的作用；信使核糖核酸，简称 mRNA，是合成蛋白质的模板；核糖体的核糖核酸，简称 rRNA，是细胞合成蛋白质的主要场所。

DNA 和 RNA 都是由多个核苷酸(nucleotide)头尾相连而形成的，RNA 平均聚合度大约为 2000 个核苷酸，而人的 DNA 约有 $3\times10^9$ 个核苷酸结构单元。单个核苷酸是由含氮有机碱(碱基)、戊糖(即五碳糖)和磷酸三部分构成的，如图 12.9 所示。

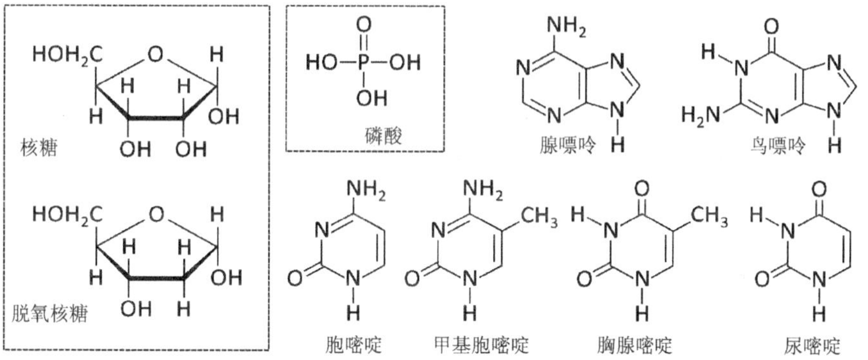


图 12.9　核酸组成单元的化学结构

碱基(base)：构成核苷酸的碱基分为嘌呤(purine)和嘧啶(pyrimidine)两类。前者主要指腺嘌呤(adenine, A)和鸟嘌呤(guanine, G)，DNA 和 RNA 中均含有这两种碱基。后者主要指胞嘧啶(cytosine, C)、胸腺嘧啶(thymine，T)和尿嘧啶(uracil, U)，胞嘧啶存在于 DNA 和 RNA 中，胸腺嘧啶和 5-甲基胞嘧啶只存在于 DNA 中，尿嘧啶则只存在于 RNA 中。DNA 和 RNA 根据其中的戊糖来命名。DNA 结构单元中的戊糖为脱氧核糖，而 RNA 中的为核糖。两种糖的区别在于脱氧核糖少一个羟基。

戊糖分子的 C5 和 C3 通过磷酸二酯键连接形成高分子结构，而碱基可视为是戊糖 C1 位置的取代基。DNA 的链段的一部分如图 12.10 所示。

人类的基因组是自然界中最复杂、最严格、最重要的高分子–超分子体系。它是由核酸组成的，其每个单元从本质上都是类似的，都由一分子磷酸二酯基团、一分子脱氧核糖基团及一个碱基组成。碱基可采用其名称的英文首字母来表示，分别是 G(鸟嘌呤)、C(胞嘧啶)、A(腺嘌呤)和 T(胸腺嘧啶)，因此可以看成是几种核苷酸单体按特定序列组成的共聚物。美国科学家 E. Chargaff 等分析了许多不同来源 DNA 的碱基组成，发现 DNA 中 4 种碱基的物质的量比总是 A=T、G=C，这个实验结果导致双链互补概念的建立。也就是说，这些碱基总是成对出现，称为碱基对(base pair)，是一对相互匹配的碱基(即 A:T，G:C，A:U 相互作用)，通过多重氢键连接起来。由于氢键作用的方向性，碱基对之间存在高度的选择性，即 A 只能与 T 或 U(尿嘧啶，存在于 RNA 中)形成相匹配的多重氢键；而 G 只能与 C 形成多重氢键。两条 DNA 链的碱基对完全相匹配，例如，一条链的核苷酸结构单元碱基序列为…GAATCGTA…，则另一条为…CTTAGCAT…，因此如果已知一条 DNA 链的碱基序列，就可以推断出另一条 DNA 链的碱基序列。

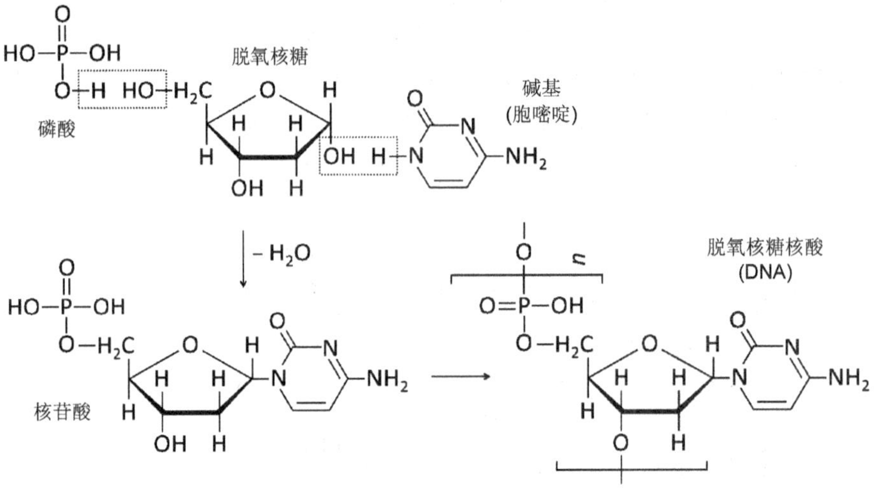


图 12.10　核酸的结构

## 12.4.2　核酸的结构

1953 年诺贝尔奖获得者 James Watson 和 Francis Crick 提出了 DNA 的二级结构为双螺旋结构，并于 1973 年通过 X 射线衍射得以证实。一条链上的嘧啶碱基与另一条链上的嘌呤碱基通过氢键结合。AT 形成两个氢键，而 GC 形成三个氢键，因此 GC 具有更为紧凑的结构。因此 AT 与 GC 单元引起的扭曲程度不同，这就导致特定的组合对应特定的结构，如图 12.11 所示。

在 DNA 双螺旋结构中，戊糖和磷酸二酯组成的高分子主链围绕着一个螺旋轴形成右手螺旋。双螺旋的直径约为 20Å，两条 DNA 链绕螺旋轴旋转一周沿螺旋轴方向的距离为 34Å，包括 10 个碱基对。亲水的磷酸脱氧核糖酯主链位于螺旋外部，而疏水的碱基作为侧基位于螺旋内部，通过多重氢键作用将两条 DNA 链维系在一起。碱基平面与螺旋轴垂直，也就是说碱基平面之间是相互平行的，相邻碱基对之间的距离为 3.4Å，从而使得碱基平面之间存在非常强烈的疏水作用和 π-π 堆积作用。这种疏水作用在维系双螺旋结构方面起着和多重氢键同样甚至更为重要的作用。除了以上两种主要分子内作用以外，戊糖基、磷酸酯与水分子间还可以形成分子外氢键；位于 DNA 双螺旋外侧的磷酸根可以电离形成负离子，并与 $Mg^{2+}$等阳离子之间形成离子键。这种多重分子间/内次价作用使得 DNA 结构非常稳定，在一些特殊环境下保留下来的古生物遗骸中仍然可以分离出一些具有活性的 DNA 片段(图 12.12)。

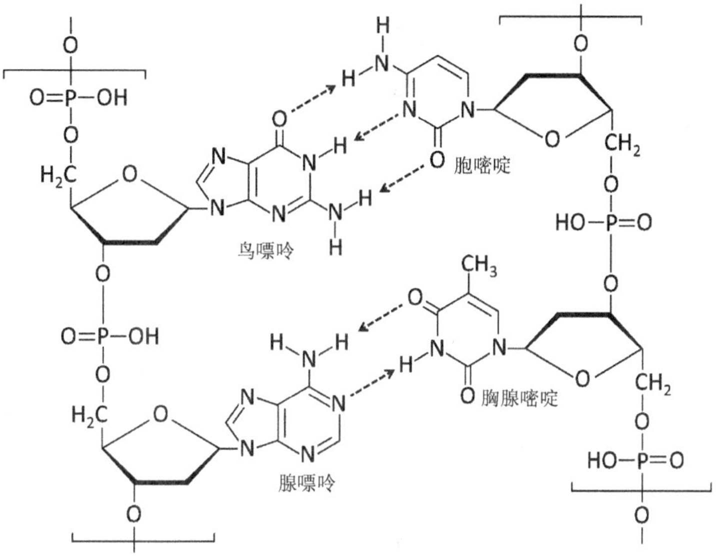


图 12.11　碱基对配对示意图

图 12.12　DNA 的双螺旋结构

电子显微镜显示单根 DNA 链有两种基本三级结构：线形和环形。细菌染色体的 DNA 是闭环结构，这是由双螺旋两个端基通过共价键相接形成的。但是在真核细胞(如人体细胞)内部的 DNA 则是线形的。

DNA 最重要的三级结构是超螺旋结构(图 12.13)。超螺旋是在双螺旋扭曲之后再进行扭曲，或者是在螺旋状的 DNA 上进一步扭曲形成的结构。有两种相反的理论可以用来解释超螺旋。第一种理论用电话绳模型来说明，电话绳通常状态下是扭曲的，代表松弛状态下的 DNA。当电话绳产生向螺旋的方向扭曲时，电话绳开始形成额外的扭曲，从而引起正的超螺旋。第二种更为普遍接受的理论认为，实际上形成螺旋的要比理论的少，从而导致反向松弛形成负的超螺旋。负超螺旋即左旋，其超螺旋方向与双螺旋方向相反，是主要的超螺旋结构。

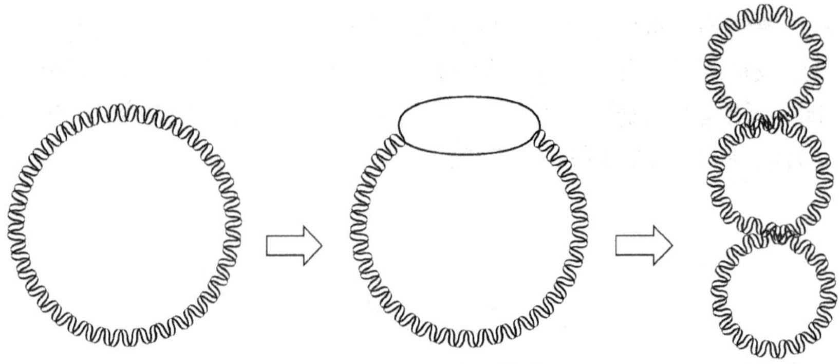


图 12.13　DNA 的超螺旋结构

### 12.4.3　DNA 的复制与遗传信息传递

DNA 是遗传信息的载体，故亲代 DNA 必须以自身分子为模板准确地复制成两个拷贝，并分配到两个子细胞中去，完成其遗传信息载体的使命。而 DNA 的双链结构对于维持这类遗传物质的稳定性和复制的准确性都是极为重要的。

Waston 和 Click 在提出 DNA 双螺旋结构模型时曾就 DNA 复制过程进行过研究，发现 DNA 在复制过程中碱基间的氢键首先断裂(通过解旋酶)，双螺旋结构解旋分开，再通过氢键及范德华力作用按原有链的碱基序列引入新的核苷酸基元，从而实现碱基互补。接着通过 DNA 聚合酶催化磷酸基团与戊糖环的缩合聚合反应形成共价键。每条链分别作为模板合成新链。由于每个子代 DNA 的一条链来自亲代，另一条则是新合成的，故称之为半保留式复制(semiconservative replication)，发生错误时，它增加了保留原始碱基序列的概率。

复制可以非常精确地进行，每 1000 到 10 000 次复制大约只有一次错误，或者每 $10^9$~$10^{10}$ 个配对碱基平均只有一个是错误的。如前所述，GC 组合有三个氢键，而 AT 组合只有两个，这样碱基对的组合就具有高度的选择性。与此同时，一些复制错误还能被识别并修正。如果一个错误的碱基加入，聚合酶将阻止下一个核苷酸单元的加入，并脱除未配对的核苷酸单元，从而使聚合继续进行。这一行为称为校正，可以使复制精确性进一步提高。

核酸、蛋白质、激素都是信息分子，它们载有控制着生物过程的指令。除了部分激素，其他的都是高分子。在这些生物大分子的相互作用中，次价键力，如氢键、范德华力、离子键、疏水/亲水作用，具有非常关键的作用，使得生命活动具有高度的选择性和专一性。总的来说，生物信息的传递可以描述如下：

DNA→RNA→蛋白→细胞结构与功能

每个细胞的所有遗传信息称为基因组，它存在于编码的双螺旋 DNA 中。遗传信息通过 DNA 的复制进行表达，从而能通过细胞分裂将遗传信息传递到子细胞；或者 DNA

将信息先传递给 RNA，再通过 RNA 将信息传递给具有细胞功能性的蛋白质中。信息从 DNA 传递到 RNA 的过程称为“转录”(transcription)。信息从 RNA 传递到蛋白质的过程称为“翻译”(translation)。DNA 表达的最终目的是蛋白质的合成，通过蛋白质实现各种生命功能。

### 12.4.4 DNA 相关技术

随着对 DNA 的构造和功能的逐步揭示，如何在某些与人类生命活动直接相关的核心领域实现有益的调节和控制便成为科学家研究的目标。DNA 体外重组技术就是在这一基础上发展起来的。1972 年，美国科学家 Paul Berg 首次成功地重组了世界上第一批 DNA 分子，实现了 DNA 体外重组技术。DNA 体外重组技术是采用人工手段将不同来源的含某种特定基因的 DNA 片段进行重新组合，以达到改变生物基因类型和获得特定基因产物的目的的一种技术。通过 DNA 体外重组可以改善该原有基因自身的缺陷或增加其某一方面新的功能。目前 DNA 体外重组技术最大的应用领域在医药方面，包括活性多肽、蛋白质和疫苗的生产，而转基因食品也是基于这种技术的重要应用。

人类的疾病都直接或间接与基因相关，特别是一些免疫系统的遗传疾病至今仍没有清楚其致病的具体机理。在基因水平上对疾病进行诊断和治疗，可以对致病原因达到准确和根源性的判断，治疗过程也具有专一、简便、快速、无副作用等优点。这种诊断和治疗又称为基因诊断和基因治疗，已被广泛应用于对遗传病、肿瘤、心脑血管疾病、病毒细菌寄生虫病和职业病等的诊断。基因治疗的主要手段就是通过 DNA 重组技术创建具有特定功能的基因重组体，以替代具有缺陷或失去功能的基因，从而对异常细胞进行矫正或替代。在理论上，基因治疗是治本治愈而无任何毒副作用的疗法。不过，尽管国际上已有多个基因治疗方案正处于临床试验阶段，但基因治疗在理论和技术上的一些关键难题仍未能彻底解决，因而还无法大规模临床应用。

DNA 识别也被称为 DNA 指纹识别和 DNA 分型，是一种重要的 DNA 技术。DNA 识别依赖于个体 DNA(除了同属 DNA)之间的微小差别。样本可以从唾液、皮肤、毛发、血液及精液中获得，目前在亲子鉴定、罪案鉴证等领域已实现应用。一个人有 23 对(46 条)染色体，同一对染色体同一位置上的一对基因称为等位基因，通常一个来自父亲、一个来自母亲。如果检测到某个 DNA 位点的等位基因与母亲相同，则其对应的另一个基因就应与父亲相同，否则就存在疑问了。利用 DNA 进行亲子鉴定，只要做十几至几十个 DNA 位点检测，如果全部一样，就可以确定亲子关系，如果有 3 个以上的位点不同，则可排除亲子关系，有一两个位点不同，则应考虑基因突变的可能，加做一些位点的检测进行辨别。DNA 亲子鉴定具有非常高的准确率，因此具有很高的实用价值。

除了在生物技术和医疗中的重要应用，对 DNA 的研究还对很多高分子科学技术产生了重要影响。例如，多重氢键技术在超分子体系中的应用，利用具有特定方向性的多重氢键的高度选择性可以将特定结构的小分子或高分子链段连接成为复杂的超分子体系。

## 参 考 文 献

陈嘉川. 2008. 天然高分子科学. 北京：科学出版社
陈盛. 2003. 生物高分子化学. 厦门：厦门大学出版社
张俐娜. 2006. 天然高分子改性材料及应用. 北京：化学工业出版社
张俐娜. 2007. 天然高分子科学与材料. 北京：科学出版社

# 第 13 章　超分子聚合物

## 13.1　引　　言

超分子聚合物源自于超分子化学的发展，近年来已成为高分子科学的前沿研究领域。诺贝尔奖得主 J.M. Lehn 早在 20 世纪 80 年代就提出了超分子化学概念，其相关研究对化学、生物和物理各个领域及其交叉学科产生了重要影响，并因此获得人们广泛的认同。其中将超分子概念应用到聚合物体系中，借助于非共价力的结合作用使单体发生聚合，促成了超分子聚合领域的诞生。第一个主链型超分子聚合物由 Lehn 于 1990 年首次合成，他利用小分子间的三重氢键作用制备了一系列液晶组装体，并在此基础上提出了超分子液晶聚合物的概念。虽然随后各类研究表明，单、双重和三重氢键可以或多或少影响大分子的相互作用，在一定程度上表现出聚合物某一方面的性能，但仍达不到传统意义上聚合物的性能。直到 90 年代后期，E.W. Meijer 将两个含有四重氢键的 2-脲基-4[1H]-嘧啶酮(2-ureido-4[1H]- pyrimidinones)用脂肪链连接起来，得到两端具有类似双官能团、可相互作用结合的单体，才合成了真正意义上的超分子聚合物。

与传统靠共价键连接的聚合物相比，由于超分子聚合物单体之间是通过分子间弱相互作用而非共价键结合在一起，所以环境响应性成为超分子聚合物最大的特点。超分子聚合物的性能可以通过调节温度、改变溶剂种类或极性、加入添加剂等方式改变，因此，超分子聚合物可以用作智能材料。基于互补性多重氢键体系的结合单元，以其高结合强度、动态可逆性和专一性识别等特性，在超分子聚合物，特别是超分子共聚物的设计中，应用最广。具有这类结合单元的超分子聚合物，作为识别主体、热修复材料、热塑性弹性体、增容剂、表面活性剂、药物载体等，正在超分子聚合物科学与工程领域中展现出令人瞩目的发展前景。

## 13.2　基 本 概 念

### 13.2.1　超分子聚合物定义

简单来说，超分子聚合物是指单体分子之间通过如氢键、配位作用、主客体作用、π-π 堆积等非共价作用结合成的长链或者网状结构。单体分子通常指含有可产生分子间非共价作用的结合单元或基团，由于聚合时链增长的方向性和具有的结合强度，这类聚集体被视为聚合物，并且其性能和行为在很大程度上仍遵循一般高分子物理公认的基本理论。

虽然非共价作用键能远小于共价键，但若有足够数目的非共价作用力便可以组装出稳定的超分子聚合物。这里提到的超分子聚合物概念只是说明超分子聚合物形成的一个必要条件及其不同于传统共价聚合物的特点，并没有详细地界定超分子聚合物。任何物质只要处于液态、玻璃态、固态等状态，其实都是单个分子通过氢键、范德华力、静电、π-π 堆积等非共价作用力缔结成分子聚集体，但是这个并不能称为超分子聚合物，因为超分子组装体系特点是有序性，而这些聚集体系中有序组装并不是主要的。只有当定向的弱相互作用力占了主导，使得分子体系组装成有规律的网状或者长链结构才能称为超分子聚合物。另外，形成的超分子聚合物应表现出类似传统聚合物的性质。总之，超分子聚合物应是单体之间通过足够强的定向分子间非共价作用力，在某种条件下结合成会表现出类似传统聚合物性质的有序分子聚集体。

### 13.2.2　弱相互作用力

非共价作用力包括氢键、静电作用力、π-π 堆积作用、疏水作用、金属离子配位作用和范德华力等。超分子体系的有序结构是以分子间非共价弱相互作用(也称次价作用)为基础的，因此弱相互作用力是超分子化学研究的核心，超分子聚合物的形成和性能也依赖于弱相互作用力。共价键一般是原子结合成分子的强作用力，其键能为 100~800kJ/mol。弱相互作用力是介于共价键和范德华力之间的分子间作用力，键能为 0.4~80kJ/mol。共价键将原子构成分子，而弱相互作用力将无数分子构成分子体系。

氢键是由极性很强的 X—H 键上的氢原子与另一个(可存在于同一种分子或另一种分子中)电负性很强、原子半径较小的原子(如 F、N、O 等)的孤对电子之间相互吸引而成的一种键，常用 X—H···Y 表示。氢键在本质上是静电力，也有人认为是一种特殊的范德华力。它可增加超分子的稳定性，具有方向性和饱和性，在超分子形成和分子识别中具有重要意义。

π-π 堆积作用是指芳环间的重叠作用力，芳香环相连的氢原子具有轻微的缺电性，可以与另一个芳香环带负电的离域 π 电子云之间通过静电力形成弱相互作用，从而给超分子化合物带来相当大的额外稳定性。其影响因素很复杂，如芳环的大小、芳环电子效应和匹配性、金属离子、温度、溶剂等。

疏水作用是指分子的非极性键或弱极性疏水部分在合适的空间条件下倾向于聚集在一起形成疏水的聚集体，这种作用能增强超分子的稳定性，其强度比芳环堆积弱。

## 13.3　结合单元与超分子聚合物

超分子聚合物是依靠单体的弱相互作用力组装而成的，提供这些弱相互作用力的分子片段就是结合单元，结合单元可以是小分子化合物，也可以是高分子。自组装

(self-assembly)是指结构单元自发形成有序结构的过程。在自组装的过程中，结构单元在基于非共价键的相互作用下自发地组织或聚集为一个稳定、具有一定规则几何外观的超分子聚合物结构。需要指出的是自组装不是弱相互作用的简单叠加，而是一种整体的复杂的协同作用。

### 13.3.1　基于氢键的结合单元

氢键作为一种普遍的弱相互作用力，具有较高的强度、方向性和饱和性，因此在结合单元设计和合成中得到了广泛应用。虽然单个氢键的相互作用力很弱，不足以形成稳定的超分子聚合物，但是如果将多个氢键有序排列起来通过协同作用，就可以形成具有很高稳定性的结合单元，从而组装成稳定的超分子聚合物。在氢键作用中，氢原子是氢键供体(donor)，以 D 表示；O、N、F 等含孤对电子的极性基团为氢键受体(acceptor)，以 A 表示。

首个氢键结合超分子聚合物由 Lehn 等所报道，是一种依靠三重氢键结合的主链型超分子聚合物。单体分子分别是通过二胺基吡啶和脲嘧啶衍生物结构键连起来得到的(图 13.1)。将这两种单体 1 : 1 混合后，得到的聚合物会表现出液晶行为。

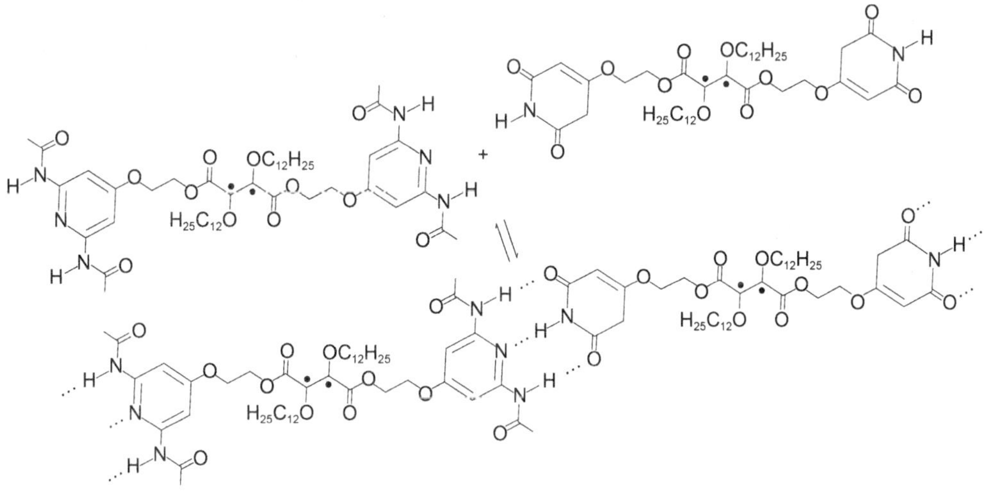

图 13.1　Lehn 提出的三重氢键超分子聚合物

Meijer 等报道了具有四重氢键结构的脲基嘧啶酮体系(ureidopyrimidinone, Upy)，其在溶液中形成二聚体的结合常数高达 $2\times10^{7}$L/mol。由于氢键数量的增加，其方向性和选择性更高。这种结合单元合成也非常容易，通过异氰酸酯和甲基异胞嘧啶一步反应即可制备。脲基嘧啶酮存在多种互变异构形式，其中有两种异构形式可分别自互补形成二聚体，如图 13.2 所示。

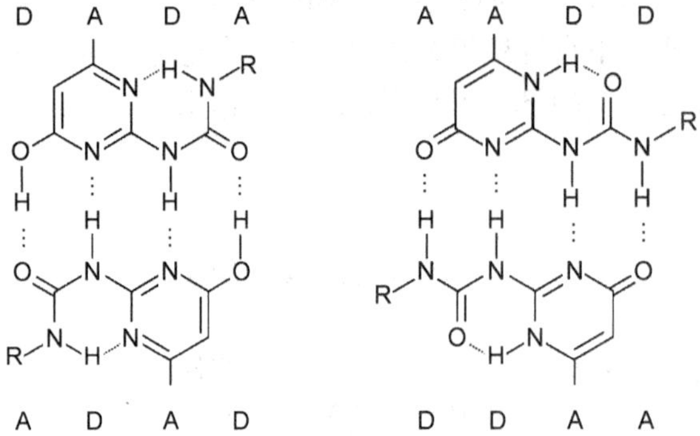

脲基嘧啶酮二聚体

图 13.2　脲基嘧啶酮体系存在的二聚体形式

与三重氢键体系类似，两个 Upy 单元通过长链连接起来就可以作为超分子聚合物的结合单元，由于 Upy 具有很高的结合常数，所以在溶液中或者是固态时能形成稳定的长链聚合物。如将 Upy 单元引入聚醚二元醇(或聚酯二元醇)两端，可以得到氢键结合的线形聚合物(图 13.3)。原料二元醇为黏稠液体，形成超分子聚合物以后变成柔软的树脂状物质，玻璃化转变温度显著提高，并具有聚合物的特性，如高溶液黏度、可形成凝胶、具有弹性等。十分有趣的是，由于氢键的形成和断裂是可逆的，具有温度依赖性，所以表现出环境响应性特征，如固态样片加热熔化，但冷却后又可回复到固态。

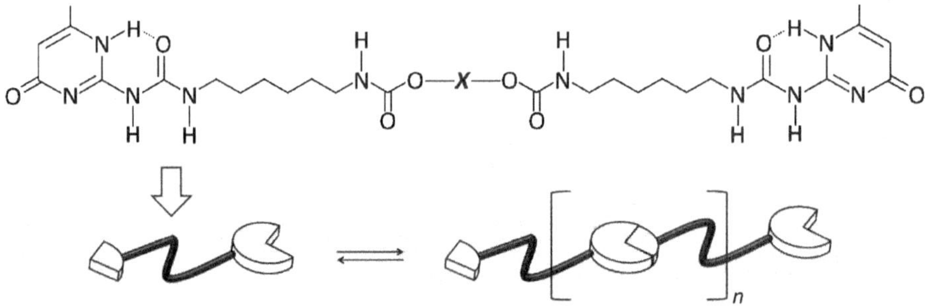

$X=p_{THF}$ $M_n$=1000g/mol

图 13.3　基于脲基嘧啶酮的超分子聚合物体系

采用具有更高结合常数(1.3×10$^9$L/mol)的含六重氢键的寡聚芳酰胺双股分子链，可以有效地形成超分子嵌段共聚物(图 13.4)。分别带有聚苯乙烯(PS)和聚乙二醇(PEG)链的两种结合单元，组装形成与一般二嵌段共聚物明显不同的纳米结构，实际上类似于线–棒–线三嵌段共聚物。通过调整 PS、PEG 和双股分子链单元的长度和适当结构修饰，比较容易采用组合混合的方式合成各种类型的超分子共聚物，如二嵌段、三嵌段和多嵌段共聚物。

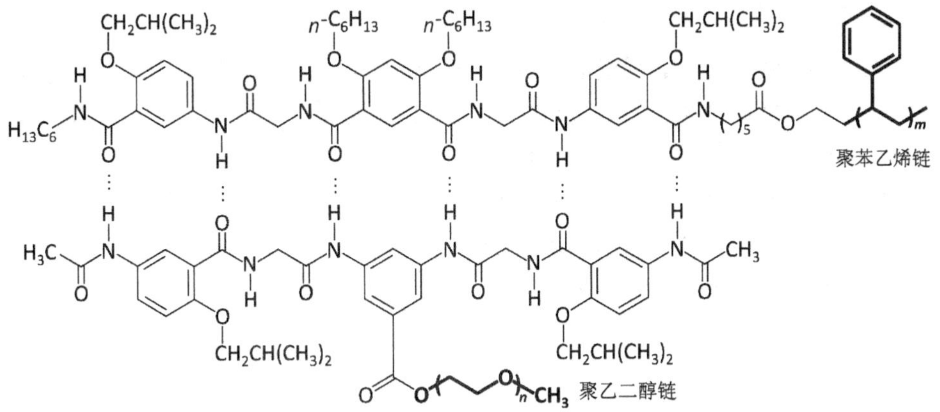


图 13.4　基于寡聚芳酰胺的超分子嵌段共聚物体系

目前关于以多重氢键为结合单元的超分子聚合物体系已有大量研究，新的体系也层出不穷，在这里就不一一列举。多重氢键具有方向性和高选择性，而且在合成上可控性好，超分子聚合物结合常数高，因此是目前研究最为广泛和深入的体系。

影响氢键结合能力的因素有很多，包括酸碱性、温度等，但从化学结构上来看，氢键结合单元的结合常数主要受到以下几个方面因素的影响。

1. 氢键数目

一般来说，基于氢键的自组装体的稳定性在很大程度上取决于氢键的数目。双氢键强于单氢键，三氢键则强于双氢键，等等。最典型的例子就是 DNA 中碱基对的稳定性，含有三重氢键的 G-C 的结合常数(注：若未特殊注明，所提到的结合常数均在氯仿中测得)比含有二重氢键的 A-T 高出 2~3 个数量级(图 13.5)。

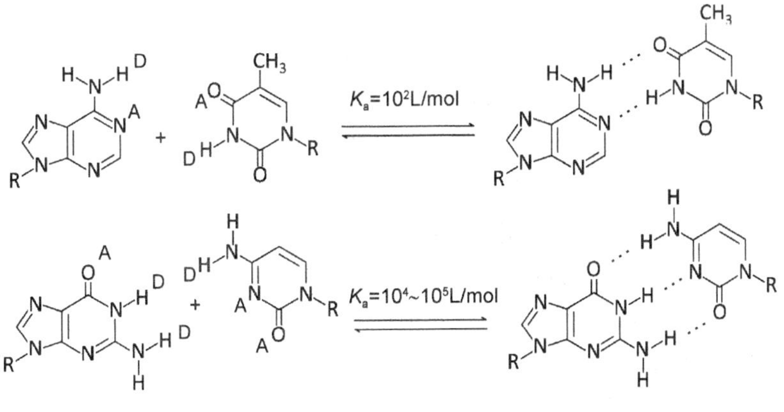


图 13.5　碱基对 A-T 和 C-G 形成过程和结合常数

2. 单个氢键强度

氢键结合单元基于多重氢键的相互作用，那么其中单个氢键的强度势必会影响结合常数。单个氢键的强度取决氢键供体的酸度和氢键受体的碱度，也就是供体的给质子能力和受体的得质子能力。例如，HF 中 F—H···F 氢键键能为 28.1 kJ/mol；$H_2O$ 中 O—H···O 氢键键能为 18.8 kJ/mol；$NH_3$ 中 N—H···N 氢键键能为 5.4 kJ/mol。从图 13.6 的例子中可以明显看出单个氢键强度对结合常数的影响。吡啶二胺结构中胺基经酰化后，由于共轭效应，N—H 中质子更显酸性，因此形成的二聚体的结合常数也相应增加了 1 个数量级。

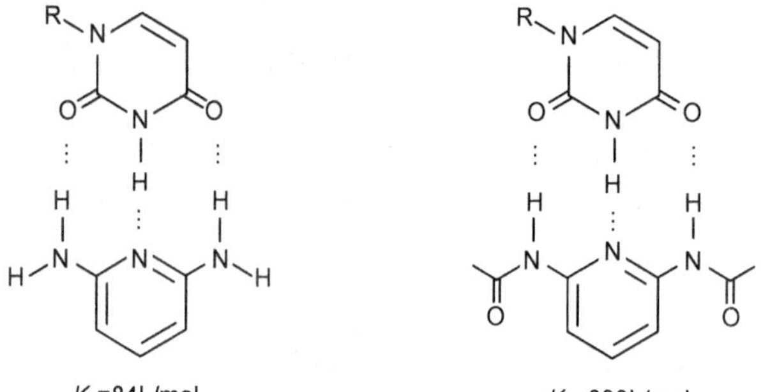


图 13.6　氢键强度对结合常数的影响

3. 次级静电作用

人们在研究一系列通过三重氢键结合的二聚体在 $CHCl_3$ 溶液中的结合常数时，发现它们的稳定性差异很大，从约 $10^2$ L/mol 到 $10^4$~$10^5$ L/mol。氢键数目相同，说明在形成二聚体过程中，氢键并不是影响稳定性的唯一的主要因素。Jorgensen 等结合计算化学提出，这种二聚体稳定性表现在结合常数之间的差异，应该归因于次级静电作用，即氢键中受体或供体与邻近的受体或供体之间存在静电排斥或吸引作用。次级静电作用分为吸引的次级静电和排斥的次级静电。吸引的次级静电有利于二聚体的稳定；反之，排斥次级静电作用则不利。如图 13.7 所示，C-G 中分别存在两组吸引的和两组排斥的次级静电作用，而 U-DAP 中存在四组排斥的次级静电作用，所以前者稳定常数远大于后者。次级静电作用对氢键结合强弱影响很大，ADA-DAD 型三重氢键由于次级作用均为排斥，所以结合常数在 $10^2$ L/mol 数量级甚至更低；而 ADD-DDA 型氢键两组次级作用为吸引力，另两组为排斥力，结合常数为 $10^4$ L/mol；AAA-DDD 型氢键次级作用均为吸引力，结合常数大于 $10^5$ L/mol。

通过对比 58 种不同的二聚体的稳定常数，Schneider 提出了一个简单的经验规则以用于预测聚集体的结合常数。这个规则只考虑了形成聚集体过程中氢键和次级静电作用，即形成二聚体过程中的自由能变化为每一个氢键贡献 1.88 kcal①/mol，每个次级静电作用减少或增加 0.77 kcal/mol。

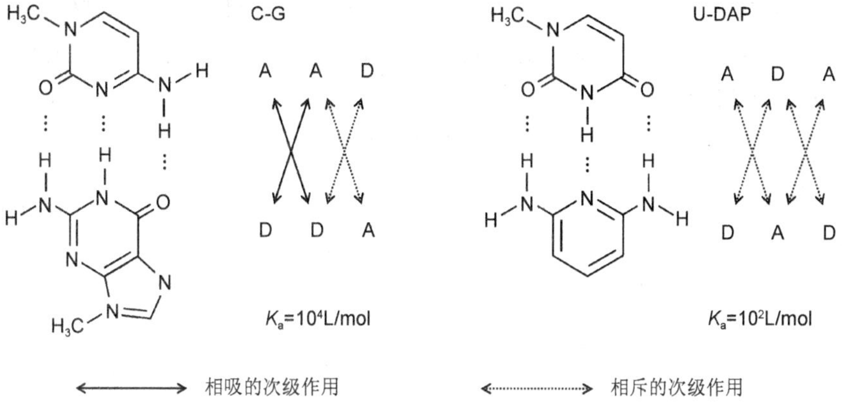


图 13.7　二聚体中的次级静电作用

4. 预组织

像主客体化学一样，预组织和协同过程对氢键结合单元的稳定性非常重要。结合单元若为芳香刚性结构，就很有可能形成高稳定性的二聚体。因为刚性结构转动比较困难，所以在形成二聚体过程中熵变较小，但如果结合单元易于转动并且存在多种构象，形成二聚体的结合过程中熵变将增加，在热力学上不利于形成稳定的二聚体。为了达到降低熵变目的，结合单元的预组织就尤为重要，一般多是通过分子内氢键将易于转动部分固定起来。如图 13.8 所示，将(a)中的甲基换为(b)中的丁胺基，由于形成分子内氢键，其结合常数从 530 L/mol 增至为 $2\times10^4$ L/mol。由此可见，结合单元结构的刚性化对结合能力影响非常大。

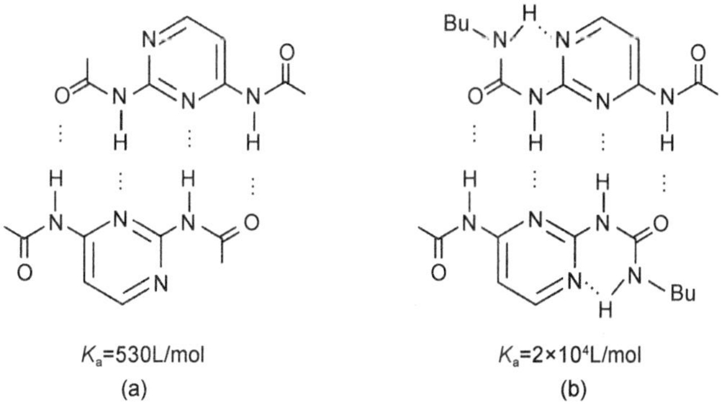


图 13.8　预组织对结合常数的影响

① 1cal=4.186J，后同。

5. 互变异构

基于杂环的结合单元，由于结构的特点，常常涉及互变异构体的相互转变。如图 13.9 所示的脲基嘧啶酮分子，存在多种互变异构体，除了可以形成二聚体的 ADAD 和 DDAA 型异构体外，还有三种不能形成二聚体的异构形式。体系所表现出来的结合能力正是多种异构相互作用的结果，不利于形成稳定二聚体的异构体就会降低体系的结合能力。这里氢键按 ADAD 和 DDAA 序列排列的两种异构体的贡献最大，使得该二聚体系的结合常数达到 $10^7$ L/mol。

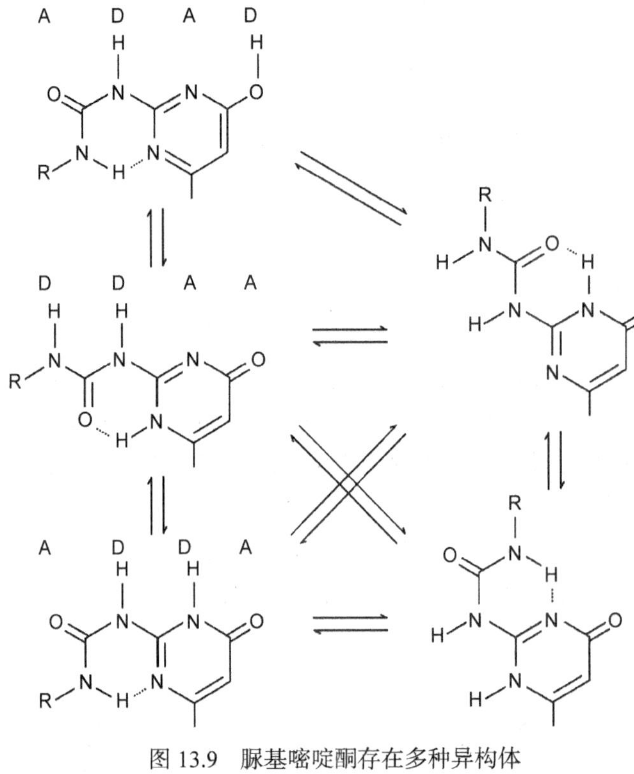


图 13.9　脲基嘧啶酮存在多种异构体

6. 顺序专一性

两个不同结合单元之间的专一性作用对能否形成稳定的超分子共聚物十分重要。如图 13.10 所示，如寡聚芳酰胺分子链 **a**，虽然具有六个氢键结合点，但其两个结合单元分子之间结合为二聚体的自互补结合常数仅为 $4.4\times10^4$ L/mol；而 **a** 如果与同样具有六个氢键结合点的 **b** 结合，二聚体结合常数则高达 $1.3\times10^9$ L/mol，稳定性提高五个数量级。这是因为前者结构的氢键无法专一性配对，实际上仅有四个相互吸引、可互补识别的氢键。像 **a** 和 **b** 具有的这种结合强度，足以形成高度稳定的超分子共聚物。

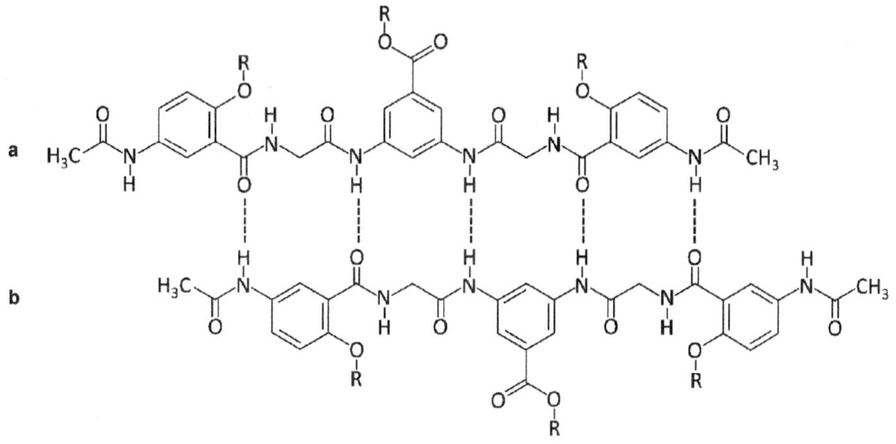


a·a $K_{dimer}$=4.4×$10^4$L/mol($CDCl_3$)

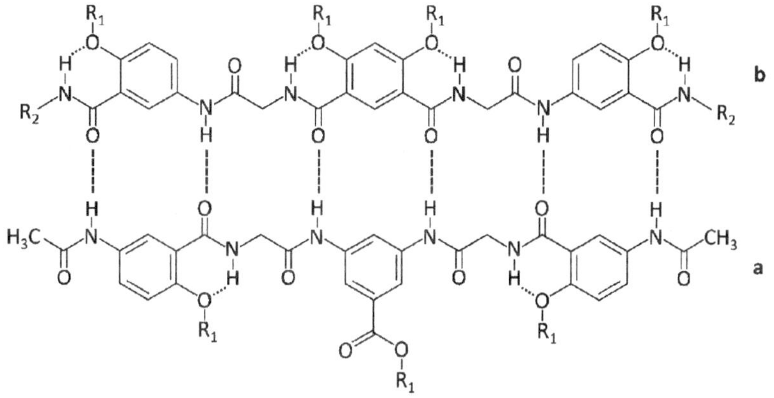


a·b $K_{dimer}$=1.3×$10^9$L/mol($CDCl_3$)

图 13.10　寡聚芳酰胺双股分子链的顺序专一性对稳定性的影响

### 13.3.2　基于金属络合作用的结合单元

基于金属络合作用的结合单元是依靠金属和配体分子之间的络合作用结合在一起的。这类结合单元组成的单体，其基本特征是具有单双或多位点的有机配体，能形成多样化的几何阵列和拓扑结构。多数报道的这类体系结合键能太大，超分子体系特征的可逆性只能通过化学方法来控制。常见的金属结合单元多是含氮的配体分子，例如，图 13.11 所示的含氮配体可以通过金属离子 $Cu^{2+}$连接起来形成超分子聚合物。

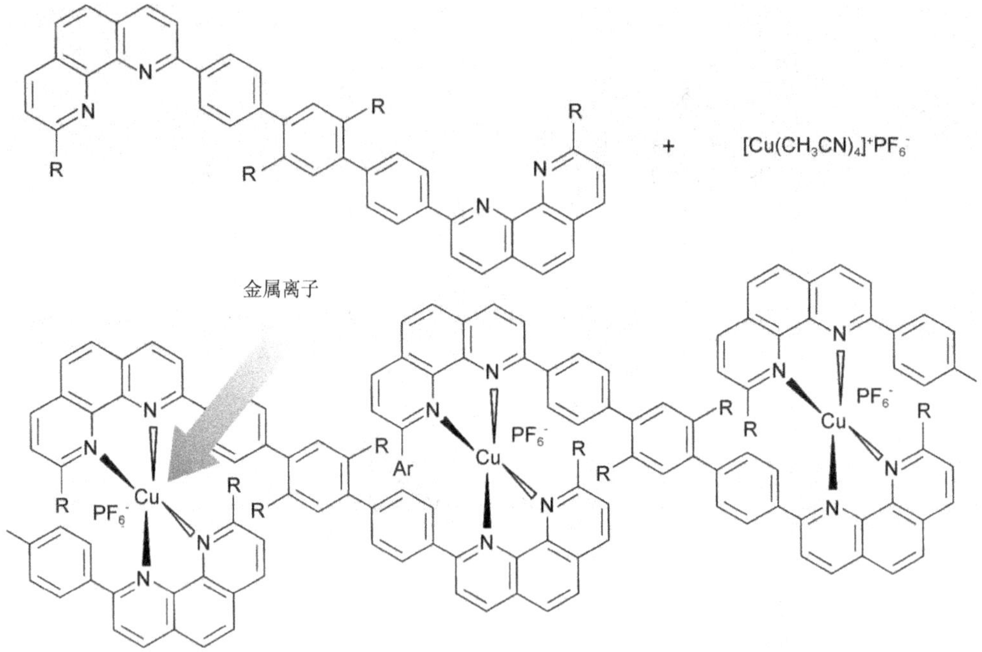


图 13.11　金属配体超分子聚合物

线形金属超分子聚合物是具有双配位官能团的有机小分子或高分子配体与金属离子作用形成的线形结构的聚合物。例如，线形含吡啶基金属超分子聚合物，采用三联吡啶封端的两亲性嵌段聚合物作为单体，合成两亲性多嵌段超分子聚合物。如图 13.12 所示，球状图形代表金属离子，棒状图形为含有双位点的配体分子。

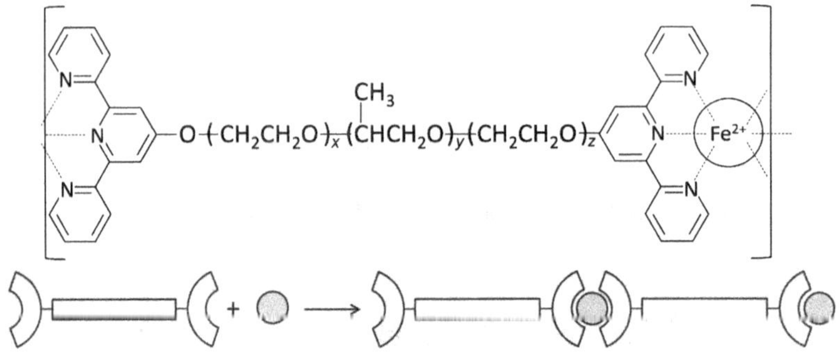


图 13.12　线形吡啶金属超分子聚合物

## 13.3.3　基于主客体作用的结合单元

主客体化学和超分子化学是共同被提出的概念。迄今，人们已经在主客体化学方面做了大量系统的研究，尤其对冠醚、杯芳烃和环糊精这三大类主体分子的研究更为透彻。这三类分子由于对某些客体分子具有较强的专一性络合能力，已经应用在超分子聚合物结合单元的设计中。分别将客体、主体分子连接起来或者将主体和客体分子连接起来构成单体，就可以通过主客体之间的识别能力形成超分子聚合物。

例如，Rebek Jr.等报道了一种非常特别的构建超分子聚合物的方式，即采用脲结构修饰的杯芳烃。这类杯芳烃可形成稳定的胶囊分子，胶囊空穴可以结合一个溶剂分子。将两个杯芳烃连接在一起，这样两端都可以形成分子胶囊，依靠杯芳烃主体分子对溶剂客体分子的包合作用就可组装成超分子聚合物。例如，图 13.13 中的结合单元分子在对二氯苯溶剂中通过包合对二氯苯分子形成超分子聚合物，从而表现出类似聚合物的性质，即黏度随浓度增加而增大。

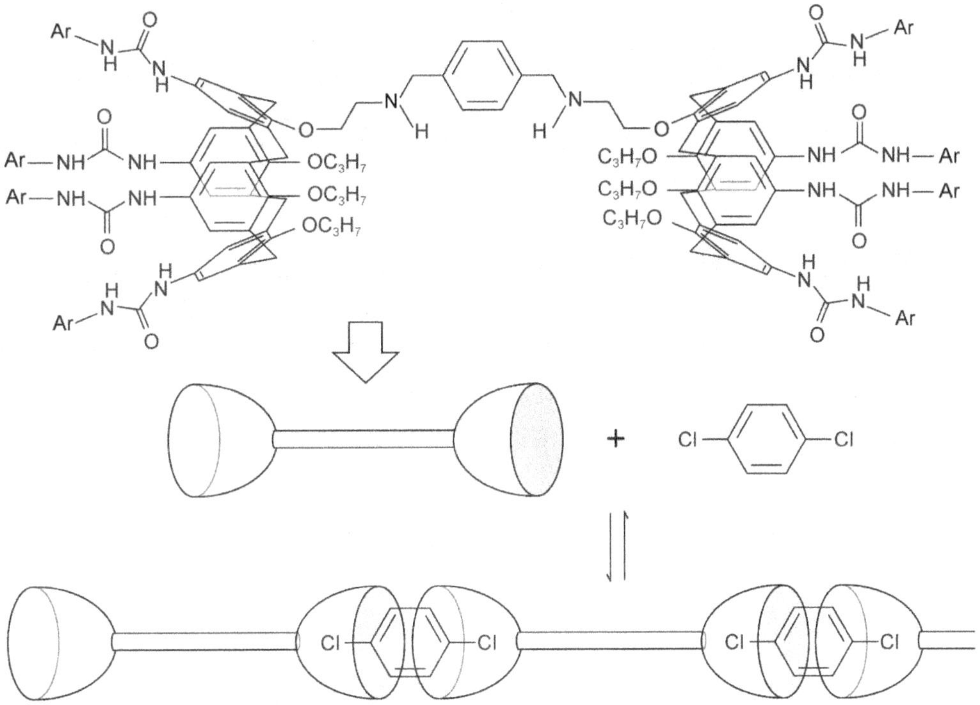


图 13.13　主-客体超分子聚合物

### 13.3.4　基于 π-π 堆积的结合单元

π-π 堆积作用是芳香环化合物的一种特殊空间有序排布，来自于芳香环氢原子与离域 π 电子云之间的静电吸引，因此也有研究者将 π-π 堆积作用称为“C—H···π”氢键作用。最常见的 π-π 堆积作用就是苯环之间的堆积作用，它们的能量为 1~50 kJ/mol，多数在 10 kJ/mol 左右和以下。所以与多重氢键结合单元一样，π-π 堆积结合单元通常需要含有较大或较多的芳香结构。π-π 堆积的强度和芳环的个数有关，芳环的个数越多，强度越大。

如图 13.14 所示，芳环的 π-π 堆积作用主要有以下方式：面对面(face-to-face)和边对面(edge-to-face)。其中边对面堆积方式更容易形成，而很少出现完全相对的芳香体系的堆积，因为离域电子云会产生强烈的排斥作用。因此当采用面对面堆积方式时，芳香环之间会错开一定距离，也称为错位面对面堆积作用(offset face-to-face)。

这时，芳香环之间的垂直距离一般在 0.35 nm 左右，心心之间的横向侧移距离约为 0.13 nm。

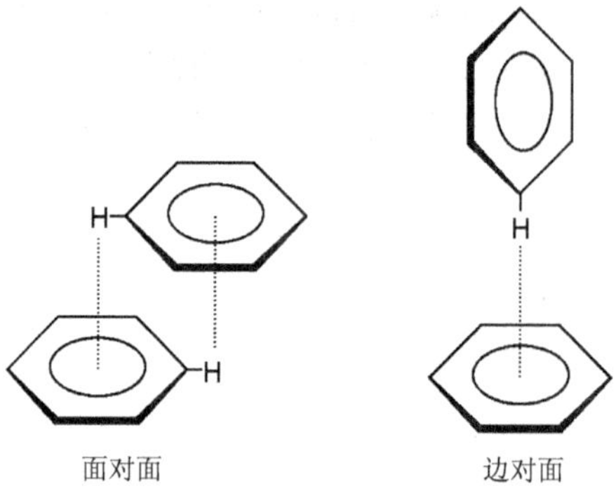


图 13.14　π-π 堆积方式

含有刚性芳香环结构的化合物常用于构建基于 π-π 堆积的盘状液晶超分子聚合物。这类超分子结合单元通常含有一个平面或接近于平面的刚性大环芳烃结构，大芳环通过错位面对面堆积作用形成有序的六方柱状组装体，同时通过一些与大芳环相连的柔性链将刚性结构加以稳定。常见的结构如图 13.15 所示。

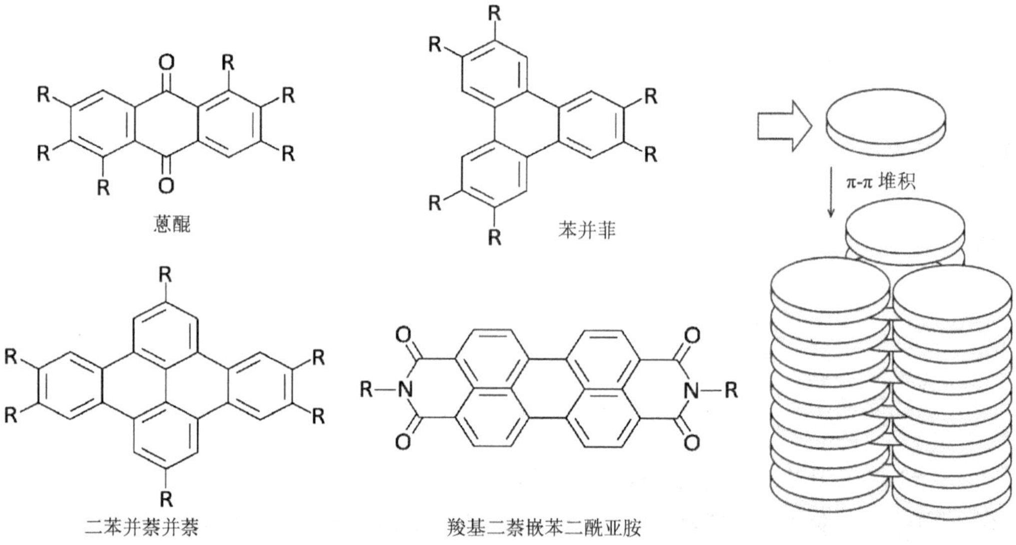


图 13.15　盘状液晶的 π-π 堆积

环芳酰胺大环是近几年发展起来的一类大环主体分子，环中心羰基氧指向环中心，具有类似冠醚的空腔，由于大环骨架通过分子内三中心氢键固定，与其他不含分子内氢键的芳酰胺大环相比，结构更具刚性，构象呈浅碗状或平面。在 π-π 堆积作用力的推动下，在氯仿中大环分子表现出很强的各向异性集聚倾向，如图 13.16 所示。通过原子力显微镜可以观测到纤维长度超过 10μm。

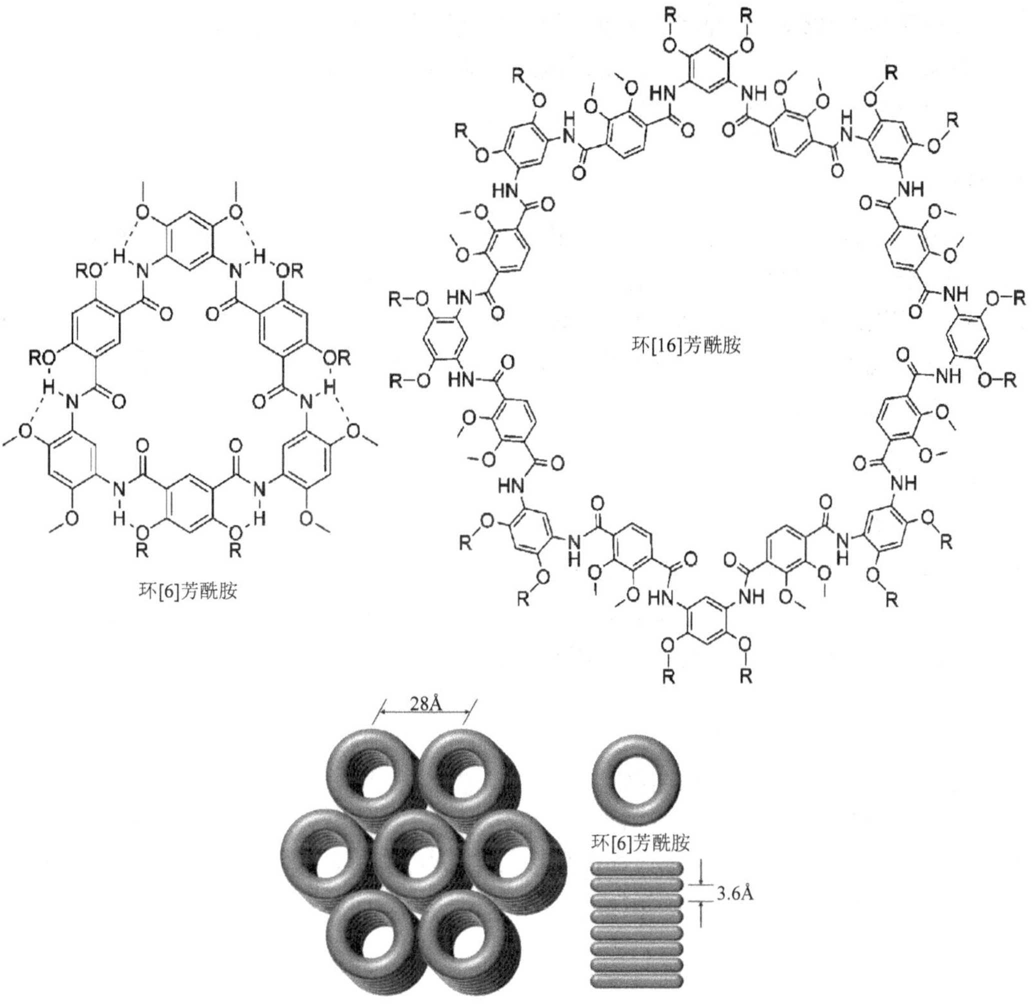


图 13.16　基于 π-π 堆积的超分子聚合物

## 13.4　超分子聚合物的特性与表征

### 13.4.1　超分子聚合物的特性

采用含两个具有互补性、不同结合单元的单体 A—B 或具有自互补结合单元的单体 A—A，通过不同组合，同时结合主链和侧链的化学修饰，可以形成包括线形均聚物、共聚物、交联聚合物和超支化结构在内的各类超分子聚合物。对于从带双官能团的单体形成的超分子聚合物而言，从结构上说，聚合度(DP)主要取决于端基的非共价键作用强度，因此要获得高相对分子质量聚合物，必须选用具有高结合常数的结合单元。此外，浓度是影响 DP 的另一个重要因素。对分子链长度的控制可以采用类似于缩聚反应的方法，通过加入带单官能团的链终止剂来调整。

超分子聚合物作为一种基于新概念的聚合物形式，具有很多特殊的性质，如对外界环境刺激的响应、错误纠正和合成上通过组合即可形成多样化结构。超分子聚合物与传统共价聚合物相比，概括起来有以下几个特点。

1. 响应性

超分子聚合物是通过可逆的弱相互作用力来形成的，这种动态可逆性使得超分子聚合物的聚合度、构象和结构等都容易改变，从而表现出环境刺激响应性。例如，调节温度、改变溶液浓度、变换溶剂、调节 pH 等都可以改变如相对分子质量、黏度、机械强度、蠕变性能等超分子聚合物的性质，而对于依靠传统共价键结合的高分子，则很难通过这些方式得以改变。

2. 自我修复

超分子聚合物是单体通过自组装形成的在热力学上有利的产物，不正确的自组装则会降低自组装体的稳定性。通过自组装过程的动态可逆平衡，一些错位的自组装结构会得到纠正从而转变为稳定的结构状态。例如，当超分子聚合物材料受到外力破坏后，在一定条件下，超分子体系又可以重新组装成之前的结构状态，从而修复被破坏结构。

3. 合成简单，具有合成上的经济性

如结合单元容易得到，将带结合单元的单体分子相混合就可以形成超分子聚合物，不需要苛刻的条件或其他反应试剂。这一特点限制了副产物的生成，并且简化了纯化过程。另外，与传统共价聚合比较，从使用反应试剂的角度看，整个合成过程更具经济性。鉴于非共价作用力容易被破坏，因此超分子聚合物易于回收利用，可以作为环境友好材料。

### 13.4.2　超分子聚合物的表征

1. 核磁共振

核磁共振(NMR)在化合物结构鉴定方面具有迅速、准确、分辨率高等优点。核磁不仅可以对共价键连接的小分子进行鉴定，而且对超分子体系也可以进行准确的表征。分子之间发生自组装时，相应的质子 NMR 信号会发生位移，通过位移的程度就可以确定分子之间结合强度。尤其是 NOE 方法，可以判断邻近质子的位置关系，从而判断超分子体系的空间状态。类似共价聚合物，有的情况下通过端基质子与高分子链中特征质子的积分面积比例，也可以计算超分子聚合物的相对分子质量。

2. 材料的形貌分析

材料的形貌尤其是纳米材料的形貌是材料分析的重要组成部分，材料的很多重要物理化学性能是由其形貌特征所决定的。超分子聚合物作为一种新型的材料，常会以多种形貌(如颗粒状纳米材料、纳米线和纳米管等)出现。材料常用的形貌分析方法主要有扫描电子显微镜(SEM)、透射电子显微镜(TEM)、扫描隧道显微镜(STM)和原子力显微镜(AFM)。SEM 和 TEM 形貌分析不仅可以分析粉体材料，还可以分析块体材料的形貌。其提供的信息主要有材料的几何形貌、粉体的分散状态、纳米颗粒大小和分布以及特定形貌区域的元素组成和物相结构。SEM 对样品的要求比较低，无论是粉体样品还是大块样品，均可以直接进行形貌观察。SEM 分析可以提供从数纳米到毫米范围内的形貌像，观察视野大，其分辨率一般为 6 nm。对于场发射扫描电子显微镜，其空间分辨率可以达到 0.5 nm 量级。TEM 具有很高的空间分辨能力，其特点是样品使用量少，不仅可以获得样品的形貌、颗粒大小和分布，还可以获得特定区域的元素组成及物相结构信息。TEM 比较适合纳米粉体样品的形貌分析，但颗粒尺寸应小于 300 nm，否则电子束就不能透过了。对块状样品的分析，TEM 一般需要对样品进行减薄处理。STM 主要针对一些特殊导电固体样品的形貌分析，分辨率可以达到原子量级，但仅适合具有导电性的薄膜材料的形貌分析和表面原子结构分布分析，不能分析纳米粉体材料。AFM 可以对纳米薄膜进行形貌分析，分辨率可以达到几十纳米，比 STM 差，但适合导体和非导体样品，不适合纳米粉体的形貌分析。总之，这四种形貌分析方法各有特点，电镜分析具有更多的优势，但 STM 和 AFM 具有可以空气氛或氮气氛下进行原位形貌分析的特点。

3. X 射线衍射

X 射线衍射(XRD)通过对材料进行射线衍射，分析其衍射图谱，获得材料的成分、材料内部原子或分子的结构或形态等信息。在晶体的点阵结构中，具有周期性排列的原子或电子散射的次生 X 射线间相互干涉决定了 X 射线在晶体中衍射的方向，所以通过对衍射方向的测定，可以得到晶体的点阵结构、晶胞大小和形状等信息。XRD 技术发展到今天，已经成为最基本、最重要的一种结构测试手段，在物相定性分析、物相定量分析、结晶度的测定、宏观应力的测定、晶粒大小的测定、晶体点阵参数的确定等方面得到了广泛应用。在超分子体系，通过 XRD 可以确定分子的堆积方式。例如，Yasuda 等合成了一系列 1,3,5-三苯酰胺衍生物，通过氢键与 π-π 堆积以及手性的协同作用，用 X 射线衍射的方法观察到了其超分子聚集态的双螺旋结构。

4. 差热扫描量热法

差热扫描量热法(DSC) 是一种将与物质内部相转变有关的热量作为时间和温度的函数进行测量的热分析技术。这些测量能提供大量物质的关于物理和化学的变化，包括吸热和放热、热容变化过程，以及物质相转变的定量或定性的信息。DSC 分析速度快，样品用量少，且制作简便，对固液体皆适用，有宽广的测温范围及优良的定量能力，在测定超分子聚合物相态变化方面具有很好的应用。例如，Grifin 等利用四官能团的吡啶基和两官能团的苯甲酸基之间的氢键作用，合成了具有梯形或网状结构的超分子聚合物。通过不同温度本体 IR、DSC 与平板流变仪的对照实验，详细研究了复合物在不同温度下的性质。通过 DSC 多次扫描，他们还发现了这类超分子聚合物网状结构具有记忆效应。

实际上，用于共价聚合物的鉴定手段在许多情况下也可以应用到超分子聚合物中。

但常见的 GPC 测定相对分子质量的方法，由于超分子结构的可逆性和稳定性，在测定过程中超分子聚合物常发生解离，得到不到准确的相对分子质量信息。

## 13.5 超分子聚合物的应用

继 1997 年 Meijer 报道的超分子聚合物以来，超分子聚合物相关应用已经涉及众多方面，包括胶黏剂、平版印刷、液晶材料、涂料等。下面举几个应用或有潜在应用的例子。

### 13.5.1 在印刷方面的应用

超分子聚合物相态在较小的温度范围内会发生明显的改变，因此超分子聚合物在喷墨打印方面得到了很好的应用。喷墨打印所使用的墨在喷出之前必须具备足够低的黏度，以确保墨水能够顺利喷出，但当墨水喷到纸上后就应具备足够的黏度使其不容易从纸面上脱落。超分子聚合物在稀溶液时表现出低黏度，溶剂挥干后则呈现出胶状固体，正好满足作为喷墨打印墨水的要求。

### 13.5.2 超分子液晶

超分子液晶是建立在分子间的次级相互作用基础上的复合液晶体系，氢键、离子相互作用、电荷转移相互作用、疏水作用等次级键可用于超分子液晶的组装或直接导致扩展液晶基元的形成。由于次级键为弱相互作用，具有动态可逆的特点，这类超分子液晶体系具有对外部环境刺激的独特响应特性，呈现动态功能材料特点，表现出特殊的光电性质、分子信息存取、分子传感器及催化活性等。超分子液晶聚合物引入了高分子的机械力学性能和易加工性，为这类材料走向应用和加工成器件创造了条件。

### 13.5.3 超分子橡胶

2008 年，一种独特的超分子橡胶被报道，研究者设计合成了一种端基含有特殊酰胺结构的化合物，可以通过氢键作用力连接在一起形成直链或者交联链的超分子聚合物。自组装成的超分子聚合物体系表现出超过自身数倍的可恢复延展性，以及在压力下较低的蠕变性能。与传统的物理交联型热塑性弹性体相比，这种橡胶在被破坏后，可以在室温下通过将断面接触重新实现超分子自组装，从而达到自我愈合。自我修复后的橡胶仍然具有之前的优良延展性。超分子橡胶因加工容易、回收方便，独特的自我修复性能、良好的可再生性以及原料(脂肪酸和脲衍生物)低廉而具有很好的应用前景。

超分子聚合物在单体的设计、自组装技术、结构和性能都与传统的以共价键结合的高分子材料有很大的不同，在 20 世纪 80 年代末诞生以来已经受到重视并取得了很大进展。由于非共价键的键能比共价键的键能小，低的耐蠕变性限制了超分子聚合物的应用，改善耐蠕变性是超分子高分子材料今后需要解决的一个问题。通过多重氢键和形成液晶态是提高超分子聚合物耐蠕变性的一个途径，有助于超分子聚合物作为工程材料应用。同时具有共价键和非共价键的高分子材料与无机超分子聚合物现在也在蓬勃的研究、开发和应用中。进一步研究非共价键相互作用的本质和复杂超分子聚合物自组装的规律是设计与产生具有期望性能的超分子聚合物新材料及新器件的基础，可以期望超分子聚合物在不久的将来必将会有新的更大的发展。

## 参 考 文 献

江明, 艾森伯格 A. 2006. 大分子自组装. 北京: 科学出版社

莱恩 J M. 2002. 超分子化学：概念和展望. 沈兴海译. 北京: 北京大学出版社

罗勤慧. 2009. 大环化学——主–客体化合物和超分子. 北京: 科学出版社

# 第 14 章　高分子材料的添加剂

## 14.1　引　　言

添加剂“additive”来源于“addition”这个单词，意即一种或多种材料的相加。添加剂是一类可改善材料性能、辅助加工或赋予材料新的性能的配合料或辅助料，是高分子材料的重要功能性成分，也称助剂。添加剂的用量一般不大。作为产品基体的重要成分，对产品形态、结构、性能产生重大影响的大剂量添加物，一般不划入添加剂的范畴。添加剂应用范围很广，通常以其作用的目的来加以分类，如阻燃剂、抗氧剂、发泡剂等。典型的添加剂包括抗阻塞剂、消泡剂、防雾剂、抗菌剂、抗氧剂、抗静电剂、成核剂、着色剂、偶联剂、固化剂、填料、阻燃剂、发泡剂、抗冲改性剂、低收缩剂、润滑剂、脱模剂、香料、增塑剂、防腐剂、增强剂、增滑剂、热稳定剂、辐射稳定剂、增稠剂。

虽然添加剂的种类繁多，几乎涵盖了材料的所有理化性能，但添加剂在选择和使用要求上也有一些共通的要求，包括：

(1) 用途对添加剂的要求。添加剂不仅仅对材料某一特定方面的性能有所改善，还会在一定程度上对材料其他各方面的综合性能产生影响，如力学性能、外观、气味、污染性、耐久性、电气性能、耐候性等，从而直接影响最终制品的用途。所以在选择添加剂时要根据材料最终用途综合考虑。

(2) 添加剂对加工条件的适应性。除了反应型功能的添加剂(如阻聚剂、抗氧剂、偶联剂等)，添加剂在聚合物的加工过程中应保持化学性质上的惰性，不会与高分子发生化学反应，保持基体高分子材料的原有特性。

(3) 添加剂的耐久性。从本质上来说，小分子的添加剂和高分子的基体是一种不相容的混合体系，因此添加剂随着材料使用时间的增加会逐渐流失。损失的途径主要包括挥发、抽出(在液态介质中使用的材料的添加剂会逐渐溶于液体介质中，从而产生损失)和迁移(由于与基体材料的不相容性，添加剂产生自身积聚的趋势，使得在基体中的分散性变差)3 条途径，因此必须根据制品的使用环境和加工条件来选择适当的品种。

(4) 添加剂与聚合物的配伍性。包括它们之间的相容性、可混合性以及稳定性方面的相互影响等问题。

(5) 添加剂的毒性。对于食品和药物包装材料、饮用水管、医疗器械等高分子材料的制品，添加剂本身的生理活性、毒性等性质对材料的使用有非常重要的影响，需要进行严格的筛选和检验。

(6) 添加剂之间的协同作用和相抗作用。在高分子制品中，往往需要加入多种添加剂成分，如果选配得当，则会比单独使用进一步改善材料的性能，也称为协效作用，还可以减少添加剂的总用量。

本章将对高分子材料中使用较广泛的几类重要添加剂进行简要介绍。

## 14.2 填 料

填料(filler)泛指被填充于基材中的物料，是指那些相对不活泼的、添加到基材中以改善其强度、耐久性、使用性能或其他性能，或者降低成本的材料。在高分子材料中，填料(填充剂)是用量最大的添加剂，几乎所有的塑料(包括热塑性和热固性塑料)、天然橡胶和涂料都使用大量填料。例如，塑料中加入木粉、陶土或碳酸钙等作为填料，不仅能改善制品的力学性能，提高硬度，而且还能降低成本；加入石墨、磁粉或云母作为填料，可提高塑料的导电性、通磁性和耐热性。橡胶中加入炭黑或二氧化硅(白炭黑)可显著提高橡胶的耐磨性。随着人们环保意识的增强，近年来如纤维素、淀粉等来自于天然植物资源的材料也开始大量用作可生物降解高分子材料的填料。

19 世纪 40 年代，Charles Goodyear 申请了用少量炭黑作天然橡胶颜料的专利。到 1920 年，人们开始使用大量(50%)炭黑作橡胶轮胎增强剂。1845 年，A.P. Critchlow 发明了木粉填充虫胶(Florence 复合材料)的配方，该木粉是通过研磨纤维状的木材颗粒而得到的。20 世纪早期，Heming 和 Baekeland 分别用石棉作为冷塑沥青复合材料和酚醛树脂的增强材料。30 年代早期，$\alpha$-纤维素被用作脲醛树脂和三聚氰胺树脂的填料。这些配方至今都仍在使用。

填料按照种类可分为无机填料和有机高分子填料两大类(表 14.1)。

**表 14.1 常用高聚物用填料**

| | |
|---|---|
| **有机高分子类填料** | |
| 纤维素类 | 木材 |
| | 纤维(纤维素、棉、麻、人造丝) |
| | 粉状纤维素 |
| 木质素类 | |
| 淀粉类 | |
| 蛋白质类 | 大豆蛋白 |
| 合成纤维类 | 聚酯 |
| | 尼龙 |
| | 聚丙烯腈 |
| 氟碳树脂类 | 聚四氟乙烯 |
| 炭类 | 炭黑 |
| | 石墨须和丝 |
| | 石油焦炭粉末 |
| 橡胶 | 合成橡胶、天然橡胶 |
| **无机类填料** | |
| 硅酸盐类 | 矿物类：石棉、云母、陶土(高岭土)、滑石、硅灰石 |
| | 合成类：硅酸钙、硅酸铝 |
| | 玻璃：实心和空心玻璃球、玻璃纤维、玻璃片 |

续表

| | |
|---|---|
| 二氧化硅类 | 矿物类：沙石、石英、硅藻土、砂藻土、硅藻石 |
| | 合成类 |
| 金属 | |
| 硼 | |
| 金属氧化物 | 粉末：氧化锌、二氧化钛、氧化镁、氧化铝 |
| | 晶须：氧化铝、氧化镁、氧化钍、氧化锆、氧化铍 |
| 碳酸钙 | 石灰石 |
| | 白垩 |
| | 沉淀碳酸钙 |
| 其他填料 | 非金属氧化物：氮化铝、碳化硼、氮化硅、碳化钨、碳化铍 |
| | 金属盐：硫酸钡、亚铁酸钡 |

### 14.2.1　无 机 填 料

用于高分子材料的无机填料来源于天然矿物，主要以金属或非金属的氧化物、氢氧化物、碳酸盐、硅酸盐、硫酸盐等形式存在。由于这些材料通常都具有坚硬、耐热等特点，因此用作填料可以提高高分子材料的强度、耐候性、耐热性、阻燃性等；而且由于天然矿物来源广泛，因此还可以进一步降低材料的成本。目前使用量最大的无机填料是碳酸钙，石棉也曾大量作为填料使用，但由于其具有毒性而正在逐渐被其他填料所替代。

氧化锌和二氧化钛作为填料可以提高高分子材料的耐候性，尤其是抗紫外性能，在很多高分子材料中都已得到了应用。其中二氧化钛还可以作为白色颜料使用(钛白粉)。

添加粉碎得极细的并经煅烧的氧化铝、刚玉、碳化硅可制备耐磨复合材料。三水合氧化铝和二水合氧化镁(ATH)可作为塑料的无卤阻燃填料，其在受热时会大量分解，吸收热量并释放出可稀释可燃气体和氧气的水蒸气。重晶石粉末($BaSO_4$)可用于制备防 X 射线穿透的高分子复合材料。氧化锆、硅酸锆和氧化铁的相对密度大于 4.5，可用于制备可控密度的塑料。

硅酸盐和二氧化硅也是一类使用广泛的填料，常见的种类包括滑石、石棉、黏土、云母、石英、硅藻土等。这类填料具有很高的多样性，既可以是无定形的粉末，也可以是具有结晶结构的颗粒或纤维。滑石是天然形成的纤维状的水合硅酸镁，同聚丙烯一起使用，由滑石填充的聚丙烯具有比聚丙烯自身更好的耐热性能，因而可用作耐高温汽车附件材料。硅藻土是具硅藻结构的极细的无定形二氧化硅，可用来避免薄膜卷绕时相互粘在一起(防黏结)，或提高聚氨酯泡沫的压缩强度。白炭黑是白色粉末状无定形硅酸和硅酸盐产品的总称，主要是指沉淀二氧化硅、气相二氧化硅、超细二氧化硅凝胶和白炭黑气凝胶，也包括粉末状合成硅酸铝和硅酸钙等。白炭黑是多孔性物质，其组成可用 $SiO_2 \cdot nH_2O$ 表示，其中 $nH_2O$ 以表面羟基的形式存在。该填料用作触变胶以提高液体树脂的黏度。此外，石英砂、硅灰、层状黏土等二氧化硅类填料也都是一些常见的品种。

金属也常以粉状金属填料或片状金属填料等形式加入到高分子基体中，用以制备导电复合材料。粉状铅填充的聚烯烃复合材料已用于中子和 $\gamma$ 射线的防护。

### 14.2.2　有机高分子填料

炭黑是目前高分子材料中用量最多的有机填料。早在公元前，我国就用植物油不完全燃烧制取颜料炭黑。由乙炔制备的炭黑填充的高分子材料是热和电的良导体。炭黑不仅可以起到增强材料耐磨性的作用，还可以提高材料的导电性和抗紫外性能。

来源于天然高分子的材料也经常用作填料，如木粉、纤维素、淀粉、甲壳素粉、大豆蛋白及脂肪等。由于这类材料来源于自然界，含量丰富、易得并具有良好的可生物降解性，是降低成本、制备绿色环保材料的重要填料。例如，通过研磨木材废弃物得到的木粉可用作酚醛树脂、黑色脲醛树脂、聚烯烃和 PVC 的填料。

纤维素比木粉具有更多纤维结构，可用作脲醛树脂和三聚氰胺树脂的填料。三聚氰胺餐具是一种由浸渍有树脂的纤维素编织层加工形成的层压结构复合材料。淀粉和大豆衍生物可以生物降解，高分子复合材料的分解速率可由这些填料的量来控制。

与高分子共混物不同的是，一些高熔点或交联的高分子可以预成型后加入到低熔点或低加工温度树脂中进一步复合成型，因而也归属于填料。例如可在橡胶中加入尼龙纤维作为增强材料；反之，也可将交联的橡胶粒子加入 PS、ABS 等热塑性高分子中作为抗冲击增韧材料。

## 14.3　偶　联　剂

偶联剂(coupling agent)是一类具有两不同性质官能团的物质，它们分子中的一部分官能团可与有机分子反应，另一部分官能团可与无机物表面的吸附水反应，形成牢固的黏合。偶联剂在高分子复合材料中的作用在于它既能与增强材料表面的某些基团反应，又能与基体高分子反应，在增强材料与树脂基体之间形成一个界面层，界面层能传递应力，降低表面张力，从而增强了增强材料与树脂之间黏合强度，提高了复合材料的性能，有利于制品耐老化、耐应力及电绝缘性能的提高。

按偶联剂的化学结构及组成分为铬络合物、硅烷类、钛酸酯类和铝酸化合物四大类。

### 14.3.1　铬络合物偶联剂

铬络合物(chromium complex)偶联剂开发较早，通常由不饱和有机酸与三价铬离子形成的金属铬络合物构成，合成及应用技术均较成熟，而且成本低，但品种较单一、使用范围较窄。最主要品种为甲基丙烯酸氯化铬络合物，用于玻璃纤维增强复合材料，其一端含有活泼的不饱和基团，可与高分子基体反应；另一端依靠铬原子与玻璃纤维表面的硅–氧键形成配位键相结合。

### 14.3.2　硅烷偶联剂

硅烷(silicane)偶联剂的通式为 $YSiR_3$。式中 R 代表能够水解的烷氧基(如甲氧基、乙氧基等)；Y 代表氨基、巯基、乙烯基、环氧基、氰基及甲基丙烯酰氧基等基团，这些基团和不同的基体树脂均具有较强的反应能力，如图 14.1 所示。目前，硅烷偶联剂主要用作多种无机填料的表面处理剂。在硅烷偶联剂这两类性能互异的基团中，以 Y 基团最重要，它对制品性能影响很大，对偶联剂的性能起决定作用。只有当 Y 基团能和对应的树脂起反应，才能使复合材料的强度提高。一般要求 Y 基团要与树脂相容并能起偶联反应。

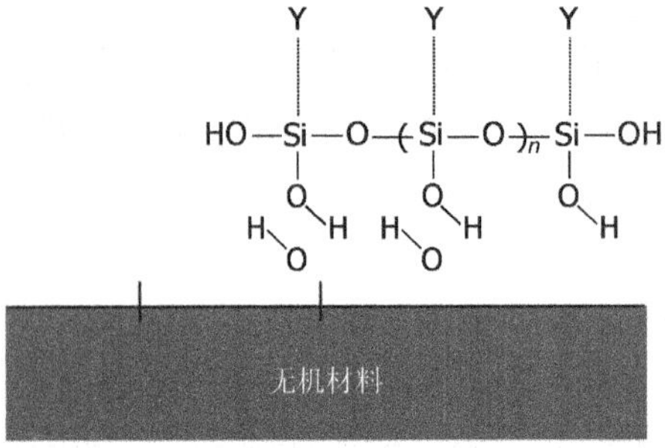


图 14.1　硅烷偶联剂的作用原理

### 14.3.3　钛酸酯偶联剂

根据分子结构，钛酸酯(titanate)类偶联剂包括四种基本类型(图 14.2)：①单烷氧基型(monoalkoxyl titanate)，适用于多种高分子基体的复合材料体系，尤其适合于不含游离水

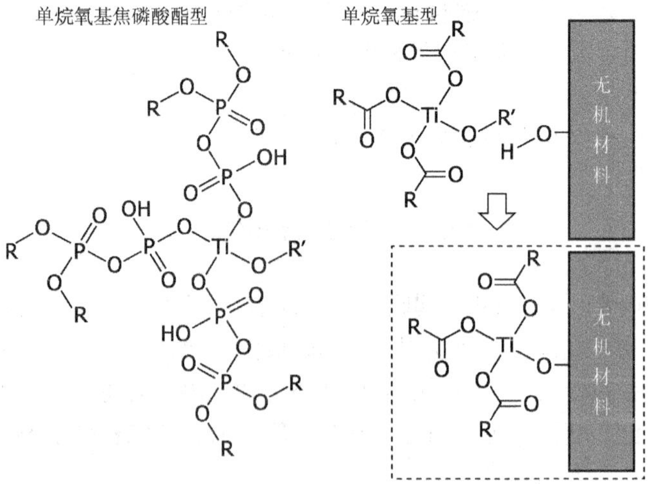


图 14.2　钛酸酯类偶联剂

而只含化学键合水或物理水的填充体系；②单烷氧基焦磷酸酯型(monoalkoxyl tripyrophospate titanate)，适用于多种高分子基体的复合材料体系，特别适合于含湿量高的填料体系；③螯合型，由于它们具有非常好的水解稳定性，这类偶联剂特别适用于含水的高分子体系；④配位体型，该类偶联剂用在多种树脂基体或橡胶基体高分子复合材料体系中都有良好的偶联效果，克服了一般钛酸酯偶联剂不适用于橡胶基体高分子复合材料体系的缺点。

## 14.4　抗氧剂、热稳定剂与光稳定剂

### 14.4.1　抗　氧　剂

抗氧剂(antioxidant，AO)是一类能够抑制或者延缓高分子和其他有机化合物在空气中热氧化过程的物质。一般来说，塑料、合成纤维和橡胶等高分子材料的热稳定性比金属、无机物材料差，在加工、使用、存储过程中容易发生热氧化降解反应，造成性能的下降。因此加入抗氧剂可以保持高分子材料的优良性能，降低使用成本，延长使用寿命。

高分子化合物的热氧化降解过程是一系列的自由基链式反应，在热、光或氧的作用下，高分子的化学键发生断裂，生成活泼的自由基小分子化合物和氢过氧化物。氢过氧化物发生分解反应，也生成烃氧自由基和羟基自由基。这些自由基可以引发一系列的自由基链式反应，放出热量并生成更多的自由基，进一步促进高分子的降解。抗氧剂的作用即是消除新生成的自由基，或者促使氢过氧化物的分解，阻止链式反应的进行。能消除自由基的抗氧剂称为主抗氧剂，其机理是抗氧剂夺取活泼自由基的电子，生成稳定的自由基，不再引发链式反应；能分解氢过氧化物的抗氧剂称为辅助抗氧剂，其机理是通过氧化还原反应将羧基还原为羟基，避免过氧自由基的生成。具体的作用机理如图 14.3 所示。

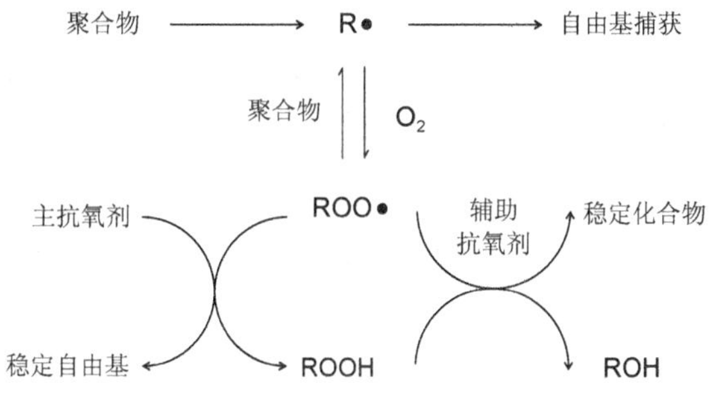


图 14.3　抗氧剂的作用机理

主抗氧剂主要有芳香胺类和受阻酚类两大类。重要的芳香胺类抗氧剂有二苯胺、对苯二胺和二氢喹啉等化合物及其衍生物或聚合物，可用在橡胶类制品中。这类抗氧剂价格低廉、抗氧效果显著，由于它能使制品变色，限制了它们在浅色或白色制品方面的应

用。受阻酚类抗氧剂有 2,6-二叔丁基-4-甲基苯酚(抗氧剂-264)、双(3,5-叔丁基-4-羟基苯基)-硫醚、四-(3,5-三级丁基-4-羟基苯基)-丙酸-季戊四醇酯(抗氧剂 1010)等。这类抗氧剂的抗热氧化效果显著，不会污染制品，也不存在毒性。

常见的辅助抗氧剂主要有硫代酯类和亚磷酸三酯类。硫代二丙酸双酯是一类重要的辅助抗氧剂，常与受阻酚类抗氧剂并用，效果显著，主要有双十二碳醇酯、双十四碳醇酯和双十八碳醇酯 。亚磷酸酯也是一类重要的辅助抗氧剂，主要有亚磷酸三苯酯(TPP)、三辛酯、三癸酯、三(十二碳醇)酯和三(十六碳醇)酯等。

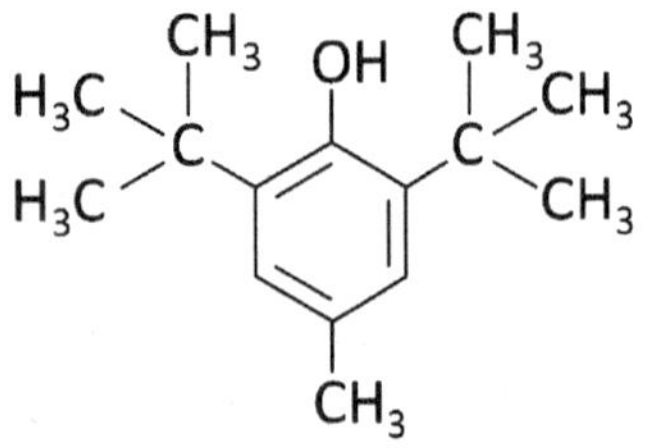
2,6-二异丁基-4-甲基苯酚

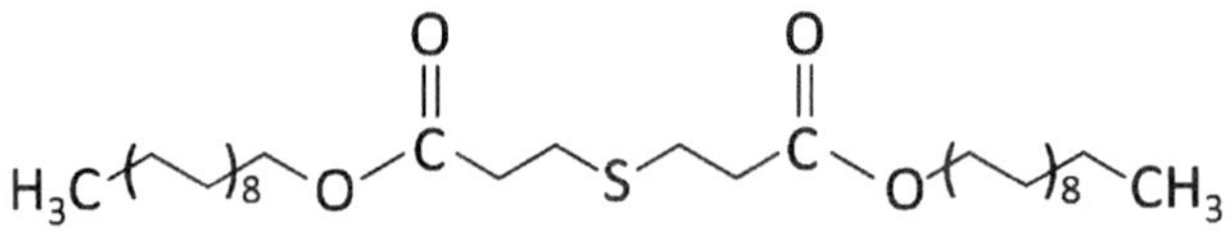
硫代二丙酸十八烷醇酯

(14.1)

## 14.4.2　热稳定剂

热稳定剂(thermal stabilizer)是塑料加工助剂中重要的类别之一。在一些应用场合下，如抑制材料发生热氧化降解，热稳定剂和抗氧剂常常可以视为同一种助剂。但在一些热降解机理不是氧化降解的情况下，二者就存在一定的不同，前者涵盖了所有抑制或延缓聚合物材料在受热过程中氧化和非氧化降解的助剂。例如，在 PVC 树脂加工中，正如前面章节中所提到的，纯聚氯乙烯(PVC)的热分解温度低于其加工温度，因此无法直接热塑性加工。PVC 在热降解过程中的一个主要环节是脱除 HCl 而生成不饱和的双键，因此 PVC 的热稳定机理与其他常见的聚合物(如聚酯、聚碳酸酯等)有所不同。

PVC 热稳定剂必须能够捕捉 PVC 热分解时放出的具有自催化作用的 HCl，或是能够与 PVC 树脂产生的不稳定双键结构起加成反应，以阻止或减缓 PVC 树脂的分解。最为常见的是有机金属盐类热稳定剂，其作用机理如下所示：

$$-\!\!\left[CH_2-\underset{\substack{|\\Cl}}{CH}\right]_n \longrightarrow -\!\!\left[CH=CH\right]_x\!\!\left[CH_2-\underset{\substack{|\\Cl}}{CH}\right]_{n-x} + x\,HCl$$

$$2\,HCl + M(OOCR)_2 \longrightarrow 2\,HOOCR + MCl_2 \tag{14.2}$$

常用的金属盐类热稳定剂包括如下一些品种：铅盐类稳定剂热稳定性高，电性能优异，价格低廉，但是只能生产不透明制品且毒性较大；钡镉类稳定剂也是性能较好的一类热稳定剂，在 PVC 农膜中使用较广。钙锌类稳定剂可作为无毒稳定剂，用在食品包装与医疗器械、药品包装等对安全性要求较高的领域，但其稳定性相对较差，用量大时对透明性也有较大影响；有机锡类热稳定剂是用于 PVC 硬制品与透明制品的较好品种，但其价格较为昂贵。近年来还出现了稀土类稳定剂和水滑石系稳定剂，稀土类稳定剂主要特点是加工性能优良，而水滑石则是无毒稳定剂。

此外环氧类化合物、多元醇、有机亚磷酸酯等常用作 PVC 的辅助稳定剂。

### 14.4.3　光稳定剂

太阳辐射的电磁波在通过大气层时，波长 290nm 以下和 3000nm 以上的射线几乎都被屏蔽或吸收，实际到达地面的为 290~3000nm 的电磁波，其中波长范围为 400~800nm(约占 40%)的是可见光，波长为 800~3000nm(约占 55%)的是红外线，而波长为 290~400nm(仅占 5%)的是紫外线。当高分子材料吸收的电磁波能量刚好与其结构内某些化学键能量匹配时，就可能导致化学键的断裂。一般来说，与高分子结构中化学键能量最接近的电磁波为紫外线。长期暴露在含有紫外线的阳光或强荧光中会导致高分子降解，使制品的外观和物理机械性能恶化，这一过程称为光氧化或光老化。例如，紫外线能穿过人体皮肤表层，破坏皮肤细胞，使皮肤真皮层的蛋白质变性，逐渐变硬而失去弹性，加快衰老和出现皱纹。

凡能抑制光氧化或光老化过程而加入的助剂统称为光稳定剂。光稳定剂的品种因其自身结构和作用机理的不同而有所不同。紫外线屏蔽剂可以屏蔽、反射紫外线，主要品种有炭黑、氧化锌、二氧化钛等。紫外线吸收剂可以吸收紫外线并将其转化为无害的热能，主要品种有二苯甲酮类、水杨酸酯类、苯并三唑类、三嗪类等。以常用于防晒霜的水杨酸苯酯为例，其作用机理如式(14.3)所示。水杨酸苯酯在紫外光照射下可发生重排生成 2,2′-二羟基苯甲酮，后者进一步分解为苯醌，并将能量在低能量区域释放出来，转变为无光降解活性的能量。猝灭剂可使被紫外线激发的分子或基团的激发态猝灭，使其回复到基态，从而抑制或减缓光氧化反应，主要品种有镍的有机化合物。自由基捕获剂可捕获因光氧化反应产生的自由基，从而阻止自由基链式反应，主要品种为受阻胺类化合物，如 2,2,6,6-四甲基哌啶酯。

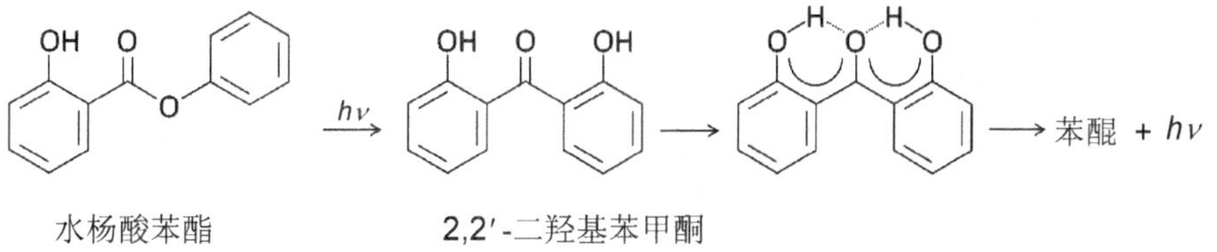


(14.3)

## 14.5　阻燃剂

阻燃剂(flame retardant)又称难燃剂、耐火剂或防火剂，是一种赋予易燃高分子难燃性的功能性助剂，主要适用于有阻燃需求的高分子材料，延迟或防止高分子材料的燃烧。

当高聚物用作家具或建筑材料时，不具有可燃性是非常必要的。一般如 PP、PA、PE、PS、ABS、EVA 及 PET、PBT 等易燃的高分子塑料在特殊用途中都需要添加阻燃剂。表 14.2 列出了常见高分子的极限氧指数(LOI)，从表中可以看出，除了一些特种工程塑料和少数的通用高分子材料(PVC)，绝大多数的高分子材料都是易燃的。

**表 14.2　常见高分子的极限氧指数**

| 材料名称 | LOI | 材料名称 | LOI | 材料名称 | LOI |
|---|---|---|---|---|---|
| PE (聚乙烯) | 16 | PBR (顺丁橡胶) | 18 | PPO (聚苯醚) | 29 |
| PP (聚丙烯) | 17 | Epoxy resin (环氧树脂) | 18 | PPS (聚苯硫醚) | 44 |
| PVC (聚氯乙烯) | > 25 | POM (聚甲醛) | 15 | PI (聚酰亚胺) | 43 |
| PS (聚苯乙烯) | 18 | 尼龙 6 | 25 | Kevlar (凯夫拉) | 40 |
| ABS | 19 | PET (聚对苯二甲酸乙二醇酯) | 20 | PBI (聚苯并咪唑) | 58 |
| PMMA (聚甲基丙烯酸甲酯) | 17 | PC (聚碳酸酯) | 27 | PTFE (聚四氟乙烯) | 95 |

### 14.5.1　阻 燃 机 理

燃烧过程实际就是剧烈的氧化自由基链式反应，高分子材料受热后首先发生分解，产生气态的可燃性小分子化合物，小分子化合物在高温下进一步裂解为自由基，在氧气的作用下发生自由基链式反应，放出大量的热，进一步促进燃烧的扩展。因此从机理上来说，热量、可燃物和氧气是高分子材料燃烧的三大要素。根据以上燃烧过程的特点可以将阻燃剂的作用机理分为热量吸收、阻隔作用、抑制链反应、不燃气体稀释等。多数阻燃剂是通过若干机理共同作用达到阻燃目的。

1. 吸热机理

任何燃烧在较短的时间所放出的热量是有限的，如果能在较短的时间吸收火源所放出的一部分热量，那么火焰温度就会降低，辐射到燃烧表面和作用于将已经气化的可燃分子裂解成自由基的热量就会减少，燃烧反应就会得到一定程度的抑制。在高温条件下，阻燃剂发生了强烈的吸热反应，吸收燃烧放出的部分热量，降低可燃物表面的温度，从而有效抑制可燃性气体的生成，阻止燃烧的蔓延。$Al(OH)_3$ 阻燃剂的阻燃机理就是通过在高分子之前自身先发生热分解，吸收热量，从而提高高分子材料的阻燃性能。

2. 阻隔机理

在可燃材料中加入这类阻燃剂后，阻燃剂在高温下能形成玻璃状或稳定发泡覆盖层，具有隔热、隔氧、阻止可燃气体向外逸出的综合作用，从而达到阻燃目的。如有机磷类阻燃剂受热时能产生结构更稳定的交联状固体物质或炭化层。炭化层的形成一方面能阻止聚合物进一步热解，另一方面能阻止其内部的热分解产生物进入气相参与燃烧过程。

3. 抑制链反应机理

根据燃烧的链式自由基反应机理，维持燃烧所需的是自由基。阻燃剂可作用于气相燃烧区，捕捉燃烧反应中的自由基，从而阻止火焰的传播，使燃烧区的火焰密度下降，最终使燃烧反应速率下降直至终止。如含卤阻燃剂，它的蒸发温度和高分子分解温度相同或相近，当高分子受热分解时，阻燃剂也同时挥发出来。此时含卤阻燃剂与热分解产物同时处于气相燃烧区，卤素便能够捕捉燃烧反应中的自由基，从而阻止火焰的传播，最终使燃烧反应速率下降直至终止。

4. 不燃气体稀释机理

一些阻燃剂受热时可分解出不燃气体，如 $CO_2$、$H_2O$、HCl 等，将可燃物分解出来的可燃气体的浓度稀释到燃烧下限以下。同时也对燃烧区内的助燃气体氧的浓度具有稀释的作用，阻止燃烧的继续进行，达到阻燃的作用。

## 14.5.2　常用阻燃剂

阻燃剂目前主要分为有机阻燃剂和无机阻燃剂两大类。有机阻燃剂是以溴系、氮系和磷系化合物为代表的一些阻燃剂，无机阻燃剂主要有三氧化二锑、氢氧化镁、氢氧化铝，硅系等阻燃体系。

在早期的应用中，含卤素的阻燃剂，尤其是溴系阻燃剂(如十溴联苯醚)具有添加量少、高效、低成本等优点，在有机阻燃体系中占据绝对优势。但由于这类阻燃剂在燃烧过程中会释放大量具有腐蚀性的卤化氢气体和一些剧毒的小分子有机卤素化合物。因此随着世界各国对环保要求的不断提高，含卤素阻燃剂体系正逐渐被无卤阻燃体系所取代。

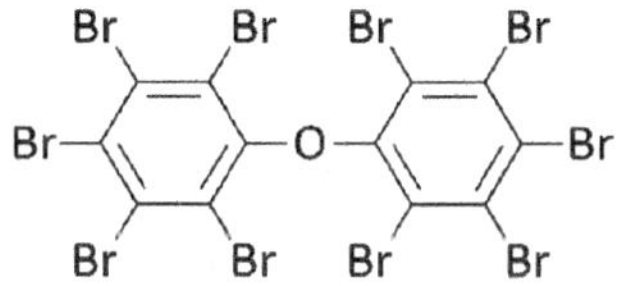


十溴联苯醚　(14.4)

在非卤素阻燃剂中，红磷是一种较好的阻燃剂，具有添加量少、阻燃效率高、低烟、低毒、用途广泛等优点；红磷与氢氧化铝、膨胀性石墨等无机阻燃剂复配使用，制成复合型磷/镁、磷/铝、磷/石墨等非卤素阻燃剂，阻燃剂用量大幅降低，从而改善塑料制品的加工性能和物理机械性能。但普通红磷在空气中易氧化、吸湿，容易引起粉尘爆炸，运输困难，与高分子材料相容性差等缺陷，应用范围受到了限制。为弥补这方面不足，以扩大红磷应用范围，常采用微胶囊包覆工艺，使之成为微胶囊化红磷。微胶囊化红磷除克服了红磷固有的缺陷外，还具有高效、低烟、在加工中不产生有毒气体等优点，材料的分散性、物理性能、机械性能、热稳定性及阻燃性能均有提高和改善。

金属氢氧化物(如氢氧化铝、氢氧化镁等)常用作阻燃剂，这类化合物在受热情况下发生热分解，释放出大量水分，起到了吸收热量、稀释可燃气体的作用。但这类化合物阻燃效率不高，添加量大(>50%)，会对材料的其他性能造成严重影响，因此常需要和其他阻燃剂复配使用。

在燃烧过程中生成的炭也可起到阻隔氧和阻止挥发性可燃物向外蔓延的作用。芳香族聚合物、聚多糖类聚合物易于成炭，一些含磷和含硼化合物也能催化成炭。例如，膨胀型阻燃剂分子结构中同时含有几种官能团，分别提供“酸源”(如磷酸酯基团)、“炭源”(如季戊四醇基团)、“气源”(如三聚氰胺基团)，在燃烧过程中这类阻燃剂可以迅速生成一层致密的发泡炭层，起到隔氧隔热的阻燃作用。

由于燃烧受许多变量的影响，因此对所有的阻燃聚合物而言，阻燃测试并不能预测真实火灾条件下的性能。同其他有机复合材料一样，阻燃剂也可能有毒或燃烧时产生有毒气体。因此，在使用时必须格外小心。

## 14.6　增　塑　剂

添加到高分子体系中能使高分子塑性增强的物质称为增塑剂(plasticizer)。一些聚合物具有较强的分子间次价作用力(如氢键作用等)，如 PVC、PVA、淀粉等，强烈的分子间作用使得这些聚合物的加工温度高于其热分解温度，因而难以加工。增塑剂的主要作用是削弱聚合物分子之间的次价健力，从而增加高分子链的移动性，降低结晶性，达到改善高分子塑性的目的。增塑后的高分子材料表现为硬度、模量、软化温度和脆化温度下降，而伸长率、曲挠性和柔韧性提高。增塑剂的世界年产量达到 3000 万 t 以上，实际上，增塑剂是许多高分子产品不可缺少的组成部分。例如，汽车安全玻璃主要是由聚乙烯醇缩丁醛和大约 30%的增塑剂组成。

增塑剂按其作用方式可以分为两大类型，即内增塑剂和外增塑剂。内增塑剂实际上是高分子结构的一部分。一般内增塑剂是在高分子聚合过程中所引入的第二单体。第二单体共聚在分子结构中，降低了分子链的有规度，从而使得高分子材料结晶度也下降。例如，氯乙烯-乙酸乙烯共聚物比氯乙烯均聚物更加柔软。内增塑剂的使用温度范围比较窄，而且必须在聚合过程中加入，因此使用较少。

外增塑剂通常是低相对分子质量的化合物或聚合物，一般是高沸点的难挥发的液体或低熔点的固体。大部分增塑剂的增塑机理是通过增溶高分子结构单元促使链段运动而不是分子链的整体运动来实现增塑作用。熔融的外增塑剂在热加工条件通过机械作用渗入高分子链之间，使之发生溶胀，形成固体溶液，削弱高分子链间相互作用，从而使得高分子链发生运动而塑化。外增塑剂性能比较全面且生产和使用方便，应用很广。现在通常所说的增塑剂都是指外增塑剂。

水被称为生命的增塑剂。在自然界中，水作为增塑剂应用非常广泛，它能够使生物体具有自然的弹性，能使核酸和蛋白质发挥作用。在淀粉、PVA 等加工过程中常加入水作为增塑剂。水的加入削弱了淀粉和 PVA 的分子间氢键作用，降低了加工温度，从而实现了热塑性加工。但由于水的沸点较低，因此常使用其他高沸点的多羟基化合物[如甘油(丙三醇)]来代替水作为增塑剂。

酯类有机化合物也是一类重要的增塑剂，在 PVC 中有广泛应用。在 20 世纪 30 年代早期，W. Somon 通过加入磷酸三甲苯酯作为增塑剂降低了 PVC 的加工温度，这一增塑剂具有一定的毒性，已经被邻苯二甲酸酯[式(14.5)]等取代。增塑剂能够削弱 PVC 分子之间的相互作用，并且使半结晶聚合物能够在低于常规温度下流动。

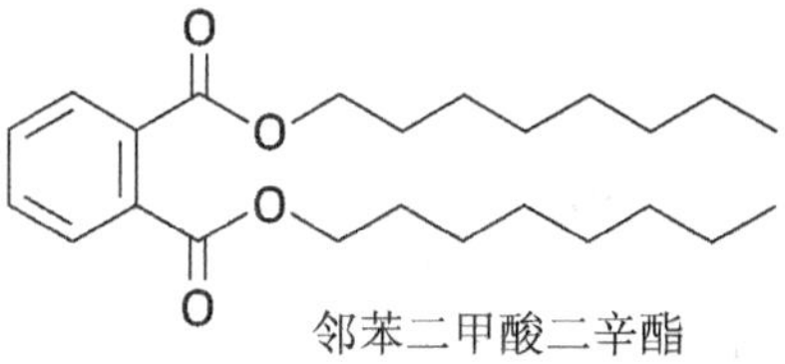

邻苯二甲酸二辛酯　(14.5)

长期使用时，增塑剂的保持仍然是一个主要的问题。例如，软质 PVC 材料(如室内地板)长时间使用后会变脆，主要就是由于增塑剂流失的缘故。通过处理高分子材料表面可以减小表面的孔隙率，从而延缓增塑剂的挥发和迁出；使用支化高分子作为其自身的增塑剂也是一种有效的方法，由于支化高分子有较强的物理缠结作用，其从基体中渗出速率较慢。

# 14.7　其他常用的添加剂

## 14.7.1　着　色　剂

对于日常生活中应用的制品，外观色彩的效果有着非常重要的地位，所以塑料、纤维和涂料等高分子材料中需要加入着色剂(colorant) 或染料(dye)以适应审美的需要。某些添加剂虽然主要并不作为着色剂使用，但由于其本身就含有颜色，因此其制品也带有相应的颜色。例如，橡胶轮胎由于含有较高比例的炭黑填料，因而是黑色的。而在一些涂料和塑料中，由于含有抗老化剂二氧化钛而呈白色。

颜料分为有机和无机两大类。与用得较广泛的不透明的无机着色剂相比，有机着色剂更有光泽，相对密度更低，着色性更好，特别是与高分子具有较好的相容性，但耐久性比无机着色剂差一些。炭黑是最广泛使用的有机颜料，酞菁蓝和酞菁绿的使用也非常普遍。其他常用的有机颜料还包括：偶氮类颜料，如吡唑啉酮红、联苯胺黄、联大茴香胺橙、甲基橙；喹吖啶酮类颜料，如喹吖啶酮紫、喹吖啶酮品红、喹吖啶酮红；苝红；酸性和碱性颜料，如若丹明红，维多利亚蓝；蒽醌类颜料，如黄蒽酮黄；二氧化紫，如咔唑紫；异吲哚啉类，用在黄色和红色范围。

## 14.7.2　催化剂和固化剂

根据定义，催化剂(catalyst)是一种能够加速反应速率但自身不发生变化的添加物。而高分子体系中加入的催化剂往往要参与反应，因此大多数用在聚合反应中的所谓的催化剂实际上是引发剂(initiator)而不是催化剂。例如，2-巯基苯并噻唑(captax)能够加速橡胶与硫的交联反应。六亚甲基四胺，是由氨与甲醛缩合而得，被用作交联酚醛树脂中甲醛的来源。大量的过氧化物[例如过氧化苯甲酰(BPO)]和偶氮化合物[如偶氮二异丁腈(AIBN)]被用作乙烯单体聚合的引发剂。环酐，如邻苯二甲酸酐，被用作环氧树脂加热时的交联剂。而使用仲胺时，环氧预聚物在常温下即可固化。叔胺和有机锡化合物则被用作聚氨酯的固化剂。

### 14.7.3　发　泡　剂

偶氮化合物[如偶氮二甲酰胺(ABFA)]分解时会产生氮气，常被用作化学发泡剂(foaming agent)制作泡沫塑料。除了这些化学发泡剂(CBA)外，物理发泡剂(PBA) (如氮气、戊烷和挥发的碳氟化合物)也已被用来发泡。

### 14.7.4　抗 静 电 剂

很多高分子材料都是电绝缘体，易于存储电荷并吸附灰尘。可以通过添加有机化合物(如羟基胺)来减少静电荷，这些添加物能够吸收水从而消除电荷。而带有塑料外壳的电子产品易产生电磁干扰问题，常通过加入金属薄片(如铝)来解决这个问题。通常只需很少量(1%)的加入就可以起到良好的作用。

## 参　考　文　献

方海林. 2008. 高分子材料加工助剂. 北京：化学工业出版社
李杰，郑德. 2005. 塑料助剂与配方设计技术. 北京：化学工业出版社
辛忠. 2009. 材料添加剂化学. 北京：化学工业出版社
杨鸣波. 2009. 聚合物成型加工基础. 北京：化学工业出版社